权威·前沿·原创

皮书系列为
“十二五”国家重点图书出版规划项目

BLUE BOOK

湖南蓝皮书
BLUE BOOK OF HUNAN

2015年
湖南产业发展报告

ANNUAL REPORT ON HUNAN'S INDUSTRIAL DEVELOPMENT (2015)

湖南省人民政府发展研究中心
主　编 / 梁志峰
副主编 / 唐宇文

社会科学文献出版社
SOCIAL SCIENCES ACADEMIC PRESS (CHINA)

图书在版编目(CIP)数据

2015 年湖南产业发展报告/梁志峰主编. —北京：社会科学文献出版社，2015.5
（湖南蓝皮书）
ISBN 978 -7 -5097 -7381 -9

Ⅰ.①2… Ⅱ.①梁… Ⅲ.①产业发展 - 研究报告 - 湖南省 - 2015 Ⅳ.①F127.64

中国版本图书馆 CIP 数据核字（2015）第 076155 号

湖南蓝皮书
2015 年湖南产业发展报告

主　　编 / 梁志峰
副 主 编 / 唐宇文

出 版 人 / 谢寿光
项目统筹 / 桂　芳　邓泳红
责任编辑 / 陈　颖

出　　版 / 社会科学文献出版社 · 皮书出版分社（010）59367127
　　地址：北京市北三环中路甲 29 号院华龙大厦　邮编：100029
　　网址：www. ssap. com. cn
发　　行 / 市场营销中心（010）59367081　59367090
　　读者服务中心（010）59367028
印　　装 / 北京季蜂印刷有限公司

规　　格 / 开 本：787mm × 1092mm　1/16
　　印 张：24.25　字 数：403 千字
版　　次 / 2015 年 5 月第 1 版　2015 年 5 月第 1 次印刷
书　　号 / ISBN 978 -7 -5097 -7381 -9
定　　价 / 98.00 元

皮书序列号 / B -2011 -180

本书如有破损、缺页、装订错误，请与本社读者服务中心联系更换

版权所有 翻印必究

湖南省人民政府发展研究中心
湖南蓝皮书编辑委员会

主　　任　梁志峰

副 主 任　杨志新　唐宇文　康锦贵　粟志远　李建国
李绍清

编　　委　彭蔓玲　蔡建河　唐文玉　谢坚持　禹向群
陈国兴　王佳林　丁桃凤　赵迦南　曾晓阳
柳　松　王力共　罗小阳　彭谷前　温长远
武晓兰

主　　编　梁志峰

副 主 编　唐宇文

《湖南蓝皮书·2015 年湖南经济展望》

执行编辑　谢坚持　李银霞　唐　正　田红旗　李学文
黄　玮　张诗逸

主要编撰者简介

梁志峰 湖南省人民政府发展研究中心主任，管理学博士。历任中共湖南省委办公厅秘书处秘书，中共湖南省委高校工委组织部部长，湘潭县委副书记，湘潭市雨湖区委书记，湘潭市委常委、秘书长、组织部部长。主要研究领域为资本市场和区域经济学，先后主持多项省部级研究课题，发表CSSCI论文20多篇，著有《资产证券化的风险管理》《网络经济的理论与实践》《古云村 古城村调查》等。

唐宇文 湖南省人民政府发展研究中心副主任，研究员。1984年毕业于武汉大学数学系，获理学学士学位，1987年毕业于武汉大学经济管理系，获经济学硕士学位。2001~2002年在美国加州州立大学学习，2010年在中共中央党校一年制中青班学习。主要研究领域为区域发展战略与产业经济。先后主持国家社科基金项目及省部级课题多项，近年出版著作有《打造经济强省》《区域经济互动发展论》《洞庭湖区域新型工业化战略研究》等。

摘　要

产业经济是国民经济的重要组成部分，在湖南发展大局中起着举足轻重的作用。加快产业经济发展，是湖南发挥“一带一部”区位优势、积极适应经济新常态、实现“三量齐升”目标的重大战略任务。

本书由湖南省人民政府发展研究中心组织编撰，系统回顾了2014年湖南省产业经济发展情况，系统分析了2015年湖南产业经济发展环境，并提出了具有针对性和可操作性的政策建议。本书共7个部分，包括主题报告、总报告、行业篇、区域篇、园区篇、专题篇和附录。“主题报告”是省领导对湖南产业经济发展的重大问题提出的战略构想和发展思路；“总报告”是湖南省人民政府发展研究中心课题组对2014年全省产业发展形势和发展环境的分析研究及2015年产业发展的思路和对策建议；“行业篇”研究全省包括机械、电子信息、有色金属、医药、食品等特色行业本年度发展情况；“区域篇”介绍湖南各市州新型工业化发展情况及存在的问题；“园区篇”把湖南有代表性的产业园区发展现状作为研究对象，探讨全省产业集聚与合作趋势；“专题篇”是全省经济领域的专家学者对湖南产业经济发展热点问题的前瞻性研究成果。

总　序

2015年《湖南蓝皮书》即将付梓，正值《湖南蓝皮书》编辑出版20周年。20年的历程，蓝皮书逐步长大、成熟和丰富，从之前的单行本壮大为系列丛书，内容涵盖经济、社会、产业、两型社会、县域、电子政务6大主题。这20年，见证了湖南转型发展的真实轨迹，铭刻了湖南加快小康社会建设的奋斗历程，承载了三湘儿女加快实现“湖南梦”的美好心愿。

20年一路走来，湖南始终坚持改革开放、科学发展。改革由农村扩大到城市、由国企改革延伸到发展混合所有制经济、由经济领域拓展到五位一体，湖南经济建设出现转型发展新气象，实现了经济社会的大发展、综合实力的大提升、城乡面貌的大改变、人民生活的大改善。始终坚持发展是第一要务，全省经济总量由改革初期的几十亿元跨越到今天的2.7万亿元，财政收入由几亿元跃升到3629.7亿元，人均GDP增长了近12倍，投资规模突破2万亿元，社会消费品零售总额、规模工业增加值首次突破万亿元，实现进出口总额310.3亿美元，实际利用外资102.7亿美元，湖南发展速度明显快于全国平均水平，经济结构明显优化，发展后劲明显增强。始终坚持改善民生，民生保障投入大幅增加，2014年民生财政支出达3314.8亿元，占总支出的66%；保障政策不断完善，保障水平稳步提高，保障成效更加明显，2014年城乡居民收入分别达到26570元、10060元，新增城镇就业82.7万人和农村劳动力转移就业68万人；社会事业持续发展，基本公共服务广度和深度不断提升。分类推进全面建成小康社会取得新进展。城镇化率年均提高1.32个百分点，美丽乡村建设呈现新面貌。

20年一路走来，波澜壮阔的改革开放实践为湖南蓝皮书提供了丰富的素材。蓝皮书始终秉承“真实记录、系统分析、凝聚共识、服务决策”的宗旨，在选题上注重围绕中心、服务大局、把握宏观、突出重点；在思想上注重求真务实，大胆创新，既求前瞻，又求实用；在形式上注重资料翔实，内容丰富，图文并茂，简洁明了。总之，力求真实记录湖南经济社会发展的历史轨迹和全貌，系统分析湖南经济社会发展面临的新形势、新任务，并提出切实可行的具体对策建议，既真实立体地向社会展示湖南、推介湖南，又汇聚民智、凝聚民心，为湖南实现新发展、新跨越献策出力。

20年一路走来，湖南蓝皮书的编辑出版工作始终得到了各级领导和社会各界的高度重视和倾力支持。《湖南蓝皮书》的编辑出版是一项系统工程，是湖南各界的集成之作，它融汇了众多领导和优秀专家的智慧和辛勤劳动，其中融入了各界对年度经济社会发展的新思维和新观点，感谢他们的采珠撷英、去芜存菁，使得该书具有弥足珍贵的研究价值和参考价值。丛书的编辑阶段更是一个严谨细致和复杂烦琐的过程，字斟句酌的审阅，格式版面的优化，力求以高度认真负责的科学精神和工作态度回报大家的厚爱。我们希望通过本丛书的长期连续编撰发行，为记录湖南、推介湖南、思考湖南、资政湖南、发展湖南作出应有的贡献。

回首20年，是湖南大发展、大跨越、大提升的20年。而今，我们面对经济发展的新常态，立足湖南“一带一部”新优势，如何科学把握新常态下经济发展的大逻辑和湖南发展的阶段性新特征，抢抓新一轮科技革命的新机遇，适应和引领新常态，实现“两个加快”“两个率先”，将是未来几年全省上下努力实现的宏伟目标，是社会各界共同关注和研究的课题，也是湖南蓝皮书今后努力的方向。

伟大的时代发轫于伟大的梦想，伟大的梦想成就于伟大的实践。湖南正处于快速发展的上升阶段、加快发展的黄金时期，“湖南梦”正在由理想变为现实。党的十八大吹响了全面建成小康社会的号角，开启了乘风破浪的伟大航程。湖南蓝皮书将紧扣时代主题，不断开拓创新，不负众望，解放思想，与时俱进，求真务实，为奏响湖南科学发展的新乐章添上美丽的音符！最后，谨向关心、支持湖南蓝皮书的各级领导和社会各界人士表示衷心的感谢和崇高的敬意！并祝湖南的明天更美好！

《湖南蓝皮书》编委会

二〇一五年四月

目 录

BLUE BOOK

B Ⅰ 主题报告

B Ⅱ 总报告

B Ⅲ 行业篇

BⅣ 区域篇

BⅤ 园区篇

BⅥ 专题篇

BⅦ 附录

皮书数据库阅读**使用指南**

权威·前沿·原创

社会科学文献出版社

皮书系列

2015年

盘点年度资讯 预测时代前程

社会科学文献出版社 学术传播中心 编制

社会科学文献出版社成立于1985年，是直属于中国社会科学院的人文社会科学专业学术出版机构。

成立以来，特别是1998年实施第二次创业以来，依托于中国社会科学院丰厚的学术出版和专家学者两大资源，坚持“创社科经典，出传世文献”的出版理念和“权威、前沿、原创”的产品定位，社科文献立足内涵式发展道路，从战略层面推动学术出版五大能力建设，逐步走上了智库产品与专业学术成果系列化、规模化、数字化、国际化、市场化发展的经营道路。

先后策划出版了著名的图书品牌和学术品牌“皮书”系列、“列国志”、“社科文献精品译库”、“全球化译丛”、“全面深化改革研究书系”、“近世中国”、“甲骨文”、“中国史话”等一大批既有学术影响又有市场价值的系列图书，形成了较强的学术出版能力和资源整合能力。2014年社科文献出版社发稿5.5亿字，出版图书1500余种，承印发行中国社科院院属期刊71种，在多项指标上都实现了较大幅度的增长。

凭借着雄厚的出版资源整合能力，社科文献出版社长期以来一直致力于从内容资源和数字平台两个方面实现传统出版的再造，并先后推出了皮书数据库、列国志数据库、中国田野调查数据库等一系列数字产品。数字出版已经初步形成了产品设计、内容开发、编辑标引、产品运营、技术支持、营销推广等全流程体系。

在国内原创著作、国外名家经典著作大量出版，数字出版突飞猛进的同时，社科文献出版社从构建国际话语体系的角度推动学术出版国际化。先后与斯普林格、荷兰博睿、牛津、剑桥等十余家国际出版机构合作面向海外推出了“皮书系列”“改革开放30年研究书系”“中国梦与中国发展道路研究丛书”“全面深化改革研究书系”等一系列在世界范围内引起强烈反响的作品；并持续致力于中国学术出版走出去，组织学者和编辑参加国际书展，筹办国际性学术研讨会，向世界展示中国学者的学术水平和研究成果。

此外，社科文献出版社充分利用网络媒体平台，积极与中央和地方各类媒体合作，并联合大型书店、学术书店、机场书店、网络书店、图书馆，逐步构建起了强大的学术图书内容传播平台。学术图书的媒体曝光率居全国之首，图书馆藏率居于全国出版机构前十位。

上述诸多成绩的取得，有赖于一支以年轻的博士、硕士为主体，一批从中国社科院刚退出科研一线的各学科专家为支撑的300多位高素质的编辑、出版和营销队伍，为我们实现学术立社，以学术品位、学术价值来实现经济效益和社会效益这样一个目标的共同努力。

作为已经开启第三次创业梦想的人文社会科学学术出版机构，2015年的社会科学文献出版社将迎来她30周岁的生日，“三十而立”再出发，我们将以改革发展为动力，以学术资源建设为中心，以构建智慧型出版社为主线，以社庆三十周年系列活动为重要载体，以“整合、专业、分类、协同、持续”为各项工作指导原则，全力推进出版社数字化转型，坚定不移地走专业化、数字化、国际化发展道路，全面提升出版社核心竞争力，为实现“社科文献梦”奠定坚实基础。

社长致辞

我们是图书出版者，更是人文社会科学内容资源供应商；

我们背靠中国社会科学院，面向中国与世界人文社会科学界，坚持为人文社会科学的繁荣与发展服务；

我们精心打造权威信息资源整合平台，坚持为中国经济与社会的繁荣与发展提供决策咨询服务；

我们以读者定位自身，立志让爱书人读到好书，让求知者获得知识；

我们精心编辑、设计每一本好书以形成品牌张力，以优秀的品牌形象服务读者，开拓市场；

我们始终坚持“创社科经典，出传世文献”的经营理念，坚持“权威、前沿、原创”的产品特色；

我们“以人为本”，提倡阳光下创业，员工与企业共享发展之成果；

我们立足于现实，认真对待我们的优势、劣势，我们更着眼于未来，以不断的学习与创新适应不断变化的世界，以不断的努力提升自己的实力；

我们愿与社会各界友好合作，共享人文社会科学发展之成果，共同推动中国学术出版乃至内容产业的繁荣与发展。

社会科学文献出版社社长

中国社会学会秘书长

2015 年 1 月

皮书起源

“皮书”起源于十七、十八世纪的英国，主要指官方或社会组织正式发表的重要文件或报告，多以“白皮书”命名。在中国，“皮书”这一概念被社会广泛接受，并被成功运作、发展成为一种全新的出版形态，则源于中国社会科学院社会科学文献出版社。

皮书定义

皮书是对中国与世界发展状况和热点问题进行年度监测，以专业的角度、专家的视野和实证研究方法，针对某一领域或区域现状与发展态势展开分析和预测，具备权威性、前沿性、原创性、实证性、时效性等特点的连续性公开出版物，由一系列权威研究报告组成。皮书系列是社会科学文献出版社编辑出版的蓝皮书、绿皮书、黄皮书等的统称。

皮书作者

皮书系列的作者以中国社会科学院、著名高校、地方社会科学院的研究人员为主，多为国内一流研究机构的权威专家学者，他们的看法和观点代表了学界对中国与世界的现实和未来最高水平的解读与分析。

皮书荣誉

皮书系列已成为社会科学文献出版社的著名图书品牌和中国社会科学院的知名学术品牌。2011 年，皮书系列正式列入“十二五”国家重点出版规划项目；2012~2014 年，重点皮书列入中国社会科学院承担的国家哲学社会科学创新工程项目；2015 年，41 种院外皮书使用“中国社会科学院创新工程学术出版项目”标识。

经　济　类

经济类皮书涵盖宏观经济、城市经济、大区域经济，
提供权威、前沿的分析与预测

经济蓝皮书

2015 年中国经济形势分析与预测

李　扬 / 主编　　2014 年 12 月出版　　定价 :69.00 元

◆　本书课题为“总理基金项目”，由著名经济学家李扬领衔，联合数十家科研机构、国家部委和高等院校的专家共同撰写，对 2014 年中国宏观及微观经济形势进行了深入分析，并且提出了 2015 年经济走势的预测。

城市竞争力蓝皮书

中国城市竞争力报告 No.13

倪鹏飞 / 主编　　2015 年 5 月出版　　估价 :89.00 元

◆　本书由中国社会科学院城市与竞争力研究中心主任倪鹏飞主持编写，汇集了众多研究城市经济问题的专家学者关于城市竞争力研究的最新成果。本报告构建了一套科学的城市竞争力评价指标体系，采用第一手数据材料，对国内重点城市年度竞争力格局变化进行客观分析和综合比较、排名，对研究城市经济及城市竞争力极具参考价值。

西部蓝皮书

中国西部发展报告（2015）

姚慧琴　徐璋勇 / 主编　　2015 年 7 月出版　　估价 :89.00 元

◆　本书由西北大学中国西部经济发展研究中心主编，汇集了源自西部本土以及国内研究西部问题的权威专家的第一手资料，对国家实施西部大开发战略进行年度动态跟踪，并对 2015 年西部经济、社会发展态势进行预测和展望。

中部蓝皮书

中国中部地区发展报告（2015）

喻新安 / 主编　　2015 年 5 月出版　　估价 :69.00 元

◆　本书敏锐地抓住当前中部地区经济发展中的热点、难点问题，紧密地结合国家和中部经济社会发展的重大战略转变，对中部地区经济发展的各个领域进行了深入、全面的分析研究，并提出了具有理论研究价值和可操作性强的政策建议。

世界经济黄皮书

2015 年世界经济形势分析与预测

王洛林　张宇燕 / 主编　　2015 年 1 月出版　　定价 :69.00 元

◆　本书为“十二五”国家重点图书出版规划项目，中国社会科学院创新工程学术出版资助项目，作者来自中国社会科学院世界经济与政治研究所。该书总结了 2014 年世界经济发展的热点问题，对 2015 年世界经济形势进行了分析与预测。

中国省域竞争力蓝皮书

中国省域经济综合竞争力发展报告（2013~2014）

李建平　李闽榕　高燕京 / 主编　　2015 年 2 月出版　定价 :198.00 元

◆　本书充分运用数理分析、空间分析、规范分析与实证分析相结合、定性分析与定量分析相结合的方法，建立起比较科学完善、符合中国国情的省域经济综合竞争力指标评价体系及数学模型，对 2012~2013 年中国内地 31 个省、市、区的经济综合竞争力进行全面、深入、科学的总体评价与比较分析。

城市蓝皮书

中国城市发展报告 No.8

潘家华　魏后凯 / 主编　2015 年 9 月出版　　估价 :69.00 元

◆　本书由中国社会科学院城市发展与环境研究中心编著，从中国城市的科学发展、城市环境可持续发展、城市经济集约发展、城市社会协调发展、城市基础设施与用地管理、城市管理体制改革以及中国城市科学发展实践等多角度、全方位地立体展示了中国城市的发展状况，并对中国城市的未来发展提出了建议。

金融蓝皮书

中国金融发展报告（2015）

李　扬　王国刚 / 主编　2014 年 12 月出版　定价 :75.00 元

◆　由中国社会科学院金融研究所组织编写的《中国金融发展报告（2015）》，概括和分析了 2014 年中国金融发展和运行中的各方面情况，研讨和评论了 2014 年发生的主要金融事件。本书由业内专家和青年精英联合编著，有利于读者了解掌握 2014 年中国的金融状况，把握 2015 年中国金融的走势。

低碳发展蓝皮书

中国低碳发展报告（2015）

齐　晔 / 主编　2015 年 4 月出版　估价 :89.00 元

◆　本书对中国低碳发展的政策、行动和绩效进行科学、系统、全面的分析。重点是通过归纳中国低碳发展的绩效，评估与低碳发展相关的政策和措施，分析政策效应的制度背景和作用机制，为进一步的政策制定、优化和实施提供支持。

经济信息绿皮书

中国与世界经济发展报告（2015）

杜　平 / 主编　2014 年 12 月出版　定价 :79.00 元

◆　本书由国家信息中心继续组织有关专家编撰。由国家信息中心组织专家队伍编撰，对 2014 年国内外经济发展环境、宏观经济发展趋势、经济运行中的主要矛盾、产业经济和区域经济热点、宏观调控政策的取向进行了系统的分析预测。

低碳经济蓝皮书

中国低碳经济发展报告（2015）

薛进军　赵忠秀 / 主编　2015 年 5 月出版　估价 :69.00 元

◆　本书是以低碳经济为主题的系列研究报告，汇集了一批罗马俱乐部核心成员、IPCC 工作组成员、碳排放理论的先驱者、政府气候变化问题顾问、低碳社会和低碳城市计划设计人等世界顶尖学者、对气候变化政策制定、特别是中国的低碳经济经济发展有特别参考意义。

社会政法类

社会政法类皮书聚焦社会发展领域的热点、难点问题，
提供权威、原创的资讯与视点

社会蓝皮书

2015 年中国社会形势分析与预测

李培林　陈光金　张　翼 / 主编　2014 年 12 月出版　定价 :69.00 元

◆　本报告是中国社会科学院“社会形势分析与预测”课题组 2014 年度分析报告，由中国社会科学院社会学研究所组织研究机构专家、高校学者和政府研究人员撰写。对 2014 年中国社会发展的各个方面内容进行了权威解读，同时对 2015 年社会形势发展趋势进行了预测。

法治蓝皮书

中国法治发展报告 No.13（2015）

李　林　田　禾 / 主编　　2015 年 3 月出版　　定价 :105.00 元

◆　本年度法治蓝皮书一如既往秉承关注中国法治发展进程中的焦点问题的特点，回顾总结了 2014 年度中国法治发展取得的成就和存在的不足，并对 2015 年中国法治发展形势进行了预测和展望。

环境绿皮书

中国环境发展报告（2015）

刘鉴强 / 主编　　2015 年 5 月出版　　估价 :79.00 元

◆　本书由民间环保组织“自然之友”组织编写，由特别关注、生态保护、宜居城市、可持续消费以及政策与治理等版块构成，以公共利益的视角记录、审视和思考中国环境状况，呈现 2014 年中国环境与可持续发展领域的全局态势，用深刻的思考、科学的数据分析 2014 年的环境热点事件。

反腐倡廉蓝皮书

中国反腐倡廉建设报告 No.4

李秋芳　张英伟 / 主编　2014 年 12 月出版　　定价 :79.00 元

◆　本书抓住了若干社会热点和焦点问题，全面反映了新时期新阶段中国反腐倡廉面对的严峻局面，以及中国共产党反腐倡廉建设的新实践新成果。根据实地调研、问卷调查和舆情分析，梳理了当下社会普遍关注的与反腐败密切相关的热点问题。

女性生活蓝皮书

中国女性生活状况报告 No.9（2015）

韩湘景 / 主编　2015 年 4 月出版　估价 :79.00 元

◆　本书由中国妇女杂志社、华坤女性生活调查中心和华坤女性消费指导中心组织编写，通过调查获得的大量调查数据，真实展现当年中国城市女性的生活状况、消费状况及对今后的预期。

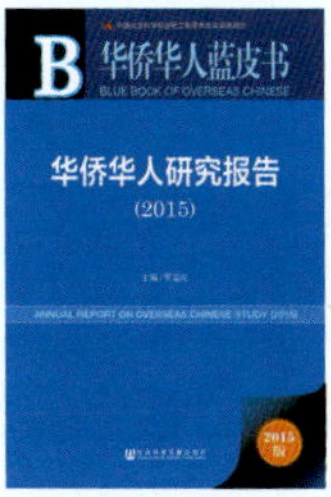

华侨华人蓝皮书

华侨华人研究报告 (2015)

贾益民 / 主编　2015 年 12 月出版　估价 :118.00 元

◆　本书为中国社会科学院创新工程学术出版资助项目，是华侨大学向世界提供最新涉侨动态、理论研究和政策建议的平台。主要介绍了相关国家华侨华人的规模、分布、结构、发展趋势，以及全球涉侨生存安全环境和华文教育情况等。

政治参与蓝皮书

中国政治参与报告（2015）

房　宁 / 主编　2015 年 7 月出版　估价 :105.00 元

◆　本书作者均来自中国社会科学院政治学研究所，聚焦中国基层群众自治的参与情况介绍了城镇居民的社区建设与居民自治参与和农村居民的村民自治与农村社区建设参与情况。其优势是其指标评估体系的建构和问卷调查的设计专业，数据量丰富，统计结论科学严谨。

行业报告类

行业报告类皮书立足重点行业、新兴行业领域，
提供及时、前瞻的数据与信息

房地产蓝皮书

中国房地产发展报告 No.12（2015）

魏后凯　李景国 / 主编　2015 年 5 月出版　估价 :79.00 元

◆　本书汇集了众多研究城市房地产经济问题的专家、学者关于城市房地产方面的最新研究成果。对 2014 年我国房地产经济发展状况进行了回顾，并做出了分析，全面翔实而又客观公正，同时，也对未来我国房地产业的发展形势做出了科学的预测。

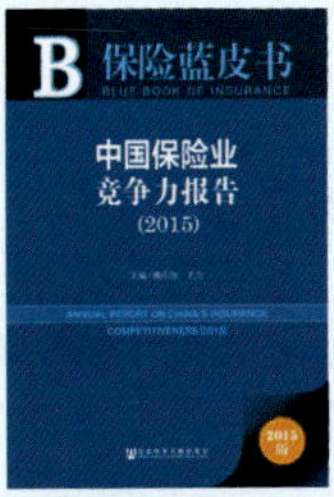

保险蓝皮书

中国保险业竞争力报告（2015）

姚庆海　王　力 / 主编　2015 年 12 出版　估价 :98.00 元

◆　本皮书主要为监管机构、保险行业和保险学界提供保险市场一年来发展的总体评价，外在因素对保险业竞争力发展的影响研究；国家监管政策、市场主体经营创新及职能发挥、理论界最新研究成果等综述和评论。

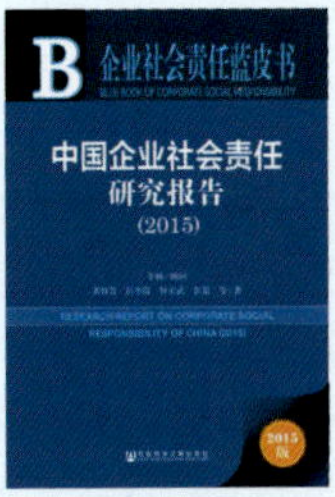

企业社会责任蓝皮书

中国企业社会责任研究报告（2015）

黄群慧　彭华岗　钟宏武　张　蒽 / 编著
2015 年 11 月出版　估价 :69.00 元

◆　本书系中国社会科学院经济学部企业社会责任研究中心组织编写的《企业社会责任蓝皮书》2015 年分册。该书在对企业社会责任进行宏观总体研究的基础上，根据 2014 年企业社会责任及相关背景进行了创新研究，在全国企业中观层面对企业健全社会责任管理体系提供了弥足珍贵的丰富信息。

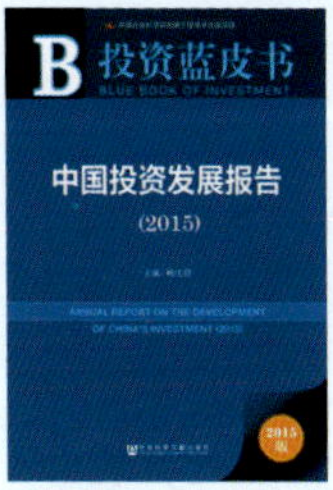

投资蓝皮书

中国投资发展报告（2015）

杨庆蔚 / 主编　　2015 年 4 月出版　　估价 :128.00 元

◆　本书是中国建银投资有限责任公司在投资实践中对中国投资发展的各方面问题进行深入研究和思考后的成果。投资包括固定资产投资、实业投资、金融产品投资、房地产投资等诸多领域，尝试将投资作为一个整体进行研究，能够较为清晰地展现社会资金流动的特点，为投资者、研究者、甚至政策制定者提供参考。

住房绿皮书

中国住房发展报告（2014~2015）

倪鹏飞 / 主编　　2014 年 12 月出版　　定价 :79.00 元

◆　本报告从宏观背景、市场主体、市场体系和公共政策四个方面，对中国住宅市场体系做了全面系统的分析、预测与评价，并给出了相关政策建议，并在评述 2013~2014 年住房及相关市场走势的基础上，预测了 2014~2015 年住房及相关市场的发展变化。

人力资源蓝皮书

中国人力资源发展报告（2015）

余兴安 / 主编　　2015 年 9 月出版　　估价 :79.00 元

◆　本书是在人力资源和社会保障部部领导的支持下，由中国人事科学研究院汇集我国人力资源开发权威研究机构的诸多专家学者的研究成果编写而成。作为关于人力资源的蓝皮书，本书通过充分利用有关研究成果，更广泛、更深入地展示近年来我国人力资源开发重点领域的研究成果。

汽车蓝皮书

中国汽车产业发展报告（2015）

国务院发展研究中心产业经济研究部　中国汽车工程学会
大众汽车集团（中国）/ 主编　2015 年 7 月出版　　估价 :128.00 元

◆　本书由国务院发展研究中心产业经济研究部、中国汽车工程学会、大众汽车集团（中国）联合主编，是关于中国汽车产业发展的研究性年度报告，介绍并分析了本年度中国汽车产业发展的形势。

国别与地区类

国别与地区类皮书关注全球重点国家与地区，
提供全面、独特的解读与研究

亚太蓝皮书

亚太地区发展报告（2015）

李向阳 / 主编　　2015 年 1 月出版　　定价 :59.00 元

◆　本书是由中国社会科学院亚太与全球战略研究院精心打造的品牌皮书，关注时下亚太地区局势发展动向里隐藏的中长趋势，剖析亚太地区政治与安全格局下的区域形势最新动向以及地区关系发展的热点问题，并对 2015 年亚太地区重大动态做出前瞻性的分析与预测。

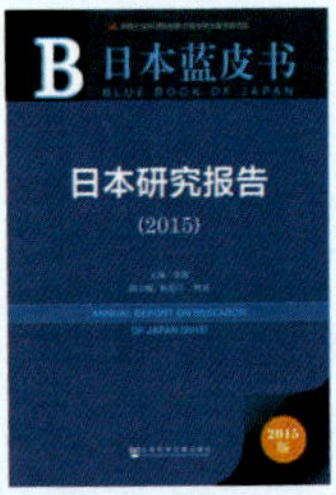

日本蓝皮书

日本研究报告（2015）

李　薇 / 主编　　2015 年 4 月出版　　估价 :69.00 元

◆　本书由中华日本学会、中国社会科学院日本研究所合作推出，是以中国社会科学院日本研究所的研究人员为主完成的研究成果。对 2014 年日本的政治、外交、经济、社会文化作了回顾、分析与展望，并收录了该年度日本大事记。

德国蓝皮书

德国发展报告（2015）

郑春荣　伍慧萍 / 主编　2015 年 6 月出版　估价 :69.00 元

◆　本报告由同济大学德国研究所组织编撰，由该领域的专家学者对德国的政治、经济、社会文化、外交等方面的形势发展情况，进行全面的阐述与分析。德国作为欧洲大陆第一强国，与中国各方面日渐紧密的合作关系，值得国内各界深切关注。

国际形势黄皮书

全球政治与安全报告（2015）

李慎明　张宇燕 / 主编　2015 年 1 月出版　定价 :69.00 元

◆　本书为“十二五”国家重点图书出版规划项目、中国社会科学院创新工程学术出版资助项目，为“国际形势黄皮书”系列年度报告之一。报告旨在对本年度国际政治及安全形势的总体情况和变化进行回顾与分析，并提出一定的预测。

拉美黄皮书

拉丁美洲和加勒比发展报告（2014~2015）

吴白乙 / 主编　2015 年 4 月出版　估价 :89.00 元

◆　本书是中国社会科学院拉丁美洲研究所的第 14 份关于拉丁美洲和加勒比地区发展形势状况的年度报告。 本书对 2014 年拉丁美洲和加勒比地区诸国的政治、经济、社会、外交等方面的发展情况做了系统介绍，对该地区相关国家的热点及焦点问题进行了总结和分析，并在此基础上对该地区各国 2015 年的发展前景做出预测。

美国蓝皮书

美国研究报告（2015）

黄　平　郑秉文 / 主编　2015 年 7 月出版　估价 :89.00 元

◆　本书是由中国社会科学院美国所主持完成的研究成果，它回顾了美国 2014 年的经济、政治形势与外交战略，对 2014 年以来美国内政外交发生的重大事件以及重要政策进行了较为全面的回顾和梳理。

大湄公河次区域蓝皮书

大湄公河次区域合作发展报告（2015）

刘　稚 / 主编　2015 年 9 月出版　估价 :79.00 元

◆　云南大学大湄公河次区域研究中心深入追踪分析该区域发展动向，以把握全面，突出重点为宗旨，系统介绍和研究大湄公河次区域合作的年度热点和重点问题，展望次区域合作的发展趋势，并对新形势下我国推进次区域合作深入发展提出相关对策建议。

地方发展类

地方发展类皮书关注大陆各省份、经济区域，
提供科学、多元的预判与咨政信息

北京蓝皮书

北京公共服务发展报告（2014~2015）

施昌奎 / 主编　　2015 年 1 月出版　定价：69.00 元

◆　本书是由北京市政府职能部门的领导、首都著名高校的教授、知名研究机构的专家共同完成的关于北京市公共服务发展与创新的研究成果。内容涉及了北京市公共服务发展的方方面面，既有综述性的总报告，也有细分的情况介绍，既有对北京各个城区的综合性描述，也有对局部、细部、具体问题的分析，对年度热点问题也都有涉及。

上海蓝皮书

上海经济发展报告（2015）

沈开艳 / 主编　　2015 年 1 月出版　定价 :69.00 元

◆　本书系上海社会科学院系列之一，报告对 2015 年上海经济增长与发展趋势的进行了预测，把握了上海经济发展的脉搏和学术研究的前沿。

广州蓝皮书

广州经济发展报告（2015）

李江涛　朱名宏 / 主编　　2015 年 5 月出版　估价 :69.00 元

◆　本书是由广州市社会科学院主持编写的“广州蓝皮书”系列之一，本报告对广州 2014 年宏观经济运行情况作了深入分析，对 2015 年宏观经济走势进行了合理预测，并在此基础上提出了相应的政策建议。

文化传媒类

文化传媒类皮书透视文化领域、文化产业，
探索文化大繁荣、大发展的路径

新媒体蓝皮书

中国新媒体发展报告 No.5（2015）

唐绪军 / 主编　　2015 年 6 月出版　　估价 :79.00 元

◆　本书由中国社会科学院新闻与传播研究所和上海大学合作编写，在构建新媒体发展研究基本框架的基础上，全面梳理 2014 年中国新媒体发展现状，发表最前沿的网络媒体深度调查数据和研究成果，并对新媒体发展的未来趋势做出预测。

舆情蓝皮书

中国社会舆情与危机管理报告（2015）

谢耘耕 / 主编　　2015 年 8 月出版　　估价 :98.00 元

◆　本书由上海交通大学舆情研究实验室和危机管理研究中心主编，已被列入教育部人文社会科学研究报告培育项目。本书以新媒体环境下的中国社会为立足点，对 2014 年中国社会舆情、分类舆情等进行了深入系统的研究，并预测了 2015 年社会舆情走势。

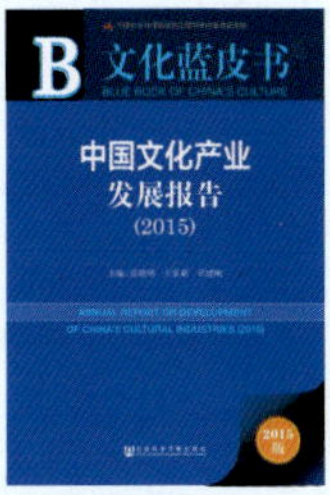

文化蓝皮书

中国文化产业发展报告（2015）

张晓明　王家新　章建刚 / 主编　　2015 年 4 月出版　　估价 :79.00 元

◆　本书由中国社会科学院文化研究中心编写。从 2012 年开始，中国社会科学院文化研究中心设立了国内首个文化产业的研究类专项资金——“文化产业重大课题研究计划”，开始在全国范围内组织多学科专家学者对我国文化产业发展重大战略问题进行联合攻关研究。本书集中反映了该计划的研究成果。

经济类

G20国家创新竞争力黄皮书
二十国集团（G20）国家创新竞争力发展报告（2015）
著(编)者:黄茂兴 李闽榕 李建平 赵新力
2015年9月出版 / 估价:128.00元

产业蓝皮书
中国产业竞争力报告（2015）
著(编)者:张其仔 2015年5月出版 / 估价:79.00元

长三角蓝皮书
2015年全面深化改革中的长三角
著(编)者:张伟斌 2015年10月出版 / 估价:69.00元

城乡一体化蓝皮书
中国城乡一体化发展报告（2015）
著(编)者:付崇兰 汝信 2015年12月出版 / 估价:79.00元

城市创新蓝皮书
中国城市创新报告（2015）
著(编)者:周天勇 旷建伟 2015年8月出版 / 估价:69.00元

城市竞争力蓝皮书
中国城市竞争力报告（2015）
著(编)者:倪鹏飞 2015年5月出版 / 估价:89.00元

城市蓝皮书
中国城市发展报告NO.8
著(编)者:潘家华 魏后凯 2015年9月出版 / 估价:69.00元

城市群蓝皮书
中国城市群发展指数报告（2015）
著(编)者:刘新静 刘士林 2015年10月出版 / 估价:59.00元

城乡统筹蓝皮书
中国城乡统筹发展报告（2015）
著(编)者:潘晨光 程志强 2015年4月出版 / 估价:59.00元

城镇化蓝皮书
中国新型城镇化健康发展报告（2015）
著(编)者:张占斌 2015年5月出版 / 估价:79.00元

低碳发展蓝皮书
中国低碳发展报告（2015）
著(编)者:齐晔 2015年4月出版 / 估价:89.00元

低碳经济蓝皮书
中国低碳经济发展报告（2015）
著(编)者:薛进军 赵忠秀 2015年5月出版 / 估价:69.00元

东北蓝皮书
中国东北地区发展报告（2015）
著(编)者:马克 黄文艺 2015年8月出版 / 估价:79.00元

发展和改革蓝皮书
中国经济发展和体制改革报告（2015）
著(编)者:邹东涛 2015年11月出版 / 估价:98.00元

工业化蓝皮书
中国工业化进程报告（2015）
著(编)者:黄群慧 吕铁 李晓华 2015年11月出版 / 估价:89.00元

国际城市蓝皮书
国际城市发展报告（2015）
著(编)者:屠启宇 2015年1月出版 / 定价:79.00元

国家创新蓝皮书
中国创新发展报告（2015）
著(编)者:陈劲 2015年6月出版 / 估价:59.00元

环境竞争力绿皮书
中国省域环境竞争力发展报告（2015）
著(编)者:李建平 李闽榕 王金南
2015年12月出版 / 估价:198.00元

金融蓝皮书
中国金融发展报告（2015）
著(编)者:李扬 王国刚 2014年12月出版 / 定价:75.00元

金融信息服务蓝皮书
金融信息服务发展报告（2015）
著(编)者:鲁广锦 殷剑峰 林义相 2015年6月出版 / 估价:89.00元

经济蓝皮书
2015年中国经济形势分析与预测
著(编)者:李扬 2014年12月出版 / 定价:69.00元

经济蓝皮书·春季号
2015年中国经济前景分析
著(编)者:李扬 2015年5月出版 / 估价:79.00元

经济蓝皮书·夏季号
中国经济增长报告（2015）
著(编)者:李扬 2015年7月出版 / 估价:69.00元

经济信息绿皮书
中国与世界经济发展报告（2015）
著(编)者:杜平 2014年12月出版 / 定价:79.00元

就业蓝皮书
2015年中国大学生就业报告
著(编)者:麦可思研究院 2015年6月出版 / 估价:98.00元

临空经济蓝皮书
中国临空经济发展报告（2015）
著(编)者:连玉明 2015年9月出版 / 估价:79.00元

民营经济蓝皮书
中国民营经济发展报告（2015）
著(编)者:王钦敏 2015年12月出版 / 估价:79.00元

农村绿皮书
中国农村经济形势分析与预测（2014~2015）
著(编)者:中国社会科学院农村发展研究所
国家统计局农村社会经济调查司
2015年4月出版 / 估价:69.00元

农业应对气候变化蓝皮书
气候变化对中国农业影响评估报告（2015）
著(编)者:矫梅燕 2015年8月出版 / 估价:98.00元

企业公民蓝皮书
中国企业公民报告（2015）
著(编)者:邹东涛　2015年12月出版 / 估价:79.00元

气候变化绿皮书
应对气候变化报告（2015）
著(编)者:王伟光 郑国光　2015年10月出版 / 估价:79.00元

区域蓝皮书
中国区域经济发展报告（2015）
著(编)者:梁昊光　2015年4月出版 / 估价:79.00元

全球环境竞争力绿皮书
全球环境竞争力报告（2015）
著(编)者:李建建 李闽榕 李建平 王金南
2015年12月出版 / 估价:198.00元

人口与劳动绿皮书
中国人口与劳动问题报告No.15
著(编)者:蔡昉　2015年1月出版 / 定价:59.00元

世界经济黄皮书
2015年世界经济形势分析与预测
著(编)者:王洛林　张宇燕　2015年1月出版 / 定价:69.00元

世界旅游城市绿皮书
世界旅游城市发展报告（2015）
著(编)者:鲁勇 周正宇 宋宇　2015年6月出版 / 估价:88.00元

商务中心区蓝皮书
中国商务中心区发展报告No.1（2014）
著(编)者:魏后凯　李国红　2015年1月出版 / 定价:89.00元

西北蓝皮书
中国西北发展报告（2015）
著(编)者:赵宗福　孙发平　苏海红　鲁顺元　段庆林
2014年12月出版 / 定价:79.00元

西部蓝皮书
中国西部发展报告（2015）
著(编)者:姚慧琴 徐璋勇　2015年7月出版 / 估价:89.00元

新型城镇化蓝皮书
新型城镇化发展报告（2015）
著(编)者:李伟　2015年10月出版 / 估价:89.00元

新兴经济体蓝皮书
金砖国家发展报告（2015）
著(编)者:林跃勤 周文　2015年7月出版 / 估价:79.00元

中部竞争力蓝皮书
中国中部经济社会竞争力报告（2015）
著(编)者:教育部人文社会科学重点研究基地
南昌大学中国中部经济社会发展研究中心
2015年9月出版 / 估价:79.00元

中部蓝皮书
中国中部地区发展报告（2015）
著(编)者:喻新安　2015年5月出版 / 估价:69.00元

中国省域竞争力蓝皮书
中国省域经济综合竞争力发展报告（2013~2014）
著(编)者:李建平 李闽榕 高燕京
2015年2月出版 / 定价:198.00元

中三角蓝皮书
长江中游城市群发展报告（2015）
著(编)者:秦尊文　2015年10月出版 / 估价:69.00元

中小城市绿皮书
中国中小城市发展报告（2015）
著(编)者:中国城市经济学会中小城市经济发展委员会
《中国中小城市发展报告》编纂委员会
中小城市发展战略研究院
2015年10月出版 / 估价:98.00元

中央商务区蓝皮书
中国中央商务区发展报告（2015）
著(编)者:中国商务区联盟
中国社会科学院城市发展与环境研究所
2015年10月出版 / 估价:69.00元

中原蓝皮书
中原经济区发展报告（2015）
著(编)者:李英杰　2015年6月出版 / 估价:88.00元

社会政法类

北京蓝皮书
中国社区发展报告（2015）
著(编)者:于燕燕　2015年6月出版 / 估价:69.00元

殡葬绿皮书
中国殡葬事业发展报告（2015）
著(编)者:李伯森　2015年4月出版 / 估价:59.00元

城市管理蓝皮书
中国城市管理报告（2015）
著(编)者:谭维克 刘林　2015年12月出版 / 估价:158.00元

城市生活质量蓝皮书
中国城市生活质量报告（2015）
著(编)者:中国经济实验研究院　2015年6月出版 / 估价:59.00元

城市政府能力蓝皮书
中国城市政府公共服务能力评估报告（2015）
著(编)者:何艳玲　2015年7月出版 / 估价:59.00元

创新蓝皮书
创新型国家建设报告（2015）
著(编)者:詹正茂　2015年4月出版 / 估价:69.00元

慈善蓝皮书
中国慈善发展报告（2015）
著(编)者:杨团　2015年5月出版 / 估价:79.00元

大学生蓝皮书
中国大学生生活形态研究报告（2015）
著(编)者:张新洲　2015年12月出版 / 估价:69.00元

地方法治蓝皮书
中国地方法治发展报告No.1（2014）
著(编)者:李林　田禾　2015年1月出版 / 定价:98.00元

法治蓝皮书
中国法治发展报告No.13（2015）
著(编)者:李林 田禾　2015年3月出版 / 定价:105.00元

反腐倡廉蓝皮书
中国反腐倡廉建设报告No.4
著(编)者:李秋芳　张英伟　2014年12月出版 / 定价:79.00元

非传统安全蓝皮书
中国非传统安全研究报告（2015）
著(编)者:余潇枫 魏志江　2015年6月出版 / 估价:79.00元

妇女发展蓝皮书
中国妇女发展报告（2015）
著(编)者:王金玲　2015年9月出版 / 估价:148.00元

妇女教育蓝皮书
中国妇女教育发展报告（2015）
著(编)者:张李玺　2015年1月出版 / 估价:78.00元

妇女绿皮书
中国性别平等与妇女发展报告（2015）
著(编)者:谭琳　2015年12月出版 / 估价:99.00元

公共服务蓝皮书
中国城市基本公共服务力评价（2015）
著(编)者:钟君 吴正杲　2015年12月出版 / 估价:79.00元

公共服务满意度蓝皮书
中国城市公共服务评价报告（2015）
著(编)者:胡伟　2015年12月出版 / 估价:69.00元

公民科学素质蓝皮书
中国公民科学素质报告（2015）
著(编)者:李群 许佳军　2015年6月出版 / 估价:79.00元

公益蓝皮书
中国公益发展报告（2015）
著(编)者:朱健刚　2015年5月出版 / 估价:78.00元

管理蓝皮书
中国管理发展报告（2015）
著(编)者:张晓东　2015年9月出版 / 估价:98.00元

国际人才蓝皮书
中国国际移民报告（2015）
著(编)者:王辉耀　2015年2月出版 / 定价:79.00元

国际人才蓝皮书
中国海归发展报告（2015）
著(编)者:王辉耀 苗绿　2015年4月出版 / 估价:69.00元

国际人才蓝皮书
中国留学发展报告（2015）
著(编)者:王辉耀 苗绿　2015年9月出版 / 估价:69.00元

国家安全蓝皮书
中国国家安全研究报告（2015）
著(编)者:刘慧　2015年5月出版 / 估价:98.00元

行政改革蓝皮书
中国行政体制改革报告（2014~2015）
著(编)者:魏礼群　2015年4月出版 / 估价:89.00元

华侨华人蓝皮书
华侨华人研究报告（2015）
著(编)者:贾益民　2015年12月出版 / 估价:118.00元

环境绿皮书
中国环境发展报告（2015）
著(编)者:刘鉴强　2015年5月出版 / 估价:79.00元

基金会蓝皮书
中国基金会发展报告（2015）
著(编)者:刘忠祥　2015年6月出版 / 估价:69.00元

基金会绿皮书
中国基金会发展独立研究报告（2015）
著(编)者:基金会中心网　2015年8月出版 / 估价:88.00元

基金会透明度蓝皮书
中国基金会透明度发展研究报告（2015）
著(编)者:基金会中心网 清华大学廉政与治理研究中心
2015年9月出版 / 估价:78.00元

教师蓝皮书
中国中小学教师发展报告（2015）
著(编)者:曾晓东　2015年7月出版 / 估价:59.00元

教育蓝皮书
中国教育发展报告（2015）
著(编)者:杨东平　2015年5月出版 / 估价:79.00元

科普蓝皮书
中国科普基础设施发展报告（2015）
著(编)者:任福君　2015年6月出版 / 估价:59.00元

劳动保障蓝皮书
中国劳动保障发展报告（2015）
著(编)者:刘燕斌　2015年6月出版 / 估价:89.00元

老龄蓝皮书
中国老年宜居环境发展报告(2015)
著(编)者:吴玉韶　2015年9月出版 / 估价:79.00元

连片特困区蓝皮书
中国连片特困区发展报告（2015）
著(编)者:冷志明 游俊　2015年4月出版 / 估价:79.00元

民间组织蓝皮书
中国民间组织报告(2015)
著(编)者:潘晨光 黄晓勇　2015年8月出版 / 估价:69.00元

民调蓝皮书
中国民生调查报告（2015）
著(编)者:谢耘耕　2015年5月出版 / 估价:128.00元

民族发展蓝皮书
中国民族区域自治发展报告（2015）
著(编)者:王希恩 郝时远　2015年6月出版 / 估价:98.00元

女性生活蓝皮书
中国女性生活状况报告No.9（2015）
著(编)者:《中国妇女》杂志社 华坤女性生活调查中心
华坤女性消费指导中心
2015年4月出版 / 估价:79.00元

企业公众透明度蓝皮书
中国企业公众透明度报告(2014~2015)No.1
著(编)者:黄速建　王晓光　肖红军
2015年1月出版 / 定价:98.00元

企业国际化蓝皮书
中国企业国际化报告(2015)
著(编)者:王辉耀　2015年10月出版 / 估价:79.00元

汽车社会蓝皮书
中国汽车社会发展报告（2015）
著(编)者:王俊秀　2015年4月出版 / 估价:59.00元

青年蓝皮书
中国青年发展报告No.3
著(编)者:廉思　2015年4月出版 / 估价:59.00元

区域人才蓝皮书
中国区域人才竞争力报告（2015）
著(编)者:桂昭明 王辉耀　2015年6月出版 / 估价:69.00元

群众体育蓝皮书
中国群众体育发展报告（2015）
著(编)者:刘国永 杨桦　2015年8月出版 / 估价:69.00元

人才蓝皮书
中国人才发展报告（2015）
著(编)者:潘晨光　2015年8月出版 / 估价:85.00元

人权蓝皮书
中国人权事业发展报告（2015）
著(编)者:中国人权研究会　2015年8月出版 / 估价:99.00元

森林碳汇绿皮书
中国森林碳汇评估发展报告（2015）
著(编)者:闫文德 胡文臻　2015年9月出版 / 估价:79.00元

社会保障绿皮书
中国社会保障发展报告（2015）
著(编)者:王延中　2015年6月出版 / 估价:79.00元

社会工作蓝皮书
中国社会工作发展报告（2015）
著(编)者:民政部社会工作研究中心
2015年8月出版 / 估价:79.00元

社会管理蓝皮书
中国社会管理创新报告（2015）
著(编)者:连玉明　2015年9月出版 / 估价:89.00元

社会蓝皮书
2015年中国社会形势分析与预测
著(编)者:李培林　陈光金　张　翼
2014年12月出版 / 定价:69.00元

社会体制蓝皮书
中国社会体制改革报告（2015）
著(编)者:龚维斌　2015年5月出版 / 估价:79.00元

社会心态蓝皮书
中国社会心态研究报告（2015）
著(编)者:王俊秀 杨宜音　2015年10月出版 / 估价:69.00元

社会组织蓝皮书
中国社会组织评估发展报告（2015）
著(编)者:徐家良 廖鸿　2015年12月出版 / 估价:69.00元

生态城市绿皮书
中国生态城市建设发展报告（2015）
著(编)者:刘举科 孙伟平 胡文臻
2015年6月出版 / 估价:98.00元

生态文明绿皮书
中国省域生态文明建设评价报告（ECI 2015）
著(编)者:严耕　2015年9月出版 / 估价:85.00元

世界社会主义黄皮书
世界社会主义跟踪研究报告（2015）
著(编)者:李慎明　2015年4月出版 / 估价:198.00元

水与发展蓝皮书
中国水风险评估报告（2015）
著(编)者:王浩　2015年9月出版 / 估价:69.00元

土地整治蓝皮书
中国土地整治发展研究报告No.2
著(编)者:国土资源部土地整治中心　2015年5月出版 / 估价:89.00元

危机管理蓝皮书
中国危机管理报告（2015）
著(编)者:文学国　2015年8月出版 / 估价:89.00元

形象危机应对蓝皮书
形象危机应对研究报告（2015）
著(编)者:唐钧　2015年6月出版 / 估价:149.00元

医改蓝皮书
中国医药卫生体制改革报告（2015～2016）
著(编)者:文学国　房志武　2015年12月出版 / 估价:79.00元

医疗卫生绿皮书
中国医疗卫生发展报告（2015）
著(编)者:申宝忠 韩玉珍　2015年4月出版 / 估价:75.00元

应急管理蓝皮书
中国应急管理报告（2015）
著(编)者:宋英华　2015年10月出版 / 估价:69.00元

政治参与蓝皮书
中国政治参与报告（2015）
著(编)者:房宁　2015年7月出版 / 估价:105.00元

政治发展蓝皮书
中国政治发展报告（2015）
著(编)者:房宁 杨海蛟　2015年5月出版 / 估价:88.00元

中国农村妇女发展蓝皮书
流动女性城市融入发展报告（2015）
著(编)者:谢丽华　2015年11月出版 / 估价:69.00元

宗教蓝皮书
中国宗教报告（2015）
著(编)者:金泽 邱永辉　2015年9月出版 / 估价:59.00元

行业报告类

保险蓝皮书
中国保险业竞争力报告（2015）
著(编)者:王力　2015年12月出版 / 估价:98.00元

彩票蓝皮书
中国彩票发展报告（2015）
著(编)者:益彩基金　2015年10月出版 / 估价:69.00元

餐饮产业蓝皮书
中国餐饮产业发展报告（2015）
著(编)者:邢颖　2015年6月出版 / 估价:69.00元

测绘地理信息蓝皮书
智慧中国地理空间智能体系研究报告（2015）
著(编)者:库热西·买合苏提　2015年12月出版 / 估价:98.00元

茶业蓝皮书
中国茶产业发展报告（2015）
著(编)者:杨江帆 李闽榕　2015年10月出版 / 估价:78.00元

产权市场蓝皮书
中国产权市场发展报告（2015）
著(编)者:曹和平　2015年12月出版 / 估价:79.00元

电子政务蓝皮书
中国电子政务发展报告（2015）
著(编)者:洪毅 杜平　2015年11月出版 / 估价:79.00元

杜仲产业绿皮书
中国杜仲橡胶资源与产业发展报告（2014~2015）
著(编)者:杜红岩 胡文臻 俞锐
2015年1月出版 / 定价:85.00元

房地产蓝皮书
中国房地产发展报告No.12（2015）
著(编)者:魏后凯 李景国　2015年5月出版 / 估价:79.00元

服务外包蓝皮书
中国服务外包产业发展报告（2015）
著(编)者:王晓红 刘德军　2015年6月出版 / 估价:89.00元

工业设计蓝皮书
中国工业设计发展报告（2015）
著(编)者:王晓红 于炜 张立群　2015年9月出版 / 估价:138.00元

互联网金融蓝皮书
中国互联网金融发展报告（2015）
著(编)者:芮晓武 刘烈宏　2015年8月出版 / 估价:79.00元

会展蓝皮书
中外会展业动态评估年度报告（2015）
著(编)者:张敏　2015年1月出版 / 估价:78.00元

金融监管蓝皮书
中国金融监管报告（2015）
著(编)者:胡滨　2015年5月出版 / 估价:69.00元

金融蓝皮书
中国商业银行竞争力报告（2015）
著(编)者:王松奇　2015年12月出版 / 估价:69.00元

客车蓝皮书
中国客车产业发展报告（2014~2015）
著(编)者:姚蔚　2015年2月出版 / 定价:85.00元

老龄蓝皮书
中国老年宜居环境发展报告（2015）
著(编)者:吴玉韶 党俊武　2015年9月出版 / 估价:79.00元

流通蓝皮书
中国商业发展报告（2015）
著(编)者:荆林波　2015年5月出版 / 估价:89.00元

旅游安全蓝皮书
中国旅游安全报告（2015）
著(编)者:郑向敏 谢朝武　2015年5月出版 / 估价:98.00元

旅游景区蓝皮书
中国旅游景区发展报告（2015）
著(编)者:黄安民　2015年7月出版 / 估价:79.00元

旅游绿皮书
2014~2015年中国旅游发展分析与预测
著(编)者:宋瑞　2015年1月出版 / 定价:98.00元

煤炭蓝皮书
中国煤炭工业发展报告（2015）
著(编)者:岳福斌　2015年12月出版 / 估价:79.00元

民营医院蓝皮书
中国民营医院发展报告（2015）
著(编)者:庄一强　2015年10月出版 / 估价:75.00元

闽商蓝皮书
闽商发展报告（2015）
著(编)者:王日根 李闽榕　2015年12月出版 / 估价:69.00元

能源蓝皮书
中国能源发展报告（2015）
著(编)者:崔民选 王军生　2015年8月出版 / 估价:79.00元

农产品流通蓝皮书
中国农产品流通产业发展报告（2015）
著(编)者:贾敬敦 张东科 张玉玺 孔令羽 张鹏毅
2015年9月出版 / 估价:89.00元

企业蓝皮书
中国企业竞争力报告（2015）
著(编)者:金碚　2015年11月出版 / 估价:89.00元

企业社会责任蓝皮书
中国企业社会责任研究报告（2015）
著(编)者:黄群慧 彭华岗 钟宏武 张蒽
2015年11月出版 / 估价:69.00元

汽车安全蓝皮书
中国汽车安全发展报告（2015）
著(编)者:中国汽车技术研究中心　2015年4月出版 / 估价:79.00元

汽车蓝皮书
中国汽车产业发展报告（2015）
著(编)者:国务院发展研究中心产业经济研究部
中国汽车工程学会 大众汽车集团（中国）
2015年7月出版 / 估价:128.00元

清洁能源蓝皮书
国际清洁能源发展报告（2015）
著(编)者:国际清洁能源论坛（澳门）
2015年9月出版 / 估价:89.00元

人力资源蓝皮书
中国人力资源发展报告（2015）
著(编)者:余兴安　2015年9月出版 / 估价:79.00元

融资租赁蓝皮书
中国融资租赁业发展报告（2014~2015）
著(编)者:李光荣 王力　2015年1月出版 / 定价:89.00元

软件和信息服务业蓝皮书
中国软件和信息服务业发展报告（2015）
著(编)者:陈新河 洪京一　2015年12月出版 / 估价:198.00元

上市公司蓝皮书
上市公司质量评价报告（2015）
著(编)者:张跃文 王力　2015年10月出版 / 估价:118.00元

食品药品蓝皮书
食品药品安全与监管政策研究报告（2015）
著(编)者:唐民皓　2015年7月出版 / 估价:69.00元

世界能源蓝皮书
世界能源发展报告（2015）
著(编)者:黄晓勇　2015年6月出版 / 估价:99.00元

碳市场蓝皮书
中国碳市场报告（2015）
著(编)者:低碳发展国际合作联盟
2015年11月出版 / 估价:69.00元

体育蓝皮书
中国体育产业发展报告（2015）
著(编)者:阮伟 钟秉枢　2015年4月出版 / 估价:69.00元

投资蓝皮书
中国投资发展报告（2015）
著(编)者:杨庆蔚　2015年4月出版 / 估价:128.00元

物联网蓝皮书
中国物联网发展报告（2015）
著(编)者:黄桂田　2015年4月出版 / 估价:59.00元

西部工业蓝皮书
中国西部工业发展报告（2015）
著(编)者:方行明 甘犁 刘方健 姜凌 等
2015年9月出版 / 估价:79.00元

西部金融蓝皮书
中国西部金融发展报告（2015）
著(编)者:李忠民　2015年8月出版 / 估价:75.00元

新能源汽车蓝皮书
中国新能源汽车产业发展报告（2015）
著(编)者:中国汽车技术研究中心
日产（中国）投资有限公司 东风汽车有限公司
2015年8月出版 / 估价:69.00元

信托市场蓝皮书
中国信托业市场报告（2014~2015）
著(编)者:用益信托工作室　2015年2月出版 / 定价:198.00元

信息产业蓝皮书
世界软件和信息技术产业发展报告（2015）
著(编)者:洪京一　2015年8月出版 / 估价:79.00元

信息化蓝皮书
中国信息化形势分析与预测（2015）
著(编)者:周宏仁　2015年8月出版 / 估价:98.00元

信用蓝皮书
中国信用发展报告（2015）
著(编)者:田侃　2015年4月出版 / 估价:69.00元

休闲绿皮书
2015年中国休闲发展报告
著(编)者:刘德谦　2015年6月出版 / 估价:59.00元

医药蓝皮书
中国中医药产业园战略发展报告（2015）
著(编)者:裴长洪 房书亭 吴篠心　2015年5月出版 / 估价:89.00元

邮轮绿皮书
中国邮轮产业发展报告（2015）
著(编)者:汪泓　2015年9月出版 / 估价:79.00元

支付清算蓝皮书
中国支付清算发展报告（2015）
著(编)者:杨涛　2015年5月出版 / 估价:45.00元

中国上市公司蓝皮书
中国上市公司发展报告（2015）
著(编)者:许雄斌 张平 2015年9月出版 / 估价:98.00元

中国总部经济蓝皮书
中国总部经济发展报告（2015）
著(编)者:赵弘　2015年5月出版 / 估价:79.00元

住房绿皮书
中国住房发展报告（2014~2015）
著(编)者:倪鹏飞　2014年12月出版 / 定价:79.00元

资本市场蓝皮书
中国场外交易市场发展报告（2015）
著(编)者:高峦　2015年8月出版 / 估价:79.00元

资产管理蓝皮书
中国资产管理行业发展报告（2015）
著(编)者:智信资产管理研究院　2015年7月出版 / 估价:79.00元

文化传媒类

传媒竞争力蓝皮书
中国传媒国际竞争力研究报告（2015）
著(编)者:李本乾　2015年9月出版 / 估价:88.00元

传媒蓝皮书
中国传媒产业发展报告（2015）
著(编)者:崔保国　2015年4月出版 / 估价:98.00元

传媒投资蓝皮书
中国传媒投资发展报告（2015）
著(编)者:张向东　2015年7月出版 / 估价:89.00元

动漫蓝皮书
中国动漫产业发展报告（2015）
著(编)者:卢斌 郑玉明 牛兴侦　2015年7月出版 / 估价:79.00元

非物质文化遗产蓝皮书
中国非物质文化遗产发展报告（2015）
著(编)者:陈平　2015年4月出版 / 估价:79.00元

非物质文化遗产蓝皮书
中国少数民族非物质文化遗产发展报告（2015）
著(编)者:肖远平　柴立　2015年4月出版 / 估价:79.00元

广电蓝皮书
中国广播电影电视发展报告（2015）
著(编)者:杨明品　2015年7月出版 / 估价:98.00元

广告主蓝皮书
中国广告主营销传播趋势报告（2015）
著(编)者:黄升民　2015年5月出版 / 估价:148.00元

国际传播蓝皮书
中国国际传播发展报告（2015）
著(编)者:胡正荣 李继东 姬德强
2015年7月出版 / 估价:89.00元

国家形象蓝皮书
2015年国家形象研究报告
著(编)者:张昆　2015年5月出版 / 估价:79.00元

纪录片蓝皮书
中国纪录片发展报告（2015）
著(编)者:何苏六　2015年9月出版 / 估价:79.00元

科学传播蓝皮书
中国科学传播报告（2015）
著(编)者:詹正茂　2015年4月出版 / 估价:69.00元

两岸文化蓝皮书
两岸文化产业合作发展报告（2015）
著(编)者:胡惠林 李保宗　2015年7月出版 / 估价:79.00元

媒介与女性蓝皮书
中国媒介与女性发展报告（2015）
著(编)者:刘利群　2015年8月出版 / 估价:69.00元

全球传媒蓝皮书
全球传媒发展报告（2015）
著(编)者:胡正荣　2015年12月出版 / 估价:79.00元

世界文化发展蓝皮书
世界文化发展报告（2015）
著(编)者:张庆宗　高乐田　郭熙煌
2015年5月出版 / 估价:89.00元

视听新媒体蓝皮书
中国视听新媒体发展报告（2015）
著(编)者:庞井君　2015年6月出版 / 估价:148.00元

文化创新蓝皮书
中国文化创新报告（2015）
著(编)者:于平 傅才武　2015年4月出版 / 估价:79.00元

文化建设蓝皮书
中国文化发展报告（2015）
著(编)者:江畅 孙伟平 戴茂堂
2015年4月出版 / 估价:138.00元

文化科技蓝皮书
文化科技创新发展报告（2015）
著(编)者:于平 李凤亮　2015年10月出版 / 估价:89.00元

文化蓝皮书
中国文化产业供需协调检测报告（2015）
著(编)者:王亚南 2015年2月出版 / 定价:79.00元

文化蓝皮书
中国文化消费需求景气评价报告（2015）
著(编)者:王亚南 2015年2月出版 / 定价:79.00元

文化蓝皮书
中国文化产业发展报告（2015）
著(编)者:张晓明 王家新 章建刚
2015年4月出版 / 估价:79.00元

文化蓝皮书
中国公共文化投入增长测评报告(2015)
著(编)者:王亚南　2014年12月出版 / 定价:79.00元

文化蓝皮书
中国文化政策发展报告（2015）
著(编)者:傅才武 宋文玉 燕东升　2015年9月出版 / 估价:98.00元

文化品牌蓝皮书
中国文化品牌发展报告（2015）
著(编)者:欧阳友权　2015年4月出版 / 估价:79.00元

文化遗产蓝皮书
中国文化遗产事业发展报告（2015）
著(编)者:刘世锦　2015年12月出版 / 估价:89.00元

文学蓝皮书
中国文情报告（2015）
著(编)者:白烨　2015年5月出版 / 估价:49.00元

新媒体蓝皮书
中国新媒体发展报告（2015）
著(编)者:唐绪军　2015年6月出版 / 估价:79.00元

新媒体社会责任蓝皮书
中国新媒体社会责任研究报告（2015）
著(编)者:钟瑛　2015年10月出版 / 估价:79.00元

移动互联网蓝皮书
中国移动互联网发展报告（2015）
著(编)者:官建文　2015年6月出版 / 估价:79.00元

舆情蓝皮书
中国社会舆情与危机管理报告（2015）
著(编)者:谢耘耕　2015年8月出版 / 估价:98.00元

地方发展类

安徽经济蓝皮书
芜湖创新型城市发展报告（2015）
著(编)者:杨少华 王开玉　2015年4月出版 / 估价:69.00元

安徽蓝皮书
安徽社会发展报告（2015）
著(编)者:程桦　2015年4月出版 / 估价:79.00元

安徽社会建设蓝皮书
安徽社会建设分析报告（2015）
著(编)者:黄家海 王开玉 蔡宪　2015年4月出版 / 估价:69.00元

澳门蓝皮书
澳门经济社会发展报告（2015）
著(编)者:吴志良 郝雨凡　2015年4月出版 / 估价:79.00元

北京蓝皮书
北京公共服务发展报告（2014~2015）
著(编)者:施昌奎　2015年1月出版 / 定价:69.00元

北京蓝皮书
北京经济发展报告（2015）
著(编)者:杨松　2015年4月出版 / 估价:79.00元

北京蓝皮书
北京社会治理发展报告（2015）
著(编)者:殷星辰　2015年4月出版 / 估价:79.00元

北京蓝皮书
北京文化发展报告（2015）
著(编)者:李建盛　2015年4月出版 / 估价:79.00元

北京蓝皮书
北京社会发展报告（2015）
著(编)者:缪青　2015年5月出版 / 估价:79.00元

北京蓝皮书
北京社区发展报告（2015）
著(编)者:于燕燕　2015年1月出版 / 定价:79.00元

北京旅游绿皮书
北京旅游发展报告（2015）
著(编)者:北京旅游学会　2015年7月出版 / 估价:88.00元

北京律师蓝皮书
北京律师发展报告（2015）
著(编)者:王隽　2015年12月出版 / 估价:75.00元

北京人才蓝皮书
北京人才发展报告（2015）
著(编)者:于淼　2015年4月出版 / 估价:89.00元

北京社会心态蓝皮书
北京社会心态分析报告（2015）
著(编)者:北京社会心理研究所　2015年4月出版 / 估价:69.00元

北京社会组织蓝皮书
北京社会组织发展研究报告(2015)
著(编)者:李东松 唐军　2015年4月出版 / 估价:79.00元

北京社会组织蓝皮书
北京社会组织发展报告（2015）
著(编)者:温庆云　2015年9月出版 / 估价:69.00元

滨海金融蓝皮书
滨海新区金融发展报告（2015）
著(编)者:王爱俭 张锐钢　2015年9月出版 / 估价:79.00元

城乡一体化蓝皮书
中国城乡一体化发展报告（北京卷）（2015）
著(编)者:张宝秀 黄序　2015年4月出版 / 估价:69.00元

创意城市蓝皮书
北京文化创意产业发展报告（2015）
著(编)者:张京成　2015年11月出版 / 估价:65.00元

创意城市蓝皮书
无锡文化创意产业发展报告（2015）
著(编)者:谭军 张鸣年　2015年10月出版 / 估价:75.00元

创意城市蓝皮书
武汉市文化创意产业发展报告（2015）
著(编)者:袁堃 黄永林　2015年11月出版 / 估价:85.00元

创意城市蓝皮书
重庆创意产业发展报告（2015）
著(编)者:程宇宁　2015年4月出版 / 估价:89.00元

创意城市蓝皮书
青岛文化创意产业发展报告（2015）
著(编)者:马达 张丹妮　2015年6月出版 / 估价:79.00元

福建妇女发展蓝皮书
福建省妇女发展报告（2015）
著(编)者:刘群英　2015年10月出版 / 估价:58.00元

甘肃蓝皮书
甘肃舆情分析与预测（2015）
著(编)者:陈双梅 郝树声 2015年1月出版 / 定价:79.00元

甘肃蓝皮书
甘肃文化发展分析与预测（2015）
著(编)者:安文华 周小华 2015年1月出版 / 定价:79.00元

甘肃蓝皮书
甘肃社会发展分析与预测（2015）
著(编)者:安文华 包晓霞 2015年1月出版 / 定价:79.00元

甘肃蓝皮书
甘肃经济发展分析与预测（2015）
著(编)者:朱智文 罗哲 2015年1月出版 / 定价:79.00元

甘肃蓝皮书
甘肃县域经济综合竞争力评价（2015）
著(编)者:刘进军 2015年4月出版 / 估价:69.00元

甘肃蓝皮书
甘肃县域社会发展评价报告（2015）
著(编)者:刘进军 柳民 王建兵 2015年1月出版 / 定价:79.00元

广东蓝皮书
广东省电子商务发展报告（2015）
著(编)者:程晓 2015年12月出版 / 估价:69.00元

广东蓝皮书
广东社会工作发展报告（2015）
著(编)者:罗观翠 2015年6月出版 / 估价:89.00元

广东社会建设蓝皮书
广东省社会建设发展报告（2015）
著(编)者:广东省社会工作委员会 2015年10月出版 / 估价:89.00元

广东外经贸蓝皮书
广东对外经济贸易发展研究报告（2015）
著(编)者:陈万灵 2015年5月出版 / 估价:79.00元

广西北部湾经济区蓝皮书
广西北部湾经济区开放开发报告（2015）
著(编)者:广西北部湾经济区规划建设管理委员会办公室
广西社会科学院广西北部湾发展研究院
2015年8月出版 / 估价:79.00元

广州蓝皮书
广州社会保障发展报告（2015）
著(编)者:蔡国萱 2015年4月出版 / 估价:65.00元

广州蓝皮书
2015年中国广州社会形势分析与预测
著(编)者:张强 陈怡霓 杨秦 2015年5月出版 / 估价:69.00元

广州蓝皮书
广州经济发展报告（2015）
著(编)者:李江涛 朱名宏 2015年5月出版 / 估价:69.00元

广州蓝皮书
广州商贸业发展报告（2015）
著(编)者:李江涛 王旭东 荀振英 2015年6月出版 / 估价:69.00元

广州蓝皮书
2015年中国广州经济形势分析与预测
著(编)者:庾建设 沈奎 郭志勇 2015年6月出版 / 估价:79.00元

广州蓝皮书
中国广州文化发展报告（2015）
著(编)者:徐俊忠 陆志强 顾涧清 2015年6月出版 / 估价:69.00元

广州蓝皮书
广州农村发展报告（2015）
著(编)者:李江涛 汤锦华 2015年8月出版 / 估价:69.00元

广州蓝皮书
中国广州城市建设与管理发展报告（2015）
著(编)者:董皞 冼伟雄 2015年7月出版 / 估价:69.00元

广州蓝皮书
中国广州科技和信息化发展报告（2015）
著(编)者:邹采荣 马正勇 冯元 2015年7月出版 / 估价:79.00元

广州蓝皮书
广州创新型城市发展报告（2015）
著(编)者:李江涛 2015年7月出版 / 估价:69.00元

广州蓝皮书
广州文化创意产业发展报告（2015）
著(编)者:甘新 2015年8月出版 / 估价:79.00元

广州蓝皮书
广州志愿服务发展报告（2015）
著(编)者:魏国华 张强 2015年9月出版 / 估价:69.00元

广州蓝皮书
广州城市国际化发展报告（2015）
著(编)者:朱名宏 2015年9月出版 / 估价:59.00元

广州蓝皮书
广州汽车产业发展报告（2015）
著(编)者:李江涛 杨再高 2015年9月出版 / 估价:69.00元

贵州房地产蓝皮书
贵州房地产发展报告（2015）
著(编)者:武廷方 2015年10月出版 / 估价:89.00元

贵州蓝皮书
贵州人才发展报告（2015）
著(编)者:于杰 吴大华 2015年4月出版 / 估价:69.00元

贵州蓝皮书
贵州社会发展报告（2015）
著(编)者:王兴骥 2015年4月出版 / 估价:69.00元

贵州蓝皮书
贵州法治发展报告（2015）
著(编)者:吴大华 2015年4月出版 / 估价:69.00元

贵州蓝皮书
贵州国有企业社会责任发展报告（2015）
著(编)者:郭丽 2015年10月出版 / 估价:79.00元

海淀蓝皮书
海淀区文化和科技融合发展报告（2015）
著(编)者:孟景伟 陈名杰 2015年5月出版 / 估价:75.00元

海峡西岸蓝皮书
海峡西岸经济区发展报告（2015）
著(编)者:黄端　2015年9月出版 / 估价:65.00元

杭州都市圈蓝皮书
杭州都市圈发展报告（2015）
著(编)者:董祖德 沈翔　2015年5月出版 / 估价:89.00元

杭州蓝皮书
杭州妇女发展报告（2015）
著(编)者:魏颖　2015年6月出版 / 估价:75.00元

河北经济蓝皮书
河北省经济发展报告（2015）
著(编)者:马树强 金浩 张贵　2015年4月出版 / 估价:79.00元

河北蓝皮书
河北经济社会发展报告（2015）
著(编)者:周文夫　2015年1月出版 / 定价:79.00元

河南经济蓝皮书
2015年河南经济形势分析与预测
著(编)者:胡五岳　2015年2月出版 / 定价:69.00元

河南蓝皮书
河南城市发展报告（2015）
著(编)者:谷建全 王建国　2015年3月出版 / 定价:79.00元

河南蓝皮书
2015年河南社会形势分析与预测
著(编)者:刘道兴 牛苏林　2015年4月出版 / 估价:69.00元

河南蓝皮书
河南工业发展报告（2015）
著(编)者:龚绍东 赵西三　2015年1月出版 / 定价:79.00元

河南蓝皮书
河南文化发展报告（2015）
著(编)者:卫绍生　2015年3月出版 / 定价:79.00元

河南蓝皮书
河南经济发展报告（2015）
著(编)者:喻新安　2014年12月出版 / 定价:79.00元

河南蓝皮书
河南法治发展报告（2015）
著(编)者:丁同民 闫德民　2015年4月出版 / 估价:69.00元

河南蓝皮书
河南金融发展报告（2015）
著(编)者:喻新安 谷建全　2015年4月出版 / 估价:69.00元

河南商务蓝皮书
河南商务发展报告（2015）
著(编)者:焦锦淼 穆荣国　2015年5月出版 / 估价:88.00元

黑龙江产业蓝皮书
黑龙江产业发展报告（2015）
著(编)者:于渤　2015年9月出版 / 估价:79.00元

黑龙江蓝皮书
黑龙江经济发展报告（2015）
著(编)者:曲伟　2015年1月出版 / 定价:79.00元

黑龙江蓝皮书
黑龙江社会发展报告（2015）
著(编)者:张新颖　2015年1月出版 / 定价:79.00元

湖北文化蓝皮书
湖北文化发展报告（2015）
著(编)者:江畅 吴成国　2015年5月出版 / 估价:89.00元

湖南城市蓝皮书
区域城市群整合
著(编)者:童中贤 韩未名　2015年12月出版 / 估价:79.00元

湖南蓝皮书
2015年湖南电子政务发展报告
著(编)者:梁志峰　2015年4月出版 / 估价:128.00元

湖南蓝皮书
2015年湖南社会发展报告
著(编)者:梁志峰　2015年4月出版 / 估价:128.00元

湖南蓝皮书
2015年湖南产业发展报告
著(编)者:梁志峰　2015年4月出版 / 估价:128.00元

湖南蓝皮书
2015年湖南经济展望
著(编)者:梁志峰　2015年4月出版 / 估价:128.00元

湖南蓝皮书
2015年湖南县域经济社会发展报告
著(编)者:梁志峰　2015年4月出版 / 估价:128.00元

湖南蓝皮书
2015年湖南两型社会发展报告
著(编)者:梁志峰　2015年4月出版 / 估价:128.00元

湖南县域绿皮书
湖南县域发展报告No.2
著(编)者:朱有志　2015年4月出版 / 估价:69.00元

沪港蓝皮书
沪港发展报告（2015）
著(编)者:尤安山　2015年9月出版 / 估价:89.00元

吉林蓝皮书
2015年吉林经济社会形势分析与预测
著(编)者:马克　2015年2月出版 / 定价:89.00元

济源蓝皮书
济源经济社会发展报告（2015）
著(编)者:喻新安　2015年4月出版 / 估价:69.00元

健康城市蓝皮书
北京健康城市建设研究报告（2015）
著(编)者:王鸿春　2015年4月出版 / 估价:79.00元

江苏法治蓝皮书
江苏法治发展报告（2015）
著(编)者:李力 龚廷泰　2015年9月出版 / 估价:98.00元

京津冀蓝皮书
京津冀发展报告（2015）
著(编)者:文魁 祝尔娟　2015年4月出版 / 估价:79.00元

经济特区蓝皮书
中国经济特区发展报告（2015）
著(编)者:陶一桃 2015年4月出版 / 估价:89.00元

辽宁蓝皮书
2015年辽宁经济社会形势分析与预测
著(编)者:曹晓峰 张晶 梁启东 2014年12月出版 / 定价:79.00元

南京蓝皮书
南京文化发展报告（2015）
著(编)者:南京文化产业研究中心
2015年12月出版 / 估价:79.00元

内蒙古蓝皮书
内蒙古反腐倡廉建设报告（2015）
著(编)者:张志华 无极 2015年12月出版 / 估价:69.00元

浦东新区蓝皮书
上海浦东经济发展报告（2015）
著(编)者:沈开艳 陆沪根 2015年1月出版 / 定价:69.00元

青海蓝皮书
2015年青海经济社会形势分析与预测
著(编)者:赵宗福 2014年12月出版 / 定价:69.00元

人口与健康蓝皮书
深圳人口与健康发展报告（2015）
著(编)者:曾序春 2015年12月出版 / 估价:89.00元

山东蓝皮书
山东社会形势分析与预测（2015）
著(编)者:张华 唐洲雁 2015年6月出版 / 估价:89.00元

山东蓝皮书
山东经济形势分析与预测（2015）
著(编)者:张华 唐洲雁 2015年6月出版 / 估价:89.00元

山东蓝皮书
山东文化发展报告（2015）
著(编)者:张华 唐洲雁 2015年6月出版 / 估价:98.00元

山西蓝皮书
山西资源型经济转型发展报告（2015）
著(编)者:李志强 2015年5月出版 / 估价:98.00元

陕西蓝皮书
陕西经济发展报告（2015）
著(编)者:任宗哲 白宽犁 裴成荣 2015年1月出版 / 定价:69.00元

陕西蓝皮书
陕西社会发展报告（2015）
著(编)者:任宗哲 白宽犁 牛昉 2015年1月出版 / 定价:69.00元

陕西蓝皮书
陕西文化发展报告（2015）
著(编)者:任宗哲 白宽犁 王长寿 2015年1月出版 / 定价:65.00元

陕西蓝皮书
丝绸之路经济带发展报告（2015）
著(编)者:任宗哲 石英 白宽犁
2015年8月出版 / 估价:79.00元

上海蓝皮书
上海文学发展报告（2015）
著(编)者:陈圣来 2015年1月出版 / 定价:69.00元

上海蓝皮书
上海文化发展报告（2015）
著(编)者:荣跃明 2015年1月出版 / 定价:74.00元

上海蓝皮书
上海资源环境发展报告（2015）
著(编)者:周冯琦 汤庆合 任文伟
2015年1月出版 / 定价:69.00元

上海蓝皮书
上海社会发展报告（2015）
著(编)者:杨雄 周海旺 2015年1月出版 / 定价:69.00元

上海蓝皮书
上海经济发展报告（2015）
著(编)者:沈开艳 2015年1月出版 / 定价:69.00元

上海蓝皮书
上海传媒发展报告（2015）
著(编)者:强荧 焦雨虹 2015年1月出版 / 定价:69.00元

上海蓝皮书
上海法治发展报告（2015）
著(编)者:叶青 2015年4月出版 / 估价:69.00元

上饶蓝皮书
上饶发展报告（2015）
著(编)者:朱寅健 2015年4月出版 / 估价:128.00元

社会建设蓝皮书
2015年北京社会建设分析报告
著(编)者:宋贵伦 冯虹 2015年7月出版 / 估价:79.00元

深圳蓝皮书
深圳劳动关系发展报告（2015）
著(编)者:汤庭芬 2015年6月出版 / 估价:75.00元

深圳蓝皮书
深圳经济发展报告（2015）
著(编)者:张骁儒 2015年7月出版 / 估价:79.00元

深圳蓝皮书
深圳社会发展报告（2015）
著(编)者:叶民辉 张骁儒 2015年7月出版 / 估价:89.00元

深圳蓝皮书
深圳法治发展报告（2015）
著(编)者:张骁儒 2015年4月出版 / 估价:79.00元

四川蓝皮书
四川文化产业发展报告（2015）
著(编)者:侯水平 2015年4月出版 / 估价:69.00元

四川蓝皮书
四川企业社会责任研究报告（2015）
著(编)者:侯水平 盛毅 2015年3月出版 / 定价:79.00元

四川蓝皮书
四川法治发展报告（2015）
著(编)者:郑泰安　2015年1月出版 / 定价:69.00元

四川蓝皮书
2015年四川生态建设报告
著(编)者:四川省社会科学院
2015年4月出版 / 估价:69.00元

四川蓝皮书
四川城镇化发展报告（2015）
著(编)者:四川省城镇发展研究中心
2015年4月出版 / 估价:69.00元

四川蓝皮书
2015年四川社会发展形势分析与预测
著(编)者:郭晓鸣　李羚　2015年5月出版 / 估价:69.00元

四川蓝皮书
2015年四川经济发展形势分析与预测
著(编)者:杨钢　2015年1月出版 / 定价:89.00元

四川法治蓝皮书
四川依法治省年度报告No.1（2015）
著(编)者:李林 杨天宗 田禾　2015年3月出版 / 定价:108.00元

天津金融蓝皮书
天津金融发展报告（2015）
著(编)者:王爱俭 杜强　2015年9月出版 / 估价:89.00元

图们江区域合作蓝皮书
中国图们江区域合作开发发展报告（2015）
著(编)者:李铁　朱显平　吴成章　2015年4月出版 / 估价:79.00元

温州蓝皮书
2015年温州经济社会形势分析与预测
著(编)者:潘忠强 王春光 金浩　2015年4月出版 / 估价:69.00元

扬州蓝皮书
扬州经济社会发展报告（2015）
著(编)者:丁纯　2015年12月出版 / 估价:89.00元

云南蓝皮书
中国面向西南开放重要桥头堡建设发展报告（2015）
著(编)者:刘绍怀　2015年12月出版 / 估价:69.00元

长株潭城市群蓝皮书
长株潭城市群发展报告（2015）
著(编)者:张萍　2015年4月出版 / 估价:69.00元

郑州蓝皮书
2015年郑州文化发展报告
著(编)者:王哲　2015年9月出版 / 估价:65.00元

中医文化蓝皮书
北京中医文化发展报告（2015）
著(编)者:毛嘉陵　2015年4月出版 / 估价:69.00元

珠三角流通蓝皮书
珠三角商圈发展研究报告（2015）
著(编)者:林至颖 王先庆　2015年7月出版 / 估价:98.00元

国别与地区类

阿拉伯黄皮书
阿拉伯发展报告（2015）
著(编)者:马晓霖　2015年4月出版 / 估价:79.00元

北部湾蓝皮书
泛北部湾合作发展报告（2015）
著(编)者:吕余生　2015年8月出版 / 估价:69.00元

大湄公河次区域蓝皮书
大湄公河次区域合作发展报告（2015）
著(编)者:刘稚　2015年9月出版 / 估价:79.00元

大洋洲蓝皮书
大洋洲发展报告（2015）
著(编)者:喻常森　2015年8月出版 / 估价:89.00元

德国蓝皮书
德国发展报告（2015）
著(编)者:郑春荣 伍慧萍　2015年6月出版 / 估价:69.00元

东北亚黄皮书
东北亚地区政治与安全（2015）
著(编)者:黄凤志 刘清才 张慧智
2015年5月出版 / 估价:69.00元

东盟黄皮书
东盟发展报告（2015）
著(编)者:崔晓麟　2015年5月出版 / 估价:75.00元

东南亚蓝皮书
东南亚地区发展报告（2015）
著(编)者:王勤　2015年4月出版 / 估价:79.00元

俄罗斯黄皮书
俄罗斯发展报告（2015）
著(编)者:李永全　2015年7月出版 / 估价:79.00元

非洲黄皮书
非洲发展报告（2015）
著(编)者:张宏明　2015年7月出版 / 估价:79.00元

国际形势黄皮书
全球政治与安全报告（2015）
著(编)者:李慎明　张宇燕　2015年1月出版 / 定价:69.00元

韩国蓝皮书
韩国发展报告（2015）
著(编)者:刘宝全 牛林杰　2015年8月出版 / 估价:79.00元

加拿大蓝皮书
加拿大发展报告（2015）
著(编)者:仲伟合　2015年4月出版 / 估价:89.00元

拉美黄皮书
拉丁美洲和加勒比发展报告（2014~2015）
著(编)者:吴白乙　2015年4月出版 / 估价:89.00元

美国蓝皮书
美国研究报告（2015）
著(编)者:黄平 郑秉文　2015年7月出版 / 估价:89.00元

缅甸蓝皮书
缅甸国情报告（2015）
著(编)者:李晨阳　2015年8月出版 / 估价:79.00元

欧洲蓝皮书
欧洲发展报告（2015）
著(编)者:周弘　2015年6月出版 / 估价:89.00元

葡语国家蓝皮书
葡语国家发展报告（2015）
著(编)者:对外经济贸易大学区域国别研究所　葡语国家研究中心
2015年4月出版 / 估价:89.00元

葡语国家蓝皮书
中国与葡语国家关系发展报告·巴西（2014）
著(编)者:澳门科技大学　2015年4月出版 / 估价:89.00元

日本经济蓝皮书
日本经济与中日经贸关系研究报告（2015）
著(编)者:王洛林 张季风　2015年5月出版 / 估价:79.00元

日本蓝皮书
日本研究报告（2015）
著(编)者:李薇　2015年4月出版 / 估价:69.00元

上海合作组织黄皮书
上海合作组织发展报告（2015）
著(编)者:李进峰 吴宏伟 李伟
2015年9月出版 / 估价:89.00元

世界创新竞争力黄皮书
世界创新竞争力发展报告（2015）
著(编)者:李闽榕 李建平　赵新力
2015年12月出版 / 估价:148.00元

土耳其蓝皮书
土耳其发展报告（2015）
著(编)者:郭长刚 刘义　2015年7月出版 / 估价:89.00元

亚太蓝皮书
亚太地区发展报告（2015）
著(编)者:李向阳　2015年1月出版 / 定价:59.00元

印度蓝皮书
印度国情报告（2015）
著(编)者:吕昭义　2015年5月出版 / 估价:89.00元

印度洋地区蓝皮书
印度洋地区发展报告（2015）
著(编)者:汪戎　2015年4月出版 / 估价:79.00元

中东黄皮书
中东发展报告（2015）
著(编)者:杨光　2015年11月出版 / 估价:89.00元

中欧关系蓝皮书
中欧关系研究报告（2015）
著(编)者:周弘　2015年12月出版 / 估价:98.00元

中亚黄皮书
中亚国家发展报告（2015）
著(编)者:孙力 吴宏伟　2015年9月出版 / 估价:89.00元

中国皮书网

www.pishu.cn

发布皮书研创资讯，传播皮书精彩内容
引领皮书出版潮流，打造皮书服务平台

栏目设置：

- □ 资讯：皮书动态、皮书观点、皮书数据、皮书报道、皮书发布、电子期刊
- □ 标准：皮书评价、皮书研究、皮书规范
- □ 服务：最新皮书、皮书书目、重点推荐、在线购书
- □ 链接：皮书数据库、皮书博客、皮书微博、在线书城
- □ 搜索：资讯、图书、研究动态、皮书专家、研创团队

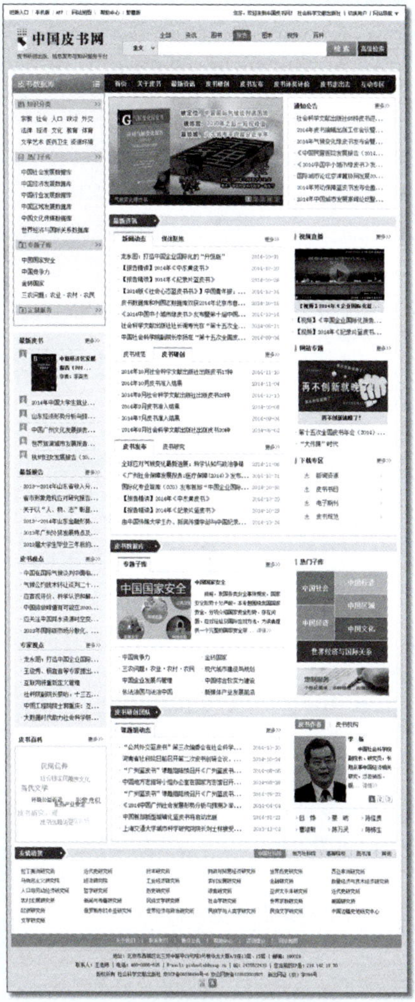

中国皮书网依托皮书系列“权威、前沿、原创”的优质内容资源，通过文字、图片、音频、视频等多种元素，在皮书研创者、使用者之间搭建了一个成果展示、资源共享的互动平台。

自 2005 年 12 月正式上线以来，中国皮书网的 IP 访问量、PV 浏览量与日俱增，受到海内外研究者、公务人员、商务人士以及专业读者的广泛关注。

2008 年、2011 年，中国皮书网均在全国新闻出版业网站荣誉评选中获得“最具商业价值网站”称号；2012 年，获得“出版业网站百强”称号。

2014 年，中国皮书网与皮书数据库实现资源共享，端口合一，将提供更丰富的内容，更全面的服务。

权威报告　热点资讯　海量资源

当代中国与世界发展的高端智库平台

皮书数据库 www.pishu.com.cn

皮书数据库是专业的人文社会科学综合学术资源总库，以大型连续性图书——皮书系列为基础，整合国内外相关资讯构建而成。包含七大子库，涵盖两百多个主题，囊括了近十几年间中国与世界经济社会发展报告，覆盖经济、社会、政治、文化、教育、国际问题等多个领域。

皮书数据库以篇章为基本单位，方便用户对皮书内容的阅读需求。用户可进行全文检索，也可对文献题目、内容提要、作者名称、作者单位、关键字等基本信息进行检索，还可对检索到的篇章再做二次筛选，进行在线阅读或下载阅读。智能多维度导航，可使用户根据自己熟知的分类标准进行分类导航筛选，使查找和检索更高效、便捷。

权威的研究报告，独特的调研数据，前沿的热点资讯，皮书数据库已发展成为国内最具影响力的关于中国与世界现实问题研究的成果库和资讯库。

皮书俱乐部会员服务指南

1. 谁能成为皮书俱乐部成员?

- 皮书作者自动成为俱乐部会员
- 购买了皮书产品（纸质书/电子书）的个人用户

2. 会员可以享受的增值服务

- 免费获赠皮书数据库100元充值卡
- 加入皮书俱乐部，免费获赠该纸质图书的电子书
- 免费定期获赠皮书电子期刊
- 优先参与各类皮书学术活动
- 优先享受皮书产品的最新优惠

3. 如何享受增值服务?

（1）免费获赠100元皮书数据库体验卡

第1步 刮开皮书附赠充值的涂层（右下）；

第2步 登录皮书数据库网站（www.pishu.com.cn），注册账号；

第3步 登录并进入“会员中心”—“在线充值”—“充值卡充值”，充值成功后即可使用。

（2）加入皮书俱乐部，凭数据库体验卡获赠该书的电子书

第1步 登录社会科学文献出版社官网（www.ssap.com.cn），注册账号；

第2步 登录并进入“会员中心”—“皮书俱乐部”，提交加入皮书俱乐部申请；

第3步 审核通过后，再次进入皮书俱乐部，填写页面所需图书、体验卡信息即可自动兑换相应电子书。

4. 声明

解释权归社会科学文献出版社所有

皮书俱乐部会员可享受社会科学文献出版社其他相关免费增值服务，有任何疑问，均可与我们联系。

图书销售热线：010-59367070/7028　图书服务QQ：800045692　图书服务邮箱：duzhe@ssap.cn

数据库服务热线：400-008-6695　数据库服务QQ：2475522410　数据库服务邮箱：database@ssap.cn

欢迎登录社会科学文献出版社官网（www.ssap.com.cn）和中国皮书网（www.pishu.cn）了解更多信息

皮书大事记
（2014）

☆ 2014年10月，中国社会科学院2014年度皮书纳入创新工程学术出版资助名单正式公布，相关资助措施进一步落实。

☆ 2014年8月，由中国社会科学院主办，贵州省社会科学院、社会科学文献出版社承办的“第十五次全国皮书年会（2014）”在贵州贵阳隆重召开。

☆ 2014年8月，第二批淘汰的27种皮书名单公布。

☆ 2014年7月，第五届优秀皮书奖评审会在京召开。本届优秀皮书奖首次同时评选优秀皮书和优秀皮书报告。

☆ 2014年7月，第三届皮书学术评审委员会于北京成立。

☆ 2014年6月，社会科学文献出版社与北京报刊发行局签订合同，将部分重点皮书纳入邮政发行系统。

☆ 2014年6月，《中国社会科学院皮书管理办法》正式颁布实施。

☆ 2014年4月，出台《社会科学文献出版社关于加强皮书编审工作的有关规定》《社会科学文献出版社皮书责任编辑管理规定》《社会科学文献出版社关于皮书准入与退出的若干规定》。

☆ 2014年1月，首批淘汰的44种皮书名单公布。

☆ 2014年1月，“2013(第七届)全国新闻出版业网站年会”在北京举办，中国皮书网被评为“最具商业价值网站”。

☆ 2014年1月,社会科学文献出版社在原皮书评价研究中心的基础上成立了皮书研究院。

皮书数据库
www.pishu.com.cn

皮书数据库三期

• 皮书数据库（SSDB）是社会科学文献出版社整合现有皮书资源开发的在线数字产品，全面收录“皮书系列”的内容资源，并以此为基础整合大量相关资讯构建而成。

• 皮书数据库现有中国经济发展数据库、中国社会发展数据库、世界经济与国际政治数据库等子库，覆盖经济、社会、文化等多个行业、领域，现有报告30000多篇，总字数超过5亿字，并以每年4000多篇的速度不断更新累积。

• 新版皮书数据库主要围绕存量+增量资源整合、资源编辑标引体系建设、产品架构设置优化、技术平台功能研发等方面开展工作，并将中国皮书网与皮书数据库合二为一联体建设，旨在以“皮书研创出版、信息发布与知识服务平台”为基本功能定位，打造一个全新的皮书品牌综合门户平台，为您提供更优质更到位的服务。

更多信息请登录

中国皮书网
http://www.pishu.cn

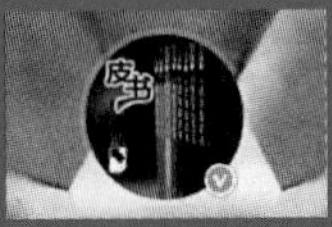

中国皮书网的BLOG [编辑]
http://blog.sina.com.cn/pishu

中国皮书网
http://www.pishu.cn

皮书微博
http://weibo.com/pishu

皮书博客
http://blog.sina.com.cn/pishu

皮书微信
皮书说

请到各地书店皮书专架 / 专柜购买，也可办理邮购

咨询 / 邮购电话： 010-59367028　59367070　　**邮　　箱：** duzhe@ssap.cn
邮购地址： 北京市西城区北三环中路甲29号院3号楼华龙大厦13层读者服务中心
邮　　编： 100029
银行户名： 社会科学文献出版社
开户银行： 中国工商银行北京北太平庄支行
账　　号： 0200010019200365434
网上书店： 010-59367070　qq：1265056568
网　　址： www.ssap.com.cn　　www.pishu.cn

CONTENTS

𝔹 I Keynote Reports

𝔹 II General Report

𝔹 III Industry Reports

BIV Regional Subjects

BⅥ Special Reports

BⅦ Appendix

主题报告

Keynote Reports

B.1

着力推进湖南文化产业发展在新常态下转型升级

许又声*

2014 年，全省文化战线认真贯彻落实党中央、国务院和省委、省政府关于加快文化产业发展的一系列决策部署，主动适应经济发展新常态，自觉走创新驱动、创意制胜之路，走集约发展、融合发展之路，着力做大做强市场主体，不断培育新的增长点，推动湖南省文化产业保持了稳中向好、稳中提质的良好发展态势。

去年全省文化产业发展取得的新进展，主要体现在以下三个方面：一是在文化产业与相关产业融合发展上取得了新进展。在与科技融合方面，加强了与科技部门和科技研究单位的深度合作，推进了文化产业与科学技术的多层次“嫁接”，扶持了一批融合发展的重点文化企业；在与金融融合方面，积极推动快乐购、华声在线等文化企业做好上市融资工作，其中快乐购已于今年 1 月

* 许又声，中共湖南省委常委、宣传部部长。

成功上市；在与旅游融合方面，加大文化旅游产品开发力度，启动了大湘西文化旅游精品线路建设，切实推进了通道县、炎陵县、永定区3个省文化旅游融合发展特色县建设的各项工作。二是在文化产业项目建设上取得新进展。积极推进重点项目建设，投资3亿元的“潇影大厦”基本建成，湖南日报传媒中心累计完成投资2.15亿元；加大文化产业招商引资力度，发布投融资项目75个，在深圳文博会现场签约项目15个、合同金额252亿元，在沪洽周期间召开文化创意产业发展招商恳谈会，举办“湖湘家传”非物质文化遗产精品展示展销活动，实现总销售额1393万元；加强与全国知名文化企业的联系合作，促成深圳华侨城集团、华强集团来湘投资意向。三是在推进文化“走出去”上取得新进展。举办“湖南文化走进泰国”活动，大力推介湘影、湘书、湘绣、湘瓷等具有湖湘特色的文化产品，大力推介大湘西文化旅游资源，拓展了海外市场。通过一年的努力，湖南文化产业在宏观经济下行压力加大的背景下，实现了逆势上扬、全线飘红。根据初步统计，2014年全省文化和创意产业增加值为1558.72亿元、比上年增长15.1%，占GDP比重为5.76%、同比提高0.23个百分点，继续高于全省经济增速，保持了在全省国民经济中支柱产业的地位。依据中国文化产业发展指数报告，湖南再次入选全国“新十强”。

去年湖南文化产业在发展中也存在一些困难和问题，主要表现在以下三个方面。一是区域发展不太平衡。长株潭地区、洞庭湖地区、大湘西地区和大湘南地区的文化和创意产业增加值占全省比重分别为57.8%、16.5%、8.7%和17%，这表明作为经济发展核心区域的长株潭地区发展较快，而洞庭湖地区的占比与其在全省经济中的比重不相适应，大湘西地区和大湘南地区的占比与其丰厚的文化资源不相匹配。二是产业结构不尽合理。主要是文化产业中制造业比重偏高，批零业和服务业比重偏低。与全国平均水平相比，湖南文化制造业增加值占比高出25.8个百分点，而文化批零业及服务业占比分别低5个和20.8个百分点。这与服务业日益成为文化产业发展主体的趋势不相适应，产业结构亟待进一步优化。三是产业基础仍然薄弱。湖南文化企业“弱小散差”、“个小量大”的特点比较明显。比如，目前全省文化服务业法人单位数为26376家，占全部文化产业法人单位的73.3%，但平均每个单位贡献的增加值仅为110万元，只相当于制造业的8.9%。这些都表明，在经济发展进入新常态的大背景下，湖南省文化产业转型升级的任务还十分繁重。

2015年是全面深化改革的关键之年，是全面完成“十二五”规划的收官之年。在新的一年，推进文化产业实现更好更快发展，最核心的要求就是要适应新常态下速度变化、结构优化、动力转化的特点，最紧迫的任务就是要推进文化产业转型升级。因此，推进今年文化产业取得新的发展，必须坚持通过深化改革增强发展动力，通过调整结构释放发展助力，通过融合发展挖掘发展潜力，努力形成新的增长点，争创发展的新优势。

一　进一步深化文化体制改革，不断激发文化产业发展活力

哪里有改革，哪里就有发展。2014年，湖南完成了新一轮文化体制改革的顶层设计，2015年将进入“施工期”，省委确定的17项改革任务将向纵深推进。为了打好文化体制改革的攻坚战，需要继续发扬湖南人“吃得苦、霸得蛮、耐得烦”的精神，盯住重点，攻克难点，确保在“关键之年”取得“关键之为”。

（一）着力在深化国有文化资产管理体制改革上实现新突破

实行兼并重组是做大做强文化产业的成功之路。党的十八大以来，随着文化体制改革的深化，全国各地特别是东部发达地区跨地区、跨行业、跨所有制并购重组呈现蓬勃发展之势。从湖南来看，经过多年发展，湖南广电和出版集团的资产都已达到了两三百个亿，但与北京上海广东上千亿资产的大型文化企业相比，我们的骨干文化企业还有很大的提升空间。为此，省委、省政府2015年明确提出，要新组建湖南日报报业集团有限公司、湖南广播影视集团有限公司和湖南教育报刊集团有限公司。这是近几年来湖南省文化体制改革中最具有突破性的“大动作”和“大手笔”，必须以“开弓没有回头箭”的勇气推进这项改革，积极主动地抓协调、抓进度、抓督办、抓落实，确保2015年6月底前完成改革任务，真正打造几家湖南的“文化航母”和“媒体旗舰”。

（二）着力在培育市场主体上实现新突破

文化企业决定着文化产业发展的总体水平。当前深化文化体制改革的一项

重点任务，就是要推动文化企业建立现代企业制度。在前一轮文化体制改革中，根据中央统一部署，湖南对国有经营性文化单位进行了转企改制，极大地激发了文化活力。但也有一些文化企业存在“萝卜快了不洗泥”的现象，内部管理机制“不事不企”，不同程度地出现了“走得不稳”、“跑得不快”的问题。2015 年要重点推动已改制的国有文艺院团和电影公司等建立健全有文化特色的现代企业制度，通过制度安排和建立差异化绩效考核标准，使文化企业既健全法人治理结构，又把社会效益的要求真正体现到公司章程之中，让新的体制机制产生化学反应。

（三）着力在推动政府部门由办文化向管文化转变上实现新突破

实现政企分开、政事分开是建立现代市场体系的必然要求。只有进一步理顺政府和市场的关系，才能更好地发挥市场在文化资源配置中的积极作用，促进文化企业自主经营、自负盈亏、自我约束。2015 年，将进一步简政放权、放管结合，真正做到“应简必简”、“应放必放”，同时要进一步打破文化市场的条块分割、地区封锁和城乡分离，努力清除市场壁垒，完善市场准入和退出机制，促进文化市场对民间资本全方位、全过程开放，鼓励各类市场主体公平竞争、优胜劣汰，努力使文化市场更加活跃、更加繁荣。

二　进一步加快传统媒体与新兴媒体融合发展，积极抢占传播制高点

推动媒体融合发展是实现文化产业转型升级的必然要求。面对互联网的迅猛发展，传统媒体只有与新兴媒体融合发展，才能凤凰涅槃、浴火重生。2014 年中央下发指导意见以来，湖南积极探索，推动广电、报业、出版等行业走上了融合发展的“快车道”。2015 年，要继续巩固这种良好态势，力争在融合发展方面取得新的进展和成效。

（一）抓好内容生产，以优质的内容赢得市场

没有用户就没有市场。无论是传统媒体的注意力经济，还是网络媒体的粉丝经济，用户对于媒体的喜爱和黏性度，最关键的还是对于信息内容本身的需

求和兴趣。像湖南广电之所以具有较强的公信力、影响力和品牌价值，一条重要经验就是坚持做优秀的产品，如《绝对忠诚》、《我是歌手》、《爸爸去哪儿》等，都是产生广泛影响的现象级节目。推进融合发展，必须坚持内容为王，以内容优势赢得发展优势。要进一步发挥好传统主流媒体的专业采编优势和信息资源优势，推进采编流程的集约化、数字化改造，促进移动采编、多媒体采编系统的升级，实现一次采集、多种生成、多元传播，推动新闻信息生产向实时生产、数据化生产、用户参与生产转变，从而更好地满足受众的文化信息需求。

（二）抓好技术研发，以便捷的渠道抢占市场

只有具备先进的现代技术和畅通的传播渠道，才能把优质内容传得开、传得远，才能拥有更加广阔的市场。近年来，湖南广电建立了芒果 TV 全平台，湖南日报报业集团拥有了自己的客户端、官网，红网在全省建成 122 个县市区分站、在 103 个县市区开通了《红网手机报》，这些都使这些媒体把触角延伸到新媒体领域。进一步推进传统媒体与新兴媒体融合发展，就必须巩固已有成果，以先进技术为支撑，切实加强技术研发和攻关，运用新技术发展全媒平台。要加强对湖南日报、湖南广播电视台、红网等主流媒体已有平台的改造升级，实现媒体信息采集、内容制作、存储分发的流程再造，提升华声在线、芒果 TV、红网的覆盖面和竞争力，同时要紧跟和利用商业网站、社交网站技术创新步伐，及时更新优化主流媒体微博、微信，努力形成“一云多屏”、“一媒多介”的融合平台，努力抢占舆论引导和文化传播的新高地。

（三）抓好经营管理，以健全的制度适应市场

媒体融合发展成效如何，市场是重要的“试金石”。因此，必须进一步把事业和经营剥离开来，在坚持政治家办报、办刊、办台、办新闻网站的前提下，坚持走市场、闯市场，积极借鉴新兴媒体的制度经验和管理经验，着力完善组织结构、传播体系和管理体制，建立健全顺畅高效、适应市场竞争、一体化发展的融合运行机制。要坚持一手抓融合、一手抓管理，切实解决好媒体功能重复、内容同质、力量分散等问题，使媒体发展的格局更加科学合理。

三　进一步推进文化与相关产业融合发展，争创文化产业发展新优势

推进文化与相关产业融合发展，有利于促进文化产业走上以质量效益为核心的新兴发展之路。要积极推进文化与科技、旅游、金融、体育、电信、制造业和农业等的融合发展，促进文化产业更好地转方式、调结构、强动力。

（一）推进文化与科技融合

要加强对传统文化产业的技术改造，提高演艺、娱乐、艺术品、文化会展等领域的科技含量，使文化更具吸引力、感染力；要加快推进新兴文化产业发展，促进动漫、游戏、数字文化服务等新兴文化业态发展，不断提升新兴文化业态的比重；要发挥科技项目的支撑引领作用，依托长株潭国家自主创新示范区，加快引进一批知名文化科技企业签约入湘，建设一批高端创意设计融合平台，尤其是要做大做强 IAI 亚太设计联盟湖南创意基地、亚太创新设计中心等平台，不断提高文化生产和传播的科技装备水平，提高文化产品和服务的“科技含量”。

（二）推进文化与旅游融合

文化因旅游而生动，旅游因文化而精彩。湖南不仅是文化大省，也是旅游大省，拥有丰富的文化旅游资源。推进文化与旅游融合发展，对于促进文化产业转型升级具有重要的现实意义。要继续抓好大湘西文化旅游融合发展，高标准建设好大湘西文化旅游精品线路，努力打造具有广泛影响力的“神秘大湘西”文化旅游品牌。要着力抓好以红色文化、生态文化为依托的大湘东文化旅游产业带建设，通过主题宣传、主题活动、主题节会等，唱响大湘东文化旅游品牌。

（三）推进文化与金融融合

金融是现代经济的核心，推进文化与金融的融合，能够为文化产业的发展注入新的“血液”。为此，要完善政策措施，积极促进金融资本、社会资本与文化资源的对接。要加强文化企业上市的培育储备，重点推进华声在线、中广

天择、体坛传媒、华凯创意等重点文化企业的上市融资。要发挥好省文化旅游担保投资公司等平台的作用，鼓励金融机构积极开发适合文化产业的信贷产品，创新授信模式，举办好中小文化企业融资对接会，鼓励金融机构从“贷大贷长”向“贷小贷微”转变，解决好小微文化企业融资难、融资贵的问题。要充分发挥投资拉动作用，坚持“非禁即试”，鼓励引导各类社会资本进入文化产业，建立健全多元化、多层次、多渠道的文化产业投融资体系。

四　进一步培育新的增长点，加快形成文化产业多点支撑的发展格局

推动湖南省文化产业在新一轮竞争中加快发展、转型发展，必须把培育新的增长点作为发展的“倍增器”，尽快形成新的文化生产力，推动湖南文化产业提速提标、提质提量。

（一）抓好文化产业园区建设这个增长点

文化产业园区是推动文化产业集聚，促进项目孵化的重要载体。为此，各级政府要从政策层面扶持文化产业园区发展，加大财政支持的力度，进一步完善基础设施建设、公共服务平台建设等，吸引文化企业入驻和文化产业项目落地。要从规划管理层面引领园区发展，加快长沙天心文化产业园、湘台文化创意产业园、湖南（昭山）文化创意产业园、湖南（益阳）工艺美术创意设计园、长沙后湖文化艺术园等重点园区的规划和建设，积极引进全国知名文化企业来湘投资发展，引导文化产业园区突出主导产业和主体功能，避免同质化竞争。要从服务企业层面加快创新成果的转化运用，发挥好国防科大、湖南大学在互联网技术方面的优势，发挥好中南大学、湖南师大在文化创意和新闻传播方面的优势，探索建立“企业 + 高校 + 基地”的产学研模式，推动创意和科研成果尽快转化为现实生产力。

（二）抓好县域文化产业发展这个增长点

县域文化产业是湖南省文化产业的一块“短板”，拉长了这块“短板”，湖南省文化产业就会拓展出一片新天地，形成大众创新、万众创业的新局面。要加强文化旅游特色县建设，通过专项扶持、项目安排等，支持凤凰、新化、

新宁、永定、炎陵、通道等建设文化旅游特色强县。要走特色化、差异化发展之路，依托县域独特历史文化和山水资源发展“文化旅游业”，依托县域非物质文化遗产培育“文化工艺业”，依托县域传统曲艺和民歌发展“演艺娱乐业”。目前湖南京广、沪昆高铁通车里程已超过1000公里，呈“十字形”贯穿湖南省，给全省县域文化产业发展带来重大机遇，要借助发展高铁经济，加强跨省合作，在高铁沿线着力建设好若干条精品旅游线路和景点集群，建设好伟人故里韶山、瓷都醴陵、湘中宝地新化、神秘花瑶地隆回、和平之城芷江等旅游目的地。

（三）抓好文化产业与移动互联网对接这个增长点

当前，移动互联网正以前所未有的深度和广度影响经济社会生活，打开了文化产业发展的新通道。2014 年，省政府出台了《关于鼓励移动互联网产业发展的意见》和《关于鼓励移动互联网产业发展的若干政策》，湖南省移动互联网产业发展面临难得的机遇。要发挥“电视湘军”、“出版湘军”、“动漫湘军”的品牌效应和内容优势，切实推进移动互联网与文化产业的对接，大力发展移动互联网电视，积极推进数字出版移动化转型，不断拓宽动漫产业的传播渠道。要发挥移动互联网湘籍领军人物的作用，创建国家级移动互联网产业基地，打造“移动互联网湘军”，特别要用好国家实施“互联网+”行动计划的利好政策，大力推动文化产业与物联网、移动互联网、云计算、大数据等的融合创新，再造文化产品的生产流程、服务方式、赢利模式和业态形态，打造移动互联网完整产业链。

五 进一步加快文化“走出去”步伐，拓展文化产业发展新空间

加快文化“走出去”，是增强文化软实力新的突破口，也是树立湖南良好形象新的风景线。

（一）培育文化“走出去”的主体

文化“走出去”，关键是文化产品和服务要走出去，这就需要有一批结构

合理、实力强劲的外向型文化企业作为支撑。近年来，湖南积极推动文化企业走向国际市场，精心培育了一批竞争力较强的外向型文化企业。加快湖南文化“走出去”，就要进一步增强文化企业的开放素质和外向功能，不断壮大对外文化贸易的主力军。这方面，既要抓好“顶天立地”式的骨干企业，又要抓好“铺天盖地”式的小微企业；既要抓好国有文化企业，又要抓好民营文化企业，努力增强湖南文化的国际竞争力。

（二）搭建文化“走出去”的平台

平台是“走出去”的桥和船，有了桥和船，湖南文化才能顺利“扬帆出海”。近年来，湖南大力建设文化“走出去”平台，实现了“借船出海”与“造船出海”齐头并进。加快湖南文化“走出去”，就要进一步开展好文化交流和文化贸易活动，2015 年重点组织好米兰世博会、“港洽周”、“汉语桥”等活动，组织好“海上丝绸之路国家主流媒体湖湘行”等文化交流活动，努力把湘瓷、湘书、烟花和电视节目等“湘”字号特色文化产品“卖出去”。要支持建设一批文化贸易基地，鼓励有条件的文化企业同国外有实力的文化机构进行合作，在海外设立分支机构和发行网络，建立起实用、高效、灵活的文化“走出去”绿色通道。

（三）完善文化“走出去”的机制

机制是增强文化“走出去”活力的重要保障。近年来，坚持政府主导与市场运作“两条腿”走路的方式，积极为文化“走出去”创造良好条件和环境，不断扩大了湖南文化在国际市场上的影响。加快湖南文化“走出去”，就要进一步加大扶持，积极协调财政、税务、商务、金融、海关等部门，在财政补贴、税收减免、信贷发放、保险服务和通关等方面创造条件、提供便利。宣传文化等部门要在资源配置方面向文化出口重点企业倾斜，各级文化产业发展引导资金和专项资金要把文化出口作为重点扶持方向。

推动文化产业发展在新常态下转型升级，对于促进湖南经济保持中高速增长、迈向中高端水平，对于加快建设文化强省，都具有重要意义。全省文化战线将按照省委、省政府要求，大力弘扬敢为人先的湖湘精神，认识新常态、适应新常态，奋发进取、开拓创新，努力打造湖南文化产业发展升级版。

B.2

认清形势　突出重点　努力开创开放型经济发展新局面

何报翔*

一　2014年湖南开放型经济总体情况

2014 年，面对复杂多变的宏观经济形势，湖南各级各部门深入贯彻落实中央和省委、省政府的工作部署，紧紧围绕“稳增长、保重点、建平台、求实效”的工作目标，保持了开放型经济平稳较快发展的良好势头。

1. 主要指标平稳增长

湖南实现进出口总额310.3 亿美元，增长23.2%，增速居中部第一、全国第八，其中，出口 200.2 亿美元，进口 110 亿美元，分别增长 35.1%、6.3%；实际利用外资 102.7 亿美元，增长 17.9%，利用外资总额和增幅连续三年位居中部地区首位；引进内资 3300.8 亿元，增长 14.5%；对外中方合同投资额 18.16 亿美元，增长 31.2%；对外直接投资实际额 9.49 亿美元，增长 36.5%；社会消费品零售总额 10082 亿元，增长 12.8%；旅游总收入 3050.7 亿元，增长 13.75%；口岸出入境人数 137.9 万人次，增长 33.1%

2. 发展格局逐步优化

一是长株潭中心地位更加凸显。长株潭三市进出口总额 176.5 亿美元，占湖南总量的 56.9%。到位外资 56.2 亿美元，占湖南总量的 54.7%。长沙外资、外贸规模继续保持领先地位，开放首位度明显增强，一大批重大项目在长沙布局。金霞保税物流中心发展势头强劲，湘潭综保区通过国家 10 部委正式验收。长沙获批国家跨境电子商务试点城市，长沙、株洲两市获批创建全国电

* 何报翔，湖南省人民政府副省长。

子商务示范城市。二是“南北两口”发展优势正在形成。湘南三市进出口总额84.3亿美元，占湖南总量的27.2%，其中郴州市居湖南第2位，衡阳居湖南第3位，永州居湖南第7位。外资到位28.3亿美元，占湖南总量的27.6%。郴州出口加工区已经成为湖南加工贸易的重要基地，郴州国际快件中心运转良好，衡阳综保区正式封关运行、对外开放，永州无水港建设积极推进。岳阳综保区获批，城陵矶肉类进口指定口岸通过国家验收正式对外开放，汽车整车、粮食、固废进口指定口岸成功获批，将成为我省对外开放的重要平台和开放型经济的重要增长点。

3. 重大项目稳步推进

湖南新批外商投资企业项目539个，引进3000万美元以上的外资项目34个。长沙国际会展中心建设工作顺利推进，百城千镇县乡流通再造工程首批试点项目正式启动。湘南承接产业转移示范区启动第三批重大项目117个，投资总额764.8亿元。上海大众、克莱斯勒、富士康、蓝思科技、九兴控股、台达电子二期、格力电器等一批重大项目相继落户或扩产。建工集团、远大住工、路桥集团等企业的对外合作项目进展顺利、前景良好，南车集团获得南非20亿美元机车大单。“沪洽周”签约省级重大项目75个，成功引进世界500强企业3家，另有7家追加投资，省市两级共签约项目276个，引资总额2609.2亿元。

二　2015年湖南开放型经济面临的形势

从国际形势来看，世界经济增长的动力在增强，全球贸易增长和跨国投资有所复苏，我国稳定出口和利用外资的环境有望略为改善。从国内来看，长江经济带建设等重大战略的深入实施，为深化与各兄弟省市的互动合作等提供了重要平台；“一带一路”战略加快推进，为湖南深度融入全球贸易、推动我省工程机械、建筑工程、轨道交通等优势产业“走出去”提供了历史性的机遇。从自身情况来看，经过近些年的发展，湖南的经济实力、产业基础大幅提升，区位交通优势更加明显，平台建设取得重大进展。

但是，我们也要看到，国际金融危机的影响尚未完全消散，特别是美联储加息、欧元区量化宽松政策和动荡的地缘政治等，可能对中国经济造成不利影响。从投资来看，我国固定资产投资自2003年开始连续十年保持20%以上的高增长，2013年下降到20%以下，2014年大幅下降到15.3%。受经济结构调整、资金成本增加、宏观经济政策特别是货币政策很难大幅度放松等因素影响，投资增长难免受到较大制约。从消费来看，2014年全国社会消费品零售总额增幅为12%，较上年增幅下降1.1个百分点。尽管国家出台了系列促消费的政策，但产生效果还有一个过程。再加上国家对公款消费和奢侈品消费的控制，住宿、餐饮、旅游等高端消费下降明显。从出口来看，去年我国进出口总额已达2.34万亿美元，增长6.1%，较上年增幅下降1.8个百分点，受成本高企、资金短缺、竞争加剧等因素的影响，今年继续保持快速增长面临前所未有的挑战。

2014年，尽管湖南开放型经济主要经济指标保持了较高增长，但这些增长是建立在较低对外依存度和较低经济发展水平之上的，湖南开放型经济的发展基础依然薄弱、外部形势依然严峻、内生动力依然不足。一是总体实力不够强。从外贸来看，2014年湖南进出口总额位列全国第18位，仅为广东的2.9%、上海的6.7%、四川的44%、湖北的72%。湖南进出口过10亿美元的企业只有4家，出口最大的企业仅17亿美元。湖南122个县市区只有16个进出口总额突破1亿美元，进出口实绩为零的还有12个。从利用外资来看，引进的世界500强企业，真正的龙头企业不多；引进的项目以劳动密集型、传统产品、中小项目居多，且投资一、三产业比重较小。二是发展环境不够优。开放型经济发展环境和物流通关环境虽有较大改善，但与沿海沿边省市比，甚至和中部各省比，依然存在较大的差距。审批项目多、时间长、收费高，有些项目沿海地区一周可以审批完毕，在湖南则需要一个月左右。能源、资金、土地、人力等要素保障不力，“五险一金”无论是缴费基数和比例都高于沿海地区，融资困难依然是企业特别是中小微企业发展的大难题。政策创新不足，跟踪落实不到位，一些在沿海、在中部其他省份可以实行的政策，在湖南却执行不了。三是发展平台不够实。近年，湖南建成了一批开放型经济平台，但这些平台作用的发挥尚需时日。湖南综保区已达4家，但除郴州出口加工区初具规模之外，衡阳、岳阳、湘潭3家综保区的入园企业不多，进出口的数量不大，离海关总署的要求还有较大差距。80个省级以上园区全年利用外资35.92亿美元，仅占湖南总额的34.99%，比去年减少2.64个百分点，其中，13个国家级园区利用外资仅占湖南总量的22%，比全国平均水平低14个百分点，天津市仅滨海新区利用外资就高达98.5亿美元。四是旅游市场不够旺。旅游产业发展势头较快，但与很多兄弟省份相比，还存在不少差距，主要表现为旅游产品数量有限、业态单一，游客消费水平不高，企业主体不强。2014年，湖南接待国内外游客人4.12亿人次，但均消费仅740.5元，低于全国平均水平15个百分点，分别相当于广东、云南、贵州、江西、河南的25.7%、79.6%、82.3%、83.8%、77.7%。尤其是入境旅游方面，受近几年“韩流”退潮、欧美等高端市场开拓乏力等因素影响，湖南入境旅游主要指标连续下滑，2014年入境旅游人数和创汇分别下降4.82%、2.76%。

三　2015年湖南开放型经济工作重点

2015年是“十二五”规划的收官之年，也是全面深化改革的关键之年，开创开放型经济发展新局面，要主动适应新常态，抢抓国家“一带一路”战略、长江经济带建设等重大机遇，在稳增长上下功夫、在保重点上做文章、在抓项目上见成效、在优服务上出真招。

1. 挖掘潜力稳增长

充分挖掘各市州和县市区、园区、企业的增长潜力，深入实施“破零倍增”计划，努力推动“三外”实绩为零的县市区，外资、外贸实绩为零的国家级、省级园区，进出口实绩为零的外贸企业和有外贸潜力的内贸企业实现外经贸零的突破。省直各相关部门要加强配合，加大支持力度。各市州、县市区政府要制订具体方案，把责任落实到单位和责任人。要发挥特殊监管区和指定口岸等重点平台的撬动效应，吸引企业入园、抢占周边市场，全力培育新的增长点。要全面落实国家及湖南促进外贸稳增长各项政策措施，打造外贸发展新优势。要充分发挥蓝思科技、三一重工、中联重科、远大集团、建工集团等骨干企业的示范带动作用，带动中小微企业引进来、走出去，拓展新的增长空间。

2. 握紧拳头保重点

省直各部门，各市州、县市区、园区都要分层次、按领域，集中精力、财力和要素资源，有针对性地扶持1~2个重点产业，培育几家重点企业，搭建几个重点平台，完成几项重点工作。要加强对长沙临空临港经济发展、岳阳临港产业发展、衡阳综保区企业入园等重点、难点课题深入研究，提出对策，破难攻坚。要继续抓好重点平台的建设，全面推进衡阳、岳阳、湘潭综保区建设发展，充分发挥好原油进口、冻品进口、汽车整车进口、粮食和水果进口、贵金属加工、跨境电商等贸易平台作用。要加快推进百城千镇县乡流通再造工程，启动第二批试点项目。要围绕长三角、珠三角暨港澳台地区，瞄准世界500强，突出引进一批重点企业。要集中要素资源，加快推进张家界国家旅游综合改革试点、湘潭（韶山）全国红色旅游融合发展示范区工作，加快文化旅游产业特色县建设。要创新方式和平台，针对重点客源市场，出台有针对性的措施，精心策划、组织好宣传促销活动，扩大旅游消费。

3. 狠抓项目强后劲

围绕重点地区、重点产业、重点资源，抓好项目的开发、策划和包装；抓好省政府领导联系重点招商项目的跟踪协调，争取有一批成功签约。着力破解资金、用地等难题，认真抓好去2014年沪洽周、中博会、泛珠大会等重大经贸活动省级签约项目的履约落地；加快长沙金桥国际城、中南现代商贸物流城、衡阳华耀城、岳阳南翔万商等重大商贸流通项目和长沙国际会展中心等重点平台项目建设。

4. 深化改革优服务

要借改革的东风，解放思想，在打破条条框框束缚、创新行政管理体制等方面，迈出步子、闯出路子，为湖南经济的开放发展松绑、给力。加快推广上海自贸区可复制的成功经验，进一步明确部门职责，尽快取得成效。全面放宽投资准入，探索准入前国民待遇加负面清单管理模式，力争在长株潭地区、湘南示范区和国家级园区试点。积极争取把我省纳入长江经济带通关一体化改革范围，全面推进关检合作三个一试点，优化监管服务，打造具有竞争力的通关环境。全面优化政务环境，逐步建立权力清单制度，减少审批程序，对各种审批项目特别是非行政许可审批项目，该取消的坚决取消。对保留事项，最大限度减少审批环节，缩短办理时限。

B.3

加大改革创新力度 推动农业农村转型发展

张硕辅*

近年来，全省各级按照“四化两型”、“三量齐升”战略要求，充分利用长株潭“两型”建设试验区改革发展理念，调整农业结构、转变农业发展方式、建设新农村。经过几年的转型调整和改革阵痛，取得了明显成效。2014年全省农林牧渔业总产值同比（下同）增长4.7%，增加值增长4.6%，为近五年来增长最多的一年；粮食总产再次登上600亿斤台阶，达到600.26亿斤，增加15亿斤，占全国粮食增产量的1/6；生猪出栏6220万头，增长5.4%；农村居民人均可支配收入首次突破万元大关，达到10060元，增长11.4%，高出城镇居民收入增幅2.3个百分点，增幅连续四年超过城镇居民收入；农产品质量安全水平明显提高，农业可持续发展能力不断增强；新农村建设形成点、线、面梯次推进格局，农村社会和谐稳定。

但全省农业农村发展与经济新常态下的新形势、新任务、新要求还不相适应。湖南省农业比重高、产业化程度低，农业现代化明显滞后于工业化、城镇化和信息化；农村地域广阔，常住人口占户籍总人口的52%，仍是全面建成小康社会的短板，转型发展的任务很重。具体表现在：一是资源环境约束更紧。人均耕地少，只占全国平均水平的2/3，而且污染比较严重，有些地方环境承载力达到极限。二是生产和供求结构性矛盾突出。棉花种植结构需要调整优化。口粮生产没有问题，但饲料粮主要靠外调。三是农业要素成本快速增长。稻谷、生猪、油料、棉花等主要农产品价格均高于国际市场价格，竞争力下降。四是农业劳动力素质下降。农村青壮年劳动力已大量进城务工，随着城

* 张硕辅，湖南省人民政府副省长。

镇化的推进，今后还有大量劳动力转移就业，“谁来种地”、“谁来建设新农村”等问题日益凸显。五是农产品质量安全潜在风险增加。2012 年一场突如其来的“镉米”舆情风波，给全省农业特别是粮食生产造成了严重影响。因此，加快农业农村转型发展势在必行。

在新常态下，农业农村转型发展也面临难得的历史机遇。湖南省作为农业大省，农业农村发展的空间还很大。农业转方式、调结构绝不意味着要放松农业生产，绝不能削弱农业综合生产能力。只有稳住农业农村发展这个基础，才能使更多发展成果惠及广大农民群众，才能为全省稳增长、调结构赢得主动、提供支撑。新常态下，农业农村转型发展，应遵循经济发展一般规律，因地制宜、大胆探索，走具有湖南特色农业现代化和城乡一体化发展道路。

一　调整优化农业结构

新常态下，消费由模仿型排浪式向个性化、多样化转变，必须适应市场消费结构的转型，主动调整优化产业结构，提升农业市场竞争力。

（一）优化农业区域功能布局

把农业现代化与工业化、城镇化建设统筹谋划，按照区域板块自然禀赋、经济社会条件，进一步优化区域功能定位，明确规划全省四大农业功能区域板块，即洞庭湖生态农业经济区、长株潭都市农业区、湘南特色农业区、大湘西生态保护与休闲旅游农业区，逐步形成具有区域特色的农业主导产品、支柱产业和特色品牌，打造大宗农产品优势产业带。抓住洞庭湖生态经济区建设上升为国家战略的机遇，落实规划，强化措施，努力把环洞庭湖区域打造成集标准化生态循环农业生产基地、绿色食品生产基地和大型标准化健康养殖基地于一体的国家现代农业建设示范区。

（二）调整农业产业结构

稳定粮食播种面积，加大政策扶持和投入力度，保护好农民种粮和粮食生产大县抓粮的积极性。组织实施国家新增粮食产能规划，重点推进 53 个县市区新增粮食产能建设。推动种植结构由粮食、经济作物二元结构向粮食、饲料、经济作物三元结构转变。在确保年粮食产量稳定在600亿斤左右基础上，引导农民以市场为导向，调整种养结构，大力发展品牌农业、特色农业和绿色农业，发展市场紧缺、适销对路的优质特色农产品。重点打造粮食、畜禽、果蔬、林产、茶叶等千亿产业，积极发展油茶、楠竹、生物制药等特色产业，引导棉区调整种植结构，加快发展林下经济，培育一批特色鲜明、类型多样、竞争力强的专业村镇，在市场竞争中提升农业效益。

（三）发展农业新型业态

充分利用农村青山绿水、田园风光、古朴建筑、民俗风情等丰富、独特的资源，大力发展休闲农业、设施农业、城市农业、观光农业、体验农业、森林旅游和互联网农业等农业新型业态，实施乡村旅游质量提升与休闲农业示范创建行动，突破以单一农产品生产为主的传统经营业态，促进一、二、三产业融合互动，培育农业新的增长点。

（四）加强农业招商引资和现代农业园区建设

充分利用丰富的农业资源，整合农业生产技术、品牌等资源，选择条件相对较好的国别或地区，创建境外湖南农业经贸合作区。扩大畜禽、蔬菜、水果、茶油等特色优势农产品出口。吸引海内外战略投资者和大型企业集团来湘投资农业，着力推动农业龙头企业与国际战略投资者强强联合，加快农业“走出去”步伐，扩大与东南亚、非洲等地区国家农业合作交流，提高统筹利用两个市场两种资源能力。重点选择10个优势特色农产品，开展现代农业示范特色园创建活动，启动益阳现代农业综合配套改革，推进永州、望城、衡阳、岳阳、湘潭等5个国家级农业科技示范园区建设，集中力量打造“千园”，以园区为示范引领，形成“三产融合、城乡一体、全面发展”的农业现代化发展格局。

二　增强科技创新驱动

新常态下，农业要实现可持续发展，必须依靠科技创新，走技术先进、安全高效、低碳环保、竞争有力的生态农业发展道路。

（一）突出种业科技创新

发挥湖南种业优势，加大超级稻、优质稻、生猪、蔬菜、油菜、油茶、茶叶、楠竹等品种选育和优良品种推广，加快国家级水稻分子育种平台和南繁基地建设，以隆平高科等种业企业为重点，做大做强种业龙头企业，加快培育具有自主知识产权的育种技术和品种，增强种业的综合竞争力。通过实施“百片千园万名”科技兴农工程，推进产学研、农科教紧密结合，提高农业科技贡献率。

（二）提升农业产业化

大力实施农产品加工振兴规划，深入推进特色县域经济农产品加工重点县、“135”工程等重大项目建设，支持县域特色产业集群发展。推进扶大扶强扶特扶优扶品牌战略，大力支持“百企”发展，培育一批规模大、带动能力强、支撑作用明显的龙头企业。积极引导企业以“公司+农户+合作社”的经营模式，深入农村领办、创办原料基地。加强产地市场体系建设，支持发展直销、配送、电子商务等农产品流通业态，让农民更多分享产业链增值收益。

（三）狠抓农产品健康生产

推进园艺作物标准化生产、畜禽标准化规模养殖和水产健康养殖，建设一批农业标准化生产基地和农产品知名品牌。全面启动农业面源污染综合治理，做好畜禽养殖禁养区、限养区、适养区划定工作，稳步实施湘江流域生猪禁养区退出计划。加强产地环境安全预警体系建设，开展农业环境容量评价，完善并严格执行农业生态环境保护责任制。对农业基本建设项目、技术改造项目和区域开发项目，防治环境污染和生态破坏的设施必须与主体工程同步设计、同步施工、同步使用。

（四）培育新型职业农民

建立新型职业农民认定制度，加快培育有文化、懂技术、善经营的新型职业农民，2015年力争培训新型职业农民4万人、一批现代青年农场主、1000

名专业合作社带头人、上万名农业产业化龙头企业和现代农业产业园技能型骨干，为转变农业发展方式提供智力支撑。

三　加强基础设施建设

新常态下，农业要稳定发展，必须强化农业基础设施。近些年，全省自然灾害频发、多发、重发，农业因灾损失大，充分暴露出农业基础设施薄弱，物质技术装备水平低，抗灾减灾能力不强等问题。必须把加强农村基础设施建设、提升农业综合生产能力作为转型发展的重要保障。

（一）严守耕地红线

坚守耕地保护红线，划定永久基本农田，对划定的基本农田实行最严格的保护，确保基本农田数量不减少、质量不降低。切实加强补充耕地质量建设，严格落实“占优补优、占水田补水田”要求，采取“补改结合”，确保耕地占补数量与质量平衡。加快推进高标准农田建设，实施“沃土工程”，推动粮食生产功能区建设，真正做到藏粮于地。加强对工商资本下乡租赁农村土地用途的监管，建立健全资格审查、项目审核、监督检查和风险保障金制度，明确上限控制，防止耕地“非粮化”，严禁“非农化”。

（二）加强农田水利基本建设

按照“节水优先、空间均衡、系统治理、两手发力”的思路，坚持兴利除害结合、防灾减灾并重、治标治本兼顾，促进开发、利用、治理与节约、配置、保护等协调发展，加快构建人水协调的现代水利体系。重点抓好防洪薄弱环节、民生水利、重大水利工程三大建设。既注意探索引进社会资本参与水利建设，又注重调动农民参与建管的积极性，形成全社会齐抓共建农田水利设施的良好氛围。

（三）强化农业产地环境治理

一方面加大耕地、水面、水域滩涂等保护力度，科学划定生态红线，强化“四水”源头水土流失重点防御，加快清洁低碳进农家、有机生态进农业、绿色环保进农村步伐，发展生态循环农业，提高资源利用效率。另一方面，强化农业环境突出问题治理，加大治土、治山、治水力度，适当降低农地开发利用强度，推广农业节本增效技术，严格管制滥用乱用农业投入品，净化修复农产品产地环境，深入开展长株潭地区重金属污染耕地修复治理和种植结构调整试点，大力开展植树造林、封山育林、退耕还林和石漠化治理，组织开展生态公益林三年禁伐、限伐行动，对裸露山地进行造林绿化攻坚，2014年完成4036座小Ⅱ型水库除险加固建设任务，继续深入推进洞庭湖综合治理和“四水”流域综合治理。

（四）大力推进农业机械化

加快研发和推广适地适业、先进安全的农机具，协同推进水稻耕种收、植保、转运、烘干等生产环节机械化，努力提高经济作物、畜牧水产及林果业机械化水平。重点支持1000家现代农机专业合作社发展；完善农业机械购置补贴政策，适度向丘陵山区和农机专业合作社倾斜。开展大型农机具融资租赁试点。加强农村机耕道建设，积极推广集中育秧。培育发展农机产业，支持长沙、双峰、汨罗等农机产业园建设。完善基层农机推广服务体系，强化农机安全生产监管责任，建设平安农机。

四　推进农村扶贫开发

（一）四个结合

一是整体推进和精准到户结合。以湘西自治州为主战场，加快推进武陵山和罗霄山片区区域发展与扶贫攻坚，通过区域整体开发改善贫困地区发展条件和环境。二是创新工作机制和解决突出问题结合。既要推动贫困县考核、精准扶贫等工作机制创新；又要集中力量解决制约贫困地区发展的瓶颈问题，重点推进水、电、路、气、房、环境整治六到户，织好最低生活保障、新农合、新农保、农村义务教育“四张网”。三是“输血”和“造血”结合。四是政府主导和市场主体结合。

（二）五项工作

一是建档立卡。对每个贫困村、贫困户建档立卡，建设扶贫信息网络系统。一家一户摸清贫困底数，分析致贫原因，研究脱贫途径，制定帮扶措施。二是派驻工作队。对8000个贫困村实行驻村帮扶全覆盖，确保每个贫困村都有驻村工作队，每个贫困户都有帮扶责任人。三是加强资金监管。合理划分省级与地方扶贫事权，扶贫项目审批权全部下放到县，提高地方统筹使用扶贫资金的能力，集中力量办大事。四是改进金融服务。针对贫困地区区域发展和扶贫产业、龙头企业的不同需求，创新金融产品，加大支持力度。建立和完善融资性担保平台和小额信贷风险化解机制，扩大贫困地区信贷投入规模。五是推动社会扶贫。建立社会扶贫信息网络服务平台，引导各类企业、社会组织和个人等社会力量以投资兴业、志愿服务、扶贫捐赠等多种形式积极参与扶贫开发。

五　深化农村各项改革

新常态下，要实现农业农村转型发展，必须向改革创新要动力、要红利。

（一）坚持和完善农村基本经营制度

科学把握变与不变的关系，在不变的前提下大胆求变。不变，就是坚持农村土地属于农民集体所有、家庭经营基础性地位不动摇、稳定现有农村土地承包关系并保持长久不变。变，就是实行农村土地“三权分置”，放活土地经营权、搞活经营方式，重点是走好三步棋：第一步是做好农村土地承包经营权确权登记颁证。2015年全面开展农村土地承包经营权确权登记入户调查等前期准备工作，并在具备条件的县市区，开展农村土地承包经营权确权登记颁证整县推进工作，2017年全省基本完成任务，早日让承包地拿到“户口本”，让农民吃上“定心丸”。第二步是发展适度规模经营。依托经管机构，建立健全市、县、乡三级农村土地流转服务网络和体系，鼓励承包农户依法流转承包地，发展农业适度规模经营。第三步是培育新型农业经营主体。鼓励发展和大力扶持家庭农场、专业大户、农民专业合作社、农业企业等新型农业经营主体，通过农民的合作与联合、开展社会化服务等多种形式，提升农业规模化经营水平。

（二）创新农村“三资”管理

按照依法有据、封闭运行、风险可控的原则，审慎推进农村集体土地制度改革。搞好浏阳市宅基地制度改革和农房、林权、农民土地承包经营权抵押贷款综合试点。稳妥推进农村集体产权制度改革试点，对非经营性资产，探索有利于提高公共服务能力的集体统一运营管理机制；对经营性资产，明晰产权归属，将资产折股量化到本集体经济组织成员，发展多种形式的股份合作，赋予农民对集体资产股份占有、收益、有偿退出及抵押、担保、继承权。

（三）健全农业社会化服务

坚持“两条腿”走路。一条腿是稳定完善公益性服务组织，构建网络，充实力量，推动气象服务融入社会化服务体系，不断提高基层农技推广组织的服务能力。另一条腿是加快发展市场化的社会化服务组织，加大政府购买基本公共服务的力度，鼓励社会多元主体投身农业服务行业，凡是适合市场、社会组织能承担的，都可以通过委托、承包、采购等方式，交给市场和社会组织承担。

（四）加大农业支持保护力度

调整和优化财政支出结构，重点支持农业结构调整、基础设施建设、农村民生改善、生态环境治理和重大改革。创新涉农资金管理使用机制，推进攸县、华容、澧县、安化4县统筹整合试点，提高涉农资金使用效益。加快农村金融体制改革，强化农村普惠金融服务，鼓励政策性银行、国有商业银行、股份制商业银行、地方法人金融机构等新建农村经营网点，积极稳步发展村镇银行，切实增强支农信贷规模。探索在符合条件的农民专业合作社内部开展资金互助合作试点，依靠农民自己的力量缓解贷款难题。支持小额贷款公司规范发展。继续开展农业保险保费补贴工作，探索开展物价指数保险试点，提高农业抗风险能力。

（五）推进农业农村法治建设

抓紧修改与现行体制机制相悖的地方性涉农法规规章，制定和完善农村土地承包、水利、林业、农产品质量安全、农药管理、动植物防疫、农村可再生能源、农民专业合作社等地方性配套法规规章；加快农业资源环境保护、农村财务审计、职业农民教育等地方立法进程，构建与国家法律相配套的地方涉农法规体系。全面落实中央各项惠农富农政策，加大惠农政策落实监管力度，继续开展农民负担重点县监控工作，防止农民负担反弹。

六　加快新农村建设步伐

新常态下，城乡发展一体化是解决“三农”问题的根本途径，而推进新农村建设是城乡发展一体化的关键举措。全省新农村建设要以“百城千镇万村”工程为抓手，全面改善农村人居环境，打造更多美丽乡村，推动由“物”的新农村向“人”的新农村迈进。每年重点对4000个左右行政村进行人居环境综合整治，选择建设300个左右的美丽乡村。支持传统村落和传统民居的保护发展，让新农村既望得见山、看得见水，又留得住乡愁、留得住记忆。坚持不懈加强农村基础设施建设，通过硬化、净化、绿化、亮化、美化，改善村容村貌。推进农村和农垦危房改造以及避灾搬迁，规范农民居房建设，保护乡村元素。加强农村道路、电力、通讯和安全饮水、清洁能源等建设，大力实施农村电网改造升级工程，重点支持集中连片特困地区农村公路建设。整治农村垃圾和生活污水，全面启动以县市区为主体的农村环境综合整治工作，力争三年时间实现农村环境整治全覆盖，进一步改善农民生产生活条件。以农村人居环境综合整治和美丽乡村建设为平台，整合相关资源、项目和资金，形成整治、建设合力，整体发力，连片推进，提高新农村建设的水平和惠及面。

B.4

近年来湖南工业增速与关联指标分析报告

黄兰香*

规模工业增速作为工业经济领域的核心指标之一，是监测工业经济短期运行、实施宏观调控的重要依据，也是研究经济周期运行、制定中长期发展政策和规划的重要参考。从国内外宏观经济形势和湖南经济发展实际出发，结合GDP、规模工业主营业务收入、货运量、全社会固定资产投资、社会消费品零售总额、出口、工业用电量等关联指标的变化，对2000年以来湖南规模工业增速进行分析。

一 规模工业增速与GDP增速

2000年以来，随着工业化进程的深入推进，特别是十六大提出“走新型工业化道路”和湖南省第九次党代会把加速推进新型工业化作为富民强省“第一推动力”，湖南工业驶入发展快车道，总量增长与转型升级齐头并进，内生动力较快提升，工业经济对国民经济的支撑作用日渐显著，规模工业增加值从2000年的547亿元增长至2014年的10488亿元，年均增速达18.3%，比同期湖南GDP年均增速和全国规模工业年均增速分别快6.7个和4.8个百分点，明显高于湖南经济和全国工业平均水平，昔日“农业大省”正加快向“工业大省”转变。

2000年：由于湖南工业基础较差，规模工业增速为13.6%，工业占GDP比重小，规模工业增加值占GDP的比重仅有14.8%，远低于26.5%的全国平均水平。

* 黄兰香，湖南省人民政府副省长。

2001～2004 年：虽然规模工业增速提高到 24.1%，但工业经济对 GDP 的拉动作用有限，两者增速差距扩大到 12.1 个百分点，工业占 GDP 的比重与全国平均水平的差距也在拉大，至 2004 年已达 18.8 个百分点。

2005～2007 年：随着工业持续平稳较快发展，工业经济日益成为拉动 GDP 增长的主导力量。2007 年，规模工业增速和 GDP 增速达到顶点，分别为 24.3% 和 14.4%。

2008～2011 年：2008 年，受金融危机影响，外需骤减，投资增速回落，消费预期不稳，工业产品价格大幅下跌，企业销售困难、库存高企，规模工业增速和 GDP 增速双双回落，分别滑至 18.4%、12.8%。2009 年，受国家 4 万亿投资强刺激，基础设施、房地产和民生工程建设等全面铺开，极大带动了湖南工程机械、钢铁、石化、冶金、建材等优势产业发展，企业生产经营逐渐恢复正常，库存逐步消化，规模工业增速和 GDP 增速迅速回升，2010 年达到新的顶点，分别为 23.4%、14.5%，规模工业增速高出 GDP 增速也基本维持在 8% 左右。工业增长对 GDP 增长贡献不断加大，2011 年工业增长对 GDP 增长贡献率达到 56.1%，规模工业增加值占 GDP 的比重提高至 40.3%，首次超过全国平均水平 0.3 个百分点。

2012～2014 年：受市场需求不振、产业结构调整、淘汰落后产能等多重因素制约，工业增速下滑明显，与 GDP 增速差值逐年缩小。特别是 2014 年，经济发展进入新常态，增速换挡特征明显，规模工业增速创下自 2000 年以来新低，GDP 增速也回落至 2003 年以来的最低点，两者差值仅有 0.1 个百分点。同时，规模工业增加值占 GDP 的比重也趋于稳定，基本维持在 40% 左右，分别为 39.6%、40.0% 和 38.8%，高出全国平均水平 1.1 个、3 个和 3 个百分点。

据测算，2000～2014 年，规模工业增速与 GDP 增速的相关系数为 0.749，达到强相关程度。由于两者相关系数呈上升趋势，规模工业增加值占 GDP 比重及两者增速差值将进一步稳定。

二　工业增速与工业用电量、货运量增速

（一）全部工业增速与工业用电量增速

电力需求变化是工业经济运行的“晴雨表”和“风向标”，也是评估工业生

产综合水平的重要依据。2004～2014 年，湖南工业用电量从 408 亿千瓦时增长至 896 亿千瓦时，年均增速 8.1%，低于同期工业增速 7.9 个百分点，单位工业增加值用电量从 0.23 千瓦时/元降至 0.08 千瓦时/元，工业用电效能得到有效改善。这既是湖南省大力调整产业结构、加快构建多点支撑产业格局所带来的积极变化；也是工业领域节能减排、能源消费结构持续优化所取得的可喜成绩。

2004～2007 年：湖南工业增速与工业用电量增速变化趋势基本保持一致，增速曲线相关度较好。

2008～2014 年：从 2008 年底开始，国家实施大规模经济刺激计划，湖南省也上马了一大批工业投资项目，随着产能释放，2009、2010 年工业用电量增速大幅攀升，2010 年达到 20.7% 的峰值。从 2011 年开始，在加速淘汰落后和化解过剩产能、加快培育发展战略性新兴产业等政策措施的直接推动下，湖南省传统的钢铁、有色、冶金、建材等高耗能产业快速扩张的势头得到有效遏制，而工程机械、电子信息、汽车及零部件、生物医药等能耗低、附加值高的新兴产业则取得快速发展。2014 年，湖南产业结构优化明显，规模工业增加值中，战略性新兴产业的比重为 29%，同比提高 3 个百分点；高加工度工业的比重为 36.6%，同比提高 1 个百分点；高技术产业的比重为 10.3%，同比提高 1.3 个百分点；六大高耗能行业的比重为 31.2%，同比下降 0.4 个百分点；专用设备制造业，交通运输设备制造业，电气机械和器材制造业，计算机、通信和其他电子设备制造业的比重分别达到 6.83%、5.21%、3.70%、6.33%，比 2005 年分别提高 2.98 个、1.14 个、0.89 个、4.89 个百分点。同时，工业企业通过技术改造、管理挖潜等，提升用能效率，降低生产成本。在上述因素的共同作用下，2011～2014 年，工业用电量增速开始下降，单位工业增加值用电量进一步降低，2012 年首次降至 0.1 千瓦时/元以下，2014 年为 0.08 千瓦时/元。

电是工业生产重要的生产要素。据测算，2004～2014 年，全部工业增速和工业用电量增速达到强相关程度，相关系数为 0.709。这说明透过工业用电量增速的变化可以较好地预测工业增加值增速的变化。

（二）全部工业增速与货运量增速

2005 年以来，湖南货运量增长较快，2014 为 226052 万吨，是 2005 年的

2.93 倍，年均增长 11.8%，低于同期全部工业增速 4.2 个百分点。

2005～2008 年：全部工业和货运量在经历快速增长后增速于 2007 年达到顶点，但受 2008 年金融危机冲击迅速跌落。主要是因为社会物流中工业品占 90%以上，工业产品中矿石、煤炭、农产品等原材料和有色金属、水泥、钢材等初级加工产品又占较大份额，如铁路大宗物资运量中，煤炭、石油、钢铁、非金属矿物制品等产品占 50%左右，且运量增速较为稳定。

2009～2014 年：随着固定资产投资较快增长，基础设施建设所需工程物资量增加，全部工业和货运量增速于 2010 年达到新的顶点。但 2011 年以来，随着重大项目投资陆续完工以及产能过剩矛盾显现，全部工业增速和货运量增速逐年回落，两者的差值逐渐缩小，如 2012、2013 年分别为 0.1%和 0.6%，远低于 2005～2011 年 8.9%的平均水平。这一阶段的明显特征是结构优化推动工业增速明显高于货运量增速，主要表现在围绕加快构建多点支撑产业格局和产业结构进行战略性调整，货运量小、产品附加值高的高加工度工业和高技术产业，特别是装备制造、电子信息、汽车及零部件、生物医药等新兴产业快速崛起，逐渐成为湖南省工业增长新的重要支撑。至 2014 年，规模以上高加工度工业和高技术产业增加值合计占到规模工业的 46.9%。这些产业产品单位货运量提供的工业增加值远高于传统产业，以较小的货运量支撑了规模工业的较快增长。

据测算，2005～2014 年，全部工业增速和货运量增速达到强相关程度，相关系数为 0.743。这说明透过货运量增速的变化可以较好地预测工业增加值增速的变化。

三　规模工业增速与投资、消费和出口增速

（一）规模工业增速与全社会固定资产投资增速

市场经济中，投资是经济增长的直接动力，保持适度的投资增速、合理的投资结构能支撑经济较快发展，提升经济运行质量。

投资历来是拉动湖南省经济增长的主导力量。2002～2014 年，湖南全社会固定资产投资持续快速增长，2014 年为 21951 亿元，是 2002 年的 16.2 倍，

年均增长27%；其中工业投资表现尤为抢眼，年均增速高达33.4%，占全社会固定资产投资的比重也从2002年的20.3%提升至2014年的41.5%。

2002~2009年：规模工业增速与全社会固定资产投资增速的变化趋势大体保持一致，且随着工业投资所占比重逐步增加，可以发现该一致性愈加明显。

2010~2014年：随着产能过剩矛盾显现并日益突出，尤其是为单纯扩大产能上马大量重复建设项目，部分行业同质化竞争加剧、产品价格疲软等问题逐渐暴露，投资回报率出现下降、投资边际效益明显降低，投资对工业经济增长的拉动力也逐步减弱。经济增长动力逐渐由依赖要素驱动向更多依靠创新驱动转变。受此影响，尽管全社会固定资产投资增速在放缓的同时依旧保持在较高水平，工业投资占比也基本稳定在40%左右，但是规模工业增速仍出现了明显回落。

据测算，2002~2014年，规模工业增速和全社会固定资产投资增速的相关系数为0.377，呈弱相关态势。

（二）规模工业增速与社会消费品零售总额增速

2000年以来，随着我国加入世界贸易组织，消费品市场生机勃勃，私营个体经济蓬勃发展，逐步形成了多层次、多元化、多渠道的城乡市场新格局和网络化、现代化、国际化的商品流通新体系。湖南省社会消费品零售总额也从2000年的1365亿元增长至2014年的10082亿元，年均增速为15.4%。

2000~2008年：随着收入的持续增长（2008年湖南城镇居民人均可支配收入、农村居民人均纯收入分别是2000年的2.2倍和2.1倍），湖南省居民消费能力不断提升，社会消费品零售总额增速由2000年的11%提升至2008年的22.7%。消费需求的释放，一定程度上刺激了工业经济增长，同期规模工业保持了26.4%的年均增速。

2009~2014年：消费市场发生变化，一方面，受国际金融危机冲击、房价过快上涨等多重因素制约，居民消费意愿开始下降，市场有效需求出现不足，居民消费者价格指数（CPI）由2011年最高6%以上回落到2014年2%以下；部分企业采取以价换量的方式维持生存，加之企业技术创新及生产工艺水平不断提高，工业消费品价格总体呈下滑态势，导致社会消费品零售总额增速从2009年的19.3%逐年回落至2014年的12.8%。另一方面，随着生活水平不断提高，消费更趋多元，汽车、通讯电子、健康养老等成为新的消费热点。而受制于自身产业结构特点，新的消费热点对湖南工业经济增长的支撑作用并不明显，2012年开始规模工业增速低于社会消费品零售总额增速。随着新常态下经济增长更多依赖消费需求拉动，2014年，社会消费品零售总额保持平稳增长，增速已超出规模工业增速3.2个百分点。

据测算，2000~2014年，规模工业增速和消费增速呈中等程度相关，两者相关系数为0.474。

（三）规模工业增速与出口增速

湖南省规模工业增速与出口增速关系主要表现为：

一是出口对规模工业增速贡献有限。受区位、传统、产业结构等因素影响，湖南省经济外向度较低，出口规模偏小。2014年出口总额200亿美元，占全国出口总额的比重仅为0.86%，远低于广东、江苏等沿海发达省份，在中部地区的排名也相对靠后。

二是出口增长较快。2000年以来，湖南省在着力优化产业结构的同时，工业走出去步伐也持续加快。2000~2014年，湖南出口保持了年均19.4%的增长速度，尤其是以中联、三一、蓝思科技、株洲南车为代表的优势骨干企业积极参与全球分工和跨国并购，工程机械、轨道交通、电子信息等领域工业产品的市场竞争力不断提升，有力带动了出口增长，出口总额占全国的比重从2010年的0.5%逐年提升至2014年的0.86%。

三是出口增速波动幅度明显。湖南省出口产品主要以机电产品、有色金属、钢材、农产品以及纺织服装、烟花爆竹、日用陶瓷等产品为主，出口增速波动在-34.7~44.3%区间。如2009年，受国际金融危机冲击，外需大幅萎缩，贸易保护主义抬头，出口增速由上一年的29.1%骤降至-34.7%。2014年，在贸易对象更加多元化、外贸自主发展能力逐步增强、出口商品结构优化升级等利好因素的带动下，湖南出口逆势上扬，同比大幅增长33.9%。

总之，受制于上述出口总量偏小、出口增速波动过于频繁等因素，2000~2014年，规模工业增速和出口增速之间的相关系数仅为0.132，相关性极不明显。

四　规模工业增速与PPI（工业生产者出厂价格指数）、效益指标增速

PPI作为判断经济走向的先行指标，其高低直接反映出市场需求的变化。同样，市场需求信息也会直接反映在PPI的变化上，进而传导到生产领域。比较数据可以看出，规模工业增速的快慢受PPI的影响较大：PPI较高的时期，往往也是规模工业增速较快的时期，如2007年、2010年、2011年，因为价格反弹时，市场需求旺盛，企业获利增加，生产速度加快，规模工业增速就会随之加快。而2012年以来，市场需求疲软，经济下行压力加大，PPI出现危机过后的持续负增长，湖南规模工业增速创危机之后的新低。可见，PPI的变化对企业经营者信心、未来预期以及地区经济增速的快慢都有着至关重要的影响。据测算，2006~2014年，规模工业增速和PPI两者相关系数为0.535，呈中等程度相关。

2006年以来，湖南省规模工业主营业务收入和规模工业利润总额高速增长。至2014年，规模工业主营业务收入已达33303亿元，是2006年的5.8倍，年均增速25.5%，超过同期规模工业年均增速7.8个百分点；规模工业利润总额达1523亿元，是2006年的5.7倍，年均增速24.3%，超过同期规模工业年均增速6.6个百分点。2006~2014年，规模工业增速与主营业务收入增速之间的相关系数高达0.858，呈极强相关；规模工业增速与利润总额增速之间的相关系数为0.748，也达到了强相关程度。但受PPI影响，三者增速波动幅度各异，主要表现出以下三个特点。

一是在PPI处于高位的年份，如2007年、2008年、2010年、2011年，规模工业主营业务收入增速明显高于规模工业增速，二者增速相差16个百分点左右。在PPI下降的年份，如2009年、2012年、2013年，二者增速接近。

二是主营业务收入增速变化延后于规模工业增速。由于企业生产交易包括签订订单、组织生产、确认销售等环节，特别是大型设备等产品生产周期较长（往往超过半年以上），当年生产的成品往往下一年交货，导致主营业务收入增速波动延后于规模工业增速。如2008年，规模工业增速下滑到18.4%的低谷，主营业务收入增速到2009年才回落到18.7%；2010年，规模工业增速上

升到23.4%的峰值，主营业务收入增速到2011年才达到41%的顶点。

三是利润增速波动幅度比规模工业增速和主营业务收入增速剧烈。在主营业务收入增长较快年份，如2007年、2010年和2011年，由于企业生产的规模效应带来效益的大幅提高，2007年规模工业利润总额增速高达70.1%；在主营业务收入增速放缓年份，如2008年、2012年、2014年，企业为维持一定库存仍然保持生产和成本支出，导致利润总额增速急剧下降，2008年为-14%，2012年为10.5%，比上年下滑33.4个百分点。2014年，受支柱行业增长乏力、部分新兴行业增收不增效、企业期间费用上涨、工业生产者出厂价格连续33个月下降等因素影响，利润出现自2008年金融危机后首次负增长。

总 报 告

General Report

BLUE BOOK

B.5 2014~2015年湖南产业发展研究报告

湖南省人民政府发展研究中心课题组*

2014 年，面对复杂多变的外部经济环境，湖南省委、省政府坚决贯彻落实党的十八大和十八届三中、四中全会精神，坚持稳中求进，促进“三量齐升”，推进“四化两型”，产业经济发展总体平稳、稳中有进、稳中提质。本文在总结 2014 年湖南产业经济运行情况的基础上，客观分析 2015 年产业发展面临的形势，提出释放产业发展活力、培育产业新增长点、加快开放型经济发展、推动创意成果产业化等多条促进湖南产业经济发展的对策建议。

一 2014年产业经济运行基本情况

（一）产业增长情况分析

2014 年，湖南实现地区生产总值 27048.46 亿元（初步核算），同比增长

* 课题组长：梁志峰；课题组成员：禹向群、左宏、文必正、侯灵艺、彭鹏程、张鹏飞。

9.5%，比全国总体高出2.1个百分点，总量与增速均居全国第10位。与上年比，湖南GDP增速回落了0.6个百分点，但全国排名前移3位。GDP增速高于湖南的省份依次为：重庆（10.9%）、贵州（10.8%）、西藏（10.8%）、天津（10%）、新疆（10%）、福建（9.9%）、江西（9.7%）、湖北（9.7%）、陕西（9.7%）。2014年，全国31个省市区GDP增速较上年均有不同程度的回落。其中，回落幅度在1个百分点以内的地区有10个；回落幅度在1到2个百分点之间的有16个，回落幅度在2个百分点以上的有5个。

1. 第一产业

第一产业实现增加值3148.75亿元（居全国第8位），增长4.5%（居全国第14位），比上年增速提高了1.8个百分点，比全国第一产业增速高出0.4个百分点。

2014年，全省坚持把解决好“三农”问题作为工作重点，认真落实强农惠农政策，进一步加大农业经济结构调整力度，大力发展特色农业、效益农业，具有地方特色和优势的经济作物生产继续发展，全年农林牧渔业发展形势较好。粮食播种面积、产量双双增长。全省粮食播种面积7462.7万亩，比上年增加57.9万亩（下同），同比增长0.8%；单产402.2公斤，增加7.1公斤；粮食总产再登600亿斤台阶，比上年增加15.1亿斤，同比增长2.6%，占全国粮食增产量的六分之一。生猪标准化规模养殖稳定发展。到11月底，全省生猪规模养殖达到23万户，年出栏生猪5760万头，占比达到72%，同比增加1.5%。标准化规模场年出栏生猪3198万头，同比增加308万头，占全省出栏的40%。2014年还启动实施了487个年出栏1000头以上生猪规模养殖场的粪污治理工程。经济作物产量稳步增长，种植结构得到进一步调整。预计全省油料播种面积1424.73千公顷，增长3.1%，产量233.77万吨，增长4.2%；蔬菜播种面积1340.24千公顷，增长4.4%，产量3859.40万吨，增长7.1%；茶叶产量15.99万吨，增长9.5%；水果产量920.79万吨，增长4.7%。油料、蔬菜播种面积占农作物播种面积的比重分别上升到16.6%和15.5%，分别提高0.2个和0.3个百分点；糖料、烟叶的播种面积占农作物播种面积的比重分别为0.16%、1.27%，比上年分别下降0.01个和0.14个百分点。农产品加工业增长超预期目标。预计全省农产品加工业（含烟草）完成销售收入1万亿元，同比增长19%；规模以上农产品加工业产值预计达到7980亿元，增长19.7%。556

家省级以上龙头企业实现销售收入4000亿元，增长21.8%，比全省农产品加工业销售收入增速高出2.8个百分点；占全省农产品加工业销售收入的比重达到61%。新增过亿元企业30家，达到437家。水稻耕种收机械化水平平稳上升。截至12月10日，全省新增各类农机具49.86万台（套）。全年水稻播种面积6161.7万亩，机耕面积5606万亩、机插面积1273万亩、机收面积4375万亩，分别达到91%、20.7%、71%。全省水稻耕种收综合机械化水平达到63.9%（耕、种、收的权重分别为40%、30%、30%），增长3.2个百分点。农业科技水平不断提升。一是品种选育取得新成效。2014年共审定主要农作物品种44个，审定不育系6个，登记非主要农作物品种21个。二是获奖取得新进展。袁隆平院士领衔的“两系法杂交水稻技术研究及应用”获评国家科技进步奖特等奖。31个项目获湖南省科学技术奖，其中一等奖6个、二等奖11个、三等奖14个。三是超级稻推广迈上新台阶。全省推广超级稻种植面积1721.2万亩，较计划指标增加100多万亩，超额完成绩效评估指标任务。

2. 第二产业

第二产业实现增加值12481.88亿元（居全国第11位），增长9.3%（居全国第15位），比上年增速下降了1.6个百分点，比全国第二产业增速高出2个百分点。

工业经济运行总体处于合理区间。2014年，湖南规模工业增加值同比增长9.6%，增幅比上年回落2.0个百分点，但仍比全国平均水平高1.3个百分点，居全国第15位、中部六省第5位。近年来，湖南工业呈持续回落走势，增速换挡趋势比较明显。2002～2011年，湖南规模工业增加值增速均在16%以上的平台上运行，年均增速达20.8%；此后开始持续下滑，2012年和2013年增速分别为14.6%和11.6%，并在2014年首次回落至两位数以下的水平。虽然近几年工业增速持续回落，但从近期走势看，增速在换挡同时也初显企稳。近三年的增速回落幅度不断收窄。2012～2014年，湖南规模工业增加值增速分别比上年回落5.5个、3.0个和2.0个百分点。分行业来看，全省39个大类行业中，34个行业增加值实现增长。其中计算机通信和其他电子设备制造业、非金属矿物制品业、有色金属冶炼和压延加工业、化学原料和化学制品制造业、烟草制品业和农副食品加工业增加值同比分别增长39.7%、11.1%、10.1%、9.3%、10.2%和9.2%，对全省规模以上工业增长贡献率均超过7%。

建筑业企业运行稳中趋缓。全省总承包专业承包建筑业企业（下同）完成建筑业总产值6020.97亿元，首次突破六千亿大关，增长14%。其中，在省外完成产值2020.29亿元，增长19.4%，增速比上年加快3.6个百分点。房屋施工面积47433.19万平方米，增长9%。全省有工作量的建筑业企业2030家，26.9%集中在长沙，长沙建筑业企业完成产值3193.87亿元，占全省总量的53%。株洲市、衡阳市建筑业总产值名列第二、第三，分别完成472.56亿元和390.17亿元，占全省建筑业总产值的8%和6%。国有经济主体地位突出，产值超百亿的5家企业均为国有及国有控股企业。316家国有建筑业企业完成建筑业总产值2405.16亿，增长11.1%，完成产值占建筑业产值40%。国有企业在外省完成产值1430.1亿元，增长18.3%，占全省建筑业企业在外省完成产值的70.7%。建筑业企业全年签订施工合同额12917.32亿元，增长12.9%。其中，上年结转合同额6087.62亿元，增长25.1%；本年新签合同6829.7亿元，仅增长3.9%，比上年回落25.3个百分点。新签合同金额低速增长，可能对2015年行业发展带来不利影响。

3. 第三产业

第三产业实现增加值11417.83亿元（居全国第9位），增长11.1%（居全国第1位），比上年下滑0.2个百分点，比全国第三产业增速高出3个百分点。前三季度，全省完成客货换算周转量3724.50亿吨公里，增长6.3%。其中，完成客运量12.53亿人，旅客周转量1387.22亿人公里，分别增长2.1%和4.7%，分别比上年同期回落4.5个和2.6个百分点；完成货运量14.35亿吨，增长9.3%，比上年同期回落2.5个百分点，货物周转量2959.21亿吨公里，增长7.4%，比上年同期加快0.7个百分点。邮电业务总量530.39亿元，增长22.1%。2014年，湖南社会消费品零售总额突破万亿元，全年实现社会消费品零售总额10081.95亿元，比上年增长12.8%。其中，限额以上批发零售、住宿餐饮业法人单位实现零售额4327.02亿元，增长13.6%。全省限额以上批发和零售业法人企业零售的商品中，食品类商品实现零售额508.05亿元，比上年增长23.1%；服装类商品实现零售额311.48亿元，增长12.9%；居住类和文化娱乐体育健康类分别实现商品零售额147.49亿元和408.18亿元，分别比上年增长19.6%和16.8%；中西药品类增长15.9%；体育、娱乐用品类增长10.4%；石油及制品类商品实现零售额805.13亿元，比上年增长4.7%；

交通电器设备类实现零售额1548.21亿元，比上年增长14.8%，其中，家用电器类商品实现零售额279.34亿元，增长12.3%；汽车类商品实现零售额1184.64亿元，增长15%；商品房销售面积和销售额双双下降。2014年，全省商品房销售面积5439.53万平方米，同比下降8.6%，商品房销售额2299.11亿元，下降9%。其中，住宅销售额1858.58亿元，下降12.1%；办公楼销售额48.88亿元，下降43.6%；商业营业用房销售额343.28亿元，增长22%。

（二）产业结构变化情况

1. 三次产业结构更加合理

湖南省三次产业结构为11.6∶46.2∶42.2，与上年相比，第一、第二产业比重分别下降了0.6个和0.8百分点，第三产业则提高了1.4个百分点。与全国相比，第一、二产业分别高出2.4个和3.6个百分点，第三产业则低6个百分点。

2. 工业结构调整继续优化

2014年，湖南工业发展主动适应经济新常态要求，在生产增速换挡的同时，努力调整优化产业结构，致力于推动产业发展的高端化，不断提升制造业水平，加快高新技术产业发展步伐，取得了明显效果。产业高端化建设有成效。全省规模工业制造业和高加工度工业增加值同比分别增长10.7%和13.5%，增幅明显快于采掘业（-4.8%）和原材料工业（4.3%），且比全省规模工业平均水平分别快1.1个和3.9个百分点。高新技术产业增加值5147.47亿元，比上年增长20.7%，比规模工业平均水平快11.1个百分点。高技术产业增加值增长27.8%，增幅比规模工业平均水平快18.2个百分点；高技术产业增加值占规模工业比重首次突破两位数水平（10.3%），同比提高1.3个百分点。其中，电子计算机及办公设备制造业、电子及通信设备制造业和医疗设备及仪器仪表制造业增速均在30%以上。产业集约化发展有提升。全省规模工业六大高耗能行业增加值增长7.1%，增幅低于规模工业平均水平2.5个百分点，增加值总量占规模工业比重同比下降0.4个百分点。其中，石油加工炼焦和核燃料加工业、电力热力的生产和供应业、黑色金属冶炼和压延加工业、化学原料和化学制品制造业增幅均低于规模工业平均水平。省级及以上产业园区规模工业增加值增长13.4%，增幅高于规模工业平均水平3.8个百分点，增加值总量占规模工业比重达59.0%，同比提升11.5个百分点。产业组织结构有优化。小微型企业和大中型企业协调增长势头较好。一方面，小微型企业增速继续领跑规模工业，产业组织活力不断增强；另一方面，大中型企业实现稳定增长，成为支撑全省工业增长的重要力量。2014 年，全省规模工业小微型企业增加值同比增长 10.7%，高于规模工业平均水平 1.1 个百分点。大中型企业增加值增长 8.1%，比规模工业平均水平略低 1.5 个百分点，增幅差距同比缩小 0.6 个百分点；其中，大型企业增长 9.1%，增幅比上年提高 0.7 个百分点，与规模工业平均水平的差距同比缩小 2.7 个百分点。市场发展活力有增强。非公有制企业增长较快，市场主体地位逐步确立。2014 年，全省规模工业非公有制企业增加值同比增长 11.8%，增幅高于规模工业平均水平 2.2 个百分点；增加值总量占全部规模工业的比重为 74.0%，比上年提高 2.9 个百分点。其中，外商及港澳台商投资企业增长 17.0%，高于规模工业平均水平 7.4 个百分点，增幅居各经济类型企业首位。

（三）能源消耗及工业效益情况

1. 能源消耗情况

全社会用电方面，2014 年，第二产业用电量为 913.99 亿千瓦时，同比增长 3.1%。其中，工业用电量为 895.75 亿千瓦时，增长 2.9%。与上年相比，第二产业用电量增幅降低 4.3 个百分点。其中，工业用电量增幅降低 4.4 个百分点。第三产业用电量为 196.07 亿千瓦时，同比增长 11.9%，增幅较上年回落 1.1 个百分点。其中，交通运输、仓储和邮政业，商业、住宿和餐饮业用电量分别为 39.55 亿千瓦时和 57.57 亿千瓦时，增长 6.8% 和 10.8%。城乡居民生活用电为 299.11 亿千瓦时，同比增长 6.2%。其中，城镇和乡村居民用电量分别为 161.27 亿千瓦时和 137.83 亿千瓦时，增长 5.3% 和 7.4%。工业综合能源消耗方面，1～11 月，全省规模工业综合能源消费量为 5869.86 万吨标准煤，下降 3.9%。六大高耗能行业综合能源消费量为 4634.63 万吨标准煤，占全省综合能源消费量的 79%，增速下降 4.2%。综合能源消费量居前三位的电力、热力的生产和供应业、非金属矿物制品业和黑色金属冶炼及压延加工业，其综合能源消费量分别为 1203.87 万、1171.70 万、1092.77 万吨标准煤，增速分别为 -13.3%、6.5%、-1.4%。

2. 工业效益进一步提高

2014 年，全省规模工业主营业务收入增长 6.1%，企业盈亏相抵后实现利润总额 1523.20 亿元，同比下降 3.7%；每百元主营业务收入中的成本为 84.04 元，比上年增加 2.34 元；主营业务收入利润率为 4.6%，比上年略降 0.4 个百分点。从经济类型看，国有企业实现利润 127.2 亿元，同比减少 1.9%；外商及港澳台投资企业实现利润 123.5 亿元，减少 1.0%；集体企业实现利润 13.1 亿元，减少 13.8%；股份合作制企业实现利润 3.3 亿元，减少 3.5%；股份制企业实现利润 1124.9 亿元，减少 3.3%；其他内资企业实现利润 131.2 亿元，减少 10.1%。分大类行业看，39 个大类行业整体均实现盈利，其中有 20 个大类行业利润同比实现增长。利润总额居前五位的是非金属矿物制品业、化学原料和化学制品制造业、烟草制品业、专用设备制造业、农副食品加工业，分别实现利润 140.6 亿元、132.8 亿元、115.5 亿元、110.5 亿元和 99.4 亿元，合计同比减少 6.3%。分企业看，全省逾九成企业实现盈利，企业亏损面为 9.4%，与上年基本持平；大型企业实现利润 350.5 亿元，同比减少 20.3%；中型企业实现利润 376.9 亿元，减少 2.5%；小微型企业实现利润 795.7 亿元，增长 5.3%。规模工业从业人员平均数为 325.79 万人，比上年略增 2.2%。

（四）产业投资增长情况

2014 年，全省完成固定资产投资 21950.77 亿元，同比增长 19.4%，增速居全国第 7 位、中东部第 1 位，是近 5 年来最好排位。农林牧渔业投资提速。全省农林牧渔业完成投资 709.96 亿元，其中，农业完成投资 377.54 亿元，渔业完成投资 40.21 亿元。农业基础建设加强，其中，水利管理业完成投资 355.42 亿元，同比增长 31%。工业投资保持平稳增长。工业完成投资 9104.19 亿元，同比增长 14.9%，比全国平均增速高 2 个百分点，工业投资占全省投资的比重为 41.5%。服务业产业投资占比提高。全省服务业产业完成投资 11919.63 亿元，同比增长 21.4%；占全部投资的比重达 54.3%，同比提高 1.7 个百分点。生产性服务业完成投资 3066.5 亿元，增长 24.5%，增速比上年加快 5.9 个百分点。民生投资得到加强。2014 年，全省民生工程投资 1529.95 亿元，同比增长 40.6%。战略性新兴产业投资增长较快。全省七大战略性新兴产业投资 4949.8 亿元，同比增长 17.7%。其中，先进装备制造产业完成投资 2771.09 亿元，同比增长 18.7%；生物产业完成投资 283.9 亿元，增长 19.9%；节能环保产业完成投资 809.93 亿元，增长 31%。高耗能行业投资得到有效控制。全省六大高耗能行业完成投资

2609.69 亿元，同比增长 13.8%。其中，有色金属冶炼及压延加工业同比下降 5%，黑色金属冶炼及压延加工业下降 2.1%。民间投资活力不断增强。2014 年，全省完成民间投资 14409.77 亿元，同比增长 21.2%；占全部投资的比重为 65.6%，同比提高 3.2 个百分点。

（五）全面提升对外开放情况

2014 年，全省进出口总值 1906.9 亿元人民币，同比增长 22.2%。其中，出口 1230.4 亿元人民币，增长 33.9%，进口 676.5 亿元人民币，增长 5.4%。一般贸易、加工贸易增长较快，海关特殊监管区域业务发展迅猛。一般贸易进出口 1275.1 亿元，增长 20.6%，占同期全省进出口总额的 66.9%。加工贸易进出口 535.5 亿元，增长 12.9%，占 28.1%。海关特殊监管区域进出口货物 69.6 亿元，增幅达 5.9 倍，占 3.6%。香港、东盟、欧盟为湖南前三大主要贸易伙伴。对香港双边贸易额为 321.4 亿元，增长 20.4%；对东盟贸易 273.3 亿元，同比增长 1 倍，超越欧盟成为湖南省第二大贸易伙伴；对欧盟贸易 208.7 亿元，增长 1.7%。民营企业进出口一枝独秀。民营企业进出口 1082.9 亿元，增长 50.5%，占全省进出口总值的 56.8%，有力地拉动了湖南省外贸发展。机电产品进出口增长较快。机电产品进口 253.4 亿元，增加 32.7%，占全省进口总值的 37.5%；出口 516.2 亿元，增长 44.3%，占全省出口总额的 42%。主要资源类产品进口量增价跌。进口铁矿砂 2048 万吨，增长 7.1%；铅矿砂 34.4 万吨，增加 1 倍。铁矿砂、铅矿砂、原油、煤等大宗散货价格均有不同程度的下降。

实际利用外资稳定增长。2014 年，全省新批外资项目 539 个，合同外资 111.72 亿美元，实际利用外资 102.66 亿美元，比上年增长 17.9%。从三次产业来看，第一产业新批项目 56 个，合同外资 7.66 亿美元，实际利用外资 5.79 亿美元，比上年增长 9.1%；第二产业新批项目 304 个，合同外资 61.85 亿美元，实际利用外资 65.84 亿美元，增长 12.2%，比上年加快 9.7 个百分点；第三产业新批项目 179 个，合同外资 42.21 亿美元，实际利用外资 31.03 亿美元，增长 34.7%。从园区利用外资来看，全省 80 个省级及以上园区（不含工业集中区和综合保税区）共新批项目 121 个，合同外资 41.08 亿美元，实际利用外资 35.92 亿美元，比上年增长 9.7%，占全省实际利用外资总额的 35.0%。其中 14 个国家级园区共新批项目 60 个，合同外资 23.91 亿美元，实际利用外资22.57亿美元，增长17.7%，占全省实际利用外资总额的22.0%。实际利用外资前3位的国家级园区分别为：长沙经济技术开发区3.86亿美元、长沙高新技术产业开发区3.27亿美元和湘潭经济技术开发区2.62亿美元。重大项目引进总体趋稳。全省新批外资总额3000万美元以上的重大项目34个。实际利用外资3000万美元以上的项目24个，其中超过1亿美元的项目3个。

二　2015年湖南产业经济发展环境分析

（一）国际环境总体趋好但难有大的改善

2014年上半年世界经济复苏弱于预期，但下半年以来发达经济体复苏的态势明显增强，尤其是美国经济增长强劲。预计2015年全球经济增长将继续保持复苏态势，增速较今年有所提高。国际货币基金组织（IMF）预测2015年全球经济增长3.8%，较2014年提高0.5个百分点。但2015年世界经济仍只是边际上的改善，风险性、不确定性因素仍较多。我国外贸出口仍面临不利的国际环境。

（二）国内经济将保持稳中略降的中高速增长态势

2015年，我国经济发展进入将处于向新常态过渡的阶段，预计2015年全国GDP将增长7%左右。

政策效应逐步释放。一方面，中央出台了一系列定向调控政策措施，内容涵盖定向降准、结构性减税、棚户区改造等一批鼓励社会资本参与的项目（PPP）等。这些政策多需跨年度操作，政策效应将在明年继续释放。另一方面，明年积极的财政政策和稳健的货币政策还具备较大的运用空间，政策效应也将会集中体现为通过扩大内需进而拉动经济增长。

改革红利将逐步显现。2014年政府推出一系列改革措施，包括加大简政放权的力度，允许民间资本创办金融机构，放宽市场主体准入，以及以充分发挥市场决定性作用为核心的价格改革等，2015年还将实施一批重大改革。这些改革对经济增长潜力的提高作用将在未来一段时期逐步显现出来，对2015年的经济增长具有正面作用。

（三）省内经济有望继续保持健康较快发展

与全国经济运行一致，2014 年省内经济也延续着回落态势，预计全年经济增长 9.2% 左右。展望 2015 年，尽管全省经济发展仍面临国际经济复苏力度有限、国内经济增速换挡、省内工业生产与固定资产投资增速放缓等挑战，但也面临系列促进经济企稳的有利机遇。

一是改革红利。随着户籍、土地、行政审批、国企国资管理、金融、财税体制等各项改革深入推进，城市发展和管理机制的不断创新，2015 年全面落实改革的制度条件更加成熟，改革有望更加深入推进，将进一步激发湖南省经济社会发展活力。二是政策机遇。2014 年年初以来，中央在基础设施建设、对外贸易、结构性减税、降低企业融资成本等方面，出台了一系列的刺激政策。随着 2015 年新政策的出台和前期政策的深入贯彻落实，有望进一步增强湖南省经济社会发展动力。三是规划引领。2015 年是“十二五”规划纲要的收官之年，也是“十三五”规划纲要的谋划编制之年，“十二五”规划各项重点任务将加快推进以完成规划目标。《湖南省推进新型城镇化实施纲要（2014～2020 年）》的发布和实施，湖南省新型城镇化进程有望加快，将使更多农民通过转移就业提高收入促进消费，并对城市基础设施、公共服务设施和住宅建设以及服务业发展等领域带来巨大的投资需求，为湖南省经济稳定增长提供支撑。四是产业带动。2015 年的湖南省委经济工作会议上，提出要“强化创新驱动调整优化产业结构”，随着创新驱动发展战略的深入实施和汽车、先进装备制造、电子信息、新材料等十大重点产业以及电子商务、现代物流、信息服务、健康养老等先导产业的积极推进，全省产业发展将成为带动湖南经济发展的强劲动力。此外，随着京广、沪昆高铁大十字架的形成，湖南高铁沿线城镇、区域的发展定位、战略思路和产业布局有望进一步优化升级，成为湖南经济新的增长带。

三　2015年推进湖南产业经济发展总体思路

2015 年是全面完成“十二五”规划的收官之年，是全面深化改革的关键之年，也是全面推进依法治国的开局之年，在这个承上启下的时刻，专注于

“新常态”下的经济发展态势，是湖南迈出具有历史性转折意义的重要一步，也是所面临的又一次重要转型机遇。

（一）指导思想

全面贯彻落实党的十八大、十八届三中、四中全会和中央经济工作会议精神，认真贯彻落实习近平总书记系列重要讲话精神，落实湖南省委经济工作会议精神，坚持稳中求进工作总基调，主动适应经济发展新常态，把改革创新贯穿于产业经济发展各个领域、各个环节，以提高经济发展质量和效益为中心，突出创新驱动、改革推动、项目拉动、开放带动，促使“三量齐升”，推进“四化两型”，着力转方式、调结构，促进经济整体平稳快速健康增长、产业结构进一步优化、质量效益进一步改善、内生动力进一步增强、可持续性进一步提高、人民福祉进一步提升。

（二）发展思路

湖南产业发展要着眼于促改革、调结构，逐步打造“双引擎”，实现“双中高”，即要靠“培育打造新引擎、改造升级传统引擎”，实现“中高速增长、中高端水平发展”。一方面要使市场在资源配置中起决定性作用，培育打造新引擎；更好发挥政府作用，改造升级传统引擎。另一方面，在保持经济平稳快速增长的同时，狠抓经济发展质量，转变经济增长方式。具体来说有四个方面的要求。

一是更加注重产业发展质量。把转方式、调结构摆在更加突出的位置，推动传统产业向中高端迈进，形成新的产业结构，推进湖南经济发展整体转型升级。

二是更加注重创新创业。把创新作为新常态下发展的新引擎，抢抓创新红利，整合企业、政府、高校、科研院所等各方面的创新资源，深化科技管理体制改革，激发各方面的积极性。创新政府扶持方式，通过打造公共服务平台，发展产业投资基金等新手段，发挥政府政策与资金的杠杆作用，激发市场活力。

三是更加注重夯实基础。既立足当前，突出问题导向，及时解决好经济社会发展中的突出问题；又着眼长远，培育新兴产业，构建多点支撑产业体系，为未来的产业发展夯实基础。

四是更加注重营商环境。坚持用法治方式和法治思维推进产业发展，为企业切实解决发展的困难和问题，推进法治化营商环境建设。

（三）工作重点

一是以创新创业推动产业转型升级。营造良好的创新创业环境，加大对创新创业的扶持力度，激发全省创新创业热情。以长株潭国家自主创新示范区建设为契机，在研发经费投入、相关政策落地、科技成果转化、体制机制创新上全面发力。强化科技与经济的对接、创新成果与产业对接，加大院校、科研机构与企业的合作力度，提升高新技术产业的规模化、集约化水平。加快培育发展新兴产业。在巩固和提升现有传统产业、优势产业的同时，大力发展新兴产业。积极推进汽车、先进装备制造、电子信息、新材料等十大重点产业以及电子商务、现代物流、信息服务、健康养老等先导产业的发展。加快现代服务业的发展，着力发展移动互联网、养老健康服务，文化创意、旅游休闲、研发设计、服务外包、金融物流等现代服务业。大力发展现代农业，加快培育休闲农业、旅游农业、都市农业等新型业态。

二是以深化改革释放产业发展活力。进一步突出改革重点，切实在重点领域和关键环节实现新的突破。以改革提升政府效能。继续深入推进行政审批制度改革。制定完善政府部门负面清单、权力清单、责任清单等三张清单，进一步简政放权，切实加强市场监管。以改革破解融资难题。认真研究国务院43号文件带来的深刻影响和变化，重点推进国有企业和国有资本改革，助推产业转型。细化落实扩大民间资本准入的政策措施，进一步放宽资本市场、民营银行准入，探索开展PPP、资产证券化融资，鼓励发展互联网金融，防范化解债务风险。以改革推进资源节约利用。积极做好节约集约用地标准化，建立和完善土地节约集约利用机制，重点推进园区和城镇低效用地开发利用，切实提高土地利用效率。

三是以重大项目稳定经济增长。项目建设是经济发展的基础，保持经济中高速稳定增长的一个重要抓手是推进项目建设，尤其是大项目建设。推进重大基础设施项目建设。注重抓进度、抓重点、抓增量、抓落地，突出重大基础设施项目建设。认真抓好磁悬浮工程、高速公路、长沙地铁、高速铁路等一大批重大基础设施建设，确保优质高效。推进城镇化建设。推进棚户区和城中村改造，提升城市品质。加强保障房建设，推进房地产健康平稳发展。推进重大产业项目的落地建设。强力推进招商引资，壮大本土企业，确保每个国家级和省级工业园区有重大项目落地建设。

四是以区位优势打造新增长极。充分发挥“一带一部”的区位优势，积极融入长江经济带发展战略，抓住国家大力推进“长江黄金水道”开发和长江经济带的建设的契机，为湖南发展开放型经济开辟新途径。加快湘江新区申报国家级新区的申报力度，落实新区功能定位。加强保税区建设。大力申报海关特殊监管区域（包括保税区、出口加工区、保税港区、综合保税区、保税物流园区），争取尽快设立长沙综合保税区，继续建设和完善衡阳综合保税区和郴州出口加工区等重要平台。

四　2015年湖南产业发展的建议

（一）以一揽子改革试点为重点，释放产业发展活力

1. 围绕全面改革框架，系统有序推进湖南产业发展

将当前的改革理念融入产业政策制定中，全省一盘棋的统筹布局和培育产业。一是建议省委全面深化改革领导小组从产业和企业需求的角度考虑一整套改革路径。建议详细调研产业和企业发展需要怎样的制度环境，而后从财税、行政审批、规划、配套设施、部门协作、考核体系等各方面，制定出一整套改革路径，形成联合推进机制，为产业和企业发展营造良好的发展环境。二是围绕十八届三中全会精神，制定一个全面的、基础性的产业发展的原则性纲领。该纲领宜粗不宜细，把握改革的总体方向和原则，之前和之后出台的产业扶持政策在这个框架下统一，新出台的各类相关政策措施要比照该原则性纲领进行预先审查。三是申请两个国家级重大试点：①向国家申请开展产业领域的“负面清单”管理试点。着重从资源、环境、安全、产能等方面制定湖南产业“负面清单”目录，按照非禁即入的原则，严格参照目录来管理产业发展。②向国家申请设立“内陆港自贸区”试点，重点考虑在岳阳和长沙的结合部划定一个跨市的区域。

2. 以改革推动营商环境优化，吸引投资创业涌入

广东、山东等地在十八届三中全会前后已经相继出台一系列政策举措推动营商环境优化，推进项目审批体制改革。湖南可充分借鉴先进省份的做法，出

台《优化湖南省营商环境的实施意见》，主要在以下几方面着力发展：一是从注重统筹、注重监管、注重公开性三个方面推进简政放权。清理和下放审批权限要注重部门间的统筹，推进跨部门并联审批。以大部制为方向，建立部门之间监管执法联动机制。协调园区之间恶性竞争问题，在土地、财税政策方面设定最低标准线。同时，加强政府监管职能，从管理政府向监管政府转变。加强信息公开，加快推进社会信用体系建设，强化公众监督和信用监管。二是通过政府购买的方式提升政府服务效率，支持社会组织承接政府职能转移。一方面，大力推动技术审查市场化改革。通过“剥离”推动行政审批与技术审查相分离，将技术性审查工作交由具有相应技术资质的合法机构进行审查。另一方面，建议政府不再直接搭建企业服务平台，而是通过购买服务方式向社会购买生产性服务中介，并引入市场竞争机制，减少寻租等行为。

3. 提升政府政策效率，提高产业发展能力

厘清政府政策扶持方向和扶持方式，以不影响市场机制为原则，对整个政策体系进行重新设计和安排。一是增加普惠型扶持政策，减少针对产业的专项扶持。重点对企业研究开发与创新行为的普遍支持，对技术成果转化的普遍支持，对产业公共服务平台的普遍支持，对产业公共基础设施的普遍支持，对中小企业和创业发展的普遍支持，对人才引进的普遍支持，对于提升劳动者技能与职业培训的普遍支持。二是扶持重点从生产环节退出，向研发环节和消费环节转移。省及以下财政涉企专项资金政策取向由“厂商补贴”向“消费者补贴”转变。产业政策由“生产者优先”转为维护消费者权益与“顾客驱动机制”，推动产品质量、产品功能与产品附加值的提升。三是探索政府财政扶持“资金池”管理，成立政府性产业投资基金。将省级相关的扶持资金，包括战略性新兴产业专项资金、新型工业化专项引导资金、高新技术产业专项资金和各产业专项等扶持资金归拢统筹管理，形成“资金池”，减少撒胡椒面式的扶持。成立3～5个以政府为主导的产业投资扶持基金，从过去的直接给企业补助转变为通过投资基金的方式扶持企业发展。

（二）紧跟新兴经济发展态势，培育产业新增长点

围绕互联网、大数据、新能源革命等新经济发展态势，借助湖南已有的科技、文化、产业基础，提前布局，着力推进新兴产业发展，培育形成产业新增长点。

1. 围绕第三次工业革命发展前沿，建立与湖南基础相适应的新兴产业项目储备库

根据对第三次工业革命和湖南省已有基础的考察，可以考虑五个标准筛选重点领域，逐步形成新兴产业项目储备库：①与趋势契合度高。切合全球发展趋势，切合第三次工业革命发展方向的朝阳产业。例如新能源与环保产业、信息产业等领域。②具有产业带动力。切入当前湖南省产业结构转型升级的瓶颈，具有很强产业链关联效应，对其他产业形成带动。例如智能制造、汽车等领域。③附加值高。能源、原材料、土地、环境容量等要素资源消耗少，科技含量高，产品附加值高。例如创意设计等领域。④产业成长性好。需求弹性大，市场成长快，具有广阔的国内外发展空间。例如大数据、云计算等领域。⑤产业优势显著。该产业具有较好的基础，在大企业规模、技术储备、人才支撑、产业链配套等方面具有明显的支撑优势，发展后劲足，容易形成市场竞争优势。例如工业机器人、先进装备制造等领域。根据上述五个标准，湖南省分次分批遴选形成新兴产业项目储备库，并形成相应的扶持措施。

2. 以产业、制度、基础设施为重点，逐步完善新兴产业发展配套环境

每一个生产力的大变革必然是各领域协同推进，彼此配套的变革。例如第二次工业革命中，汽车产业的兴起，与之配套的是上游钢铁、石油等产业的发展，公路体系、加油站等基础设施的建设，以及包括交通、金融保险、质量标准等相关的一整套制度体系。第三次工业革命也需要配套推进才能取得好的效果。湖南在新的技术和生产力革命中，应该充分的考虑配套推进战略，而非零散、孤立地去发展几个产业。其一是产业间的配套。根据已有基础，遴选若干产业链、产业集群、重大示范工程，建立重点产业链群目录，围绕目录培育和引进产业，注重新兴产业与传统产业间的配套和传承。其二是相关制度的配套。借鉴国内外成功经验，梳理和形成一系列包括地方法规、财税扶持、战略规划在内的制度创新。其三是基础设施建设的配套。根据重点行业的发展周期，提前布局基础设施，例如信息和互联网产业就要加快宽带普及和提速、各领域数据库的建设、数据标准体系建设等；电动汽车则加快充电站网点覆盖等。

（三）围绕“一带一部”定位，加快开放型经济发展

围绕“过渡带”的定位，大力发挥湖南承接产业转移的前沿阵地作用，

引导企业积极参与到区域融合大发展之中；围绕“结合部”的定位，抓住京广、沪昆高铁开通的机遇，以发展开放型经济为引领、以招商引资为重点，放大湖南交通枢纽优势，实现长三角、中三角、珠三角“三角联动”，形成对内大循环、对外大开放的格局。

1. 分区域特色扩大开放，形成分工有序的产业发展格局

各地区根据区位和资源禀赋，抓住承接产业转移的良好时机，突出产业特色，加入跨国产业链，形成进出口生产加工基地。突出长株潭地区对外开放的龙头和带动作用。根据“两型社会”试验区的总体要求，重点发展装备制造、电子信息、新材料、生物医药、汽车及零部件等机电和高新技术产业，带动上下游配套企业聚集。湘南地区要充分发挥紧邻珠三角城市群，与港澳、东盟自由贸易区最直接对接的区位优势，把承接产业转移作为主攻方向。要将湘南承接全国产业转移示范区建设成中部地区承接产业转移的新平台、跨区域合作的引领区、加工贸易的聚集区、转型发展的试验区。环洞庭湖生态经济示范区要在湖南融入长江经济带中发挥桥头堡和纽带作用，承接长三角地区产业转移，推动形成各具特色的产业集群。大湘西地区要以特色产业和基础设施为支撑，以独特的自然资源和生态环境为依托，以差别化政策扶持发展国际旅游，打造大湘西生态文化旅游圈，以“大湘西人文”为特色名片促进湖南与国际的文化交流。

2. 加快开放经济载体建设，为产业引进来、走出去夯实基础

一是积极培育出口产品基地。依托现有基础，重点建设和壮大锑、钨、白银、金属锌、陶瓷、烟花鞭炮、打火机和小五金、生猪和肉品、优质绿色有机茶、罐头食品和盐渍菜等出口商品基地。以郴州、永州和衡阳为主体的湘南三市加工贸易基地，重点依托郴州出口加工区和“蓝宁道”（蓝山、宁远和道县）三县，建设以承接广东产业转移为主要方向、以劳动密集型为主的综合型加工贸易基地。二是加强保税区建设。大力申报海关特殊监管区域（包括保税区、出口加工区、保税港区、综合保税区、保税物流园区），争取尽快设立长沙综合保税区，继续建设和完善衡阳综合保税区和郴州出口加工区等重要平台。紧密对接上海自贸区，积极融入长江经济带，推进长沙海关通关作业一体化改革。三是充分发挥产业园区利用外资的载体作用。规划国际工业园区，借鉴中国—新加坡苏州工业园区、中国—马来西亚钦州产业园区等成功经验，探索与外国政府合作共建园区，创建中美、中韩、中德、中英、中日、中新等

投资创业专门园区。

3. 完善物流配套设施体系，为产业要素流动提供便利

进一步完善枢纽功能，降低物流成本，为经济发展创造优良环境。加快国际航空港站建设，积极开发国际航线，重点开发通向发达国家的国际航线，吸引周边省份通过湖南的国际航线走出国门。将长沙定位于全国高速铁路中部枢纽，加快形成长沙与东盟、欧洲及长三角、珠三角的高速联结，扩大长沙三小时经济圈范围。加快 14 个市州相互之间的轨道交通建设，促进市州之间的经济联系。更好地发挥湘江通江达海的黄金水道作用，加快岳阳长江大型水运港口建设，加大与周边省份的水运物资合作力度，最大限度地发挥湘江、长江黄金水道在现代物流中的作用。

（四）鼓励创业创新，推动创意成果的产业化

1. 将加快创业型经济发展上升为省级战略，打造全民创业氛围

全面落实《中共湖南省委、省政府关于大力推动全民创业的意见》，从省级战略层面高度重视创业型经济发展。各级政府和部门应把营造创业氛围、鼓励支持创业，作为一项最大的富民工程来抓，全面制订和落实各项支持措施，解决创业难题，进一步形成创业型经济蓬勃发展的生动局面。深入加强规划引导，编制湖南省创业型经济发展规划，在财政税收政策扶持、要素配置、社会服务体系建设等方面，完善促进创业型经济发展的对策举措。

2. 以市场为导向，完善创业型经济的配套体系

完善创业服务体系，形成以市场化、网络化、专业化、规范化为特征的服务平台。一是加大行业自律组织培育，解决融资信息不对称问题。鼓励推广汨罗“联保贷款”等创新模式，即允许同一市场或产业集群内 3 家以上小微企业通过“联保”方式获得免抵押、免担保的信用贷款；鼓励园区内部发展中小企业担保公司，为园区中小企业提供融资服务。二是建立区域中小金融体系，加大小额贷款公司和村镇银行的发展创新，在民营资本进入上率先试点突破，引导区域中小金融机构服务本土企业。三是彻底清理中小企业创办和经营中所需缴纳的各类税费，试点建立中小企业税费支付整合系统，归并各类税费，实施简单低税制。例如，可考虑按照纯利的固定比例缴纳，建议在10%～20%之间，每月一次定时定点办理。

3. 围绕创业要素创新，加快创业型经济的培育

一是打造载体。产业集群中的创业氛围更为活跃，创业成本更为低廉，创业配套更为完善。建议围绕湖南省优势产业集群和优势产业龙头企业，引导中小企业聚集发展，提高企业之间协作配套的能力和水平，充分发挥群体效应。围绕比较优势和区域特色，着力培育一批特色产业生产基地，发展区域品牌产业基地，为中小企业和全民创业提供发展载体。二是引入动力。以承接产业发展为手段，带活本土配套产业、同类产业的创业发展，推动创业，不断培育具有创新能力和良好发展前景的企业。三是激发活力。鼓励高校开设创业培训课程，完善由政府补贴的社会化创业培训机制。重点鼓励有资金、有技术、有经验的人员开展专职、兼职、合伙等灵活多样创业活动，并在编制、社保等机制上灵活处理。引导企事业单位有经验的管理人员、党政机关干部、大专院校和科研单位的科技人员充分发挥资源优势，争当全民创业的参与者和带头人。利用闲置厂房加快建设一批创业孵化基地，开辟城市夜市场所，为创业者提供低租金、零费率的创业场所。

4. 加强协同创新，提升产业核心竞争力

一是以产业创新联盟为载体加强协同创新。支持产业联盟在产业发展战略研究、技术方案选择、重大研究组织和商业模式创新等方面大胆实践，围绕产业链部署创新链，围绕创新链带动资金链。继续推进湖南省多点支撑的重点产业关键技术产业联盟建设，可借鉴日本的做法，提高实效。二是打造湖南科技创新资源共享平台。借鉴北京的“首都科技创新资源共享平台”的做法，采取行业分类聚集的方式，首批建立工程机械、新材料、电子信息、文化创意和生物医药等几大领域平台。建议以湖南省科技厅牵头联合中南大学、国防科大、湖南大学、湖南师大、湘潭大学、湖南农业大学、长沙理工大学等开放科技资源多且条件成熟的高校院所和大型企业以协议的形式共建湖南科技条件平台研发实验服务基地。三是以市场引导成果转化。湖南省科技成果转化不高的主要原因还是市场化导向不够，很多高校院所的科技成果不具备转化的市场前景。建议注重市场化导向，以企业为主体，着力推进企业的研发项目转化，借鉴温州创业园的做法，孵化器主要向企业再创业领域倾斜，鼓励企业的新产业、新产品试产孵化；鼓励科研院所围绕企业研发需求，开展技术联合攻关。

行 业 篇

Industry Reports

B.6 2014 ~2015年湖南机械行业发展研究报告

黄东红*

2014 年是湖南机械行业进入新世纪以来面临局势最为严峻的一年。在省委、省政府的正确领导下，全行业以推进转型升级为工作总抓手，攻坚克难，开拓进取，赢得了稳中有进、稳中有升的发展局面。

一 2014年湖南机械行业发展情况分析

2014 年，全省机械工业 2526 家规模企业完成工业增加值 2329 亿元，比上年增长 10.0%；主营业务收入 7815 亿元，比上年增长 8.2%；新产品产值 1895 亿元，比上年增长 3.4%；出口交货值 249 亿元，比上年增长 13.9%；利税总额 663 亿元，比上年下降 5.1%。行业发展呈以下几个主要特点。

---

* 黄东红，湖南省经济和信息化委员会副主任。

（一）经济运行稳中有进

2014年工业增加值、主营业务收入和出口交货值等主要经济指标实现了8%以上的中高速增长。16个子产业中，除工程机械行业外，其余15个行业均实现了增长。工程机械、电工电器、轨道交通设备、汽车及零部件四大优势子产业中，位居第二的电工电器进一步逼近长期以来位居第一的工程机械，主营业务收入1511亿元，只比工程机械少108亿元，工业增加值441亿元，则已超越工程机械。省机械行管办统计的92种主要产品中，56种产品产量增长，占60.9%。全年生产金属切削机床6298台、混凝土机械7.43万台、矿山设备38.2万台、电力电缆343万千米、发电设备142万千瓦、变压器10416万千伏安，生产汽车（含工程专用车）70.29万辆，其中乘用车57.29万辆，商用车4.83万辆。

（二）转型升级初见成效

全行业以结构调整为主攻方向，着力推动发展方式转变。一是龙头企业结构调整力度大。二是创新体系更加完备。截至2014年底，全行业共建起了国家级企业技术中心21家，国家技术创新示范企业8家，省级企业技术中心107家。三是高端装备研发取得新突破。湖南省加速推进新型工业化工作领导小组发布的2014年度全省产业技术创新10大标志性成果中，有8大标志性成果在机械行业。四是现代制造服务业开始发力。南车株机、衡阳特变、湘电集团、中联重科、三一集团、铁建重工等越来越多的企业正在从“单台产品供应商”向“成套设备供应商”和“服务供应商”转变。五是零部件制约瓶颈得到初步缓解。越来越多的高端主机装备实现国产化，过去受制于人的关键零部件加快了自主创新步伐。液压系统、轴承、数控系统、特种专用材料等不断传出可以替代进口的消息。六是新能源汽车发展加快速度。新能源汽车产量大幅提升，省内初步形成了新能源汽车整车、关键零部件、新材料共同发展的产业生态。新能源汽车推广应用也取得新进展，众泰云100投产后的2个多月就在长沙上牌2018辆，省内新上牌新能源汽车3028辆，超额完成国家下达的任务指标。

（三）国际化战略稳步推进

在国内需求严重不足的情况下，2014 年全省机械企业大举进军国际市场，取得了好于国内同行的业绩。中联重科收购了德国 M－TEC 和荷兰 Raxtar，进一步完善了国际市场“网络化”布局。三一集团则采取平行设计的方式，在海外建起了四大研发与制造基地和六个海外大区平台，2014 年在巴西、印度等新兴市场均收获意外惊喜，巴西世界杯 12 个比赛球场中有 8 个采用三一设备建设。

（四）转型任务依然繁重

尽管行业实现了平稳增长，并且正在发生积极变化，但整个行业仍然存在着市场需求不旺、低端产能过剩、库存积压严重、赢利水平下降、应收账款居高不下等诸多困难。截至 2014 年底，湖南机械产品累计价格指数已连续 35 个月低于 100%。全行业应收账款增速一直高于主营业务收入增速，至年底应收账款总额已达 1569 亿元。2014 年行业的利润总额和利税总额分别较上年下降 7.8% 和 5.1%。甚至有部分企业出现亏损，2526 个规模以上企业中有 174 个亏损，较上年增长 19.2%。全行业转型升级任务依然十分繁重。从产品结构看，高端产品产能严重不足，中低端产品产能严重过剩的矛盾依然严峻。2014 年全省机械行业增加值率只有 29.8%，远低于发达国家平均水平（35%～48%），新产品产值率也只有 24.5%。从市场结构看，湖南机械工业产品依然严重依赖国内市场，2014 年出口交货值只占主营收入的 3.2%。从经营结构看，绝大多数企业依然以产品经营为主，行业中缺少具有工程总承包能力的服务供应商和设备成套系统制造商，现代制造服务业规模还不大、水平还不高。从管理结构看，不少企业依然停留在粗放式管理、外延式增长，有些甚至还停留在作坊式的生产。从企业组织结构看，前十位企业的规模总量只占全行业 38%，低于发达国家同行业 50% 以上的水平，产业集中度偏低。

二　2015湖南机械行业发展面临形势分析

（一）把握行业发展的基本趋势

从国际看。金融危机后，世界各国纷纷把振兴制造业作为经济发展重要战略。美国发布“制造业促进法案”和“先进制造业国家战略计划”，预算投入29亿美元支持制造业工艺、材料和机器人等方面的创新研发，再度形成制造业的“磁石”效应；德国发布工业4.0计划，全面提升制造业水平；英国重点支持9个制造创新中心建设；巴西、印度等发展中国家也相继公布了大力振兴制造业的战略规划。从国内看。国家将重点实施“一带一路”、京津冀协同发展、长江经济带三大战略。湖南也将准确把握“一带一路”新定位，以全面建成小康社会为总揽，着力促进“三量齐升”，大力推进“四化两型”。国家和省内都将启动一批新的重大项目，同时在高端装备、农业技术装备、新能源汽车、燃气轮机等领域实施重大创新工程和智能制造重大项目，这些都为机械工业发展提供了新的历史机遇。从行业自身看。随着新一轮工业革命的孕育和兴起，互联网、大数据等虚拟制造信息技术正加快与实体制造技术融合，逐步实现智能制造。由于环境保护的刚性约束日益强化，节能减排、绿色制造正在成为机械加工和产品性能的必然要求。

（二）认识新常态下行业发展的主要特征

在经济发展新常态下，机械工业发展呈现出以下几个明显特征。从发展速度看，行业正从过去长期两位数以上的高速增长步入个位数增长，中高速增长将成为机械工业经济运行的新常态。从需求结构看，随着工业转型升级的不断深化，国内市场对机械产品的需求总量，将由持续火爆转变为持续平缓，但不同层次的需求有升有降。如投资类需求下降，消费类需求上升；传统产品需求下降，新兴产品需求上升；增量需求即新建工程带来的需求下降，存量需求即在役设备更新保养带来的需求上升，技术和服务对增长的贡献率将明显上升。从产业结构看，随着我国进入工业化中后期，机械工业各分行业同步增长态势一去不返，与民生直接相关的农机、汽车、制冷设备、环保机械和与提高机械全行业自身素质相关的仪器仪表、基础件等行业的发展机会相对增多，而与重化工业、外延增长方式相关的重机等行业增速趋缓。从发展动力看，企业的研发投入不断增加，产学研用创新体系不断健全，行业创新服务平台不断完善，科技成果转化率不断提高，机制、管理等软实力创新成果也不断涌现，创新已成为机械工业发展的新引擎。从竞争格局看，一批机械企业国际化经营理念不断增强，面向两个市场，用好两种资源的能力不断提升，在国际舞台上的地位越来越高，主动参与国际化经营渐成大趋势。

三　2015湖南机械行业的重点工作任务

2015年是“十二五”的收官之年，也是“十三五”起步奠定基础的关键之年，起着承上启下的重要作用。全行业要按照中央和省委经济工作会议的总体部署，主动适应经济发展新常态，把握稳中求进的总基调，以提高发展质量和效益为中心，以深化改革为动力，以转方式调结构为重点，以创新驱动为支撑，努力实现持续平稳健康发展。力争全年规模以上企业实现工业增加值2550亿元，比上年增长9%，主营业务收入8500亿元，比上年增长9%，出口交货值270亿元，比上年增长10%，利润总额390亿元，比上年增长5%。重点抓好以下几方面工作。

（一）全力稳增长保全局

主动适应行业经济增速进入新常态的变化，着力做好调查研究，加强对行业运行情况和市场信息的收集整理，特别是对一些重点行业、困难行业和企业，进行深入调研，摸清情况，把握动态。重点针对新常态下行业的市场需求、“十二五”收官的进展情况、存在问题等进行广泛调研，提出相关的工作建议。加强对行业经济运行的分析和预测预警工作，加强咨询服务和信息沟通。加强对重点专题的深度分析研究和预测，适时提出引导性的思路意见。加强对企业诉求的听取收集和整理，充分发挥行业协会和学会的优势，及时向有关部门反映情况，提出建议，积极争取政府的政策支持。

（二）着力推进转型升级

在认识和适应新常态基础上，着力推进行业实现以下七大转变。一是在产业形态上加速从生产型制造向服务型制造转变。目前湖南机械行业“服务内置化”严重，21个国家级技术中心和一批国家重点实验室基本上还局限于为所在单位内部服务，大型关键设备的利用率还不到20%。鼓励从行业企业中剥离并发展生产性服务业，促进行业向加工、生产、组装环节的两头延伸，提高为用户服务的能力和水平。二是在制造工艺上加速从高耗制造向绿色制造转变。机械工业虽不是高耗能产业，对环境的友好程度也远大于其他行业，但与国际先进水平相比，湖南机械工业耗能和排放指标依然偏高。因此，要从产品全生命周期着眼，在设计、加工、包装、回收等各个制造环节实现绿色化。三是在技术支撑上加速从关注机械技术向两化融合转变。在将机械技术做实做精的基础上，主动地将信息技术与机械制造技术融合在一起，使产业在信息化平台上发生深刻变化，跃上新的发展阶段。四是在产品结构上加速从通用型向专用型转变。通用型产品是大路货，为多数企业所熟悉和擅长，但竞争太激烈。引导企业不断开发适应市场、满足用户要求的各种专用型产品，既实现了差异化竞争，也调整了产品结构。五是在装备领域上加速从传统产业向新兴产业转变。在继续为冶金、石化、建材等传统领域提供装备的同时，加速形成为通信网络、生物医药、节能环保、新能源、新材料及电动汽车等提供高端装备的能力。六是在市场结构上加速从内向型向外向型转变。湖南省机械行业的内向型依然很明显，要沿着产品国际化、资本国际化、人才国际化路径加速前行。七是在企业管理上加速从粗放管理向精益管理转变，实现管理系统各个环节的协调、通畅、精化、高效运转。

（三）大力推动创新驱动战略

坚持不懈瞄准已经确定的九大重点领域大力推进自主创新。一是在中、高端工程机械装备领域重点开发现代工程机械装备、新能源工程机械装备。二是在高端电力牵引轨道交通装备领域重点开发机车和城轨产品。三是在新能源汽车及汽车新品种领域重点开发纯电动汽车等整车产品。四是在新能源装备领域重点开发兆瓦级风电成套机组、太阳能光伏发电成套设备。五是在智能电网及输变电装备领域重点开发500kv及以上超高压变压器。六是在高档数控装备领域重点开发数控高速精密磨削装备等产品。七是在大型冶金、矿山装备领域重点开发220t及以上电动轮自卸车等产品。八是在高技术船舶及海洋工程装备领域重点开发大型海上桩基设备等产品。九是在环保和资源循环利用装备领域重点开发废水处理成套设备、电站烟气脱硫脱硝设备等产品。同时要更加关注民生、“三农”等消费需求增长和城镇化建设进程及“一带一路”等发展契机，挖掘培育新的经济增长点。

（四）加快建设现代装备制造产业体系

进一步加强重点实验室和工程技术中心等科技平台建设，着力在培养创新能力、完善工作机制、促进协同创新、扩大覆盖面等方面有新的进步。围绕工程机械、电工电器、汽车和轨道交通装备等重点行业和上述九大领域，针对当前关键基础零部件性能水平低、可靠性差等问题，加强基础工艺研究，改善生产条件，加快提升基础零部件质量水平，不断满足各领域机械产品及战略性新兴产业发展的需要。以智能制造为主攻方向，以工业互联网和自主可控的软硬件产品为重要支撑，持续推进两化深度融合，充分运用大数据、互联网、人工智能和集成电路、新型传感器、3D 打印等新技术，努力提高机械工业的生产、装备、产品、管理和服务水平，培育新型生产方式和商业模式。进一步研究完善相关配套奖励政策，充分利用市场机制和宏观调控手段，鼓励基础零部件企业向专业化分工、细分市场、特色明显的方向发展。重点支持关键基础零部件企业技术改造，加强基础研究和检测实验能力建设，提高工艺、技术和装备水平。根据湖南实际，选好路径，大力发展工程总承包、系统集成、提供整体解决方案，形成一批以现代制造服务业务为主业的现代服务型企业，这部分服务型企业的收入占全行业总收入的比重争取在未来 5 年达到 25%。

（五）切实做好“十三五”规划编制工作

在充分总结“十二五”工作的基础上，协调行业协会等多方面力量共同做好“十三五”规划的调研起草等工作。在规划编制中，注意统筹考虑机械工业新常态的特点和趋势，瞄准强省目标毫不动摇地打造成中部地区具有国际竞争力的现代装备制造基地，坚持问题导向，重点针对行业的主要矛盾和亟须突破的问题，集中提出解决的思路、办法和途径，使规划更具针对性和操作性，使之成为今后五年引导行业发展的蓝图，成为行业管理部门和行业协会做好服务工作的重要抓手。

B.7

2014～2015年湖南电子信息制造业发展研究报告

湖南省经济和信息化委员会电子通信产业处

一　2014年湖南省电子信息制造业运行情况

2014年，面对复杂严峻的经济环境，全省电子信息制造业依然保持平稳快速增长。

（一）产业运行特点

1. 产业规模保持稳定增长

2014年全省电子信息制造业实现工业增加值745.56亿元，增速达29.6%，高出全省规模工业平均水平20个百分点，连续5年领跑全省各主要行业。行业增加值占全省规模工业的7.1%，较去年上升0.4个百分点。全年实现主营收入2116.4亿元，增长25.7%，销售产值增速居全国第8，中部第2。电子信息产业作为全省多点支撑产业格局中重要支撑点的作用进一步增强。

2. 产业结构继续优化

龙头企业快速成长。继蓝思科技、衡阳富士康集团后，南车时代跻身百亿。蓝思科技、利德浆料成功上市。中电48所、介面光电、科力远电池、台达电子等骨干企业稳步增长，大型骨干企业带动产业稳定增长。集成电路等高附加值产业实现突破，产业链条开始往高端、核心领域延伸，电子信息与汽车、医疗等传统行业跨界合作逐步加深。产业集聚发展明显。长株潭及郴州市增加值合计占全省总数的75.34%；浏阳经开区得益于电子信息产业快速发展，位列长沙五个国家级园区绩效考核首位。

3. 产业出口、投资增势突出

2014年全省电子信息产品实现出口交货值453.2亿元，同比增长30.6%，增速居全国第6。全年完成固定资产投资590.33亿元，增长20.27%。投资60亿元的中光通信第二代光纤项目奠基。投资10亿元的中国电子信息产业集团有限公司的自主可控国产计算机整机项目和投资13.9亿元的中国电子科技集团微电子与光电子装备研发与产业化基地落户。蓝思科技三期、基伍手机、威胜集团智能配用电产业园、笔电锋手机、益阳多家印制电路等项目进展顺利。集成电路招商力度加大，呈现聚集发展态势。

4. 行业影响力进一步提升

南车时代电气、科力远电池继续入围全国电子企业百强。艾华集团入围2014年（第27届）中国电子元件百强，位列铝电解电容器类企业第一。3家企业入围第十三届中国内资印制电路排行榜。蓝思科技股份有限公司董事长周群飞等9位企业家获得2014全国电子信息行业优秀企业家表彰。湖南红太阳光电科技有限公司、湖南红太阳新能源科技有限公司双双入选国家火炬计划重点高新技术企业。南车时代电气、高斯贝尔、华菱线缆等3家电子信息企业获“省长质量奖”。湘能华磊光电股份有限公司荣获“2013中国LED行业最具成长性企业”和“湖南省引进国外智力成果示范单位”荣誉。新亚胜光电LED显示屏产品成功进入伦敦奥运会、索契冬奥会、巴西世界杯等世界级大型体育赛事。

5. 科技创新取得新进展

国防科大“天河一号”超算获2014年度国家科技进步奖特等奖。南车时代电气国内首条、世界第二条8英寸IGBT专业芯片生产线正式投产，打破国外垄断，入选2014年中国半导体十大事件。长沙景嘉微电子推出国内首款高性能低功耗高可靠性的图形处理芯片（GPU）。国科微电子高速数模模数转换芯片流片成功。中电科48所实现了国产离子注入机在高端集成电路生产线上成功量产的重大突破。

（二）产业发展中存在的主要问题

1. 产业投资后劲不足

目前中部地区竞争激烈，湖南省全行业投资增速排名在上半年还居中部第1，至年底只排第3；在投资规模上一直仅高于山西省，位于中部第5。

2. 企业利润下滑

企业运营成本普遍升高，盈利能力下降。据省统计局数据，2014年全行业完成利润77.95亿元，同比下降4.9%，利润率为4.2%，较全省规模工业平均低0.37个百分点。

3. 产业结构尚待优化

目前全省过200亿元的电子信息企业仅蓝思科技和衡阳富士康2家，大企业的波动直接影响全省的产业发展形势。省内缺乏整机带动，主要以电子元器件为主，处于价值链低端，利润率微薄。配套体系不健全。上下游产业链配套难，部分原材料、元器件要外购；服务业配套还不能满足企业需求。

二 2015年发展趋势分析

从国际看，国际金融危机后，西方发达国家为摆脱国内经济增长乏力困境，纷纷实施“再工业化”，力图凭借自身在科技创新、高端人才、生产效率等方面的优势重振制造业，抢占高端制造市场并不断扩大竞争优势。美国先后制定了《重振美国制造业框架》、《先进制造伙伴计划》等发展规划，德国政府推出了“工业4.0”战略，欧盟国家提出了“再制造化”的发展目标。苹果、谷歌等科技巨头正在考虑将其产品的生产制造基地从中国等发展中国家转移回美国。一些后发国家依靠资源和劳动力等方面的优势，大力发展加工制造业，我国电子信息制造业中的部分外资企业甚至一些民族企业已经搬迁至越南等东南亚地区，对我国电子信息产品制造基地地位带来冲击。我国电子信息产业在国际市场日益面临着发达国家的回流和发展中国家分流双转移的双重挤压。

从国内看，当前，我国经济转入新常态，认识新常态、适应新常态、引领新常态是当前也是今后一个时期我国电子信息产业发展的大背景，电子信息产业作为最具活力、最具创新的行业之一，在经济新常态下可发挥独特优势和作用，成为我国经济可持续发展的主力军。2014年我国电子信息行业呈现稳中有升、稳中有进的发展态势，进一步成为稳增长、促转型的重要力量。产业发展的基本面较为良好，产业处于加快转型升级的关键阶段，长期结构性问题、关键技术受制问题与短期困难相互交织，形势较为复杂，提升产业发展质量和效益的任务艰巨。

从省内看，电子信息产业保持稳定增长，产业出口和投资增势突出，行业影响力进一步提升，科技创新取得新进展；与此同时，新的产业增长点尚未确立、产业结构亟须优化、提质增效瓶颈逐步深化、部分企业经营状况堪忧、产业发展后劲不足等问题依然存在。

三　2015年发展目标、工作思路和对策建议

（一）发展目标

2015 年，全省电子信息制造业增加值增速达到 25%。

（二）工作思路

全面贯彻中央和省委、省政府有关经济工作会议精神和部署，坚持稳中求进工作总基调，着眼于保持中高速增长和迈向中高端水平“双目标”，主动适应经济发展新常态，坚持市场导向、创新驱动、融合发展，着力夯实产业发展基础，提高产业协作配套水平，引导产业向价值链高端延伸，增强产业核心竞争力，努力保持全省电子信息制造业持续健康发展，为全省多点支撑、多极发展新局面提供有力支撑。

（三）对策建议

1. 加快培育新增长点

抢抓信息消费机遇，大力发展智能手机、穿戴式设备等终端产品，扩大智能终端及配套产业的规模。抢抓国家集成电路产业发展机遇，推动相关产业政策和规划出台，加快成立省集成电路产业联盟，积极争取优势企业获国家集成电路投资基金支持。重点推动 IGBT 产业做大做强，推动集成电路设计业特色发展。抢抓中国智能制造 2025 发展机遇，整合智能控制和工业互联网等软硬件产品，加快培育工业用智能终端、工业控制系统等新增长点。以信息技术推广应用为契机，加快汽车电子、金融电子、医疗电子等应用电子产业发展，积极支持基于物联网、移动互联网的各种智能应用的开发和推广，加快终端产品

和内容的融合。

2. 加快重大项目建设

推进富士康集团、蓝思科技、介面光电、基伍手机、计算机整机、中光通信二代光纤等在建项目建设。结合国家和全省重大专项，加快 IGBT 芯片及模块、高性能 GPU、数模模数转换、存储控制、无线 WiFi、LED 等芯片产业化进程，推动蓝宝石面板、北斗导航等关键共性技术研发攻关。大力支持承接产业转移，立足产业基础，以完善和延伸产业链为方向，积极跟踪集成电路、消费类整机等重大项目，争取引进落地实施一批大项目。

3. 加强产业园区和公共平台建设

强化产业园区的载体作用，提升园区产业服务支撑能力。重点支持株洲功率型半导体产业园、浏阳经济技术开发区创建国家级新型工业化产业示范基地。积极推动长沙、株洲等集成电路产业聚集区创建国家级或省级行业公共服务平台。

4. 开展产业调研与对接合作活动

开展智能终端、LED 等子产业专题调研。启动湖南省电子信息制造业领域“十三五”规划研究和编制工作。结合产业特点与企业需求，开展重点地区、重点企业、重点产业链对接合作工作，通过搭建交流合作平台，强化产业协作配套。重点做好集成电路、移动智能终端及配套、LED 等产业对接合作。

5. 加强细分行业管理工作

落实国家光伏、LED、锂离子电池等细分产业政策，推动产业健康规范发展。进一步发挥行业中介组织的“桥梁”作用，促进行业抱团发展。

6. 加强行业管理及服务体系建设

加强运行监测分析，做好 2015 年每月、每季调度分析。加强行业服务能力建设，开展业务培训和交流活动。深化与工信部赛迪研究院、省社科院工业经济研究所等专业研究机构合作，加强支撑服务体系建设。

B.8 2014～2015年湖南有色金属行业发展研究报告

宋建民*

2014年，全省有色金属工业面临严峻复杂的国内外经济环境，在经济新常态的战略背景下，以科学发展观为指导，坚定不移地推动行业转型升级，加快提升发展的质量和效益，各项事业取得明显成效。

一 2014年湖南有色金属行业发展基本情况

1. 行业保持平稳发展

2014年，湖南有色金属工业整体保持好于、快于、优于全国的良好态势，完成十种有色金属产量299.4万吨，同比增长0.9%；实现主营业务收入4249.9亿元（含五矿外省部分），增长5.8%；完成工业增加值1062.3亿元（含五矿外省部分），增长9.4%；利税总额280.5亿元，下降0.9%。

2. 结构调整稳步推进

在产品结构方面，铜、铝等大金属产量占全省十种有色金属总产量的比例上升至14.5%；冶炼及压延加工比重达到了86%，其中精深加工产品比重达到了38%。晟通集团重点发展轻量化汽车等高附加值终端产品，全年完成规模工业产值305亿元，成为行业转型发展的标杆企业。在技术结构方面，全年技改投入达到422亿元，一批先进的技术工艺装备得到推广应用，行业技术结构明显改善。全年共推广应用新技术30多项、新工艺30多项及新设备20多种。湘投金天在钛材精深加工领域取得行业技术垄断地位，并成为国内最主要

* 宋建民，湖南省有色金属管理局党组书记、局长。

的钛带供应商。在企业组织结构方面，行业前 10 家企业的产业集中度提高到 45%，比上年上升了 7 个百分点。主营业务收入过 10 亿元的企业增加到 36 家。五矿有色金属主营业务再次突破 1000 亿元，继续引领行业发展。在人才结构方面，行业高技能型人才的培养引进力度持续加大，中高级技师占职工人数比重比上年提高了 0.4 个百分点。湖南有色职院继续保持蓬勃发展态势，2014 年在校生达到 5296 名，毕业生就业率达到 90% 以上。同时，园区集聚效应不断增强，产业集中度进一步提高。望城经开区正式获批国家级经济技术开发区，有色金属部分完成工业产值 476.8 亿元，增长 33.8%。郴州高新技术产业园区有色金属部分各项指标呈两位数增长，拉动园区全年技工贸收入突破 1000 亿元。永兴工业园推动企业整合重组，着力打造产值过 30 亿元的大型集团公司，整合后的众德集团铋产能占全国 10%，碲产能占全国 60%，市场话语权进一步增强。

3. 科技进步成果丰硕

行业科技成果丰硕，获奖等次和比例都在全国名列前茅。中南大学等单位完成的“有色冶炼含砷固废治理与清洁利用技术”、柿竹园等单位完成的“复杂难处理钨矿高效分离关键技术及工业化应用”获国家科技进步二等奖。株洲钻石切削刀具股份有限公司等企业的重点攻关项目分别荣获全省科技进步一等奖、第十六届中国专利优秀奖、中国国际黄金大会颁发的最佳突破奖。此外，行业企业共获得中国有色金属工业科学技术奖 42 项，其中一等奖 11 项、二等奖 20 项、三等奖 11 项。

4. 资源勘探再创佳绩

全年共完成钻探 13.7 万米，槽探 5.2 万立方米，坑探 1.7 万米。新发现矿产地 5 处，探获 5 个中型以上矿床，新增主要资源储量铅锌 87 万吨、金 54 吨、铜 26 万吨、锡 11 万吨、钨 9 万吨、铷 7 万吨、锑 2 万吨。新登国内矿业权 5 个，回购省内探矿权 5 个。其中，在水口山鸭公塘矿区新探获铜金属量 24 万吨。省地勘局 405 队承担完成的“湖南省花垣县大脑坡铅锌矿普查”被中国地质学会评为 2014 年度全国十大地质找矿成果。同时，进一步加大了“走出去”步伐，在澳大利亚、巴西、塔吉克斯坦、巴基斯坦等国继续开展海外地质勘探工作。

5. 循环再生取得新进展

一是产业规模不断扩大。全年完成再生金属产量122万吨，主营业务收入突破1000亿元，成为湖南省有色金属工业新的增长极。二是技术水平不断提升。有色金属循环再生产业由回收铸锭外销为主，转型为发展精深加工、延伸产业链条，如尾矿综合回收钨、铋、钼技术等先进工艺越来越得到普及。三是回收网络不断健全。全省已基本建成覆盖全国的废旧有色金属回收网络。同时还有6个国家级循环经济试点，1个国家级“城市矿产”示范点，17家重点企业及7个园区循环经济试点，初步形成了以“长株潭”为核心的有色金属循环再生产业圈，以及永兴和汨罗南北两大再生资源工业基地。金龙铜业深挖“城市矿山”，成为湖南省有色金属再生产业龙头企业。

6. 招商引资来势喜人

全年全行业成功签约项目25个，合同引资超过150亿元，一些大项目、好项目顺利落地建设。其中，省有色金属管理局直属单位全年签订协议6份，引进资金5700万元，如湖南有色金属研究院的湖南有色金属交易所项目取得重大进展。省有色局与长沙市联合开展的中德有色（望城）工业园项目正式启动，中德双方抓紧推进项目建设前期工作，并取得明显成效；常德忠旺高端铝型材项目得到省委、省政府主要领导和分管领导的重视支持，相关前期工作稳步推进，并在土地指标落实及征地拆迁上取得了明显进展。

7. 项目建设风生水起

全行业新建、完成一批优势项目，有力增强了发展后劲。晟通集团年产12万吨双零铝箔项目正式建成投产。华信有色金属有限公司投资20亿元建设20万吨铅锌联产及合金新材料项目，达成后将新增产值100亿元以上。新振升集团投资3.5亿元建设的年产9万吨铝型材生产基地第一期建成投产。柿竹园投资1.75亿元（累计4.7亿元）建设“矿产资源综合利用示范基地”项目，柴山3000吨/日采选技改工程正式投入生产。锡矿山2万吨锑冶炼技术升级项目进展顺利，已成功申报3项发明专利。瑶岗仙裕新多金属矿床技改项目累计完成投资8.5亿元。

8. 企业创新亮点纷呈

全省有色金属企业积极探索创新发展新路径，有效提升企业质量效益。一是引入电商营销。金龙集团应用电商模式，拉动全年完成规模工业产值101.4

亿元，增长 15.5%。太丰矿业搭建电子商务网络采购平台和直销网店，大幅降低库存量，采购成本降低 13%。二是推进国际合作。科力远与日本丰田等合资合作，成功进入节能与新能源汽车动力电池专业国际化高端分工，位列国际汽车动力电池前三名。三是拓宽融资渠道。产融结合发展进一步加强，永兴意水稀贵公司以华意储运公司为融资平台，以现货质押为方式，四年来为企业解决流动资金 30 多亿元，其模式已吸引四家银行进入。雄风稀贵与上市公司内蒙古赤峰黄金并购成功，首批融资 9 亿多元。金贵银业、世纪钨材、黄金洞、宝山矿业等公司完成上市或已做好上市准备。

9. 共同维稳不断深化

省有色局继续推进“共同维稳”工作，开辟了全省有色行业和谐发展新局面。截至 2014 年，省有色局先后筹集资金 4200 万元，引导扶助社区建成各类保障性住房 4695 套 489750 平方米，并有在建保障性住房 758 套 73760 平方米，较好地解决了有色系统破产企业社区居民住房问题。同时，引导 13 个关闭破产社区解决下岗职工再就业 4362 人，基本实现“零就业家庭”动态清零；低保实现了应保尽保，医保参保率达 100%；一批新出台的社会保障政策得到全面落实或正在落实，有效地维护了有色行业及当地社会的稳定。

10. 服务水平有效提升

省有色局认真履职尽责，努力提升服务水平，引领行业健康发展。一是以规划引领发展。全年组织企业申报项目 53 个，参与审核项目 69 个，争取到省财政支持资金 5300 万元。完成了《湖南省有色金属产业发展规划（2012～2020 年）》等多项规划的编制、完善工作。着力推进实施行业创新发展战略，成功召开全省有色行业科技工作大会，组织参加全省科技活动周、有色科技论坛、院士专家行等活动。二是以运行调度促进发展。按月对 70 余家有色金属重点园区、重点企业生产经营情况进行调度分析，并加大力度协调解决有关问题。推动行业法制化建设，《湖南省有色金属综合回收与再生利用条例》已正式列入省人大常委会 2015 年全省 9 件正式出台的地方性法规之一。完成对全省 6 个市州、17 家有色企业的名牌产品现场考核。组织开展矿山环境保护、资源综合利用试点及推广运用工作，推进湘江流域工业企业实施清洁生产，淘汰有色行业落后产能企业 20 家。组织人员参加全省打非治违督导组，有力地打击了超深越界、违规生产等不法行为。三是以自身建设保障发展。省有色局作为全省有色金属行业发展重要的服务平台，在本轮政府机构改革中继续完整保留，并进一步强化作风建设、能力建设，专业化服务水平进一步提高。继续保持了省级文明单位、平安单位、综合治理合格单位等荣誉称号，并获得了“全省维稳工作先进单位”和“全国节约型公共机构示范单位”称号。

湖南有色金属产业在保持平稳较快发展的同时，产业深层次的结构性矛盾日益显现，未来发展面临诸多的困难和挑战。产品结构不优、发展后劲不足、规模效益滑坡、环境压力增大、龙头企业不强、体制机制不活、融资渠道单一、创新创业不充分、新技术新工艺采用不广泛等问题，仍然阻碍行业进一步持续健康发展。这都需要各级政府和行业企业在深层次问题上加大改革创新力度，把握新形势，抢抓新机遇，切实推进转型发展。

二　湖南有色金属行业发展形势分析

当前，中国经济进入新常态，湖南有色金属产业也进入了发展新阶段，新问题新矛盾新挑战凸显，但同时也面临转型发展的重大机遇，要以新思路新作为，主动引领产业新发展。

1. 新常态是经济发展到一定阶段的必然选择

新常态表现为：增长速度换挡，发展方式转变，经济结构调整，发展动力转换这四个方面，这是经济发展到一定阶段的必然选择，其实质是经济向形态更高级、分工更复杂、结构更合理的阶段演进的过程。从国际上看，一是世界发达国家进入转型发展期，纷纷提出“再工业化”战略，全球掀起了回归实体经济高潮。二是新一轮科技革命和产业变化正在孕育兴起，世界各国正在实施更加积极的科技和人才战略，以抢占未来发展制高点。三是各种形式的保护主义开始抬头，这将使全球市场碎片化，规则更趋垄断。四是世界经济不确定性预期增加，世界经济仍处于国际金融危机后的深度调整期，疲弱复苏成为常态。从国内来看，中国已成为世界第二大经济体，从低收入国家跨入中等收入国家行列。在新常态下，中国经济发展的约束和动力正发生变化，进入了矛盾增多、爬坡过坎的关键阶段，经济增长已经告别两位数高增长模式。同时，发展的结构性矛盾逐步凸显，资源、环境、能源约束日渐增强，中国经济呈现结构优化、动力转换态势，表现出经济发展阶段性的新特征。

2. 新常态对全省有色金属产业带来新的挑战与机遇

经济新常态对湖南提出了新挑战。挑战首先来自外部，受潜在增速放缓、出口增速下滑、房地产周期性下行、产能过剩等因素影响，国内企业生产经营困难较多，部分领域风险显现，经济下行压力较大。挑战同时也来自内部，一是新的《环境保护法》和《安全生产法》正式实施，对全省有色金属企业提出了更高的要求；二是省政府继续实施湘江保护与治理“一号重点工程”，并开展长株潭大气污染联防联治，有色金属工业节能减排压力不断加大；三是在资源收紧、要素成本提高、外部需求逐步减少等多重压力之下，有色金属产业发展质量和效益面临两难局面。但更要看到经济新常态给产业发展带来的新机遇。一是国家政策利好。国家正在加快实施长江经济带等三大战略，有利于推进湖南与其他地区的深度合作，构建对外开放新格局。二是改革进程提速。土地、利率、汇率等改革的推进有利于优化市场要素配置，产权、反垄断、国企、商事等改革的深化将进一步激发市场活力，行政审批、财税体制改革也有助于更好地统筹发挥市场和政府作用。三是结构调整加快。新产业、新业态、新模式不断涌现，消费对经济增长的贡献率已经超过投资达到51.2%，服务业比重也提高到48.2%，中国经济正在由工业主导向服务业主导转变。四是增长动力显现。湖南的后发优势正在集聚，新型工业化、信息化、城镇化、农业现代化将继续为经济增长提供新的动力。特别是工业多点支撑正在形成，湖南工业经济增长的潜力仍然很大。

3. 新常态对全省有色金属产业发展提出新要求

在经济新常态下，一是要妥善处理好稳增长与调结构之间的关系。稳增长与调结构互为基础，互相促进，要在经济增长中实现结构调整，通过优化经济结构实现有色金属产业转型升级。二是要妥善处理好稳增长与促改革之间的关系。稳增长与促改革互为条件，稳增长要依托促改革，挖掘增长的持久动力，促改革的目的在于推动有色金属产业可持续增长。三是要妥善处理好近期、中期、远期发展战略之间的关系。近期要围绕稳增长，加大市场开拓力度，满足新的市场需求；中期要加快结构调整，推进产业发展由目前的要素驱动、投资驱动转向创新驱动，培育产业新增长极；远期要深化改革，破解困扰有色金属产业发展的体制性、机制性矛盾，充分释放企业参与市场竞争的能力和活力，提高产业发展的质量和效益。

三 加快湖南有色金属行业发展的对策建议

2015年工作的总体思路是：认真贯彻落实省委经济工作会议和全省加速推进新型工业化工作会议精神，以科学发展为引领，以市场为导向，以调结构、转方式为主线，全面深化企业体制机制改革，努力提高有色金属产业的质量和效益。总体目标是：十种有色金属产量增长2%左右，主营业务收入、工业增加值增长10%左右，利税增长12%以上。

1. 调整产业结构，推动技术进步

坚持以市场为导向，以产品结构调整为主线，以技术结构调整为保障，推动产业结构调整。2015年，行业前10家企业的产业集中度提高到48%，技改投入达到460亿元，推广新技术、新设备40项。一是科学编制"十三五"规划。在总结"十二五"规划实施成果的基础上，坚持"高起点、高标准、高要求"，做好全省有色金属行业"十三五"规划的编制工作，按照引领、务实的原则，将有色金属产业重心向新材料等战略性新兴产业转移。二是大力开发新产品。通过改造提升有色金属传统产业，推动有色金属产品走高端化、绿色化、数字化、国际化发展之路，重点开发新能源、新材料技术和产品。三是强力推广新技术。瞄准国际国内一流的采、选、冶及深加工技术，强化自主创新，并通过引进先进技术、消化吸收、集成创新，加大对关联度高、应用面广、先进适用的工艺技术的推广力度，力争使矿产资源综合利用率提高3%左右，高新技术企业新产品产值率达65%以上，深加工产品增长率达10%以上，全面提升产业发展的质量和水平。四是努力搭建新平台。发挥湖南省有色金属产业技术高地的优势，依托高校、科研院所、企业和院士工作站、博士后工作站等创新平台，积极研究开发行业共性关键技术和装备，开展联合攻关，建立多方联动的研究网络体系，促进产学研相结合，进一步提高成果转化的速度和效益，并加大力度支持建设各类各层次的技术创新平台，着力提升产业自主创新能力。

2. 积极开拓市场，夯实增长基础

要做好开拓新的应用领域这篇文章。一是发展精深加工，延伸产业链条。有色金属是重要的基础原材料产业，应用领域十分广阔。有色金属企业要改变

过去传统的采矿、选矿、冶炼、加工的固有形象，更多地以新材料、新能源材料等战略性新兴产业的新面貌展示于国际、国内市场。二是开展产业对接，抢占新兴市场。把握当前高铁、城市轨道交通、航空航天、节能环保、新能源材料等新兴产业正在加速发展的机遇，主动靠上这些新领域，开发出适销对路的新产品，抢占更多的新兴市场份额。三是提高产品质量，扩大产品出口。要提高产品的市场占有率，关键是提高产品质量和售后服务水平。在当前市场疲软的情况下，企业更要把产品质量视为生命。要加快培育本省有特色的名牌产品、拳头产品，重视制定和发布行业产品质量标准，争取更多的市场话语权。四是创新经营模式，提升竞争水平。要充分运用大数据、云计算、物联网、电子商务等新技术，创新企业经营模式，探索走企业轻质化之路。并要充分利用社会存量资产，采取开发、销售在内，生产、加工在外（即两头在内，中间在外）的发展模式，加快推动企业做强做大，提高资产效率和投资回报率。

3. 深化改革改制，增强发展动力

加快推动新一轮有色金属国企改革，激活社会资本活力。一是建立健全企业运行机制。通过建立一系列激励与约束机制，积极探索混合所有制企业员工持股的有效途径和办法，形成资本所有者和劳动所有者利益共同体，建立健全现代企业制度和公司法人治理结构，推动各种所有制资本取长补短、相互促进、共同发展。二是优化有色金属国资管理体制。按照党的十八届三中全会关于国资管理体制改革的总要求，通过整合省属有色金属及相近资产，组建省属有色金属资产经营管理公司，形成强有力的本土有色金属产业发展新平台。通过建立国有资本动态调整机制，进一步优化国资布局结构，使湖南省有色金属国有资本重点进入新材料、新能源、节能环保等新兴产业，引领产业转型发展。三是创新企业资本运营模式。加快促进产融结合，增强有色金属交易大宗产品的定价话语权，推动省内企业由单一型的产品营运向产品营运和资本营运相结合转变。促进各类资本融合集聚，进而为更多的有色金属企业打造产业集团，实现上市融资奠定基础。

4. 大力招商引资，增强发展后劲

要把招商引资作为稳增长、调结构、转方式的战略性举措，坚持“引资”、“引智”、“引技”相结合，全面加强招商项目库、资源库、数据库建设，大力实施产业链招商和点对点招商。省里有色金属行业主管部门要重点抓好中

德有色（望城）产业精深加工园建设，重点引进忠旺集团、比利时优美科公司等一批国内外优势企业来湘发展有色金属深加工产业，突出典型带动作用。市州有色金属行业主管部门要更加注重在政策、机制、服务创新等方面培育形成新的招商引资比较优势。并进一步完善项目推进机制，既要有长远规划目标，也要有强有力的工作措施，特别是对于重大招商引资项目，要建立“三个一”制度，即明确由一名领导牵头、一个部门跟踪落实、一张时间表推进的工作制度，切实做好项目的引进、落地、开工全程服务。

5. 加大找矿力度，推进循环再生

既要大力勘探新的矿产资源，也要加强有色金属资源的循环再生利用。在资源勘探方面：一是加强基础研究。以省内重点老矿区为依托，做好衡阳盆地、锡矿山地区及湘中隆起区、香花岭地区、坪宝地区、湘西南地区等地的资料整理和综合研究工作，确保项目续作及成片项目立项的快速推动。二是加强实地勘查。对长冲矿区、白水源矿区、荷花坪地区、桂阳地区、胡家仑矿区开展实质性勘查。三是加强资源控制。跟踪新一轮海外风险勘查项目申报，拓展海外勘查业务，争取承揽国家援外项目。在循环再生方面：一是积极推动《湖南有色金属循环再生利用促进条例》的出台，将全省有色金属循环再生产业的发展纳入法制化轨道。二是优化布局。全省以湘江为中心，以沿江企业为重点，促进湘江保护治理与产业转型升级相融合发展。湘南以郴州为中心，采用先进采、选、冶工艺对矿产资源进行梯级开发和循环利用；湘中以长株潭为中心，构建低碳环保的有色金属精深加工区；湘北以汨罗为中心，打造以铜、铝、铅为主的综合利用循环再生产业基地。三是突出重点。全力打造有色金属循环再生特色园区和龙头企业。以汨罗循环经济工业园为核心，大力发展废杂铜、废铝回收利用；以衡东大浦园区为依托，加快钨、铜、铅、锌综合回收和循环利用；以郴州高新技术产业园区为重点，从废渣中回收钨、锑、铋等稀有金属，进行再制造和精深加工；以永兴工业园区为平台载体，加强科技引领，开展有色金属固体废弃物和稀土、稀贵金属的综合回收利用。力争在3年内，实现全省有色金属循环再生产业主营业务收入倍增。

6. 强化环境保护，抓好安全生产

一是着力推动湘江流域重金属治理。省有色局要充分发挥熟悉行业和技术团队强两个方面的优势，以贯彻落实新《环境保护法》为契机，加快制定

《发展有色金属固体废弃物循环再生，推动湘江流域重金属污染治理方案》，加强尾砂库和固体废弃物的循环再生，提高资源综合利用率。推动以株冶集团等重点企业的转移转型。二是严格实行行业准入。进一步提高规模、技术水平门槛，抓好重点企业节能减排，在2014年单位规模工业增加值能耗下降12.6%的基础上，2015年要再下降5%，坚决淘汰落后产能，最大限度降低资源消耗，减少废弃物的产生，切实保护环境。三是切实加强安全生产。加快落实《安全生产法》，既抓行业发展也抓安全生产，对全省有色金属企业开展“三个一”活动，即培训一大批安全生产骨干，增强责任意识、红线意识；建立一揽子安全生产规章制度，提高标准化、规范化生产水平；组织一系列安全生产检查，排查隐患、强力整改。全面加强安全生产信息化力度，强化一把手安全责任，杜绝重特大安全事故发生，为全省有色金属行业健康发展保驾护航。

7. 实施惠民工程，巩固维稳成果

一是坚持到底抓好关闭破产矿山社区安居房建设。2015年，继续筹集引导资金，全面完成关闭破产矿山社区安居房建设。二是一如既往落实省属关闭破产国有企业改革政策。争取省国企改革领导小组办公室、省财政厅、省维稳办和地方党委、政府的支持，认真落实中央和省里国企改革的政策，协调解决省属关闭破产和转产矿山及非矿山企业的历史遗留问题，减轻企业负担。三是持之以恒巩固共同维稳机制。通过完善共同维稳工作讲评、考核和奖惩机制，发挥激励导向作用，提高行业信访维稳干部运用法治思维、全面依法办事的能力，保障行业和谐发展。

8. 加强行业协调，提高服务水平

省、市两级行业主管部门要勇于担当、勇于开拓，为企业服好务。从近期来看，重点协调做好行业煤、电、油、气、运等生产要素保障工作；加强经济运行服务，扩大对有色金属重点园区和重点企业的经济调度范围，建立健全运行监测网络与预测预警体系，加强行业经济运行监测和分析，做好信息引导；加强银企合作对接，推进金融机构、重点企业和服务机构多方联动，为企业更大发展提供条件；加强打非治违，维护正常秩序。从长远来看，行业管理要不断创新观念、创新手段，充分利用大数据、云计算、互联网、物联网，打造新型的服务平台，为企业生产经营、产品开发、市场拓展、政策咨询提供精准服务。

B.9

2014～2015年湖南医药行业发展研究报告

湖南省经济和信息化委员会消费品工业处

2014年，全省医药行业在省委、省政府的正确领导和各级各有关部门的大力支持下，以产业结构调整和转型升级为主线，以科技创新为动力，着力培育生物医药战略性新兴产业，实现了生产和效益平稳较快增长。

一 2014年医药行业运行情况分析

（一）医药行业经济运行情况及特点

1. 生产保持较快增长

2014年，全省医药规模工业完成工业增加值275.14亿元，同比增长18.6%，比全国平均水平高6.1个百分点，较上年提升0.7个百分点，增幅居全省11个重点行业第2位。其中，郴州、益阳、株洲、岳阳、长沙、娄底等6个市规模医药工业增加值增速超过全省平均水平。

2. 经济效益稳步增长

全省医药规模工业实现主营业务收入823.12亿元，同比增长16.4%，增幅高于全省规模工业增速10.4个百分点。其中，郴州、益阳、长沙、岳阳、永州、娄底等6个市规模医药工业主营业务收入增速超过全省平均水平。实现利税87.09亿元，同比增长14.0%；其中实现利润51.15亿元，同比增长11.8%，利税和利润的增幅分别超过全省规模工业增速12.5和15.5个百分点。

3. 集聚发展态势显现

长沙、株洲、湘潭等3市全年共实现规模医药工业主营业务收入418.29

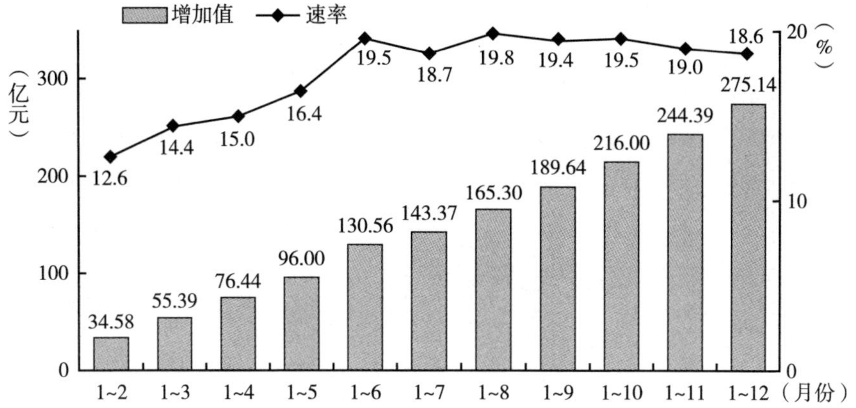

图 1　全省规模医药工业分月度增加值及增速情况（2014 年）

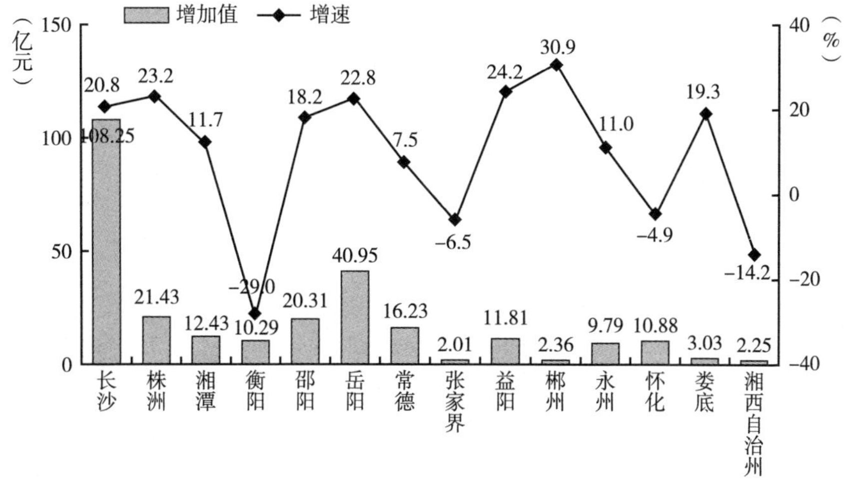

图 2　各市州医药工业增加值及增速情况（2014 年）

亿元，占全省总额的 50.8%；其中，浏阳生物产业园完成主营业务收入 233.52 亿元，占全省总额的 28.4%。全省医药产业已经初步形成以长株潭为核心的生物医药产业集聚区，浏阳生物医药园、长沙高新区、株洲高新区、湖南西部中药谷等一批医药产业园区集聚效应日益凸显。

4. 结构调整步伐加快

推进医药企业兼并重组，先后有千山药机收购并增资宏灏基因，湖南尔康

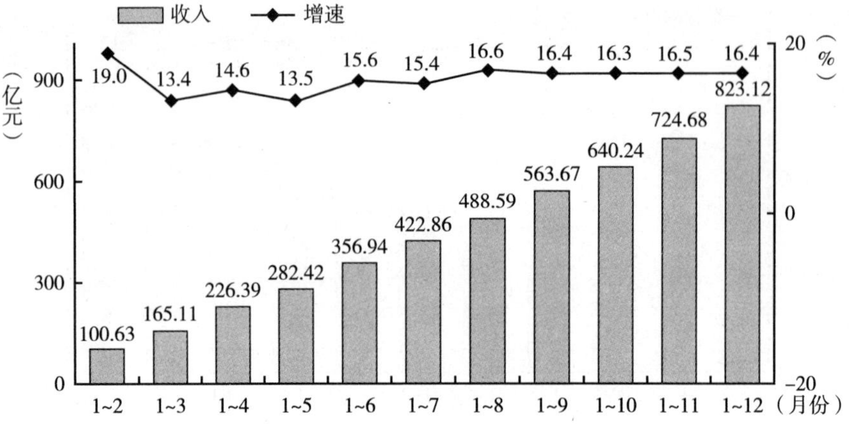

图3　全省规模医药工业分月度主营业务收入及增速情况（2014年）

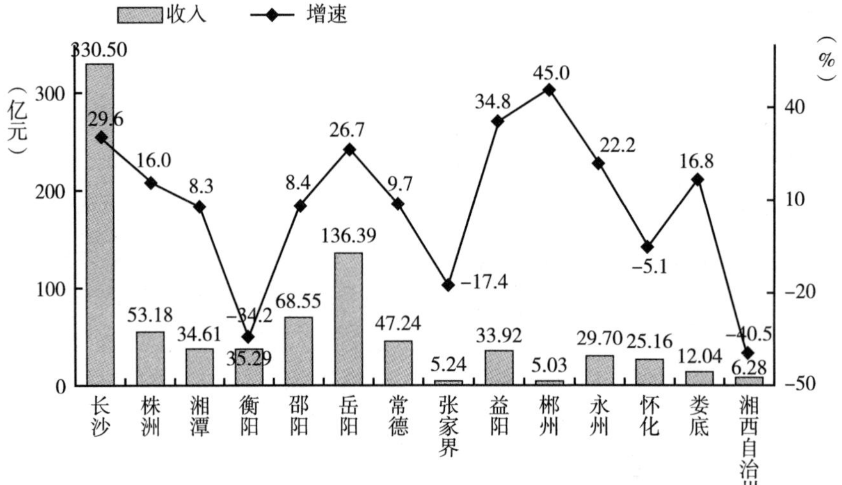

图4　各市州医药工业主营业务收入及增速情况（2014年）

制药收购湖南洞庭柠檬酸化学有限公司、长沙正阳药用胶囊有限公司，楚天科技并购长春新华通，龙头骨干企业带动作用增强。截至2014年底，全省有规模以上医药工业企业319家，比上年增加13家；其中大中型企业62家，比上年增加11家。新增1家省级企业技术中心，累计达到18家，占全省总数的8.5%，创新能力不断加强。楚天科技、方盛制药实现成功上市。

5. 项目建设成效明显

2014 年，全省医药规模工业完成固定资产投资 205.67 亿元，同比增长 10.1%，医药重点项目建设成效明显。如汉森制药二期口服液及胶囊生产线已竣工投产；正清制药投资 2.5 亿元的一期工程小容量注射剂已完成 GMP 改造；华纳大、华强制药、艾尔希等一批 GMP 改造重点项目相继开工建设，尔康制药淀粉胶囊生产基地已完成 1.3 万平方米厂房建设，迪诺制药投资 1.2 亿元的综合制剂大楼及配套工程已试生产。

（二）医药行业发展面临的主要问题

1. 企业规模不大，带动能力不强

目前全省有规模以上医药工业企业 319 家，其中全年完成主营业务收入过 5 亿元的企业仅 10 家（过 10 亿元的 5 家），龙头企业数量偏少、规模偏小，全国百强企业排名中无一家省内企业（参照《2013 年全国统计年报》）。在重点调度的 25 家龙头企业中，有 7 家企业的工业增加值呈负增长，带动作用不突出。

2. 生产成本费用增幅大，企业赢利能力下降

全省规模医药工业企业主营业务成本为 654.07 亿元，同比增长 20.7%，比主营业务收入增幅高 4.3 个百分点；管理费用 43.24 亿元，同比增长 15.6%；销售费用 59.07 亿元，同比增长 17.4%；财务费用 5.48 亿元，同比增长 10.5%。受生产成本上涨影响，医药企业利润空间受到挤压，赢利能力不断削弱。

3. GMP 改造认证进度慢，行业增长压力大

根据要求，到 2015 年 12 月 31 日，所有类别的药品生产企业，都必须达到符合 2010 版 GMP 的要求。截至 2014 年 12 月 23 日，全省有 15 家无菌药品生产企业取得 28 张药品 GMP 证书，61 家非无菌企业取得 74 张证书，约占全省企业任务数的 50%。湖南省医药企业 GMP 改造认证任务仍然艰巨，行业稳增长压力大。

二 2015年医药行业发展趋势分析

2015 年，尽管医药行业发展面临着更为激烈的市场竞争，但随着“十二

五”有关生物制药、加快医疗事业改革以及医药行业结构调整等政策的深入推进，医药行业将面临新的发展良机。

（一）2015年医药行业发展环境与趋势

深入推进医药卫生体制改革，进一步健全、落实基本药物集中采购等制度为湖南医药行业带来发展契机。2012 年版《国家基本药物目录》自 2014 年 5 月 1 日起已正式实施，基本药物从 2009 年版的 307 种增加到了 520 种，同时新版基本药物在医疗机构使用要达到一定的比例。新一轮药品集中采购中，“质量优先，价格合理”的原则更多得以体现，将更有利于医药企业发展。部分省、市（区）低价药目录已陆续发布，由于放宽了最高限价，采取直接挂网采购，一些品种价格会出现一定回升，将使企业正当利益得到维护，有利于医药行业健康发展。

湖南医药行业近年来保持良好的发展态势，但龙头骨干企业不多、经济总量不大，行业整体获得突破性发展仍然受限，特别是受到医保控费扩大实行范围、实施新版 GMP、环保监管加强，企业运行成本上升等影响，医药产业结构优化、企业做大做强仍然面临着各种各样的挑战。

（二）2015年医药行业发展思路、目标和重点

2015 年，全省医药行业管理工作将以党的十八届四中全会精神为指导，以结构调整和转型升级为主线，坚持创新驱动，加强规划引导，加快推进医药企业新修订药品 GMP 认证和医药企业兼并重组步伐，培育壮大龙头企业，加大项目建设力度，加强产业合作对接服务，巩固提升医药产业增长能力，推动医药工业经济持续健康平稳发展。力争全省规模医药工业完成工业增加值 310 亿元，同比增长 17%。围绕这一目标，重点抓好以下工作：

1. 加快兼并重组步伐，促进结构调整和转型升级

一是加快推进医药行业兼并重组。充分发挥新修订药品 GMP 实施对促进产业升级的引导作用，鼓励和支持医药优势骨干企业整合资源，提升规模化、集约化、国际化发展水平，增强可持续发展能力。二是打造医药龙头企业。以“四千工程”、战略性新兴产业和医药产业集群核心骨干企业为重点，鼓励其以技术、品牌、资金等优势实施兼并重组，突出支持重大项目建设，促进一批

龙头企业做大做强，着力打造医药行业旗舰企业。三是促进产业集聚发展。积极培育和发展医药专业园区，引导有条件的市、州发展医药专业园区，鼓励和支持现有大型工业园区设立医药专区，引导优势医药企业向园区集聚发展，不断提高产业集中度。

2. 大力推进项目建设，增强产业发展后劲

一是组织实施医药产业发展专项。按照技术改造专项的安排部署，充分发挥医药技术改造专项资金的引导和激励作用，重点支持新修订药品 GMP 改造和兼并重组等重大项目，培育新的经济增长点。二是推进医药 GMP 认证改造重点项目建设。加大新修订药品 GMP 认证改造项目扶持力度，争取将全省医药企业实施新修订 GMP 认证改造项目纳入 2015 年省各类专项资金支持范围，予以优先安排和重点支持。三是争取国家相关专项支持。做好湖南省 2015 年度中药材生产扶持项目申报组织工作，同时积极争取国家中药材扶持资金滚动支持。继续会同有关部门做好国家其他专项申报工作，提升湖南省医药产业内生发展能力和整体创新能力。

3. 推动中药加快发展，打造新的产业支撑

一是营造良好氛围。贯彻落实《关于加快中药材产业发展的意见》，加快中药全产业链发展。二是加强调查研究。摸清全省中药产业发展情况，研究制订湖南省中药材产业发展规划，引导中药材产业合理布局，因地制宜发展道地优质药材。三是促进交流合作。充分发挥湖南省中药材产业联盟的作用，通过组织论坛、建设网站等方式，实现信息互通和资源共享，促进省内外中药材生产技术的交流与合作，突破影响产业发展的技术与市场的关键瓶颈。四是培育中药材种植基地。推动省内大宗道地药材和濒危稀缺药材的标准化、规模化种植，培育一批中药材种植基地，促进中药材规范发展。

4. 加强工作协同配合，提升行业管理水平

一是启动规划编制工作。组织开展医药行业“十二五”规划执行情况评估，加强新常态下医药产业发展方向的战略研究，科学制定“十三五”发展目标、思路、重点领域、保障措施等，更好地规划、指导全省医药产业发展。同时，立足产业特点，制定全省中药材产业和医疗器械产业“十三五”发展专项子规划，引导中药材和医疗器械产业健康有序发展。二是完善医药储备及应急管理。加强医药储备及应急管理能力建设，抓好应急队伍培训与演练。编

制医药储备品种目录和储备品种应急目录，定期调度和检查医药储备企业，及时、准确地掌握储备品种情况。制定《湖南省常态短缺药品储备管理办法》，进一步完善常态短缺药品储备。三是深入推进医疗卫生体制改革工作落实。在《2013 年湖南省医疗机构药品集中采购实施方案》原则框架内，协调指导本省医药工业企业做好药品集中采购工作，促进医药产业健康发展。

三　有关发展对策建议

2015 年是“十二五”规划的最后一年。为推进医药产业加快发展，早日实现文化产业发展目标，全省医药行业要充分发挥政府宏观调控的引导作用以及市场竞争机制的促进作用，推动各类资源向优势企业集中，促进全省医药工业经济平稳较快发展。

1. 大力推动医药企业加快兼并重组步伐

要积极构建形成多层级多部门联动机制，制定具体推进方案，明确各级各部门职责，协调解决医药企业兼并重组中的重大问题，形成强大合力。鼓励商业银行积极稳妥开展兼并重组贷款业务，支持符合条件的企业通过发行股票、债券等多种途径融资，着力解决企业兼并重组中的融资难题。

2. 进一步加大对省产药品采购支持力度

目前，全省新一轮药品集中采购的省内药品招投标价格将会作为其在外省招投标价格的重要参考依据。建议加大对省内拥有自主知识产权品种、优势品种和大品种药品集中采购政策扶持力度，对符合相关标准的药品及时纳入全省基本药物目录和医保目录；在医药集中采购工作中，进一步落实省政府 2012 年 1 号文件精神，增强全省医药产业的市场竞争力。同时，制订有效措施，引导和鼓励省内医疗机构优先采购使用省产医药产品。

3. 进一步加大对医药企业新版 GMP 认证项目支持力度

根据要求，到 2015 年底所有类别的药品生产企业都必须达到 2010 版 GMP 的要求。但到目前为止，全省仍有近 50% 的医药企业尚未通过认证。建议各类财政专项资金要进一步加大对全省医药企业新版 GMP 改造项目的支持力度，同时积极引导和鼓励社会资本有序进入医药行业，鼓励与医药产业相关的人才、资金、技术等向实施新修订药品 GMP 认证医药企业流动。

B.10

2014～2015年湖南食品行业发展研究报告

湖南省经济和信息化委员会消费品工业处

2014 年，全省食品产业在省委、省政府的正确领导和各级各有关部门的大力支持下，适应经济发展新常态，以产业结构调整和转型升级为主线，加快企业技术改造，着力推动企业兼并重组，继续推进食品工业企业诚信体系建设，实现了持续平稳较快发展。

一 2014年食品行业运行情况分析

（一）食品行业经济运行情况及特点

1. 生产增速稳中趋缓

2014 年，全省规模食品工业（不含烟草）完成工业增加值 1124.31 亿元，同比增长 8.3%，增速比去年回落 1.2 个百分点。全省除衡阳、自治州、怀化 3 个市州处于负增长外，其余 11 个市生产保持平稳增长，其中邵阳、株洲、娄底、益阳、常德、郴州等 6 个市规模食品工业增加值增速超过全省平均水平，且实现两位数增长。

2. 优势子行业生产保持较快增长

全省 14 个重点子行业除水产品加工、焙烤食品制造和饮料制造 3 个子行业增加值为负增长外，其余均保持不同程度的增长，其中，调味品制造、罐头制造、酒的制造、植物油加工等 4 个子行业增速明显高于全省食品工业平均水平，且均实现两位数增长。

3. 经济效益出现下滑

全省规模食品工业完成主营业务收入 3958.75 亿元，同比增长 6.6%，增

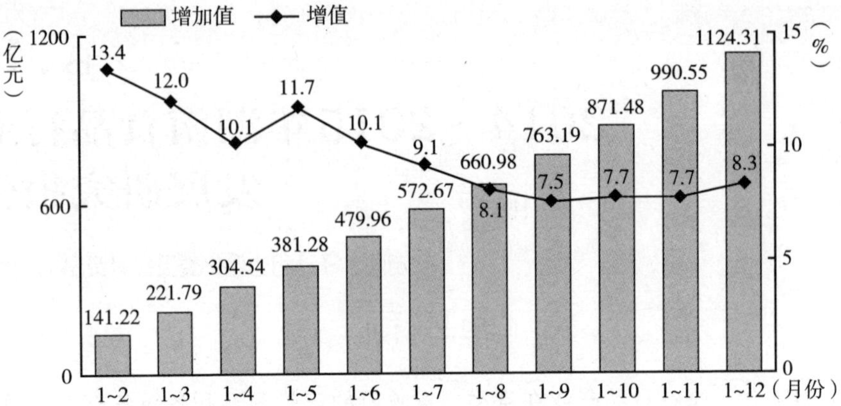

图 1　全省规模食品工业分月度增加值及增速情况（2014 年）

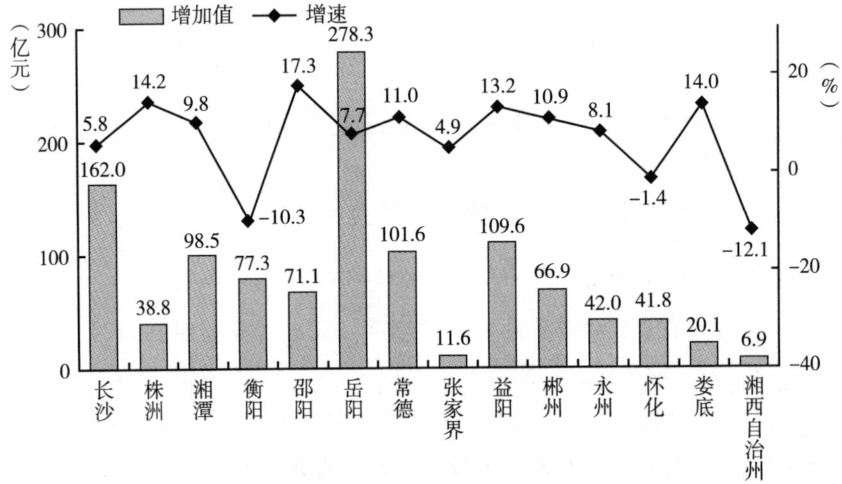

图 2　各市州食品工业增加值及增速情况（2014 年）

速比去年回落 7.6 个百分点；实现利税总额 319.98 亿元，同比增长 3.7%，增速比上年同期回落 12.0 个百分点，其中，实现利润 161.93 亿元，同比负增长 1.5%，增幅比上年同期回落 16.2 百分点。有 62 家规模食品企业出现亏损，同比增长 3.3%。

4. 产业结构得到优化

2014 年 8 月，省政府办公厅转发省经信委《关于加快推进食品医药企业兼并重组的意见》（湘政办发〔2014〕69号），推进食品企业兼并重组工作力度进一步加大，骨干龙头企业扩张步伐加快，企业结构不断优化，在一批落后过剩弱小食品企业淘汰关停的同时，规模食品企业上年底增加43家，其中大型和中型企业增加39家，大中型企业占比提高2.3个百分点。此外，代表食品行业精深加工水平的调味品制造、罐头食品制造、酒的制造和植物油加工等优势子行业增加值均实现两位数的增长，占食品工业的比重不断增大。

（二）食品行业发展面临的主要问题

1. 重点地区增长乏力

岳阳、长沙、常德3市食品产业总量占全省的51.6%，2014年，排前两位的岳阳、长沙两市规模食品工业增加值分别只增长7.7%和5.8%，分别比全省平均水平低0.6和2.5个百分点，导致全省食品产业增速持续回落。

2. 市场需求严重不足

受当前国际国内复杂经济形势和有关因素的影响，食品行业景气度持续下降，市场需求不旺。长沙市271家规模食品企业中，有66家企业因订单不足产销出现下滑，20家企业处于停产或半停产状态，78家企业以短期订单为主，中长期订单偏少。特别是受近年来相关政策的影响以及社会消费观念的变化，以主打高端礼品市场为主的白酒、茶叶等高档食品销售明显受阻，面向单位消费为主的团购销售模式基本停滞，有的企业面临前所未有的困境。

3. 企业资金问题突出

从调度的重点食品企业情况来看，绝大多数中小企业反映融资困难、融资贵，企业流动资金严重不足，对正常生产经营影响较大。

二　2015年食品行业发展趋势分析

（一）发展环境分析

1. 有利因素

（1）从全国看，食品产业发展面临新的机遇。2015年是落实十八届三中全会《决定》精神，扎实推进各项改革措施加快落地的关键一年。随着国家相关改革措施的出台，食品产业发展市场不断扩大，食品质量安全监管不断强化，市场公平竞争环境不断优化，将为食品产业带来难得的发展机遇，特别是去年以来为应对较大的经济下行压力，国家在金融、财政等方面出台了一系列支持企业发展的政策措施，将进一步促进食品产业持续健康发展。

（2）从省内看，食品产业发展具有良好政策环境。省委经济工作会议再次把稳中求进确定为工作总基调，着力在经济运行上保“稳”，在调整经济结构和深化改革开放上求“进”，着力在稳增长、促改革、调结构、惠民生上下功夫，将着力扩大内需、加快调整产业结构、大力推进新型城镇化、加强民生保障等列为今年经济工作的重点，这将有利于促进湖南省食品产业持续健康发展。近年来，省里把食品产业作为传统支柱产业和构建多点支撑多极发展产业新格局的重要支撑点予以培育发展，特别是去年出台了加快推进食品企业兼并重组的政策措施，有利于促进食品企业做大做强，各市州也相继出台加快食品产业发展的政策意见，加大对食品产业的支持力度，湖南省食品产业发展环境持续改善。

（3）从行业自身看，食品产业发展具有新的增长点。一是重点项目投资拉动。全省 2014 年下半年投产和 2015 年将投产项目 138 个，投资总额 194 亿元，预计 2015 年新增产值 213 亿元，其中 2015 年新增产值 1 亿元以上食品项目 77 个。二是重点优势子行业增长带动。2015 年全省方便食品制造、调味品制造、罐头食品制造、乳制品制造、饮料制造、植物油加工和果蔬加工等新型子行业有望实现两位数的增长。同时，随着湖南省推进食品企业兼并重组各项政策措施的落实，将进一步推动饲料加工、粮食加工、畜禽肉类加工等子行业重点企业加快并购步伐。三是重点园区和特色县域经济增长带动。2015 年，宁乡县经开区食品产值将达到 150 亿元，预计同比增长 25%；浏阳市特色食品产业园食品产值将达到 50 亿元，预计同比增长 70%。此外，湖南省确定的两批农副产品加工特色县域经济强县受益于财政支持力度加大，有望保持强劲增长势头。

2. 不利因素

（1）食品市场销售形势不容乐观。受当前国际、国内复杂经济形势和有关因素的影响，食品行业景气度持续下降，市场需求不旺，部分企业因订单不足产销出现下滑，有的企业处于停产或半停产状态，企业以短期订单为主，中长期订单偏少。此外，在提倡勤俭节约的消费观念引导下，政务、商务等接待活动持续减少，旅游及餐饮市场萎缩，高端消费回归理性，以主打高端礼品市场为主的白酒、茶叶等高档食品销售明显受阻，面向单位消费为主的团购销售模式基本停滞。

（2）优质农副产品原料缺乏。湖南是农业大省，稻谷、生猪等产量居全国首位，应该说具有发展粮食加工业的良好条件。但湖南省稻谷只有量的优势，品种不优，使得部分食品深加工企业都不得不选用东北的大米。特别是近年来湖南大米外销严重受阻，一批大米加工企业不得不破产或停产。湖南号称油菜子生产大省，菜子产量号称200万吨，但据有关专业人士分析湖南省实际菜子年产量远达不到这个数量，致使部分油脂加工企业菜子原料严重不足。

（3）产业发展后劲不足。随着全球经济一体化加快，国外食品跨国集团大举抢滩登陆中国食品市场，湖南省食品工业面临着严峻的竞争挑战，而国内劳动力价格成本上升以及原辅材料价格持续上涨，食品企业低成本竞争优势逐步被削弱。湖南省食品企业以中小微型为主，自主创新能力不强，市场竞争力和抗风险性能力较弱，加之近年来食品价格持续下滑，行业盈利能力下降，企业投资动力明显不足。

（二）总体思路

2015年，全省食品行业发展将以党的十八届四中全会精神为指导，努力适应经济发展新常态，以产业结构调整和转型升级为主线，加快兼并重组步伐，培育壮大龙头企业；加大技术改造力度，提升产业核心竞争力；实施品牌发展战略，深化产业合作对接服务，巩固和扩大优势产品销售市场，推动食品工业经济持续健康平稳发展。

（三）发展目标

全年力争规模食品工业（不含烟草）完成工业增加值1220亿元，同比增长8%。

（四）工作重点

1. 推进企业兼并重组，培育壮大龙头企业

一是加快推进食品行业兼并重组。进一步鼓励和引导食品优势骨干企业整合资源，实施兼并重组，提高行业集中度，促进规模化、集约化、国际化发展。二是打造食品龙头企业。以“四千工程”和食品产业集群核心骨干企业

为重点，鼓励其以技术、品牌、资金等优势实施兼并重组，突出支持重大项目建设，促进龙头企业做大做强，着力打造食品行业旗舰企业。

2. 大力推进项目建设，增强产业发展后劲

一是组织实施食品产业发展专项。按照技术改造专项的安排部署，充分发挥食品技术改造专项资金的引导和激励作用，重点支持食品企业诚信体系建设及评价、质量安全检测能力建设和兼并重组等重大项目，培育新的经济增长点。二是争取省和国家各类专项资金支持。加强食品项目调度管理，会同有关部门做好其他专项申报工作，推荐一批优势行业和产业集群核心企业重点项目申报省新型工业化专项以及国家有关专项，提升全省食品产业内生发展能力。三是推进企业自主创新。引导和支持食品行业“产、学、研”结合，充分发挥企业技术创新主体作用，鼓励应用适用新技术和现代信息技术改造提升食品产业，支持企业新产品研发，推进企业品牌建设，提升企业核心竞争力。

3. 深化产业合作对接，强化扩大销售市场

一是举办湖南食品行业产供需合作对接会。围绕宣传推介全省食品重点企业和特色产品，促进行业各相关方加强沟通联系，组织举办 2015 年湖南食品行业产供需合作对接会。力争通过展示食品行业企业形象，推介重点企业及其产品，促进食品企业、科研院校、商超和餐饮服务等产业链各方加强交流合作，达成一批合作协议，助推食品产业加快发展。二是支持食品企业参加重大产业经贸活动。加强与省有关部门（单位）合作，组织食品企业参加国内外重点经贸及产业对接活动，引导和支持本省优势企业积极参与国内外市场竞争，努力扩大省产食品销售。

4. 强化产业政策引导，促进产品质量安全

一是严格产业政策审查。按照国家有关行业准入和《产业政策结构调整指导目录（2011 年）》的要求，严格执行食品行业准入和产业政策审查工作程序，进一步做好全省葡萄酒行业的准入和白酒、乳制品、油脂加工等企业生产许可证产业政策审查工作，防止盲目投资和低水平重复建设，促进行业提质升级。二是推进诚信体系建设。按照国家和省有关要求，加强与国家权威评价机构合作，推进全省食品工业企业建立和实施诚信管理制度，组织食品工业企业申请诚信体系评价工作。组织召开食品工业企业诚信体系建设试点工作总结暨经验交流会，进一步推进全省食品工业企业诚信体系建设工作。三是狠抓品牌质量建设。按照工

信部有关质量品牌建设工作要求，支持食品企业建立技术中心、工程中心，提高食品企业质量安全保障能力。探索形成鼓励食品企业品牌培育的政策措施，引导企业持续提升品牌影响力和竞争力，加快品牌发展步伐。四是积极稳妥推进全省盐业管理体制改革。按照国家和省有关盐业管理体制改革要求，建立健全盐业行政审批制度，规范行政许可事项办理流程，依法依规做好各项盐业审批工作，加强部门之间的配合衔接，积极研究和应对国家取消食盐专营后的新情况、新问题，确保全省盐业管理体制改革工作的平稳过渡。

5. 加强协同配合，提升行业管理水平

一是加强行业运行监测分析。健全市州季度经济形势分析和重点企业联系机制，加强食品工业经济运行形势研判。坚持月调度、季分析，做好行业经济运行监测分析，为宏观决策和企业生产经营提供参考。二是强化行业发展协调服务。围绕食品产业发展热点、难点问题，深入开展调查研究，并做好重点企业运行发展的要素保障协调服务工作，促进食品工业经济平稳较快增长。三是发挥行业协会作用。鼓励食品行业协会开展产业发展形势和企业集中反映的突出问题研究，提出对策建议。督促食品企业落实质量安全主体责任，积极配合打击制售假劣食品违法犯罪行为，促进行业健康发展。

三　下一步发展的对策建议

1. 促进重点地区食品产业加快发展

充分发挥环洞庭湖区农副产品资源优势，着力支持岳阳、长沙、常德、益阳等对湖南省食品产业增速影响较大的重点地区食品产业持续较快发展。加强对重点地区推进重点食品产业集群、特色食品专业园区发展及重点企业重大项目建设的协调和指导，突出支持重点，在食品发展专项资金安排上向重点地区重点企业项目倾斜，着力培育新的经济增长点，切实增强上述重点地区对全省食品产业的支撑带动作用。

2. 加快培育壮大龙头企业

以贯彻落实省政府办公厅转发省经信委《关于加快推进食品医药企业兼并重组的意见》（湘政办发〔2014〕69 号）为契机，加大政策宣传和政策支持力度，落实兼并重组项目资金，重点支持一批龙头企业兼并重组及技改重大项目，

鼓励和引导食品龙头企业加快兼并重组、做大做强，鼓励中小企业挂大靠强，着力推动一批具有产业基础和比较优势的食品龙头企业兼并重组，实现品牌化、规模化经营，增强龙头企业的辐射及带动作用和抵御市场风险的能力。

3. 切实规范金融秩序

建议省委、省政府高度重视当前中小企业融资难、融资贵、融资乱等问题，研究出台强有力的措施，切实落实金融监管部门及金融机构的主体责任，严格规范金融秩序，提高金融机构为实体经济服务意识。同时，积极建议国家借鉴日本、德国等国家做法，设立面向中小企业的政策性银行，从根本上解决商业银行追求利润、防范风险与促进中小企业发展之间的矛盾。

4. 帮助企业扩大市场销售

建议省政府责成有关部门出台更加有效的政策措施，切实落实政府采购优先选择本省企业产品的相关政策，提倡和鼓励各级各有关部门和社会各界消费省产白酒、茶叶等食品，提高本省产品特别是食品在省内市场的占有率，并将政府采购的相关要求落实到各级由财政负担的所有单位，定期对各级各部门（单位）的贯彻落实情况开展专项检查，切实提高相关政策的执行力。

5. 采取有效措施激励企业“入规”

鼓励符合条件的中小微企业上台阶、上规模，是当前稳增长的重要措施，是规模工业重要的新增长点。要出台鼓励措施，比如鼓励各地结合实际研究出台对新“入规”企业的奖励、税费减免、项目优先申报等措施，省相关专项资金要对规模企业项目优先支持，充分调动企业“入规”的主动性和积极性。加强对规下企业的执法监管，切实解决规下企业违法成本低的问题。

6. 进一步规范食品市场监管

重点协调有关部门进一步加强和规范食品质量安全监管。一是严格执法标准，加大对食品企业生产许可证审查力度，依法统一和严格执行 QS、GMP 等认证标准，加快建立和完善食品行业（地方）有关标准，构建对小企业、小作坊的食品质量安全倒逼机制。二是突出执法重点，要把小企业、小作坊作为执法监管的重点对象，加强监督检查。三是打击假冒伪劣，切实规范食品市场竞争秩序，促进公平竞争和优胜劣汰。

B.11

2014～2015年湖南建筑行业发展研究报告

湖南省住房和城乡建设厅建筑管理处

一 2014年湖南省建筑行业发展情况

（一）建筑业支柱产业地位进一步凸显

全省完成建筑业总产值6020亿元，同比增长14%；其中外拓产值2020亿元，同比增长19.4%；对外工程承包营业额25.8亿美元，同比上升16.6%；实现建筑业增加值1744.9亿元，同比增长9.9%，占全省GDP的比重为6.45%，已成为湖南省国民经济支柱性产业。全省有建筑业企业5668家，其中特级企业9家、一级企业372家、二级企业1034家、三级企业2823家、无等级69家、劳务企业1361家。比2013年底增加673家，增长13.5%。

（二）质量安全形势继续稳定好转

全省2014年共发生建筑施工生产安全事故15起、死亡19人，同比分别下降6%和17%，岳阳、常德、益阳、郴州、怀化、湘西自治州等6个市州为零事故。百亿元产值死亡人数控制在0.4人以内。湖南省有8项工程获鲁班奖（其中省内工程4项，省内企业在外省工程4项），创历史之最；66项工程获省芙蓉奖，200项工程获省优质工程奖；工程质量一次竣工验收合格率达99.8%。

（三）全省建筑企业“走出去”步伐加快

2014年前三季度，在水电八局、中建五局、湖南建工等龙头企业的带动下，全省完成对外营业额14.32亿美元，同比上升17.4%，除在亚洲、非洲等传统地区保持了较好的态势外，在南美等地区的市场开拓也卓有成效。前三季度，全省建筑业外拓产值1376亿元，占全省建筑业总产值的34.5%，比2013年高出6个百分点。

二　2015年湖南建筑行业发展的指导思想、工作目标和措施

（一）指导思想

以科学发展观为指导，全面贯彻落实党的十八大，十八届三中、四中全会精神，坚持以工程质量和安全生产为核心，扎实推进安全质量标准化、监督规范化和监管信息化，深入开展工程质量治理两年行动，强化“打非治违”和专项整治，规范建筑市场秩序，加强建筑市场和施工现场联动，健全监督保证体系；着力转方式调结构，推动企业转型升级，促进建筑产业现代化发展，加快企业多元化发展，拓展经营领域和省外、境外市场，促进建筑业科学发展、安全发展。

（二）工作目标

力争全年建筑业总产值达到6600亿元，同比增长10%以上；外拓产值突破2200亿元，同比增长12%以上；对外工程营业额突破28.4亿美元，同比增长10%以上；实现增加值1770亿元，同比增长7%。百亿元产值死亡人数控制在0.5以内，争创鲁班奖工程2项、芙蓉奖工程50项、省优质工程150项、省安全质量标准化示范工地1000项（次），工程一次交验合格率98%以上。

（三）工作措施

1. 完善质量安全监督保证体系

（1）落实五方主体项目负责人质量终身责任。全面实行书面承诺制度、永久性标牌制度和信息档案制度。对不按规定签订承诺书的项目，依法依规进行处罚。出台《建筑施工项目经理质量安全责任十项规定（试行）》实施细

则，严格落实项目经理责任，加强质量安全责任追究。

（2）利用保险机制加强质量安全防控。一是试点建筑（住宅）工程质量责任险。争取住房城乡建设部试点批复，修订《湖南省建设工程质量和安全生产管理条例》，通过保险的市场利益机制，强化工程建设全过程质量防控，改进完善工程质量闭合循环保证机制。二是开展企业、在建工地安全风险评价。由建筑施工行业安全生产责任保险主承保单位聘请第三方安全风险评价机构，启动对投保企业、项目进行安全生产风险评价。三是继续推进工伤保险。会同省人社厅制定《关于进一步做好建筑业工伤保险工作的意见》（人社部发〔2014〕103号）实施细则，继续推进工伤保险；从工伤保险基金提取一定比例，用于建筑业工伤预防的宣传和培训工作。

（3）加强质量常见问题专项治理。一是对住宅工程质量常见问题专项治理示范工程，实行优质优价、示范带动原则；铝合金模板继续全面推进，市州要消除空白，县市要启动试点；通过示范工程（工地）创建推进质量标准化建设，强化落实企业主体责任。二是启用“湖南省建设工程质量检测监管信息系统”，完成全省各市州检测数据对接，对全省检测机构资质、人员、设备、检测行为和信用进行统一监管。

（4）继续推进“三化”监管。修订出台《湖南省建设工程施工项目部和现场监理部关键岗位人员配备标准及管理办法》，明确施工项目部、现场监理部关键岗位人员配备和押证管理；加大关键岗位人员到岗履职核查力度，着力解决两张皮的问题。强化施工现场达标验收、示范工程（工地）创建和企业安全认证工作，每半年开展一次安全认证动态核查。深化全省监督系统文明行业创建，强化常态化的月度、季度监督考核。加大网上巡查力度，落实信息巡查责任。

（5）加强建筑起重机械（提升设备）安全管理。完善“建筑起重机械监管信息平台”，研究建筑起重机械实时监控设备；修订出台《湖南省建筑起重机械安全生产管理办法》。特、一级建筑施工企业施工现场要全面推广使用视频监控系统，并作为企业申请安全认证的基本条件。

（6）继续开展支模架脚手架、建筑起重机械、工程监理、预拌商品混凝土、燃气建设工程专项整治。强化建筑起重机械的产权备案和使用登记管理；每半年开展一次监理企业资质和诚信等级动态核查；加大对预拌商品混凝土的企业、站点的飞行检查力度；将取得项目批准（核准、备案）文件的城镇燃气工程依法纳入质量安全监管体系。

（7）加强建筑扬尘防治。将建筑扬尘防治纳入季度督查和安全生产目标管理考核的重要内容，在项目达标验收和示范工地检查中重点检查扬尘防治情况。出台扬尘防治标准图集。

（8）加强安全隐患大排查，落实安全生产“四大三基”三年行动。一是结合节后复工安全生产检查，扎实开展第二轮在建工地安全隐患大排查工作。二是落实安全生产大宣传、大培训、大检查、大整治、基本建设、基础工作、基础创建（简称“四大三基”）三年行动的实施计划和相关工作要求。依托基础条件好的本地大型建筑施工企业，建立房屋建筑市政工程质量安全事故应急救援实训基地，加强应急救援队伍建设，强化宣传培训和应急演练。

（9）加强层级监督指导。省、各市州继续实行一、三季度重点督查，二、四季度全面督查的质量安全集中督查和安全生产目标管理考核。

2. 严厉打击市场违法违规行为

（1）深化“打非治违”专项行动。继续开展房屋市政工程“打非治违”专项行动，强化监管底数意识，落实日常巡查制度，完善项目、重要设备动态监管台账。严厉打击未通过开工安全条件审查、未办理质量安全监督手续的非法违法建设项目，理顺监管体制，消除质量安全监督的“盲区”、“特区”。

（2）严厉打击建筑施工转包违法分包行为。对本地区建筑工程项目每4个月组织一次全面排查，对违法行为依法依规查处到位；按规定每月报送查处情况，定期公布查处案例。严厉查处拖欠农民工工资行为，加大不良行为公示力度。

（3）强化招投标管理。完善监管平台建设和数据接口标准，推动电子化招投标工作。出台招标代理机构信用等级评价办法和管理办法，实现动态管理。完成招投标择优评价体系课题研究，对现行招投标政策进行评估。修订出台施工和监理两个标准招标文件，规范招标文件备案工作。认真开展标后稽查，加大对规避招标、虚假招标、围标串标等违法违规行为的查处力度。

（4）加强工程造价管理。认真贯彻落实《住房城乡建设部关于进一步推进工程造价管理改革的指导意见》（建标〔2014〕142号）精神，健全市场决定工程造价机制，建立与市场经济相适应的工程造价管理体系。完善工程计价活动监管机制，推行工程全过程造价服务。

3. 加快推进建筑市场诚信体系建设

（1）完善全省“建筑市场和工程质量安全监管一体化工作平台”。建立企业、人员、项目、诚信信息数据库，实行全省数据实时上传，逐步实现“数据一个库、监管一张网、管理一条线”的信息化监管总目标。

（2）修订出台不良行为记录公示制度文件。修订出台《湖南省建筑市场不良行为记录公示制度》，进一步规范不良行为记录的告知、核准、上报程序，严肃不良行为记录公示后出现争议的处理，加大不良行为记录公示力度。

4. 强化企业资质管理

（1）加强新资质标准的宣贯培训。认真贯彻落实住房城乡建设部《建筑业企业资质管理规定》（第22号令）、《建筑业企业资质标准》（建市〔2014〕159号）、《建筑业企业资质管理规定和资质标准实施意见》（建市〔2015〕20号）要求；做好新旧标准过渡期内的企业换证工作，对新成立建筑业企业严格按新标准审批。

（2）加强企业资质动态监管。运用“建筑市场和工程质量安全监管一体化工作平台”，按照过渡期有关规定，每半年开展一次建筑业企业资质动态核查，重点抽查生产经营不正常、人员不达标、质量安全管理失控的企业，对问题突出的给予停业整顿、降级或吊销资质的处理。

（3）加强省外入湘企业管理。结合入湘续登记，每半年对省外入湘企业进行清理，对一年内有严重不良行为记录的，注销其入湘登记信息，责成企业认真整改规范后重新申报办理入湘施工登记。

5. 切实提高从业人员素质

（1）搭建人才交流平台。继续联合省人社厅举办建筑业大型公益性专场招聘会，为行业充实新鲜血液。

（2）打造业内高层讲坛。继续举办三期“鲁班讲坛”，聘请省内外名师讲授建筑业发展与管理等企业家关心的课题，提升省内骨干企业主要负责人综合素质和决策能力。

（3）规范劳务用工管理。调研国内、外发达地区建筑用工管理制度实施情况，出台湖南省建筑用工管理办法；鼓励施工总承包、专业承包企业建立自有技术骨干队伍；分阶段推进湖南省劳务用工实名制，加强组织化管理程度，长沙市率先试点劳务用工实名制管理，强化智能管理。

6. 大力推进行业发展

（1）促进行业转型升级发展。总结评估“十二五”规划实施取得的效果，做好《湖南省建筑业“十三五”发展规划》的编制工作。支持企业在投资比重大的水利、环保、铁路、机场、轨道交通、市政基础设施工程等方面取得相应资质，积累工程业绩，抢占高端市场。支持大型建筑业企业开拓资本市场，采用PPP方式承担工程项目建设。推动装配式施工技术中关键工序的工法发展和研究，指导建立适应建筑产业现代化发展的工程质量安全监管制度。

（2）创造企业良好发展环境。检查《湖南省住房和城乡建设厅转发住房城乡建设部办公厅关于进一步加强建筑工程施工许可管理工作的通知》（湘建建〔2014〕205号）落实情况。严厉打击建设单位违法分包、肢解发包，鼓励国有投资项目采用施工总承包，明确工程项目的总包协调费用。建立对外工程承包企业联系制度，召开联络员会议。研究起草设计施工总承包招标投标管理办法。

（3）切实做好企业减负工作。改革注册建造师、“三类人员”继续教育制度，推广信息化教学。会同人社部门对工程项目农民工工资保障金收取实行放管并重，分类实施。研究解决建设单位拖延工程决算时间、拖欠工程款问题。

（4）强化劳保统筹管理。出台规范性文件《关于进一步明确湖南省建筑行业劳保基金管理相关事项的通知》，做好劳保基金征收、追收工作。继续推进建筑企业及建筑企业农民工中的技术骨干参加城镇养老保险，积极支持国有建筑企业改革改制，维护行业和谐稳定。

B.12

2014～2015年湖南房地产行业研究报告

湖南省住房和城乡建设厅房地产监管处

一　2014年湖南省房地产市场运行基本情况

2014年房地产市场进入新一轮调整期，9月底以来，受“湘五条”和央行房贷新政、降息等利好政策影响，市场出现企稳回升迹象，但并未改变全年房地产开发投资增速、商品房销售明显回落的局面。

（一）房地产开发投资增速明显回落

全省完成房地产开发投资2883.57亿元，同比增长9.7%，增速比上年同期回落9.2个百分点，创近五年新低。房地产开发投资累计增速1～2月仍然达到18%，自3月开始大幅回落到10.8%，5月创年内新低（9.7%），此后一直在10%左右的低位区间波动（见图1）。从投资结构看，住宅投资1998.51亿元，占全省开发投资的69.3%，同比增长8.3%；办公楼投资110.65亿元，同比增长23.4%；商业营业用房投资427.39亿元，同比增长21.7%。

长株潭地区完成房地产开发投资1692.96亿元，占全省的58.7%。其中长沙市完成开发投资1310.49亿元，同比增长13.6%，高于全省平均增速3.9个百分点。全省房地产开发投资总量较去年同期上升较大的城市有7个，分别为邵阳、衡阳、湘潭、岳阳、长沙、湘西和郴州市，其中邵阳、衡阳和湘潭的增幅均超过20%；基本持平的城市4个，分别为株洲、永州、常德和益阳市；下滑的城市3个，分别为怀化、张家界和娄底市，其中怀化、张家界市增幅分别为-14%和-13.6%（见图2）。

（二）商品房新开工面积降幅扩大，竣工面积持续负增长

全省商品房施工面积27747.75万平方米，同比增长9.2%，增速比去年同期

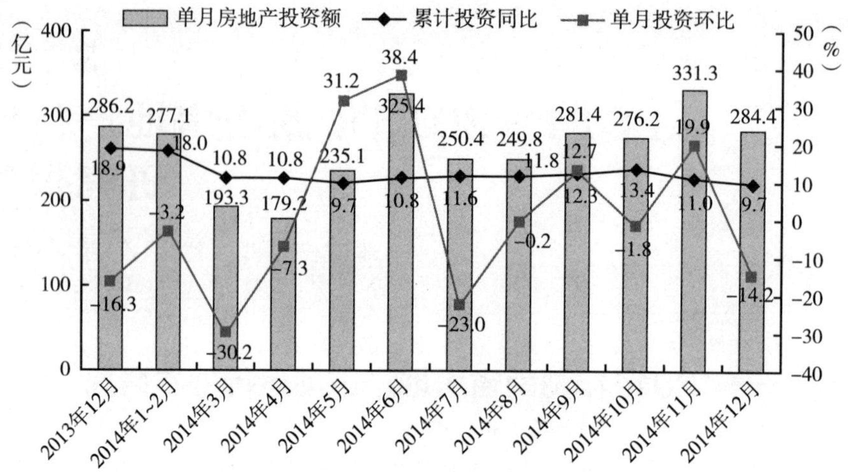

图1　全省房地产开发投资

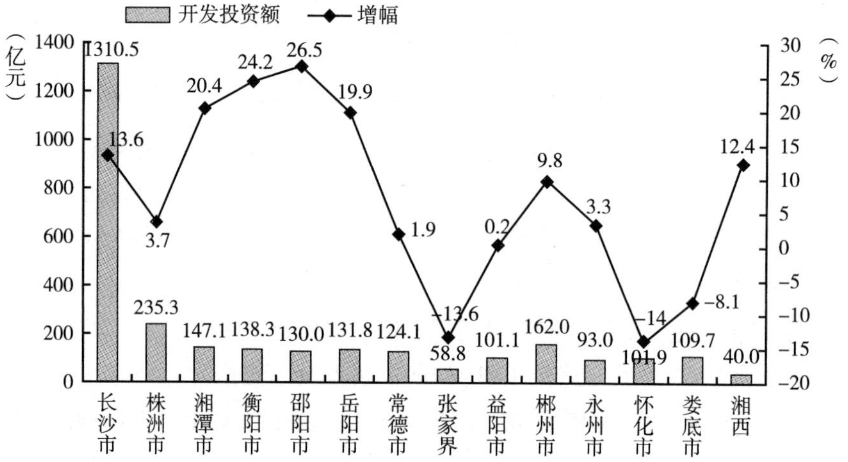

图2　全省各市州房地产开发投资

回落9.7个百分点。商品房新开工面积8067.05万平方米，同比减少9%，增速较去年同期回落42.7个百分点。商品房新开工面积持续负增长，4月累计降幅为26%，达到全年最低值，自5月以来降幅有所收窄，但11、12月降幅又继续扩大，分别下降5.2%和9%。全省商品房竣工面积4022.89万平方米，同比减少12.4%，已连续11个月负增长，增速较去年同期回落15.4个百分点。其中，商品住宅施工面积20567.96万平方米，同比增长5%，新开工面积5735.59万平方米、竣工面积3176.87万平方米，同比分别减少16.3%、15.6%。

（三）房地产用地供应减少，出让均价涨幅继续回落

全省供应房地产用地5829.17公顷，为近五年供应最低值，同比减少7.2%，已连续12个月负增长，增速比上年同期回落20.2个百分点。其中，商服用地供应面积为1941.61公顷，同比增长6.9%；住宅用地供应面积为3887.56公顷，同比减少12.9%。全省房地产用地出让均价为1790.07元/平方米（合119.33万元/亩），同比上涨2.3%（见图3），涨幅比去年同期回落17.2个百分点。其中，商服用地出让均价为1720.65元/平方米，同比减少2.3%；住宅用地出让均价为1837.98元/平方米，同比上涨5.4%。

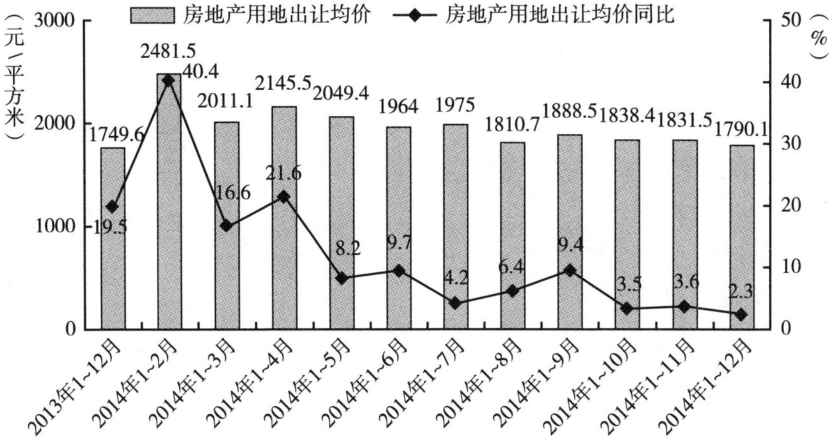

图3　全省房地产用地出让均价

（四）商品房销售同比下降，四季度成交有所回暖

全省商品房销售面积5439.53万平方米，同比减少8.6%，为金融危机以来首次出现年度负增长。全省商品房销售面积自3月出现下降后，降幅持续扩大，至9月累计降幅达到12.1%。10月以后，受“湘五条”、央行“认房不认贷”新政、降息等利好政策影响，市场出现回暖，四季度销售面积同比减少3%，较前三季度12.1%的降幅大幅收窄。12月，全省商品房销售面积1003.61万平方米，创年内单月成交新高，与去年同期基本持平，环比大幅增

长40.7%。商品房销售额2299.11亿元，同比减少9%，增速较去年同期回落30.1个百分点。其中，商品住宅销售面积4852.32万平方米，同比减少10.3%；完成销售额1858.58亿元，同比减少12.1%。

长株潭地区完成商品房销售面积2242.19万平方米，同比减少15.1%，占全省的41.2%。其中，长沙市商品房销售面积1519.19万平方米，同比减少17.5%，低于全省平均增速8.9个百分点。全省商品房销售面积同比增长和同比下降的市州各占一半。上升的7个城市分别为邵阳、郴州、湘西、岳阳、永州、衡阳和益阳市，其中邵阳、郴州和湘西增幅均超过15%；下降的城市7个，分别为娄底、怀化、湘潭、张家界、长沙、常德和株洲市，其中娄底、怀化、湘潭和张家界市降幅超过20%。

（五）房价同比涨幅收窄，环比持续下跌

全省商品住宅均价3830元/平方米，同比上涨1.3%，涨幅较上年同期收窄5.7个百分点，较1~11月收窄0.4个百分点，已连续12个月涨幅收窄。其中，90平方米以下新建商品住宅销售价格同比下降0.3%，90~144平方米和144平方米以上的新建商品住宅销售价格同比分别上涨0.4%和3.9%。12月，全省新建商品住宅均价环比下跌0.1%，已连续9个月环比下跌，跌幅较11月收窄0.4个百分点。国家统计局数据显示，12月，长沙、岳阳和常德市新建商品住宅价格同比分别下跌6.9%、3.5%、3.1%，环比分别下跌0.7%、0.6%和0.2%，已分别连续8个月、6个月和8个月环比下跌（见图4）。

（六）房地产贷款小幅回落

12月末，全省房地产贷款余额4275.98亿元，同比增长23.8%，占全部贷款的比重为20.6%，增速比去年同期回落0.2个百分点。全省房地产贷款较年初新增820.88亿元，占全省新增贷款的比重为32.5%。自9月30日，央行新政发布以来，10~12月，金融机构对个人住房贷款执行基准利率及执行基准利率下浮的占比分别较9月提高25.3个、42.9个、54.1个百分点，大幅降低了购房者的购房成本。从贷款投向来看，开发贷款余额1196.89亿元，占房地产贷款的比重为28%，同比增长30.8%；购房贷款余额3076.45亿元，占房地产贷款的比重为71.9%，同比增长21.2%。

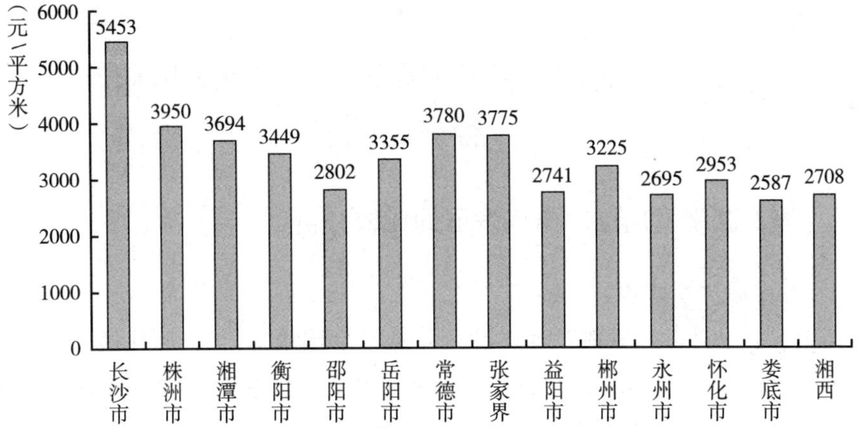

图4　全省各市州商品住宅销售均价

（七）房地产税收增幅放缓，土地出让收入减少

全省完成房地产税收613.42亿元，同比增长12.4%，比上年同期回落14.5个百分点，占财政总收入比重16.9%，占地方财政收入比重为27.1%，占地方税收收入比重为42.7%（见图5）。省国土资源厅数据显示，全省土地实际成交总价款1016.24亿元，同比减少5.6%。

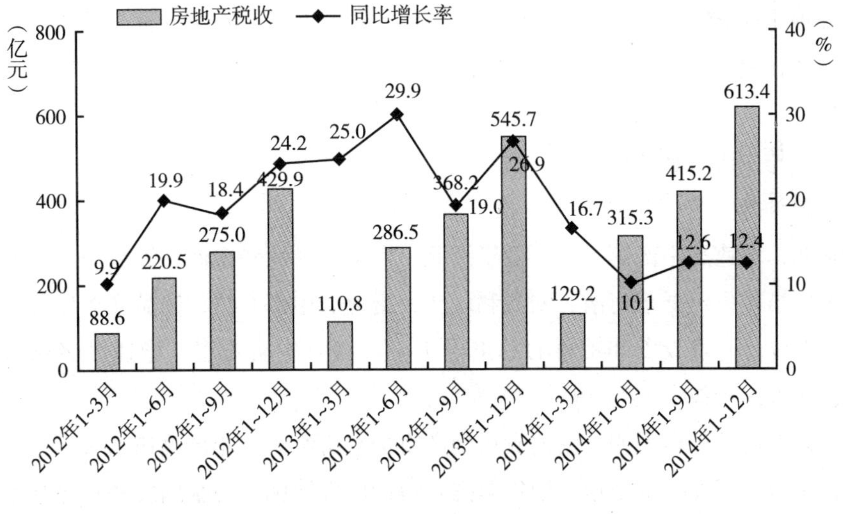

图5　全省房地产税收

二　湖南省房地产市场发展的比较分析和存在的问题

（一）湖南省房地产市场发展的比较分析

1. 与全国水平比较

2014年，湖南省房地产开发投资总量居全国第15位，同比增长9.7%，增速比上年同期回落9.2个百分点，与全国增速基本持平。商品房销售面积居全国第10位，同比减少8.6%，增速比全国平均水平低1个百分点。2014年全省商品住宅价格为3830.28元/平方米，居全国第29位，仅高于贵州和宁夏。湖南省房地产市场供销总量、增速排位与湖南省经济主要指标在全国的排位基本相称，房价则处于较低水平。

2. 与沿海发达省份比较

与广东、江苏和山东相比，2014年房地产开发投资总量分别占三省的38%、35%和50%，增速分别比广东、江苏低8个、4.1个百分点，比山东高2.8个百分点；商品房销售面积分别占三省的58%、55%和59%，增速比江苏、山东高5.4个、2.5个百分点，比广东低3.3个百分点；商品住宅均价分别比三省低4695元、2953元、1199元/平方米，涨幅均低于三省。尽管湖南省在投资、销售总量上与沿海发达省份有差距，但房价则远低于广东和江苏。

3. 与中部六省比较

2014年，全省房地产开发投资总量居中部六省第4位，低于安徽、河南和湖北，增速居中部第5位，低于湖北、河南、江西和安徽；商品房销售面积居中部第4位，低于河南、安徽和湖北，增速居中部6位；商品住宅均价居中部第6位。开发投资和销售的总量居于中部六省中游位置，增速排名相对较后，房价比较稳定。

以上比较分析说明，湖南省房地产市场在历经十几年的高速增长后，2014年，房地产开发投资增速、销售等主要指标出现回调，与全国发展趋势基本一致，房价一直处于较低水平。

（二）湖南省房地产市场存在的问题

总体而言，湖南省房地产市场自去年四季度以来有所回暖，但企稳回升的基础还比较薄弱。一是住房消费预期已经改变。受不动产登记和房产税立法、媒体"崩盘""拐点"论报道等因素影响，市场预期改变，投资意愿明显减弱，刚性需求购房者观望情绪加重，直接导致商品房销售市场低迷。二是库存增加、空置严重。截至2014年底，全省商品房待售面积达到2950.87万平方米，同比增长32.9%。抽样显示，长沙市交房4年内的新建商品住宅平均空置率约为44.2%，湘潭等地去存量化周期已经高达2年以上。三是缺乏长效调控手段。每年要出让多少土地，建多少楼，没有规划和计划，加上少数开发企业单纯追求经济效益，粗制滥造，不讲环境质量，全省无序开发现象比较严重，以及房地产市场开发成本不断攀升等，房地产市场企稳回升的基础并不稳固。并且，如果全省房地产市场持续保持低迷状态，还将诱发社会稳定风险和地方财政风险。全省目前部分房地产开发企业存在资金运行严重困难等问题，特别是个别开发企业被迫停工或者"跑路"，由此引发的社会稳定风险不容忽视。此外，2010～2014年，房地产税收占地方财政收入的比重从25.3%上升到27.1%，占地方税收的比重从37%上升到42.7%。地方对房地产税收过分依赖，如果房地产市场持续大幅下行，由此可能引发的地方财政风险也不容小觑。

三　湖南省房地产市场发展趋势研判

在考虑未来几年供需形势如何演变时，我们对影响房地产市场发展的主要因素进行了分析。有利因素：一是国家宏观政策为保持房地产市场健康发展提供了保障。在全球经济下行压力加大，国内经济增长速度放缓的大环境下，估计中央宏观政策将继续预调微调，市场资金流动性将相对充裕，对改善型和刚需住房需求家庭的贷款支持力度将适当加大，住房需求将得到有效释放。二是新型城镇化进程加快促进住房刚性需求持续增加。2013年湖南省城镇化率为47.96%，到2015年，城镇化水平将超过50%，城镇人口达到3680万，预计2020年前每年约有120万人进城，这将为全省房地产业发展提供巨大的市场需求。三是棚户区改造有利于消化部分普通商品房的库存。2015年全省计划开建各类保障性住房和棚户区改造51.83万套（公共租赁住房20.08万套，各类棚户区改造31.75万套），较去年增长21.75%。全省正在积极推行回购普通商品房用于公租房和棚改安置房的政策，将对消化目前的高库存起到重要的作用。不利因素：一是住房投资不再作为居民首选投资渠道。随着不动产登记、住房信息联网、房产税立法等长效机制加快推进，住房投资意愿明显减弱，居民资产配置可能更多向股市、债市转移。二是城镇现有居民住房需求相对饱和。湖南省现有城镇居民住房保有水平偏高，随着“人口红利”拐点的出现，现有城镇居民的住房需求增长相对有限。

基于上述分析，我们认为，未来几年在宏观经济平稳增长、行政调控趋于弱化、长效机制不断推进的背景下，湖南省房地产市场发展将进入新常态。一是房地产市场从过去低基数下的高速增长向中高速稳定增长转变。其中，房地产开发投资增速高位回落后将趋向平稳增长，商品房销售和房价将保持基本稳定。二是地区分化趋势明显。长沙区位优势好，外籍购房人群超过70%，购房需求比较旺盛，房价仍有较大上行空间。部分三、四线城市近年来土地供应过剩，市场供给增长过快，房地产市场下行压力较大。三是行业转型发展提速。随着湖南省加大政策支持力度，全省住宅产业化进程将不断加快，绿色建筑的市场份额会不断增长，商业地产、旅游休闲、养老地产也将得到更快发展。

展望2015年，湖南省房地产市场将保持基本稳定，主要指标发展态势预测如下：一是房地产开发投资增速低位趋稳。商品房成交持续下降，影响了开发商拿地热情，考虑到新增土地供应和新开工面积持续下降，2015年房地产开发投资规模难有大的增加。但是，随着市场逐渐回暖，开发商的资金压力将有所缓解，开发投资仍将保持基本稳定，不会出现大幅下滑。预计2015年房地产开发投资将保持平稳增长，增速与2014年基本持平。二是商品房成交逐步企稳回升。2015年市场流动性将逐渐改善，加上新型城镇化与棚户区改造“双轮”驱动，不断促进刚性需求及改善型需求入市，商品房销售面积和销售额均将有所企稳，或有小幅回升。三是房价总体保持平稳。随着稳市政策效应的不断释放，房地产市场近期出现成交回升迹象，房价环比持续下跌态势有望逐步得到遏制。但在供大于求压力下，去库存仍将成为2015年市场的主基调，房价上涨动力不足，预计全省房价总体保持基本稳定。

四　指导思想、目标和工作措施

（一）指导思想

坚持房地产市场调控“去库存”、“去行政化”，着力加强房地产市场政策引导，着力加强房地产市场转型创新发展，着力规范房地产市场经营行为，切实稳定住房消费，力求达到“量价基本平稳，投资不大幅下滑”的目标，努力实现房地产市场软着陆。

（二）工作目标

全省力争完成房地产开发投资2200亿元，完成商品房销售面积4500万平方米，重点围绕“保一促三”开展房地产市场监管工作。

（三）工作措施

1. 保持房地产市场稳定

全面落实“湘五条”、央行新政、公积金新政。积极推进回购商品房用于棚改安置和公租房房源，进一步减少商品房新增量，缓解供需矛盾，为消化存量赢取时间。积极探索规范开发用地“招拍挂”管理，从源头上防止无开发实力的个人和企业进入房地产市场，切实防范开发企业资金链断裂危险，杜绝重大危害社会稳定和人民利益的行为。制定激励政策，积极引导房地产开发企业向住宅产业化、旅游休闲地产、养老产业等行业转型发展。

2. 促进住宅产业化发展

制定全省住宅产业化发展规划（2015~2020年）和基地建设规划，编制和完善住宅产业化标准体系、标准图集，整合优势企业，组建全省住宅产业化联盟和住宅产业化技术研究中心。扎实推进株洲市住宅产业化综合示范园区、娄底市住宅产业化钢结构基地、湖南湘西东方红住宅产业化示范园区和邵阳市湘中住宅产业化示范园区等示范工程建设，大力支持长沙市申报国家住宅产业化综合示范城市和三一重工申报国家住宅产业化基地，力争在2015年底全省各市州均建有一至三个住宅产业化基地，生产总规模达1500万平方米/年，初步培育形成高效、节能、环保型住宅产业集群。

3. 促进住房租赁业改革

通过政企合作、市场运作的方式，以盘活存量房产，刺激消费，满足刚性需求，解决公租房、棚改安置房等保障性住房问题为重点，指导株洲市房产局开展房屋租赁改革试点工作，完成《株洲市房屋租赁改革试点方案》并呈报住房城乡建设部和省人民政府审批，力争在2015年5月以前完成株洲市房屋租赁改革试点工作。

4. 促进房地产各行业发展

全面完成全省城市（县城）住房建设规划（2014～2020年）的编制工作，从2015年起在全省建立住房规划实施保障机制，以住房建设规划来控制用地总量、开发规模和开发投资节奏，实现住房供需基本平衡、房价基本稳定。开展《湖南省物业管理条例》立法调研，力争列入省人大立法程序。初步建立房地产市场监测体系，全面建成征收信息系统，积极探索房屋工程质量保险，不断规范房地产市场经营管理水平。继续做好不动产统一登记工作，全面完成全省个人住房信息系统建设工作。

B.13

2014~2015年湖南旅游行业发展研究报告

刘 禹*

2014年，全省旅游行业紧紧围绕旅游强省建设目标，全面贯彻“126”整体工作思路，主动适应发展新常态，积极推动提质增效、转型升级，在经济下行、结构调整等多重压力下，基本完成了年初确定的目标任务，实现了旅游业的持续健康稳步发展，旅游产业结构、质量、效益有了新的变化。

一 2014年全省旅游业发展总体情况

2014年，全年接待国内外旅游者突破4亿人次，达到4.12亿人次，同比增长14.4%；实现旅游总收入突破3000亿元，达到3046.19亿元，同比增长13.6%。全省旅游工作主要有“十大亮点”。

1. 全省旅游产业发展领导小组会议召开

5月5日，省委副书记、省长杜家豪主持召开省旅游产业发展领导小组会议。会议强调，要进一步发挥旅游业在推动经济社会发展和提高人民生活水平中的重要作用，加快把湖南旅游的资源优势转化为产业发展优势，推动全省旅游业发展迈上新台阶。

2. 文化旅游产业重点县构建湖南旅游多点支撑发展格局

在省政府的重视下，指导编制了第一轮文化旅游产业重点县旅游发展规划，推动了第一轮文化旅游产业重点县的发展；遴选了通道县、炎陵县和永定区三个县（区）为第二轮文化旅游产业重点县，初步遴选了第三批文化旅游

* 刘禹，湖南省旅游局政策法规处。

产业重点县，湖南旅游多点支撑格局正在形成。

3. “两节一会”创新举办

首次将中国湖南国际旅游节、中国湖南红色文化旅游节放在大湘西地区举办。9月15～30日，在邵阳新宁县举办了以“锦绣潇湘，快乐湖南”为主题的中国湖南国际旅游节，节会期间组织了80多家景区免费游活动。9月19～21日，在郴州市举办了以“锦绣潇湘，快乐湖南”为主题的中国湖南旅游产业博览会，其间，开展了全省旅游商品大赛、旅游商品和乡村旅游座谈会、南岭生态旅游论坛等系列活动。12月10日，在怀化通道举办了以“红色通道，美丽侗寨”为主题的中国红色旅游文化节暨纪念通道转兵80周年大型主题活动。

4. 首届原创旅游歌曲大赛和首届旅游摄影大赛成功举办

着眼构建旅游宣传推介新模式、打造旅游整体品牌形象新载体、探索文化旅游融合发展新途径，采取“政府主导、市场运作、公众参与、媒体联动”方式，于2014年9月启动开展“锦绣潇湘，快乐湖南”首届原创旅游歌曲大赛和首届旅游摄影大赛。目前，经过线上宣传发动，线下征歌征稿，两个大赛已成为全国瞩目的国内顶级赛事，充分展示了湖南旅游的新风貌和新形象。

5. 全国首个红色旅游融合发展示范区获批，张家界旅游综合改革试点稳步推进

6月5日，湘潭（韶山）成功获批全国首家红色旅游融合发展示范区，并于8月16日正式授牌，全面启动和实施相关创建工作。张家界市以建立旅游目的地管理体系为目标，实施旅游改革发展五年行动计划，完善旅游行政管理、旅游执法、景区管理等体制机制，稳妥推进了国家旅游综合改革试点工作。

6. 旅游信息化建设加速推进

大力推进“智慧旅游年”活动，实施一批旅游信息化项目，湖南旅游电商平台和湖南旅游手机报即将上线运行，湖南旅游大数据（旅游基础数据库）项目进入政府采购程序，湖南旅游监管网获全国智慧旅游创新成果奖，锦绣潇湘旅游卡成为全国智慧旅游的成功范例。

7. 文明旅游宣传引导主题活动深入开展，全省旅游导游大赛精彩纷呈

联合省委宣传部、省文明办、省总工会、团省委、省妇联等部门成功举办湖

南省文明旅游宣传引导和以“为文明旅游喝彩，为优秀导游点赞”为主题的2014年全省导游大赛，进一步彰显了湖南旅游，特别是湖南导游的良好形象。

8. 大湘西文化旅游融合发展深入推进，美丽乡村建设全面启动

省委、省政府领导高度重视大湘西文化旅游融合发展，提出把大湘西建成文化旅游融合示范区，并相继召开大湘西地区文化生态旅游融合发展精品线路建设座谈会、大湘西文化旅游融合发展推进会。全省302个村成为全国“美丽乡村旅游扶贫重点村”，其中104个村被确定为2015年的旅游扶贫对象。省旅游局发布湖南省美丽乡村旅游扶贫工作方案，制定了领导联点到村工作方案，确定首批联点7个美丽乡村贫困村。

9. 旅游市场秩序专项整治攻坚战成效显著

以凤凰、长沙、张家界为主战场，以前所未有的力度，集中时间、集中精力开展旅游市场秩序专项整治行动，严肃查处零负团费、欺客宰客、黑车、黑店、黑社等违法行为。创新市场监管方式，组织开展旅游质监异地交叉检查和出境游组团社专项检查，在湖南旅游监管网上实施动态监管，设立“诚信榜”和“曝光台”，形成了对市场监管的“高压”态势。全省旅游市场秩序专项整治攻坚战取得初步成效，得到国家旅游局的充分肯定。

10. 湖南省旅游研究院成立

5月26日，湖南省旅游研究院正式成立，其主要职责是着眼全国、立足湖南，开展湖南旅游资源、旅游政策法律、旅游行业标准和产业发展战略等多方面的研究，立足建设成为湖南旅游产业和国际交流的“政府智囊、业界智源、学术高地”。该院聘任了首批专家21名，组织完成了10大旅游调研课题，举办了湖南旅游创新大讲堂2期。

二　2015年全省旅游行业发展趋势分析

回顾2014年湖南旅游经济发展，旅游经济增长在消费上分化明显，行业结构在较大程度上决定了速度水平。一是从产业链看，综合性的中高端旅游产品发展形势较好，游客在倾向资源品牌的同时，更看重便捷、舒适、安全、诚信等环境因素，对便利交通、特色餐饮、住宿环境、休闲娱乐项目等产业链中的各个环节要求更高。二是从各业态看，契合家庭游、自驾游、自助游、户外

游等形式的旅游产品发展形势较好，旅行社、旅游饭店、旅游景区的线路组织以及旅游交通、餐饮、娱乐、购物等业态产品策划将更多考虑游客自主选择的自由化及特色化服务特性。

展望2015年湖南旅游经济形势，在新的经济发展常态下，受政策利好、产品市场、资源环境等因素影响，不同业态发展仍将呈分化走势。一是传统观光旅游产品仍将面临产业结构调整带来的阵痛，与之关联的团队旅游、门票经济型景区、数量型旅游饭店、团队餐饮、大型主题文艺商演、旅游汽车公司等面临转型升级的磨合。二是自驾游、休闲游（包括乡村休闲一日游）及网络自助旅游等业态具有后发优势，在旅游消费需求平稳增长拉动下，有望继续保持较快增长。三是全省各大旅游景区在继续加大交通设施和公共服务设施建设投入，以及大力拓展海外市场等因素支撑下，接待旅游者人次数将继续保持快速增长；入境旅游市场在政策支持和结构调整影响下，也将保持一定的增长水平。四是旅行社、星级旅游饭店等传统行业在全国年度人均出游次数不断加大的刺激下，将实现平稳增长。

综合分析，2015年湖南旅游经济既面临较多困难挑战，也存在一些积极的因素和有利条件，只要有针对性地化解各业态重点企业运行中遇到的困难，积极引导产业结构调整，狠抓项目建设，进一步培育发展新的增长点，巩固多点支撑增长体系。2015年湖南旅游经济总量仍将在上年突破3000亿元人民币的基础上，继续保持平稳增长发展态势。预计2015年全省旅游业将接待国内旅游者4.7亿人次，同比增长14.7%；接待入境旅游者220万人次，与上年基本持平。国内旅游收入3410亿元，同比增长13.6%；国际旅游收入8.16亿美元，同比增长2%；旅游总收入3460亿元，同比增长13.4%。力争圆满完成“十二五”规划的各项目标任务。

三　下一步全省旅游行业发展对策及工作重点

2015年是适应经济新常态的调整之年，也是“十二五”和“十三五”规划的衔接之年。2015年湖南旅游局要重点抓好完善政策措施，优化旅游发展环境；创新市场营销，打造旅游品牌形象；优化产业结构，拓展旅游发展空间；加强旅游监管，提升管理服务水平等方面的工作，突出抓好十大重点工作。

（1）争取召开一个会议，出台一个文件。争取召开全省旅游强省建设大会，出台《国务院关于促进旅游业改革发展的若干意见》（国发〔2014〕31号）文件的实施意见。各市州根据该实施意见，再制定具体的落实举措。

（2）完成《湖南省“十三五”旅游业发展规划》及相关规划的编制。重点组织完成《湖南省“十三五”旅游业发展规划》的编制，抓好《2016～2020年湖南省红色旅游发展规划》、《大湘南旅游发展规划》和《湖南省旅游公共服务体系规划》的编制。

（3）以办好“两节一会”为重点，进一步构建湖南旅游品牌营销和推广体系。创新办好“两节一会”，即中国湖南国际旅游节、中国湖南红色旅游文化节、中国湖南旅游产业博览会。

（4）加速推进张家界市国家旅游综合改革试点和湘潭（韶山）全国红色旅游融合发展示范区建设。创新旅游管理体制，推动有条件地区设立旅游发展委员会。

（5）大力推进以“美丽乡村”建设为重点的旅游富民工程。认真抓好国家乡村旅游富民工程的实施，开展湖南美丽乡村扶贫工作，扶持首批104个重点扶贫村发展旅游业，抓好省旅游局联点的七个旅游扶贫村的发展，实施乡村旅游提质升级工程，探索旅游扶贫“湖南模式”。

（6）加强红色旅游的国际交流，打造湖南红色旅游升级版。充分发挥红色旅游资源优势，创新举办“中俄红色旅游峰会”，启动中俄红色自驾游，打造湖南红色旅游升级版，力争把湖南建设成为全国红色旅游发展的标杆。

（7）全面推进“优化全省旅游市场秩序主题年”活动。全面开展“优化全省旅游市场秩序主题年”活动，推出实施督办制度、旅游市场秩序综合评价制度、服务等级“退出制度”、旅游目的地警示制度四项制度，开展“与文明同行，为旅游添彩”文明旅游宣传引导主题活动和旅游行业文明单位创建活动，举办全省旅游饭店技能大赛、全省职业院校旅游技能大赛和全省岗位明星评选活动。

（8）突出公共设施建设，完善旅游公共服务体系。加快湖南省旅游集散中心建设，推进交通便捷服务体系建设，联合相关部门完善乡村旅游线路标识和大湘西地区旅游交通引导标识设置，重点实施国家旅游局部署的全国旅游厕所建设管理大行动（旅游厕所革命），提升旅游气象服务水平，评定国民旅游休闲示范基地，提升目的地旅游公共服务功能。

（9）以构建智慧旅游体系为重点，加强旅游信息化建设。建设并推广湖南旅游电子商务网，开发运行湖南旅游手机报，发行锦绣潇湘旅游卡，支持智慧旅游城市和景区建设，为建立“旅游资讯一览无余、旅游交易一键敲定、旅游管理一屏监控”的智慧旅游体系奠定基础。

（10）以打造沪昆高铁（湖南段）、湘东平汝高速旅游经济带为重点，着力培育新的增长点。重点打造沪昆高铁（湖南段）、湘东平汝高速旅游经济带，推进湘西酉水河（湖南段）、环洞庭湖、大湘西旅游精品线路建设。加速推进文化旅游重点县建设，积极创建国民旅游休闲示范城市、中国国际旅游示范市和中国国际特色旅游目的地，打造一批具有湖湘文化特色的国际旅游目的地。

区　域　篇

Regional Subjects

B.14

2014～2015年长沙市新型工业化发展研究报告

张迎春*

一　2014年长沙市新型工业化发展基本情况

2014年，在市委、市政府坚强领导下，全市工信系统大力实施转型创新发展战略，稳步推进工业倍增计划，工业和信息化实现新发展。全年完成规模工业总产值9496.2亿元，增长13.3%；规模工业增加值3042亿元，增长12%，总量和增速均在全国省会城市中排名第六；全部工业增加值3570亿元，增长11.4%；完成工业投资超过1745.3亿元，增长18.9%；工业招商518.9亿元；新产品产值2347亿元，增长24%。

1. 突出运行调度

制定《关于促进工业经济平稳较快发展的意见》，每季召开全市新工领导

---

* 张迎春，中共长沙市委常委、副市长。

小组调度会和工业经济形势分析会，每月公布区县（市）、园区主要工业经济指标排名，及时协调企业用水、用电、用气及运输等生产要素。完善《本地产品推荐目录》，组织目录企业与市内重点项目现场对接。通过综合施策，全市规模工业增加值增速在9月止跌回升，12月回升到12%。

2. 突出多点支撑

专题研究工程机械产业发展趋势，协调解决企业面临的困难和问题，中联重科在环境机械和农业机械、三一集团在海洋工程机械和风电装备上取得新突破。加快汽车产业产能释放，上海大众样车下线，广汽菲亚特等企业扩能增产。着力推进加加集团、旺旺食品有限公司等“二次创业”项目建设。积极协调湘江涂料、长重机器等重大搬迁改造项目。出台移动互联网、北斗卫星导航产业发展政策，吸引500多家移动互联网和北斗卫星导航应用企业聚集发展。汽车及零部件、新材料、电子信息、生物医药等产业产值和增加值增速达到或接近20%。2014年，工程机械、材料、食品、电子信息产业产值分别达1800亿元、1900亿元、1500亿元、1100亿元，多点支撑格局逐步形成。

3. 突出园区发展

突出园区主体地位，出台《进一步加快工业园区发展的若干意见》、《长沙市工业产业空间布局规划》、《进一步规范工业地产发展暂行办法》、《工业园区转型提质发展三年行动计划》，从园区经济、集群式发展、两型化管理、特色工作等方面建立园区工作目标考核体系。下大决心加强园区组织领导，省级以上园区党工委书记挂任区县（市）委常委。长沙经开区获批国家知识产权示范园区，望城经开区升级为国家级园区，金霞经开区跻身国家新型工业化产业示范基地。园区规模工业总产值和增加值分别同比增长14.7%、13.4%，分别均高于全市平均增速1.4个百分点。

4. 突出技术创新

围绕优势产业和战略性新兴产业，加大新产品开发力度，推荐33项重点新产品、12项重点专利入选“湖南省百项重点新产品及专利转化计划”，推荐5家企业申报国家级技术创新示范企业、8家企业申报省级企业技术中心。修订和完善技术创新示范企业认定管理办法及其评价指标体系，评定第三批技术创新示范企业，开展协同创新示范活动，推进知识产权和标准化。新产品产值占全市规模工业总产值的24.7%，增速高出全市10.7个百分点。

5. 突出工业招商

出台《工业园区引进重大工业项目暂行办法》，编制《长沙工业招商目标名录》，策划、包装80个重点产业招商项目，引进第二代光纤生产基地等9个投资过50亿元项目、比亚迪电动乘用车等21个10亿元以上、50亿元以下项目。进一步完善项目审批、核准、备案制度，简化工作流程，加大项目服务和协调力度，帮助项目解决审批、融资、用地等困难和问题。全年实施投资2000万以上工业项目共计2696个，其中当年新开工建设项目2199个、续建项目497个，工业投资在上海大众等重大项目的带动下实现了高速增长。

6. 突出信息化建设

在信息基础设施领域，着力打造“光网长沙”和“无线长沙”，全面推进三网融合；在社会应用领域，着力推进“智慧长沙”建设，重点推进“数字城管”、“智能交通”、“天网工程”等一批信息化项目建设；在经济领域，大力发展集成电路、移动互联网、北斗卫星导航应用、电子商务、物联网、软件和信息服务等产业，深入推进两化融合，创建智慧企业。

二 2015年长沙市新型工业化面临的形势

长沙市规模工业增加值增速在2010年达到24%的峰值后，出现下行拐点，增速逐年回落，去年为13年以来的最低增速，可以说目前已处于经济结构战略性调整、经济增长阶段发生根本性转换的“新常态”，工业经济增长既有压力有挑战，也有动力有机遇。一方面，要正视新常态下的新挑战和新问题。从走势看，经济形势不容乐观。全球经济已经进入“后金融危机时代”，目前仍在深度调整中。2015年面临多种风险和挑战，有专家预测，2015年出口、固定资产投资、工业增加值增速、消费增速将分别下降到6%、14%、7%、11%的新低水平。从产业看，下行压力仍然较大。工程机械持续下行，其他产业有效支撑不足，新的增长点体量小、增量不大，造成长沙工业增速趋缓下行。从企业看，转型升级任务艰巨。工程机械企业核心竞争力偏弱使得产业转型困难；工业经济效益依然没有向好转变，2014年全市规上工业利润总额为零增长，比上年回落13个百分点；工业发展后劲依然没有得到增强，新增规模企业缺乏具备上下游带动效应的龙头企业。另一方面，要把握新常态下的新利好和新机遇。从全球看，信息技术深度应用与新一轮科技革命孕育兴起，给经济增长提供了新引擎、带来了新机遇。从全国看，工业增速正从高转向中高，经济结构正从增量扩能为主转向调整存量、做优增量并举，发展方式正从规模速度型转向质量效率型，发展动力正从要素驱动转向创新驱动。2014年出台的一系列定向调控政策措施，政策效应会在2015年逐步释放。从省市看，独特的区位交通优势，有利于长沙借助“一带一路”等国家区域发展新战略，赢得重大发展机遇；良好的平台集聚优势，有利于借助“五区九园”集聚发展、扩容提质，增强产业竞争实力，提升长沙在国家战略层面的地位；新兴的后发赶超优势，有利于长沙大力发展先进制造业、生产性服务业和新兴产业，促进产业增长动力由投资型向消费型转变，加快转型创新发展。只要正确认识新常态、主动适应新常态，就一定能在区域竞争中抢占先机，实现工业经济更高质量、更好效益的发展。

三　2015年长沙市新型工业化工作思路、目标和任务

2015年，长沙市工业和信息化工作总的指导思想是：全面贯彻落实党的十八大、十八届三中、四中全会精神和中央、省委、市委经济工作会议精神，坚持稳住、进好、调优，更加突出创新驱动、产业带动、园区拉动、融合互动、服务推动、多方联动发展，为率先实现工业倍增计划奠定坚实基础。预期目标是：力争规模工业总产值过万亿元，增长13%；规模工业增加值增速11.5%，工业投资增长18%；新产品产值增长20%；争取新增规模以上工业企业400户以上。

重点要抓好如下六个方面工作。

1. 坚持创新驱动，增强核心竞争能力

2015年确定为“技术创新年”。一是培育一批创新型示范企业。支持30户技术创新能力强、创新成果显著、具有重要示范导向作用的企业，加大研发力度，发挥示范作用。选择50户企业通过专家深入诊断、辅导和个性化服务，帮助企业提升转型创新能力。选拔一批企业参评“湖南省工业质量标杆企业”，参加全国工业企业品牌培训试点，创建“全国工业品牌培育示范企业”，培育一批“湖南省工业品牌建设示范企业”。二是开发一批重点新产品。发布

100 项技术含量高、经济效益好、市场前景广阔的新产品，实施重点调度和帮扶，给予政策、资源优先保障，尽快形成工业经济新的增长点。三是转化一批重点新技术。遴选和推荐 100 项产品附加值高、关联性大、带动性强、共性度高的新专利，使创新优势转化为产业发展优势。引导中介服务机构围绕支持机器人、新材料、无线手持终端等产业，整合技术突破要素资源，分阶段突破关键技术瓶颈。完善《长沙市产业技术对接目录》，全年组织 4 场次重点产业技术对接会，加快关键共性技术攻关、重大产业成果转化、高端装备提升，扩大合作领域。

2. 坚持产业带动，构建现代产业体系

围绕发展多元化、集群化、高端化、两型化现代产业的目标，加快推进传统产业转型升级和新兴产业崛起。一是大力发展战略性新兴产业。加快移动互联网、北斗卫星导航、集成电路、工业机器人集聚发展，增强核心竞争力。聚焦新材料、新能源装备、两型住宅、生物医药、3D 打印等技术优势，启动网讯通等项目建设，推进中兴通讯研发基地、第二代光纤基地等项目建设，实现蓝思科技浏阳新总部及三期等项目建成投产，加快战略性新兴产业取得突破性发展，抢占产业发展制高点与窗口期。二是做大做强优势产业。支持主机企业开拓海外市场，稳定工程机械产业发展；大力发展工程机械零部件配套企业，扶持进入主机厂供应体系的配套企业。鼓励汽车整车厂扩充产品线，增加产品品种；支持广汽菲亚特等生产线改扩建，力争年内实现上海大众、克莱斯勒吉普、比亚迪电动轿车规模化投产；实施整车厂走出去定点招商、上门招商，重点引进发动机、底盘、变速箱等关键零部件项目；引导本地零部件企业积极与高校、整车企业、外资开展合作，提升产品核心技术和竞争力；落实国家、省、市支持新能源汽车产业发展的相关政策，加快新能源汽车基础设施建设，完成 800 个充电桩的建设任务。三是改造提升传统产业。加速推进湖南粮食集团宁乡产业园、洋河酒业、格力电器等一批对食品、家电产业发展有重大影响力的项目建设。开展“烟花鞭炮、纺织服装企业专家行”活动，为企业与设计专家、包装印刷企业搭建合作平台，提升产品形象与品位。加大传统产业名、优、特产品的推介和宣传，开拓外地市场。

3. 坚持园区拉动，全力推进项目建设

园区要在产业转型升级中当生力军、作示范，做到招商主体是园区、二次创业进园区、转型升级亮点在园区。一是要明确目标。定位目标主要是发挥园区主战场作用，推进集群式项目满园扩园和两型化管理提标提档，打造宜居宜业、产城融合的现代城市工业经济综合体；积极引导产业集群发展，移动互联网、北斗卫星导航应用企业向高新区，集成电路企业向长沙经开区，智能家电向宁乡经开区，移动智能终端向浏阳经开区，光电产业向望城经开区，工业机器人企业向雨花经开区，电池新材料向金洲工业集中区，检测检验设计产业向岳麓科技园集中，形成集聚效应。定量目标主要是国家级园区要全面向千亿级园区迈进，其中长沙经开区、高新区要加快形成2000亿以上规模，省级园区要向500亿规模迈进；每个园区培育一批“航母型”企业，国家级园区要有百亿级企业，省级园区要有年产值50亿元以上的企业，培育中小企业梯次方阵。二是要引大引强。进一步放开视野，推动先进制造业、高新技术产业、现代服务业向长沙聚集。要围绕世界500强、行业前10强和优质的终端快消品企业等几大类型企业，大力开展点对点和小分队招商，积极开展以“4 + X”即移动互联网、工业机器人、集成电路、生物医药等四大新兴产业加上其他产业，开展产业加园区为主要模式的招商活动。国家级园区每年必须引进1个投资过50亿元的项目，省级园区每年必须引进1个投资过10亿元的项目。二次招商上，各级工信部门、园区要全面摸清已落户的投资企业增资扩产或转型发展需求，重点选择一批市场需求旺盛的企业作为二次招商对象，加强沟通和联动，策划合适的招商方案，引导企业加快转型升级，实现扩产扩能。三是要分类施策。园区经济可尝试划分为三大版块，即刚性增长版块、淘汰调整落后产能和过剩产能版块、新经济版块。各园区要做到心中有数，确保重点发力。对于与人民群众生活息息相关的食品、日常消费品等刚性增长版块，引导企业敏锐捕捉信息，积极开拓市场，努力保持稳定增长；对于淘汰调整落后产能和过剩产能版块，采取行政、经济、法律等手段限制发展，逐步淘汰高投入、高消耗、高污染、低产出的企业和产品，实现“腾笼换鸟”，推动产业转型升级；对于新技术、新材料、新能源和生产性服务业等新经济版块，要鼓励技术创新，提高产品附加值，通过大规模自动化等技术创新和推广，降低成本、提高效率，培育新的经济增长点，弥补落后经济版块的减速。四是要破解瓶颈。各园区要按照节约集约用地原则，强化土地利用总体规划，严格审查调整各类产业、项目相关规划和用地标准，严格执行闲置土地处置政策，提高土地利用效率，破解土地瓶颈。采取金融手段和市场化运作模式引导社会资本增加产业投资，通过设立政策性产业发展引导基金、政策性融资租赁公司、加大政策性贴息、设立风险缓释基金和小微企业信贷风险补偿基金等方式，促进投资增长和产业集聚，破解资金瓶颈。各级各部门要形成发展共识，想方设法促使工业项目尽快建成投产，从可研、设计招拍挂到拿施工许可证开工建设由原来的20个月缩短到8～10个月，在流程审批上做到能放就放，能减就减，能并就并，能提前就提前，破解手续办理瓶颈。

4. 坚持融合互动，提升信息化水平

深化信息技术在企业中的应用，以信息化带动工业化，以工业化促进信息化。一是加快发展信息产业。重点推进以信息产业为龙头的战略性新兴产业，培育移动互联网、北斗卫星、集成电路、智能终端等四大千亿产业集群，大力发展软件及信息服务业。二是支持信息产业集聚发展。在已有移动互联网产业集聚区、北斗卫星导航应用产业基地上，支持在现有园区或工业集中区设立集成电路和智能终端产业集聚区，鼓励企业向专业园区集聚发展。三是促进信息化和工业化深度融合。以信息技术、信息产品改造提升传统产业，促进传统产业转型升级，实现制造服务化、工业互联网化。积极组织引导移动互联网、北斗卫星导航应用、集成电路等产业与长沙市工程机械、汽车、通信、广电等领域企业开展合作，推动产业优势互补、转型升级，增强核心竞争力。

5. 坚持服务推动，健全工作体制机制

一是用常规调度机制来服务。建立月调度、季分析、年观摩机制，及时解决工作推进中遇到的困难和问题，每月对重点企业和有需要园区的要素保障、项目招商、签约、履约、建设、竣工等情况进行调度，每季度召开工业经济运行调度会，对工业运行情况进行科学分析、查找问题、研究对策，每年组织1～2次项目观摩活动，在区、县（市）和园区中掀起项目建设大竞赛热潮。二是用创新产品和方法来服务。围绕金融服务、创业辅导、管理咨询、技术创新和人才培育等服务功能，开发成熟、成套、集成的核心支撑公共服务产品，建设综合性公共平台、公共金融服务平台、优势产业集群公共创新平台，率先在科技服务业、金融担保业、商务服务业等领域培育具有示范影响性的服务机构，实现社会化服务与制造环节“无缝式对接”。三是用考核导向来服务。在2014年首次把园区作为单列考核的基础上，进一步听取园区意见，修改完善园区考核办法。市绩效办、工信、发改等部门要加强对接，进一步研究界定项目考核范围和认定标准，实现考人、考事、考廉相结合，市委对园区的绩效考核与市工信委对园区、区县（市）的考核相结合。要按照“少而精”思路，突出园区考核重点和核心要求，加大对工业增加值、税收贡献、研发投入、新增投资、安全生产等关键指标的考核权重，加大对区、县（市）支持园区情况的考核挂钩权重。

6. 坚持多方联动，强化产业发展保障

一要树立大局意识。市与区县（市）、部门与园区、园区与园区之间要按照“全市一盘棋”要求，站在全局的高度看问题，把握大势，切实加强工业和信息化工作的组织领导，在制定政策、产业规划、招商引资等各个方面加强沟通、增进协作，真正实现上下联动、优势互补，形成共同创业、齐头并进的良好氛围。二要树立忧患意识。工信系统广大干部职工要保持“不进则退、慢进也是退”的紧迫感，树立“工业思维”和“企业思维”，以奋发有为、积极进取的状态，把工作激情和热情转化为工业发展动力，促进工业经济保持中部领先、全国争先。三要树立责任意识。各级各部门要切实担负起工作职责，对工业项目建设实行“一个项目、一个班子、一抓到底”，大力优化项目建设环境，全力以赴去盯、去跟、去抓，推动项目建设由图纸变为工地，由工地变为厂房，把项目建设工作抓好抓实。四要树立人才意识。要加强工业经济管理人才队伍建设，加快引进、培养企业经营管理人才、专业技术人才和技能型人才，优化人才队伍结构。要组织企业经营管理培训，联合职业技术院校，定向培养技工人才，满足企业需求。

B.15

2014～2015年株洲市新型工业化发展研究报告

阳卫国*

一　2014年推进新型工业化工作情况

2014 年，株洲工业经济平稳增长。一是规模工业跃上了新台阶。全市实现规模工业增加值跨越千亿台阶，达到 1013 亿元，增长 11.6%，高于全省 2.1 个百分点。规模工业总量在全省排位有望由第六前进到第五。二是推新工作涌现了新亮点。从推新指标预计完成情况来看，全市总体完成情况平稳，部分指标全省靠前，领先优势依然保持，预计仍将位列全省第一方阵。在全省十大工业发展亮点中，株洲市占了三个，它们是旗滨玻璃绿色搬迁、IGBT 打破国外垄断、南车株机走向世界。三是“十百千”取得了新成效。2014 年，全市亿元以上企业达 693 家，比上年度净增 79 家，实现主营业务收入 2340.4 亿元，同比增长 13.25%，占规模工业主营业务收入的比重达 87%，比上年提高 3.1 个百分点。四是产业转型迈出了新步伐。旗滨玻璃株洲城区生产基地全面完成搬迁。淘汰株冶 10 万吨老的铅锭生产系统。株化集团改造升级开始启动。全市淘汰关停高能耗、高污染企业（生产线）98 家，拆除烟囱 49 根，万元规模工业增加值能耗下降 17% 左右。五是创新驱动有新成果。自主设计建造的国内首条、世界第二条 8 英寸 IGBT 专业芯片生产线正式投产，自主研发了全球首台储能式低地板有轨电车、填补国内空白的双流制窄轨重载四轴电力机车等新产品，完成高新技术产业增加值 466 亿元，增长 17.7%。

* 阳卫国，中共株洲市委副书记。

二　2015年株洲市推进新型工业化的基本思路

根据全省加速推进新型工业化工作会议，以及市委十一届八次全会、市第十四届人民代表大会第四次会议精神，结合株洲实际，初步提出了2015年全市推进新型工业化工作的基本思路。

总的指导思想：深入贯彻落实十八届三中、四中全会精神和市委经济工作会议精神，坚持把加速推进新型工业化作为第一推动力，把握新常态下工业发展的规律和特征，以改革创新为统领，以稳增长、转方式、调结构为主线，深入打好产业振兴攻坚战，全面提升工业发展质量和效益，促进全市工业经济持续健康发展。

预期目标：全市规模工业增加值增长11.5%左右；工业固定资产投资、工业技改投资均增长20%以上，战略性新兴产业增加值增长13%以上；中小企业和非公经济增加值均增长12%左右；万元规模工业增加值能耗下降6%以上，确保株洲市工业经济运行质量位居全省前列。

（一）突出三大工作重点

1. 突出稳定增长

把稳增长作为工业经济运行的首要任务来抓，确保工业运行速度在合理区间。一是盘活存量。深入落实扶持企业发展的各项政策措施，加强生产要素保障，切实解决企业发展难题，着力优化企业发展环境，确保企业全面达产达效，产值和效益同步提升，为工业经济增长多作贡献。二是培育增量。全力支持全民创业，培育中小微企业发展；支持企业技改扩能、裂变发展、兼并重组，扩大规模；大力推进项目建设，促进项目竣工达产，形成一批新的工业增长点。三是提高质量。加快推进传统产业企业的智能化改造，全面提升生产、管理的智能化应用水平，让“老树发新芽”，形成新的生产力。加快淘汰落后产能步伐，关停淘汰一批“三高一资”企业和生产线，推进企业清洁生产审核，实现绿色发展。

2. 突出产业振兴

围绕优势产业优先发展、新兴产业加快发展、传统产业升级发展的思路，深入打好产业振兴攻坚战。一是抓好产业集群。全面实施“541”产业行动计划，引导企业配套协作，加快产业链建设，推进企业向园区集中，项目向园区布局，要素向园区集聚，形成“五城四基地”产业集群。二是抓实产业项目。全力破解项目用地、用工、融资等制约难题，加快项目建设进度，着力提高项目履约率、落地率、开工率、竣工投产率和经济贡献率，确保一批项目竣工投产。三是抓大产业龙头。助推南车株机、南车株洲所、南方公司、北汽株洲分公司、唐人神、千金湘江药业等龙头企业做大做强，延伸上下流产业链条，带动轨道交能、航空、汽车、食品医药产业发展。培育壮大新材料、新能源、电子信息产业中的龙头企业，引领新兴产业发展。

3. 突出创新发展

一是注重培育新业态。进一步支持信息消费、移动互联网、集成电路、新能源汽车、两型住宅、智能制造、智慧农村、智慧社区、电子商务等新兴业态的发展，形成新的产业板块。二是注重融合发展。加快两化深度融合，推进企业、园区“两化”融合发展示范试点。加快产城融合。坚持统筹规划、完善产城融合工作协调机制，形成工业化与城镇化良性互动、相互支撑的发展格局。加快军民融合。鼓励军工企业开发民用产品。支持符合条件的民营企业参与军品生产。积极争取国家重大军工项目落户株洲。三是注重创新驱动。强化企业创新主体地位，加强自主创新政策支持，培育一批企业技术中心，研发一批国际一流、全国唯一的产品，争创一批驰名商标、著名品牌。

（二）实施七个专项行动

1. 实施轨道交通产业过千亿专项行动

一是制定具体实施方案。组织专门班子深入调研，摸清轨道交通企业底子及发展潜力，在科学合理测算的基础上，制定轨道交通过千亿实施方案，并将任务一一分解，明确具体牵头领导、责任单位和完成期限。二是加大企业服务力度。积极协调解决轨道交通企业生产经营过程中存在的困难和问题，支持株机、株所等龙头企业全力扩展国内市场，拓展国际市场。支持本地协作配套企业扩大市场份额。加紧落实田心轨道科技园1000亩配套到位的工业用地，加快建成通畅有序的区域骨架路网，提质改造整个片区环境，打造与产业发展相匹配的区域硬软环境。三是加快重点项目建设进度。推进南车物流、南车株机整机扩容和新品研发及产业化工程、南车株所核心部件及新材料产业化工程等轨道交通产业项目建设，力争早日投产达效。

2. 实施促进企业成长专项行动

一是深入实施企业成长“十百千”工程。进一步强化对口服务、首问服务和代理服务。开展“十百千”工程季度服务工作督查，大力提高县市区和部门的服务质量和效率。组织开展“十百千”工程“服务明星”评选活动。建立“十百千”工程企业名录，实施动态管理机制，实行优胜劣汰。二是完善中小企业公共服务体系。着力培育服务机构，大力引入和利用优质服务资源，改善和优化服务供给，营造竞争性的服务环境。加强公共服务平台建设，重点支持创业基地和为产业集群服务的技术平台、市场开拓平台、物流平台建设。充分发挥现有中小企业公共服务窗口平台作用，整合服务资源，实现不同层级服务机构纵向贯通、不同类型服务机构横向协同、各类服务资源开放共享。成立航空、服饰、电子信息等产业协会，组织开展中小企业管理培训活动。三是创新中小企业投融资模式。在积极争取国家政策的基础上，探索投融资新模式。发展一批服务小微企业的中小金融机构，鼓励民间资本设立产业投资基金和股权投资基金，撬动社会资本，进一步完善担保体系，破解企业融资难、融资贵的问题。

3. 实施“两化”深度融合专项行动

一是推进“宽带中国”基础设施建设。建设光网株洲、无线株洲实现城市宽带20M以上接入能力、农村行政村通宽带，实现4M以上接入能力。3G/4G城区全覆盖、农村乡镇基本覆盖。二是实施智能制造试点示范。抓住国家加快推进智能制造生产模式的契机，在轨道交通、航空、汽车、电子信息、医药食品等重点产业领域，包装策划一批智能制造应用示范工程，加快制造业向智能化制造升级。根据互联网与工业融合创新指导意见推进轨道交通产业的互联网化，重点支持轨道交通智能制造项目申报国家级智能制造重大工程项目。三是壮大电子信息产业。坚持“引大靠强”和“本土培育”双轮驱动，在智慧医疗、云计算、物联网、新能源汽车、手机智能终端企业等领域，引进和培育5~10家有影响力的企业。通过应用牵引产业发展，支持IGBT产业做大做强。四是大力支持信息消费试点城市创建。加快信息基础设施完善升级，支撑信息消费快速增长，努力扩大信息消费规模。支持“智慧社区”等项目落地。

4. 实施培育新增长点专项行动

一是全力促进新建项目投产。加大项目的协调和服务力度，抓好轨道交通科技城等10大工业项目，新上亿元以上工业项目100个以上，确保新竣工投产工业项目30个以上。二是大力培育小微企业。抢抓工商登记制度改革契机，鼓励全民创新创业，大力培育小微企业，力争创办小微工业企业1000户以上。认真落实市委、市政府关于加快非公有制经济发展的若干意见，支持非公有制经济发展，提高非公经济发展比重。三是努力扩大规上企业数量。全面落实“小升规”、“个改企”政策措施，认真组织各县市区做好“规下”升“规上”申报工作，在项目资金安排上对新入规企业给予支持，力争新增规模工业企业100家以上。

5. 实施工业招商引资专项行动

一是大力开展上门招商。按照“五城四基地”产业发展定位，筛选一批市级重点工业招商项目，积极对接世界500强、央企和国内大型企业集团，进行上门招商，着力引进一批关联度高、辐射面广、带动力强的旗舰产业项目落户株洲。二是积极承接产业转移。充分发挥株洲位于湖南“一带一部”战略定位的核心区位优势，以南五县为主体，主要围绕珠三角、长三角及台资等目标市场引进项目，积极承接沿海产业转移，以龙头企业和产业集群的引进形成和完善产业链，以重大项目引进带动产业集聚，努力实现产业承接链条化、集群化、集约化。三是探索工业招商新模式。将招商与园区开发建设相结合，做好前置招商和定制开发。建立区域内统一招商、依产业定位入园、税收分享的“县市区间、乡镇园间”项目落地建设“飞地”模式，促进产业聚集，实现资源共享、优势互补，充分调动各县市区工业招商的积极性和主动性。

6. 实施重点产业配套能力提升专项行动

一是加强政策引导。不断完善已出台的产业协作配套奖励政策，营造鼓励和支持大企业与中小企业协作配套发展的良好氛围，及时协调解决协作配套中出现的问题，并进行跟踪服务。二是搭建配套平台。搭建大企业与中小企业交流合作平台，发布中小企业产品推介目录、大企业产品需求目录，开展大企业与中小企业协作配套的信息沟通。定期组织召开高端装备制造产业协作配套对接会，提升轨道交通、汽车、中小航空本地配套水平。三是引进配套企业。按照完善高端装备制造业产业链条的要求，加快引进主机、配套企业。重点把握长株潭区域汽车产业集中度显著提升的趋势，引导变速箱、发动机等关键零部件企业来株集聚发展，重点增强北汽株洲分公司、南车时代电动、南方宇航等现有整车企业的综合配套能力。

7. 实施淘汰落后产能专项行动

一是稳步推进清水塘地区搬迁改造。以国家、省年度淘汰计划的设备拆除、绿心工业退出、湘江流域治理和“三个基本”等工作为抓手，稳步推进清水塘地区工业企业关停搬迁，圆满完成“十二五”工业节能目标。重点做好中盐株化等企业的搬迁改造。二是加强行业准入管理。从源头着力，严把行业准入和门槛，以国家产业政策为指向，加强行业准入管理，坚决遏制盲目投资和低水平重复建设，从严限制高耗能、高污染产业发展。三是强化政策调控机制。加大差别化的电价、水价和排污费等要素资源价格政策实施力度，运用市场机制倒逼落后产能企业的自我淘汰。同时，紧扣六大高耗能行业等重点领域，做好能耗限额对标，大力推广应用节能减排新技术、新工艺，推行合同能源管理，实现节能减排全覆盖。

B.16

2014～2015年湘潭市新型工业化发展研究报告

陈忠红*

一　2014年湘潭市新型工业化发展基本情况

（一）主要运行指标

全年累计完成规模工业增加值870.1亿元，同比增长11%，高于全国、全省平均水平。全市工业用电70.47亿千瓦时，同比下降0.87%。全市工业实缴税金37.87亿元，同比增长1.83%；其中实缴工业增值税31.03亿元，同比增长3.87%。全市累计完成公路货运量4390.58万吨，同比增长5.51%；完成水路货运量926.42万吨，同比增长10.5%。全年共新增规模工业企业97家。

（二）主要工作

1. 狠抓工业项目建设

一是强化调度。实行项目建设责任制，将工业固投目标任务分解到县市区、三个主要园区以及部分重点企业等责任单位，每季度组织召开投资工作调度会议，切实加强项目跟踪调度和动态管理。全年完成工业固定资产投资723.7亿元，同比增长17.5%。其中完成工业技改投资615.74亿元，同比增长16.3%。二是做好保障。切实加强资金、能源、用工等重点要素保障，及时协调解决影响项目建设的各类问题，确保项目顺利推进。全年为企业争取国、省项目资金1.71亿元，市本级安排工业和信息化专项资金3336万元，有

* 陈忠红，中共湘潭市委常委、秘书长。

效提振了企业加大投入的信心。三是突出重点。实行重点项目重点研究、优先保障，全力推进重点工业项目建设。2014 年，全市共安排重点工业项目 43 个，年计划投资 204.8 亿元，其中亿元以上项目 39 个，10 亿元以上项目 4 个，泰富重工、威胜电气、桑德环保等 5 个项目被列为省重点项目，截至 2014 年 11 月重点工业项目就已完成投资 206.9 亿元，超额完成了全年计划投资。

2. 狠抓工业结构调整

着力推进转型升级，产业结构持续改善。以消费品为主的轻工业比重加大，重点产业比重加大，民营经济比重加大，加强对先进装备制造、电子信息、汽车及零部件等重点领域产业链上下游配套，研究编制了产业发展的指导性目录，明确了全市先进装备制造、电子信息、汽车及零部件三大产业的发展方向。培育引进了一批软件服务企业，促进了移动互联网产业发展。高新区已聚集众天一等移动互联网及相关企业 8 家，经开区创新创业服务中心着力打造以软件和信息服务产业为主的创业基地，已有 7 家软件和信息服务企业入驻。湘乡经开区亚太宝龙科技（湖南）有限公司新型操作系统正式发布，目前正在进行系统鉴定认证工作，微智电脑等智能产品开发成功并投入制造。

3. 狠抓企业技术创新

一是推进创新专项工程。深入开展"311"工程，成功推荐 13 个产品列入省"百项重点新产品推进计划"，6 项专利列入省"百项专利转化推进计划"，4 项技术列入省 30 项关键共性技术。新增 2 家省级企业技术中心，3 家企业评为"湖南省知识产权运用示范企业"。二是推进工业节能降耗。坚持多措并举抓节能，全年规模工业增加值能耗下降 12.1%。2014 年，继续组织 9 家企业开展清洁生产，至此，全市已有 30 多家企业开展了清洁生产审核，可减少氮氧化物排放 8000 多吨，节约标煤约 1.2 万余吨。三是推进落后产能淘汰。严格落实中央、省有关工作要求，淘汰铁合金、水泥、造纸 3 个行业落后生产线 6 条，产能 15 万吨，湘钢 90 平方米烧结机和 4 平方米竖炉停产，铁合金有限责任公司 204#、205#两台 6300WVA 矿热炉生产线实现淘汰退出；关闭小企业 3 家、竹埠港化工企业 28 家。启动实施了城区内粉磨站、砖瓦、蒸汽砌块行业搬迁、改造工作。

4. 狠抓两化融合推进

坚持以创新促转型，以融合促发展，全面开展 10 家两化融合示范企业和 50 家数字企业创建工作，企业信息化水平和创新能力大幅提升。大力推进智慧湘潭平台和应用建设，积极编制出台智慧湘潭综合平台项目规划设计文本，启动了智慧湘潭一期工程“市应急联动指挥平台和平安城市”建设。

5. 狠抓中小企业服务

一是突出金融支持。创新金融服务，由市政府出资设立了5000万元中小微工业企业过桥专项资金，累计为62家企业提供过桥资金4.7亿多元。市企业融资担保公司累计为中小微企业担保165笔，金额近10亿元。加强银企合作，组织成立了“湘潭市中小企业金融促进会”，搭建中小企业银企合作交流新平台。推荐湘潭电化等5家企业发行私募债；推介26家企业与长沙银行达成长湘贷信用贷款合作意向；召开了面向省级银行机构的工作汇报会，在潭金融机构与19个项目现场签约，涉及金额93.65亿元。支持巨能绝缘、世优电气成功在新三板上市，实现零的突破。二是加强政策扶持。出台了《关于支持工业企业稳定发展的若干意见》，为稳增长发挥了明显作用。加大政策宣传和解读，在市级主要媒体开辟惠企政策宣传专栏，利用网络窗口平台及时发布最新颁布实施的法律法规和政策信息，并举办政策宣讲会，向企业下发《湘潭市工业经济政策摘要汇编》、《湘潭市中小微企业法律法规政策汇编》、《中小微企业税收优惠政策解读》等宣传手册，大力宣传国、省、市扶助中小微企业发展政策以及中小微企业发展亮点，坚定企业发展信心，得到广大中小企业的好评。三是优化公共服务。开展湘潭市2014年扶助中小微企业专项行动，组织50名专家对全市近300家中小企业开展管理“巡诊”，发现企业各种问题279个，提出针对性对策建议328条。深入开展市领导“1+1”联点帮扶活动，全力解决企业提出的各类难题。强化对口服务，成立湘潭市中小企业窗口服务中心，完善中小企业公共服务平台网络，目前已有近300家企业、32家服务机构进行注册登记。强化人才培训，全年共组织专项培训16批次，培训企业各类人才2400多人次。建立了“专精特新”企业库和项目库，目前已入库企业140多户，并据此进行资金倾斜。帮助企业拓宽产品销售渠道，组织企业参加沪洽周、工博会、湖南新疆产业对接会、中小企业博览会等活动14次。

（三）主要特点

发展步伐较为稳定。目前全市工业总规模在全省居第6～7位，排在长沙、岳阳、株洲等地市之后，基本没有较大起落。与全国工业形势一致，全市工业发展速度近年来逐渐开始换挡放缓，由15%以上减至目前的12%以内，且整个2014年增速基本保持在11%上下，发展速度在全省排名也保持了相对稳定。

多点支撑基本形成。近年来，湘潭通过实施"3+3"战略，六大重点产业已初具规模，其规模工业增加值占全市规模工业比重在70%左右，其中先进装备占20%左右，新能源占7%左右，电子信息占5%左右，精品钢材及深加工占15%左右，汽车及零部件占8%左右，食品占15%左右，形成了传统产业与新兴产业协调发展趋势，构建起了多点支撑的发展格局。

科技实力不断增强。目前，湘潭科教实力仅次于长沙，每万人拥有专业技术人员数、每万人专利申请量和每万人专利持有量均居全省第二位。2014年，全年取得省级以上科技成果120项，74项成果进入产业化阶段，实施自主创新战略取得初步成效。同时，高新技术产业增加值占规模工业增加值的比重已达到50%，居全省第二位。

二　湘潭市新型工业化发展面临的主要困难和问题

（一）外部环境压力

一是市场需求低迷。全市部分重点产业因市场萎缩，有相当一部分企业生产经营下滑。自主品牌小排量轿车销售不畅，吉利汽车等企业订单不足。矿山装备市场持续低迷，订单大幅下降，湘电重装、中冶京诚大型矿车无订单，冶金设备订货量下降65%。二是工业投资乏力。全市大多数在建工业项目进度有所放缓，一批新建项目进度不快。全市全年基本没有投资过10亿元的项目，投资过5亿元的项目也仅有华电新能源、泰富重工、威胜电气、湘钢技改、屹丰汽车等5个项目。

（二）企业经营压力

一是盈利水平不高。营运成本增加，2014年前三季度，全市规模工业企业主营业务成本同比增长7%，三项费用支出增长7.97%，大部分中小微工业企业在银行贷款的综合利率在12个点以上。盈利空间受挤，2014年前三季度，全市主营业务制造成本率高达89.48%。产品价格下滑、用工成本增加挤占了企业利润，企业利润空间大幅下降。企业营运艰难。至2014年9月底，据初步统计全市停产企业占比达6.3%，半停产的企业占比达10.6%。二是资金瓶颈制约。银行抽贷、压贷问题比较突出，1～10月，全市工业贷款余额为276.84亿元，同比下降4.61%，比年初减少了7.45亿元；而全社会贷款余额比年初增加了116.32亿元，同比增长11.45%。工业贷款占全社会贷款余额比重为24.86%，占比同期下降了4.18个百分点。企业融资贵的问题难以缓解，如多数银行的贷款利率基本要求在基准利率上浮30%。而民间融资中，月息情况基本在1.5分以上，一般都在月息3～4分左右。资金周转缓慢，1～10月，全市规模工业企业应收账款224.29亿元，同比增长5.8%。从1～10月财务数据测算，全市流动资金周转次数为3.34次，周转一次超过3个半月。三是企业观念落后。不少企业自主求变的内生动力不足，缺少现代化企业管理制度，普遍存在家族式、家长式的管理，股权分配机制、管理机制规范有待加强。全市民营企业中没有一家上市企业，拟上市企业只有2家（宏大真空和平安电气），股份制中小企业649家，仅占全市中小微企业的25.6%。

（三）园区发展压力

一是园区规模普遍偏小。目前，全市8个主要园区，包括两个国家级开发区高新区、经开区工业总产值没有一个超过1000亿元，其中不少园区工业总产值在100亿元以下。二是入园企业档次偏低。园区内产值过百亿的大型企业屈指可数，主要是中小企业，属于碎石型企业结构，难以形成产业链。且企业产品结构以加工为主，处于价值链低端。三是产业集群程度不高。相同领域的企业产业关联度不够，且园区之间产业同质化程度较高，产业布局不够合理。四是土地利用效率偏低。据国家相关部门发布，开发区投资强度一般应保持在每亩180万元以上，产出强度应在每亩300万元以上。而全市园区平均投资强度每亩在60万元左右，产出强度在每亩120万元左右。

三　2015年湘潭市加快新型工业化发展对策建议

（一）指导思想

深入贯彻落实十八届三中全会精神，强化工业发展的战略地位，坚持新型工业化第一推动力不动摇，转变工业发展方式，稳定工业增长，注重创新驱动、集聚发展、融合互动、技术改造，加快工业结构战略性调整，推进信息化和工业化的深度融合，构建多点支撑的产业发展格局。

（二）预期目标

规模工业增加值增长9.5%以上，工业固定资产投资增长15%以上，万元规模工业增加值能耗同比下降5%以上。

（三）重点工作

1. 促进工业转型

一是大力发展战略性新兴产业。围绕重点领域，组建产业创新联盟，推动形成产业创新协作机制，促进关键核心共性技术的产学研协同攻关。以智能制造为主攻方向，积极引进和培育3D打印、工业机器人、集成电路等智能产业和先进装备制造、新能源汽车、电子信息、新材料、节能环保、生物医药等新兴产业，尽快形成产业规模效应，成为新的经济增长点。二是加快改造提升传统产业。积极支持企业加大研发投入，加快采用先进适用技术、设备、工艺和高新技术，重点支持机械、食品等优势产业提高精深加工水平和产品附加值。三是全面实施创新驱动。重点推动建立以企业为主体的技术创新体系，围绕产业链部署创新链。构建产学研合作机制，加快科技成果转化。创建一批企业技术中心、开发一批新产品、研究一批行业关键共性技术问题。继续抓好重大技术装备首台（套）、新材料产品首批（次）和新能源汽车的推广应用。四是建立健全产业发展统筹协调机制。以“3+3”产业为重点，实施产业链发展工程，以重大项目建设推动产业链向技术和市场两端延伸，形成一批产业特色鲜明、产业链比较完善、辐射带动作用强的产业集群。

2. 抓好工业投入

一是强化产业项目引资。深入分析汽车、新能源装备、电子信息、矿山装备、新材料等重点产业链，找准产业链中的薄弱环节和关键环节，以完善产业链为导向，以产品配套为导向，加快引进一批相关企业，延长产业链条，壮大产业集群。在对接国、省政策的基础上，策划和包装一批优势产业项目，有针对性地开展产业链招商，引进一批重点产业项目，尤其是新兴产业项目。二是创优项目建设环境。充分发挥财政资金的示范和引导作用，鼓励金融机构对重点产业项目给予信贷支持，多渠道筹集在建和续建重点项目资金。加快用地和环评审批，重大产业项目建设在同等条件下优先享受国家、省、市出台的有关土地、资金、用电、用水、人才、技术进步等方面的扶持政策，确保项目建设顺利。对确定的重点建设项目，实行跟踪督查，定期讲评，严格考核，严格责任追究。三是加快重点项目进度。加强对泰富重工、威胜电气、屹丰汽车零部件产业基地等重点工业项目的协调调度，加快项目推进，培育新的工业增长点。建立重点工业项目库，选择一批大型骨干企业、成长型中小企业，重点扶持做大做强。

3. 推进融合发展

一是促进两化融合。重点以信息技术和互联网技术提升工程机械、风电装备、矿山装备、汽车等产业重要产品的智能化程度。二是促进军民融合。依托湘电、江麓、江南等军工企业的技术、装备和人才优势，加快推进军用技术民用化，大力开发一批军转民产品。鼓励民参军，推动1～2家企业进入军工生产行列。

4. 优化企业服务

一是进一步落实惠企政策。进一步梳理国家、省、市出台的扶持企业发展，特别是促进中小企业发展的相关政策，结合本市实际，加快落实到位。同时组织对惠企政策的全面督查，加大通报力度，释放市委、市政府促进工业企业稳定发展的信号，提振企业信心，扩大政策效应。二是进一步提升服务水平。以优质服务保障工业稳定增长。推进融资服务创新，建立中小微企业在线银企对接网络平台，定期举办银企对接会，支持金融机构创新贷款模式、产品和服务，促进私募股权投资、风险投资基金的发展。完善中小企业服务体系。联合市直相关职能部门，成立中小企业服务联盟，定期为中小企业开展“一站式”服务。继续加强对重点企业的帮扶，抓好企业巡诊，强化对中小企业的培训，提高中小企业抗风险能力。三是进一步推进企业减负。严格落实“三个清单”，建立通畅的企业举报渠道，优化企业发展环境。重新梳理惠企政策，多渠道、多形式开展宣传。四是进一步加强运行监测。建立健全重点企业运行监测制度，及时了解企业生产经营实际情况和重点产业变化情况，科学研判工业经济运行态势，引导企业规避风险。进一步加大工业用电量、实缴税金、货运量等主要指标的分析监测和调度，强化要素供应，为稳定工业增长提供保障。

B.17

2014～2015年邵阳市新型工业化发展研究报告

陈优秀*

2015年是“十二五”的收官之年，也是“十三五”的奠基之年，更是主动适应新常态的改革之年。面对新形势、新要求，要立足市情，把准方向，弥补短板，拓宽渠道，邵阳市着力从八个方面促进工业转型升级和稳定增长，努力开创全市工业经济多点支撑的新格局。

1. 围绕搭好产业平台促增长

积极推进园区建设，努力搭建产业聚集发展的坚实平台。一方面，要奋力推进湘商产业园建设。各县市区要牢牢把握机遇，紧紧围绕湘商产业园建设这个核心，严格按照《邵阳市湘商产业园建设实施办法》狠抓工作落实，迅速掀起加快工业发展的热潮，确保各项指标完成任务过半。要按照“适度超前”的要求，做好园区总体规划和产业规划，抓好主导产业定位和功能分区，推进特色化、差异化发展。要加快建立园区融资平台，提高园区筹资能力，保障园区建设资金，大力推广邵东工业园开发“工业地产”的成功模式，突出抓好标准化厂房建设，迅速完善水、电、路、气、公交等配套设施，年内确保建成标准化厂房240万平方米，投产130万平方米以上。另一方面，要奋力加快园区升级进程。坚持以邵阳经开区为依托，以宝工区为重点，按照“一区两园”模式，加快申报国家级经开区步伐。要围绕升级工作排出时间表、路线图，逐项狠抓落实。宝工区既要狠抓湘商产业园建设，又要狠抓整个园区的加快发展，尽快全面建成邵阳大道两旁核心区，切实营造“小项目铺天盖地、大项目顶天立地”的局面。年内，宝工区要建成九兴总部、合隆国际、通达汽零、

* 陈优秀，邵阳市人民政府副市长。

医药物流、统一企业、兆成能源等11个重点产业项目，建成高新路、建龙路、爱莲池路、立新路、进站路等8条骨干路网，建成3个集中安置小区和自来水加压站、变电站、天然气母站、发制品污水处理厂等一批配套项目，建成标准厂房过60万平方米，力争完成征地2000亩、房屋拆迁500栋、固定资产投资45亿元以上。

2. 围绕加快项目建设促增长

继续实施工业发展“四百工程”，力争年内完成项目招商150个、开工130个、投产120个、新增规模企业165家以上。坚持把“四百工程”作为加速推进新型工业化的重要抓手，把项目招商、开工、投产和企业入规任务一一分解落实到各个县市区、各个工业园，明确时间节点，建立项目台账，实行“一月一调度、一季一督查，年终算总账”。要加快推进项目建设，重点要狠抓8个省定重点项目、63个市级重点项目、200个县级重点项目，力争建成投产一大批项目，以此来拉动规模工业增加值的快速增长。要坚持把小项目做大，更加注重对小微企业的扶持和培育，积极引导符合条件的小微企业进入园区标准厂房，加大孵化力度，推动“个体户转企、小企业入规”。年内，要实现100家以上小微企业升级为规模企业。

3. 围绕提升传统产业促增长

按照“整合一批、靠强一批、提升一批”的思路，加快传统产业转型升级。对“散而不大”的打火机、小五金、皮具箱包等轻工行业，要通过股份合作、兼并重组，着力培育一批骨干企业和名牌产品，努力打造过600亿元的轻工产业集群。对“大而不强”的建材行业，要积极借船出海、靠强靠大，合力拓展外地市场，消化剩余产能，以海螺、南方、为百水泥为重点，着力打造过300亿元的建材产业集群。对“多而不优”的食品行业，要大力推进工业化与信息化、农业产业化的深度融合，推进自动化检测、加工、包装，不断开发绿色食品、名牌产品、畅销商品，以湘窖酒业、统一企业、李文食品、百威啤酒为重点，培育产值过300亿元的食品产业集群。对“优而不大”的发制品产业，要加快建成发制品产业园，推动阳光发品尽快上市，着力打造产值过100亿元的发制品专业型出口基地。

4. 围绕培育新兴产业促增长

敢于向新兴产业、新型业态求突破、谋发展。要立足基础条件，大力发展以触摸屏、LED灯、智能电器为主导的电子信息产业，以自动化设备、智能制造为主导的先进装备制造产业，以湘中制药为代表的生物医药产业。要发挥资源优势，大力发展以风力发电、生物质发电、太阳能发电为主导的新能源产业，以工艺品加工为主导的旅游商品产业。要对接形势需要，抢抓汽车工业高速发展的机遇，加快通达汽零退城入园，积极发展汽车零部件加工产业；抢抓移动互联网产业加速发展的新机遇，积极推进实体经济与移动互联网的有机结合，引导企业扩大网上营销。要坚持创新驱动，加强专利转化、产品研发，顺应个性化、多样化的消费需求，不断在食品、服装、医药、电器、保健、休闲、电子信息终端等方面开发新的消费品。

5. 围绕强化产业配套促增长

坚持把大项目做全，围绕优势产业、骨干企业积极做好“增链”、“补链”工作。要围绕三一湖汽、恒天九五等装备制造骨干企业，加快发展相关铸造加工产业，大力引进初级产品供应商，切实解决关键零部件需要从外地引进的问题，打造产值过300亿元的机械产业集群。围绕九兴控股、百威啤酒、湘窖酒业等骨干企业，大力发展原材料生产、印刷、包装、现代物流等产业，通过“以点带面”，培育从基地建设、保鲜储藏、初级加工、精深加工到物流配送和售后服务的“全产业链”。要积极融入全省工业发展大局，围绕湖南省的汽车制造、工程机械、轨道交通、国防军工等优势产业，积极发展配套产业，努力把更多的关键部件引入到邵阳生产加工。

6. 围绕加强要素保障促增长

工业的发展是一个厚积薄发的过程，需要持续做好基础保障工作。一要完善基础设施。加快电力基础设施建设，2015年力争完成投资10亿元，特别要对接园区发展，加紧规划一批输变电项目，努力为工业发展提供可靠的电力保障。加快通讯设施建设，大力支持铁塔公司加快移动通信基站建设，促进光网宽带、无线宽带等新一代信息基础设施的普及应用，切实为“两化融合”奠定坚实基础。加快交通设施建设，努力为发展现代物流提供有力支撑。二要保障土地供给。紧紧抓住湘商产业园建设的重大机遇，积极向上争取用地政策支持，扩大工业用地储备，确保新增建设用地指标重点用于工业项目建设。市本级要动态储备园区用地1000亩以上，各县市区动态储备园区用地300亩以。要全面推广“三榜公示、两级审核”的新机制，推进拆迁与安置同步进行，加快征地拆迁进程。三要强化人才支撑。加强对工业战线领导干部和中层骨干的业务培训，切实提高抓好工业经济的能力和水平。要突出培育行业领军人才，着力引进一批产业精英来邵创新创业。要切实做好企业管理人才和技能人才的培训，依托各类职业技术院校，大力开展校企合作和订单式培训，2015年力争为企业输送各类技术人才5000人以上。

7. 围绕抓好招商优环促增长

坚持把优化发展环境与加快招商引资结合起来。一手抓环境优化。切实提高办事效率，积极推行"全程代办制"，探索实施电子政务。要出台帮扶企业的配套政策措施，围绕解决企业融资、用地、招工、市场开拓、减轻负担等方面的问题，落实相关职能部门责任，不断推进企业帮扶工作的制度化、规范化。要重拳打击破坏经济发展环境的人和事，对阻工、闹事、强揽工程的违法犯罪行为，政法部门要主动介入，依法严厉打击。尤其是针对面临资金断链风险的企业，要帮助企业摸清资产和债务情况，指导企业制订好还款计划，引导各方达成共识和谅解；要组织各商业银行落实贷款计划，形成帮扶企业的合力，化解信贷风险；要依法打击高利贷、特别是因高利贷引发的哄抢财物、非法拘禁等违法犯罪行为，切实保护企业家的合法权益。一手抓招商引资。面对湘商产业园建设的重大机遇，努力营造"全员全方位招商"的新局面。要实施招商奖励机制，激励广大干部职工积极提供招商线索，对接招商项目。要大力发动本地企业家招商引资、引智，积极把合作伙伴、商业朋友、配套产业引入到邵阳来。突出抓好园区招商工作，切实提高招商的实效性，着力从各个层面收集招商线索，挖掘招商资源，并对"线索项目、跟踪项目、在谈项目、拟签约项目"分类建立招商项目库，排出计划表，落实责任人，确保每月都能储备、洽谈、签约一批项目，确保项目源源不断。要促进项目快速入园落地，对签约项目要加强跟踪服务，帮助代办审批手续，指导做好建设规划，加快征地拆迁进程，确保项目早落地、早开工、早投产。年内，全市园区要引进企业300家以上，其中规模企业150家以上。宝工区要完成招商引资项目50个以上，其中投资过5亿元项目2个以上，投资过亿元项目10个以上。

8. 围绕全面深化改革促增长

改革是最大的红利，要通过全面深化改革，激发发展的活力和潜力。一是推进简政放权。积极推进行政审批制度改革，加快简政放权进程，特别要加快下放园区审批权限，促进“园区事项园区办结”。要规范部门权力清单，全面清理各类涉企收费项目，严查乱收费、乱罚款、乱检查行为，认真落实上级政策，对小微企业行政事业性收费，该免征的一律免征，切实减轻企业负担。二是拓宽融资渠道。深入贯彻国家“制造强国”的战略抉择，充分发挥银监会、金融办和各类商业银行的积极作用，把更多的资金投入到实体经济上来。积极推进投融资体制改革，创新投融资模式，加快发展一批服务小微企业的金融机构，鼓励民间资本设立产业投资基金和股权投资基金，撬动社会资本，破解企业融资难、融资贵的问题。三是深化国企改革。在全面完成国企改制、解决遗留问题的基础上，进一步深化国企改革，以神风动力、石下江煤矿为重点，积极探索混合所有制发展模式。要推进国有资产监管模式的改革创新，加快经营性国有资产的清理和归集，推动监管资产向监管资本转变。要进一步做强做活国投公司，着力把土地等资产转化为资本，积极探索国有资本入股民营企业的新模式、新途径，形成国营民营跨界融合、互利共赢的新局面。四是推动创新创业。切实创造宽松环境和优越条件，努力开创万众创新、大众创业的生动局面。要利用工商登记制度改革的有利时机，积极引导归国留学生、大学毕业生、务工返乡人员开办公司、创办企业。要推进专利成果的转化，鼓励技术入股，积极推进产融结合（产业与金融、实业与投资）、产研结合（产业与科技、企业与科研院所）。要积极发展为创办公司企业提供代办服务的专业机构，使创办企业、开办公司变得更加便利。要加快建立创业投资基金（国家将设立400亿元的新兴产业创业投资基金），切实为创新创业提供引导和扶持资金。2015年力争创办各类小微企业3000家以上。

B.18

2014～2015年张家界市新型工业化发展研究报告

刘 桦*

一 2014新型工业化运行情况分析

（一）加大政策支持力度，激发了工业发展的内生动力

市委、市政府高度重视工业经济发展，在深入调查研究的基础上，针对全市工业发展中的主要矛盾，提出了“盘活存量，引进增量”的发展思路，出台了《张家界市工业产业提质升级“135”行动计划》。市推新办出台了《张家界市实施“135”行动计划推进新型工业化考核奖励办法》、《张家界市实施“135”行动计划工业招商引资奖认定细则》和《张家界市实施“135”行动计划工业企业投资落地奖认定细则》。各区县和市工业园积极行动，出台了相应的支持政策。如市工业园出台了《“55”提质升级工程计划》和《经济开发区企业提质增效“25815”实施方案》，慈利县出台了《慈利县“工业倍增计划”实施方案》、《慈利县工业招商引资工作考核办法》和《关于进一步支持全民创业促进小微企业规范健康发展的若干意见》。

市委督查室、市政府督查室牵头组织对工业经济发展特别是“135”行动计划落实情况进行了专项督查。经过全市工业战线共同努力，“135”行动计划全面完成年初目标，全市新增规模工业企业 24 家，超计划 3 家，其中永定区 5 家、慈利县 11 家、桑植县 3 家、市工业园 5 家；新增过亿元企业 8 家，超计划 1 家，其中市工业园 2 家、永定区 3 家、慈利县 2 家、桑植县 1 家。全

---

* 张家界市人民政府副市长。

市规模工业企业由2013年的133家增加到现有的157家，主营业务收入过亿元企业由2013年的28家增加到2014年的36家。

（二）强化运行监测调度，提高了工业运行质量

将工作任务分解到区县，到科室，同时加强日常调度，做到每月到区县、到园区、到企业了解生产情况，掌握重点企业运行态势，从9月份起对全市新型工业化主要指标完成情况进行月通报。2014年，全市实现工业增加值81.55亿元，同比增长8.3%，对GDP的贡献率为17.1%，拉动经济增长1.8个百分点。实现规模工业增加值52.15亿元，同比增长8.5%，规模工业增加值增速分别高于怀化、湘西自治州1.4个百分点和0.8个百分点，工业运行质量综合指数在大湘西地区位于第二。

（三）狠抓工业项目建设，增强了工业发展后劲

全市工业战线紧紧围绕国家、省产业政策和新型工业化相关政策，积极组织企业向上申报项目，寻求上级部门的政策和资金支持。2014年，全市经信系统共向上级申报项目114个，其中国家级项目8个，省级项目106个，最终有97个项目得到了上级支持，获得项目资金3764万元。同时，继续实施工业项目建设“320”工程，并每月进行调度。2014年计划新开项目25个，实际开工建设23个，完成投资8.33亿元，开工率达92%，完成投资率达91.41%。计划竣工项目25个，实际竣工21个，完成投资7.46亿元，竣工率为84%，完成投资率达93.24%。储备项目18个，项目计划总投资46.63亿元。

2014年，全市完成工业固定资产投资54.83亿元，同比增长25%，增速居全省第一位，高于全省平均水平10.1个百分点，完成工业技改投资40.48亿元，同比增长25%，增速居全省第二位，高于全省平均水平17.5个百分点。

（四）加强园区建设力度，凸显了园区工业的活力

加大对园区平台建设支持力度。从2014年市工业发展专项资金中安排500万元用于工业园区建设，同时积极向上级汇报，支持园区平台建设，全年共争取国家专项支持资金195万元，省级专项支持资金830万元。

加大对园区产业项目扶持力度。向投资大、符合产业政策、成长性好的

园区产业申报项目进行倾斜，今年共为35个园区产业项目争取省级专项资金1249万元，为14个园区产业项目在市级专项资金中安排170万元支持项目建设。

提升服务水平。针对久瑞生物、华新水泥等企业反映的问题，积极奔走，妥善帮助解决。2014年，全市新入园企业21家；实现工业园区规模工业增加值12.36亿元，同比增长7.4%，其中市工业园实现规模工业增加值2.97亿元，同比增长28.3%；园区完成基础设施建设投资5.63亿元，同比上升57.26%；园区规模工业增加值占全市规模工业增加值比重为23.7%，增加0.75个百分点；上缴税收1亿元，同比增长37.84%。

（五）加快产业结构调整，促进了工业“两型”发展

2014年，在稳增长压力的倒逼作用下，更加注重质量效益，更加注重优化结构，更加注重“两型”发展。

加快传统产业提质升级。2014年，机械、化工、食品、轻工等产业分别增长28.3%、13.7%、13.5%、11.8%。

大力发展战略性新兴产业。2014年，实现战略性新兴产业增加值6.43亿元，其中实现电子信息产业产值1.99亿元，同比增长28%，高于张家界市工业平均水平19.5个百分点，电子信息产业产值首次超过煤炭产业产值。

实施创新发展战略。大湘西魔芋有限公司成功申报为2014年度省认定企业技术中心，恒亮新材料科技有限公司和湘汇生物有限公司的2个项目成功申报为“百项重点新产品推进计划”重点新产品研发项目。2014年，实现工业企业高新技术产品增加值为7.11亿元，工业高新技术产品增加值占规模工业的比重为13.63%，同比增加6.55%。

加大“两化”融合力度。张家界市已有近300家企业推进了“数字企业”创建工作，以市经开区两化融合试验区为集中推进地区，以申报两化融合项目资金企业为重点企业，两化融合深入推进，企业信息化水平大幅提升，预计张家界市两化融合指数上升到40。大力实施工业企业两型发展。完成了5家企业自愿性清洁生产审核，万元规模工业增加值能耗下降了4.54%，单位工业用地面积实现工业增加值2859万元，是全省平均水平的1.7倍。

（六）优化经济发展环境，增强了工业发展的吸引力

继续实行领导联系企业制度。对5家计划培育为5亿元的工业企业，39家计划培育为亿元的工业企业和55家计划培育为规模工业企业的小微企业，每家都明确了市、区县的领导和职能部门进行联系，负责为培育企业提供帮助和服务。

切实减轻企业负担。收集国家、省、市有关减轻企业负担最新相关政策，印发了《减轻企业负担政策百问百答》1000本，免费发放到张家界市工业企业和相关单位。设立了减轻企业负担举报中心，出台了《张家界市减轻企业负担投诉举报处理制度》，公布了投诉举报电话、邮箱和地址。

加强要素保障。举行了中小企业场外交易市场融资推进会，张家界市有55家企业参加了会议。市担保公司去年共为62户企业提供了担保贷款2.94亿元，帮助62家企业解决了资金困难问题。加强服务体系建设。做好张家界窗口平台与省平台的互联互通，实现全市服务信息资源与省里的互联互通，资源共享，全市共有25家服务机构和110家中小企业到省中小企业公共服务平台注册，发布需求信息。

同时，当前张家界市工业经济发展还面临着一系列问题。

一是工业经济总量“蛋糕”很小。虽然经过发展，但是张家界市工业企业数量少、规模小的市情仍然没有改变，无论是工业总量，还是规模工业增加值总量，张家界市在湖南省都处于末位，占比还不到1%。

二是工业园区主战场作用发挥不够。园区建设虽然取得了一些成绩，但园区建设相对滞后，基础条件仍然较差，配套能力不强，园区主战场作用尚未形成。全省园区规模工业增加值占规模工业增加值比重为59%，而张家界市仅为23.7%，还不到全省平均水平的一半。

三是经济下行压力较大。张家界市优势产业中资源加工型产业占比大，目前资源加工型产品价格下跌，对全市优势产业发展影响十分明显。2014年，冶金、电力、煤炭等行业增速均低于全市平均水平。

四是资源要素供应不足。部分工业园用地指标少，土地储备不足，影响项目和企业落户。劳动密集型企业招工难、留人难问题仍然存在。融资困境难以突破，2014年，全市金融机构工业贷款余额较上年同期相比仅三家银行为正

增长，市中小企业担保公司代偿率上升，银担合作意愿降低，更加剧了部分工业企业资金链紧张断裂风险。

二 2015年张家界市新型工业化趋势分析

2015 年，张家界市面临的国际国内环境依然复杂多变，利好和危机共生，机遇与挑战并存。

从国家层面看，经济发展步入新常态，从高速增长转为中高速增长，经济结构不断优化升级，从要素驱动和投资驱动转向创新驱动。同时随着全面深化改革的不断推进，行政审批事项进一步减少，权力清单、责任清单、负面清单的实施等，将更好地激发全民创新创业的激情。2 月 25 日，农历羊年首个工作日，国务院再为全国小微企业和创业者送出“新年大礼”，确定进一步减税降费措施、支持小微企业发展和创业创新。从省级层面看：省里出台《关于进一步加快推进新型工业化的决定》和促进信息消费、鼓励移动互联网产业发展、加快推进食品医药企业兼并重组等政策措施，也必将在新的一年发挥更大的放大效应。

从张家界市来看，随着市委“1656”行动计划的实施，全市新一轮的城市建设、交通建设、产业建设、生态工程、民生工程等体系建设将全面展开，将催生一批新企业、新项目，间接带动工业相关行业加速发展。同时工业产业提质升级“135”行动计划的引导和鼓励作用也将逐步发挥效应。

三 2015年张家界市新型工业化工作要点

（一）总体要求

做好 2015 年工作，总的要求是：以“135”行动计划为总揽，发挥三个优势，建好四个园区，壮大五大特色产业，主动适应经济发展新常态，促进全市工业经济持续、健康发展，全面完成全市工业和信息化发展任务。

（二）预期目标

主要预期目标是：全市规模工业增加值增长 10%，其中园区规模工业增加值增长15%。新增规模工业企业26家。新增过亿元企业7家。工业固定资产投资增长18%，其中工业技术改造投资增长18%。非公经济增加值增长13%。全市单位规模工业增加值能耗下降4.5%。

（三）工作要点

1.科学务实谋规划，引领新型工业化步入新常态

一是与国家、省、市规划衔接。重点加强与国民经济和社会发展总体规划及相关规划的衔接，促进新型工业化与信息化、农业产业化、新型城镇化紧密结合。全面梳理全市工业发展现状，明确发展方向和重点，推动张家界的经济发展与全省、全国乃至全球的大市场、大产业很好结合。做到既“合主流”，又“接地气”，实现与长株潭错位发展、协同发展。

二是坚持用规划来引领产业、布局项目。要立足转方式、调结构、促转型、扩增量，充分挖掘基础潜力，突出发展生物医药、旅游商品、食品加工、清洁能源、新型材料等特色工业，着力培育新兴产业，构建“十三五”全市工业发展新格局，通过建立新型工业产业体系，充实和壮大骨干工业项目，通过规划引领，加快产业集聚、企业集群发展，培育壮大一批有品牌、有效益的大企业，实现张家界市工业经济的大发展。

2.全力以赴稳增长，夯实工业经济发展新支点

一是鼓励规模工业企业做大做强。鼓励恒亮新材料、久瑞生物、恒鑫饰品、中杰科技、景丽华实业、华新水泥等规模工业企业千方百计适应形势变化，组织原料生产，开拓新的市场，为全市工业稳增长做出新的贡献。2015年全市要力争新增过亿元企业7家。

二是加快规模工业企业培育。优化经济发展环境，出台《张家界市促进非公有制经济发展的若干意见》，促进中小企业走“专精特新”发展之路，推动企业“小升规”。同时加强企业入规工作宣传引导，打消入规企业在税费等方面的顾虑，做到应入尽入，2015年全市要力争新增规模工业企业26家。

三是抓实新的增长源点。着力激发县域经济活力，全面提升县域经济发展水平，充分发挥县域经济的支撑作用。着力激发市场主体活力，推进食品加工、生物医药等企业加快行业兼并重组，积极引导有条件的企业上市，形成新的增长点。着力推进重点企业挖潜增效和重大项目投产达效，紧盯每一个增长

点目标实现，形成新的增量。

四是加强经济运行监测。相关市直单位、各区县、各工业园区要对照全市政府工作报告，搞好2015年相关目标任务的对接，并将目标任务分解到区县、到科室、到行业、到企业、到季度、到月份，即纵向到底、横向到边，使各层次、各方面目标任务都非常明确，防止工业生产出现大起大落，确保完成目标任务。要突出抓好重点产业、重点企业、重要项目的监测，做到月调度、季分析，加强预测预警。积极协调煤、电、油、气、运等要素保障工作。按照工信部和省经信委的工作部署做好工业运行质量评价体系建设工作，加强工业统计，重点关注工业用电、工业税收等重要指标，真实反映张家界市工业经济运行情况。

（三）坚定不移促转型，构建多点支撑产业新格局

一是大力发展战略性新兴产业。按照有市场、有优势、有基础的要求，发挥资源优势和生态优势，重点培育壮大生物医药、电子信息、新材料、节能环保等新兴产业规模。

二是大力改造传统产业。要进一步通过资金、科技、土地等生产要素的倾斜投入，重点引导农产品、建材、装备制造等传统产业提升改造，引导企业加强自主研发，加速产研对接、项目对接，促进优势资源向产业链核心环节、价值链高端环节集聚，不断壮大经济总量。

三是注重抓好“两化”融合。加速信息化与工业化融合，是提升企业加速发展的有效途径。要加大信息技术的推广力度，使信息技术应用渗透到研发设计、产品制造、市场营销、人力资源开发、节能减排等各个环节，促进企业转型升级，不断提高发展的速度、质量和效益。同时，要继续推进“数字张家界”建设，推动景区智慧WIFI、安导通、自由旅神、一诚通等智慧旅游项目的建设发展，打造具有示范引领作用的智慧旅游。落实“宽带中国”战略，经济推动光纤入户工作，大力推进4G网络、无线网络、光缆线路等信息基础设施建设，加快构建城乡一体化网络，推进电信网、互联网和有线电视网三网融合工作。

四是要突出工业“两型”发展。继续“三不上”原则：对生态环境影响大的项目不上，对能源资源消耗高的项目不上，影响旅游产业发展的项目不

上。提倡工业节地、节材、节水、节能，引导5家企业开展自愿性清洁生产，推动工业转型，创建“资源节约型、环境友好型”企业。

（四）创新思路兴园区，打造工业集聚发展新引擎

一是大力支持工业园区基础设施建设。将工业园区重大基础设施项目纳入城市基础设施建设项目和国家交通、电力、环保、农、林、水、国土、教育、卫生等工程项目。实施标准厂房、园区道路、污水处理等工程，推动园区建设向生产、生活、生态一体化协调发展，全年力争完成工业园区基础设施建设投资4.7亿元，新建工业厂房29万平方米，其中园区自建厂房2.5万平方米。

二是加大工业园区招商引资力度。加强园区招商，依托国家级品牌优势，以长沙经开区设立国家级长沙经济技术开发区张家界工业园和慈利工业集中区获批为全省“飞地经济”试点为契机，更新招商引资理念，逐步实现由量的扩张向质的提升转变，在重视低能耗、环保的前提下，引进技术含量高、具有持续增长潜力的项目，力争新引进入园企业20家。

三是支持创新创业型企业入园。去年，省政府决定开展园区建设“135”工程，要求推动工业企业向园区集中、集聚。在全省推新会议上，黄兰香副省长也明确表示今后省里的专项资金重点支持园区平台建设和重点项目。

四是做好园区现有企业服务工作。把园区工业企业用电、用气、用水等纳入重点保障客户，优先保障。市、区（县）经信系统在申报、争取中央、省项目资金时，重点向园区平台项目、产业项目倾斜，以支持园区建设，促进入园企业快速增长，力争园区规模工业增加值增长15%以上。

（五）凝心聚力抓招商，围绕项目建设增添新动力

一是抓项目策划。要把国家产业政策、市场投资趋向与全市的资源优势结合起来，重点加强与国家、省“十三五”规划、产业振兴规划尤其是战略性新兴产业规划的对接，让更多的项目进入规划、进入笼子，要通过政策争取、政策配套，加大对重点园区和重点企业项目的支持力度。

二是抓项目招商。围绕重点园区和重点产业布局，策划、开展招商引资活动，引进一批扩产项目、提质项目、配套项目。要创新方式，重点开展专业招商、产业招商和小分队点对点招商，发挥职能优势、人脉优势、信息优势，力

求招商实效。加强与已签约项目的跟踪、对接，切实提高招商项目的履约率和落地率。

三是抓项目建设。做好去年项目的跟踪服务，继续实施“320”工程，做好工业项目的开工、竣工、对接和调度工作，及时发现、及时会商、及时解决问题，督促各项目单位按时间节点完成目标任务。

B.19

2014～2015年益阳市新型工业化发展研究报告

周振宇*

一 2014年新型工业化工作情况

（一）主要指标完成情况

2014年，全市完成规模工业总产值1839.4亿元，增长14.4%；完成规模工业增加值537.5亿元，增长11.6%，规模工业增加值增速位于全省前列。新进规模工业企业107家，全市规模工业企业达922家。规模工业产销率达102.7%。全市工业投资完成567.4亿元，增长25.2%；工业技改投资完成364.3亿元，增长20.5%，增速在全省位于前列。全市规模工业实现主营业务收入1768.4亿元，增长14.4%。工业经济效益综合指数达349.5%，同比提高14.3个百分点。全市全部工业用电累计36.68亿千瓦时，增长4.08%。

（二）主要工作成效

1. 保持平稳较快发展

2014年，全市完成规模工业增加值增长11.6%，排位全省第三，分别比全国和全省平均水平多3.3和2个百分点。

2. 扎实推进园区建设

2014年，全市省级以上工业园区完成规模工业增加值295亿元，比上年增长13.6%，占全市规模工业增加值的比重为58.7%。全市九大园区新建标

---

* 周振宇，益阳市人民政府副市长。

准化厂房122.3万平方米，完成基础设施建设投资122亿元，新开工工业项目104个，新投产工业项目102个，新增规模工业企业90家，上年建成标准化厂房利用率84%。

3. 不断优化产业结构

支柱产业支撑强劲。2014年，205家食品企业完成产值388.0亿元，增长19.9%；174家装备制造企业完成产值353.0亿元，增长16.7%；72家电子信息企业完成204.7亿元，增长13.3%，三大支柱产业共完成产值945.6亿元，占全市规模工业总产值的51.4%。特色产业不断壮大。43家黑茶企业完成产值55.5亿元，增长20.1%；6家槟榔企业完成产值26.3亿元，增长43.2%；47家大米加工业完成产值99.7亿元，增长12.2%；8家船舶制造企业完成产值31.2亿元，增长40.2%；13家医药企业完成产值32.0亿元，增长33.7%；16家农机企业完成产值32.9亿元，增长23.8%。

4. 强力推进项目建设

2014年，全市重点调度服务新建投资在2亿元以上、技改投资在1亿元以上的工业项目67个，市重大工业项目领导小组对影响67个项目进度的79个问题进行了梳理和交办，督促各区县（市）和市直部门对立项审批、道路不通、道路拓宽、土地征用、办证、拆迁、融资、环评审批等方面存在的问题依法依规限时办结。通过对这些问题的交办、督办，把解决问题落到了实处，到2014年底，79个问题已解决60个。通过协调服务和强力推进，67个项目陆续竣工投产的有27个，全年完成投资110亿元。新项目的投产有效弥补了存量增长的不足，成为新的增长引擎。

5. 着力服务平台建设

依靠融入长株潭“3＋1”城市群、列入洞庭湖生态经济区等独特的区位优势和全市两型工业发展的坚实基础，益阳高新区成功申报首批“国家低碳工业园区试点单位”。益阳市中小企业服务中心通过近两年的建设和不断完善，于2014年跻身国家中小企业公共服务示范平台。市中小企业综合窗口服务平台和安化黑茶产业窗口服务平台通过了省经信委和省财政厅的联合验收，标志全市中小企业综合服务能力进入全省先进行列。2014年，安化县成立中小企业服务中心，并获批中小企业发展专项资金项目建设补助，全市有5家中小企业服务机构被确定为湖南中小企业核心服务机构，至此，全市各区、县

(市)已全部建立起中小企业服务中心，全市中小企业服务机构达到10家。

6. 切实加快绿色发展

2014年，全市规模工业万元增加值能耗预计下降10.8%，超过省定下降4.5%的目标。湖南凯特密欧服饰有限公司、益阳世林食品有限公司等7家企业完成清洁生产审核，并通过专家评审。全年完成淘汰落后产能生产线12条，为全市产业结构调整和节能减排提供了有力支撑。出台了《益阳市预拌混凝土、预拌砂浆管理办法》，进一步规范了预拌混凝土和预拌砂浆的管理。狠抓"城市限粘、县市禁实"墙改工作，全年新型墙材产量达到5.2亿标砖，验收建设项目77个，建筑面积182.4万平方米，推广应用新型墙材比例达到87%。

二　2014年工业经济运行存在的问题

全市工业发展仍存在一些突出问题。一是工业总体规模不大。规模工业增加值只占全省总量的5.1%，缺少真正的支柱产业和龙头企业。二是工业创新能力亟待加强。企业科研投入不足，R&D经费占销售收入实际水平很低，高级技术人才稀缺，发明专利申报和拥有量少。三是区、县（市）工业发展不平衡。在全市工业总量中，占比最大的赫山达23.4%，而占比较小的南县为5.7%、大通湖仅占3.6%。四是部分行业、企业生产下滑严重。2014年以来，造纸、电力、有色冶金产业一直低位运行，产品价格持续走低。到年底，全市有54家企业停产，有99家企业减产。五是企业发展环境仍然不优。个别部门为企业服务的意识不强，审批环节过多，收费过高，办事拖沓问题仍然存在。融资难、拆迁难、用工难问题常常困扰项目建设和企业发展。

三　2015年主要目标及主要工作措施

围绕一个目标：围绕"工业立市"目标，全面完成市委、市政府提出的2015年经济发展目标任务。

突出两个重点：突出园区建设大会战和推进新型工业化两个工作重点，举全社会之力，实现工业经济平稳较快发展。

做好三篇文章：做好产业转型升级、培育特色经济、推进两化融合三篇文章，努力加快产业结构调整步伐，提高工业经济运行质量。

强化四大抓手：强化规划引领、项目建设、协调服务、队伍建设四大抓手，转职能、强作风、创方式，积极营造浓厚的工业氛围，提高指导、服务工业经济的能力。

（一）主要目标

2015年全市完成规模工业总产值突破2000亿元，增长13.5%以上；完成规模工业增加值585亿元，增长11%以上。新增规模工业企业80家以上。完成工业投资610亿元，增长12%；完成工业技改投资403亿元，增长15%。

园区建设大会战目标任务：着力建设10大创新创业园区，新建标准化厂房150万平方米，完成基础设施投资100亿元，引进创新创业企业300家。

（二）主要工作措施

1.加强调查研究，精心编制“十三五”工业发展规划

“十三五”时期，是全市全面建成小康社会、深化各项改革、加快洞庭湖生态经济区建设的关键时期，科学编制好“十三五”工业发展规划，对于实施市委“五大发展战略”、加快丽都益阳建设具有重要意义。为此，2015年要加强调查研究，进一步摸清各大产业的发展现状和发展潜力，紧紧抓住“洞庭湖生态经济区建设”和省实施“135”工程战略的重大机遇，科学研判，理清思路，明确目标和措施，高质量地做好“十三五”工业发展专项规划的编制工作。重点是做好益阳市“十三五”园区发展重大

课题研究、编制好“十三五”新型工业化发展规划和益阳市“十三五”信息化发展规划。同时，做好装备制造、船舶产业、食品产业、医药产业、电子信息、战略性新型产业、电力发展、循环经济、工业节能十大专项规划。

2.突出项目建设，着力增强工业发展后劲

一是积极开展工业招商。认真落实市委“大招商、招大商”的决策部署，围绕优势产业继续加大招商引资力度，注重引进省内外大型企业和战略投资者，争取“十三五”时期培育出千亿级产业集群和百亿级企业。二是加强督查协调力度，强力推进园区建设，加快标准化厂房建设，提升承接产业转移的能力和项目落地的速度。三是充分发挥重工办职能，加大对在建重大项目的协

调服务力度，促进双汇基地、科力远动力电池、王老吉饮品生产基地、康阳新能源、沅纸新生产线等重大工业项目的建设进度。四是抓好一批投产项目，重点抓好奥士康二期、明正宏线路板、博得物流装备、湘知湘味食品、皇爷食品二期、湘津药业、桃花江实业等重点项目的投产。五是加大立项争资力度。围绕已列入洞庭湖生态经济区建设规划的134个重大工业项目，按照国家和省里要求，指导企业做好基础工作，加大“跑部进省”的工作力度，争取国家和省里专项资金在2014年的基础上有较大突破。

3. 优化增量和调整存量并举，推进产业转型升级

虽然全市已有食品医药、装备制造、电子信息、电力、有色冶炼、造纸、纺织、建材、化工等九大产业的亿元企业534家，但均缺乏大型龙头企业的引领，特别是没有产值过百亿以上的旗舰企业，重点产业重点不明显，支柱产业支柱不突出。要认真研究，坚持优化增量和调整存量并举，努力推进传统产业转型升级。一是要引导产业整合资源，鼓励企业靠大做强，支持兼并重组，培育龙头企业，提高工业经济的大项目支撑能力。二是大力提升企业智能化管理和生产水平，鼓励企业利用信息技术改造和提升传统工艺和产品，积极组织企业实施“装备制造数字化工程”。三是加强企业特别是食品企业的诚信体系建设，推进企业的规范化管理和规范化经营，提高工业健康发展水平。四是加强对现有企业技术改造的引导扶持，推进产品的升级换代，提高企业的创新发展水平。

4. 培育特色经济，打造新的经济增长点

一是大力支持特色县域经济重点县建设，以市委、市政府名义出台《关于支持船舶产业发展意见》，为船舶产业实现跨越发展提供政策支持。二是加大对黑茶、休闲熟食等高成长性特色食品产业的扶持力度，支持做优做大做强安化黑茶产业园、资阳区休闲熟食产业园、兰溪粮食产业园，巩固做大南县“挂面之都”。三是大力发展新兴产业，认真清理、落实好相关政策，支持新材料、新能源、新一代互联网等产业加快发展，同时，加大对新型墙体材料、预拌混凝土与预拌砂浆企业的支持力度，尽快形成新的子产业和增长点。

5. 以“智慧益阳”建设为突破口，大力推动两化融合

一是充分利用信息技术改造和提升传统产业。大力推动软件信息服务业、移动互联网、物联网、云计算、大数据等信息技术发展，加强“智慧益阳”信息基础设施建设。重点组织实施“装备制造数字化工程”，大力推进智能制造生产模式的集成应用，推动物联网在工业领域的集成创新和应用，发展网络制造新型生产方式。逐步扩大装备制造、纺织服装等行业计算机辅助设计和辅助制造，食品、医药等行业产品安全追溯物联网监管。二是广泛开展中小企业电子商务和现代物流，不断促进生产经营信息化水平提升。近期重点建设好中心城区信息化“一园三平台”，即市中小企业服务中心信息平台、搜空商城电子商务孵化公共平台、益阳品尚服装服饰电子商务直营及供销平台和搜空国际软件服务外包产业园。三是进一步做好两化融合评估工作，不断扩大全市规模工业企业评估参评范围，同时组织实施分行业的两化融合解决方案，逐步推进信息技术在中小企业经营决策、科研设计、生产过程、市场营销、仓储物流、员工管理等方面的广泛运用。四是积极开展两化融合管理体系贯标工作，认真落实国家两化融合管理体系基本要求和实施指南，不断扩大贯标试点示范企业，推动中小企业信息化管理标准的全面实施。

6. 创新工作方式，努力提升服务企业的水平和能力

一是充分利用并发挥市中小企业服务中心成功申报国家级中小企业服务平台的契机，认真研究，进一步加强中小企业服务中心服务功能建设，在信息查询、技术创新、质量管理、管理咨询、创业辅导、市场开拓、人员培训等方面全面开展对中小微企业的服务。二是指导企业家协会和各行业商会完善服务功能，拓展服务领域，互通有无，形成合作共赢的利益共同体。三是强化工业运行监测，全面实施运行监测“1123”战略，即：对艾华集团、克明面业股份有限公司等纳入省经信委重点监测企业目录的10家企业进行全面监测调度；从全市规模企业中，选取100家重点企业，打造运行监测平台；组织运行监测工作人员、重点企业统计人员开展两次以上运行监测业务培训；对全市30余种主要工业产品的价格进行跟踪调度。四是帮助企业落实减负政策。根据国务院和省政府关于减轻企业负担的一系列会议和文件精神，特别是对照《湖南省涉企行政事业性收费项目清单》和《湖南省涉企政府性基金项目清单》进行认真清理和协调，项目清单之外的行政事业性收费和政府性基金一律不得向企业征收。

B.20

2014～2015年郴州市新型工业化发展研究报告

张爱国*

一　2014年全市新型工业化和园区发展情况

2014年，郴州全年规模工业总产值首次突破3000亿元，达到3098.5亿元，规模工业增加值同比增长12.0%，总量和增幅分别居全省第3、2位；高技术工业、战略性新兴产业增加值同比增长42.1%、18.2%。

（一）积极帮扶企业生产经营

全市上下齐心协力帮扶企业复产达产。全年新增规模工业企业99家。出台《关于政府采购扶持本地优质产品的暂行办法》，列入第一批政府采购目录的213项产品全部来自本地23家工业企业。举办LED产品产销对接会。针对9月份以来有色冶炼行业出现的债务问题，积极争取上级金融机构支持，及时防范金融风险。举办全市中小企业融资签约大会，签约贷款融资额244亿元。规范涉企检查，公布涉企收费清单和投诉举报方式，进一步减轻企业负担。

（二）全力推动工业项目建设

实施“工业项目大会战”，启动工业固定资产投资项目1306个，完成投资814.7亿元，增长21.4%；实施工业技改投资项目853个，完成投资480.3亿元，增长29.9%，增幅居全省第一；65个年投资过亿元的工业大会战项目

* 张爱国，中共郴州市委常委、副市长。

完成投资179.3亿元，完成进度104.3%，其中市级领导联系的26个工业项目完成投资73.9亿元。远大住工、格兰博一期、丰越环保等34个重大工业项目竣工投产，可新增年产值100亿元。加大工业领域招商力度，完成招商引资252.3亿元。加大央企对接合作力度，新增到位资金45.2亿元。

（三）加大推进工业转型升级

有色金属“五个一”战略体系建设加快推进，创办湖南有色金属（郴州指数）网，湖南有色金属（郴州）价格指数成功发布。国家有色贵重金属质量检测中心投入运行。科技创新取得新突破，新增国家高新技术企业18家，金旺铋业获得国家专利奖，华磊光电获得国家技术发明二等奖，金贵银业股份有限公司等4家企业获国家科技进步二等奖。品牌建设卓有成效，高斯贝尔获全市第一个省长质量奖，华信有色等4项产品获“中国驰名商标”。大力实施工业节能和清洁生产，万元规模工业增加值能耗同比下降11.9%，工业固体废弃物综合利用率73%。继续开展“矿山复绿”行动，全市694家矿山实现复绿。下大力气化解过剩产能，淘汰落后产能187.3万吨，永兴县铅冶炼企业从三年前的130余家整合到50家，桂东县7家化工企业将于2015年底全部关闭退出。

（四）改革创新推动园区发展

出台《关于加强园区收入分配制度改革工作的意见》，将园区职工收入与任务完成情况、税收增长情况挂钩，激发了园区干部群众创业热情。继续加大园区交通、供水、供电、通讯、公交等公共服务配套设施投入力度。郴州高新区中昆总部经济园、桂阳有色科技园、永兴柏林循环经济工业园、安仁精细化工园等园中园加快建设。成功承办全省产业园区工作现场会，郴州园区建设经验在全省推介。全市省级及以上产业园区实现规模工业增加值774.4亿元，同比增长16.2%，增幅居全省第一；园区规模工业增加值占全市规模工业比重71.5%，同比提高17.3个百分点；完成技工贸总收入3373亿元，同比增长23.2%；新建标准厂房320万平方米。郴州高新区成功升级为国家级高新区，桂阳工业园获批国家级循环化改造示范试点园区，湘南国际物流园获批省级示范物流园，宜章氟化学循环工业集中区升级为省级工业集中区。

（五）着力优化非公经济发展环境

商事登记制度改革全面激发了市场活力，全年新登记市场主体7081户，新增注册资本365亿元，同比增长分别为102%和130%。加大小微企业政策扶持，深入开展市场准入、税费减免等政策落地行动。继续实施中小企业“百千万”成长工程，不断完善中小企业市级网络服务平台、13家县级服务平台和40余家专业技术服务平台，培育“专精特新”发展示范企业50余家、省级中小企业核心服务机构9家、省级中小企业创业基地3家。开展中小企业管理升级大讲堂、扶助小微企业专项行动、中小企业转型发展行等活动11次，为企业提供各类服务2400人次，培训人员600人次，组织企业参加国内外展会、节会7次。全市非公有制增加值占全市GDP比重70.1%。市政府被中国中小企业协会授予“中国中小企业创新服务先进单位”。

（六）加快实施“数字郴州”建设

出台《关于加快信息化发展的实施意见》、《郴州市LED产业发展规划纲要》（2014～2020年）、《关于支持LED产业发展的若干意见》，设立信息化建设专项引导资金，将信息化工作纳入全市综合绩效考核范畴。加快实施“宽带中国”战略，加大农村地区信息基础设施投入，市城区光纤覆盖率100%，行政村宽带网络覆盖率进一步提升。举办多场面向政府官员和企业家的信息化专题培训，继续在教育、旅游、卫生等领域开展“数字校园”、“数字景区”、“数字医院”试点示范工程。工业和信息化“两化”深度融合步伐加快，信息技术在工业企业研发设计、生产管理、市场营销等环节广泛应用，两化融合已成为产业转型的重要推手。

二　新常态下面临的新形势和新要求

新型工业化是经济发展的第一推动力，与国际国内经济形势紧密相连。必须清醒认识面临的大背景，清醒认识形势发展变化提出的新要求。

从新常态的特征来看，当前，我国经济发展进入新常态，速度变化、结构优化、动力转化的特点更为明显，提高工业经济发展质量和水平、促进工业企业转方式调结构的任务更为繁重；新常态是我国经济社会发展的大逻辑，对经济建设提出新的更高要求，也需要广大企业家、创新创业者在思想观念、发展观念有一个大的转变，工业战线统一思想认识、引导社会预期、提振发展信心的任务很重。

从宏观经济环境背景来看，发达国家经济复苏脆弱，新兴经济体有望温和回升，全球经济持续复苏仍面临巨大挑战。有色金属、建材、煤炭等行业价格和市场需求仍然持续低迷，企业营利空间有限。工业战线树立服务至上意识、减轻企业负担、帮扶企业发展的任务很重。

从安全生产、节能减排的形势看，新《安全生产法》和“史上最严”的新《环保法》已经分别于2014年12月1日和2015年1月1日开始实施。全市安全生产形势仍然严峻，生态环境治理修复的任务仍然繁重，工业战线加强安全生产和环境保护监管、提高安全保障和节能减排水平的任务很重。

从政府职能转变的需要看，中央政府持续推进简政放权和职能转变，进一步精简和下放行政审批事项。工业战线做好下放事项承接、加强事中事后监管、营造公平竞争环境的任务很重。

从全市工业发展的短板看，新兴产业来势虽好但基数太小，战略性新兴产业增加值增速排全省第1位，但总量排全省第4位；企业数量多但规模小，年产值过50亿的企业只有1家，在建的工业项目中投资过10亿元的只有20个；科技投入不足，创新能力不强，2014年全市全社会研发经费投入仅占GDP的0.93%，工业企业专利授权数量仅为长沙的9%、株洲的31.2%、湘潭的54.8%。工业战线勇挑全市经济稳增长、产业大提质、推动郴州起飞的任务很重。

三　2015年新型工业化和园区发展工作任务

新型工业化工作的主要预期目标为：规模工业增加值同比增长11.5%，工业固定资产投资增长18%，工业技改投资增长16%；战略性新兴产业、高新技术产业增加值占GDP比重均提高2个百分点；园区规模工业增加值占全市规模工业增加值比重提高2个百分点；全市非公有制规模工业增加值增长12%；万元规模工业增加值能耗下降5%。

（一）着力推动工业经济提质增效

一是培育壮大产业集群。加快有色金属“五个一”战略体系建设，鼓励有色、建材、化工等传统产业加大技改投入，积极对接株冶集团技改搬迁，加快永兴有色金属冶炼企业整合入园。加大战略性新兴产业招商引资力度，打造电子信息、先进装备制造、新材料、新能源等新兴产业集群。助推宝石产业、钨产业、环保产业、现代物流业等2015年全市“十大经济增长点”发展，宝石产业重点落实好《关于促进宝石产业发展的意见》，推进宝石产业园和郴州工艺美术城建设，开展宝石产业招商特别是向第三届矿博会的国内外展商推荐郴州宝石资源；钨产业重点抓好资源产业摸底调查，支持中湘钨业、瑶岗仙等优势企业发展，尽快出台扶持政策文件；现代物流和商贸业重点加快制订和实施《郴州市现代物流产业中长期发展规划（2014～2030年）》，推动郴州铁路口岸（铁海联运）、泓广物流等平台和湘南大市场、高壁综合大市场等专业市场尽快建成；环保产业重点研究出台支持鼓励环保产业发展的支持政策，争取引进危废处置中心、生活垃圾综合利用等重大项目落地。二是实施科技创新驱动。全面落实《加快科技创新驱动产业转型发展的意见》，实施稀贵金属、LED、新能源等领域重大科技专项，培育6家科技创新示范企业，新增10家高新技术企业。重点抓好郴州高科创新产业孵化中心、战略性新兴产业孵化基地、国际中小企业孵化基地、湘南高新园中小企业创业孵化基地等科技创新平台建设。强化企业研发创新的主体地位，建设8家以上省级工程技术研究中心、重点工程实验室和企业技术中心，力争建成1个国家级企业研发平台。深化政产学研合作、区域创新合作，组织2次产学研对接活动。三是推进绿色工业发展。全面落实《郴州市化解过剩产能工作实施方案》，进一步淘汰落后产能，推广先进节能减排技术，严格控制工业产品能耗指标，大力推进清洁生产，加强资源能源循环利用，减少工业废弃物排放。深入学习贯彻新《环保法》，按照《国务院办公厅关于加强环境监管执法的通知》要求，落实各级政府、各类企业、相关职能部门的责任，全面、从严开展环境保护领域打非治违和监管执法，对各类环境违法行为“零容忍”。

（二）着力抓好工业项目建设

一是继续开展“工业项目大会战”。继续实行市级领导联系重点项目制度，调度63个年投资亿元以上的工业建设项目，计划总投资446亿元，其中2015年要完成投资110亿元以上，新开工项目30个以上，实现竣工投产项目占比40%以上，重点做好银泰新能源汽车、金贵白银城、郴州卷烟厂异地技改等重大项目跟踪服务。继续跟踪八达玻璃厂整体搬迁、华润A厂燃气技改工程等7个重大项目。二是加大工业招商力度。开展工业项目专题招商，围绕有色金属深加工、先进装备制造、高端新型电子信息、宝石产业等实施产业链招商。积极走访央企总部，择机举办一次对接合作项目集中签约活动或集中开工（竣工）活动，及时梳理终止长期未能履约的对接项目。加快落实在谈和已签约的项目尽快履约、落地、开工。三是做好“十三五”重大工业项目规划编制。认真研究国家产业政策和战略布局，精心包装一批投资额大、前景看好的重大工业项目挤进国家和省里“十三五”规划的笼子。编制全市“十三五”对接合作发展规划和项目库，为央企来郴投资提供决策参考。

（三）着力激发园区发展活力

一是实施“1555”工作计划。根据省政府产业园区建设“135”工程要求，大力实施创新创业园区“1555”工作计划，即力争2015年底全市省级及以上园区都要建设一个以民营经济为重点，以标准厂房建设为平台，以创新创业为特色的创新创业园区，完成标准厂房建设500万平方米以上，新引进创新创业企业不少于500家以上（力争达到700家，其中规模以上工业企业150家以上），争取省“135”工程专项资金不少于5亿元。二是加快扩区晋级步伐。永兴经开区、宜章经开区要争取年内获得省里扩区调区批复，其他园区也要抢抓十三五规划编制的机遇，尽快启动新一轮扩区调区工作，力争到“十三五”末全市园区规划面积达280平方公里。力争郴州出口加工区升级为国家级综合保税区，加快郴州经开区、资兴经开区创建国家级经开区步伐。三是继续完善园区基础设施。各园区特别是基础比较薄弱的省级园区和工业集中区要加快水、路、气、电、通讯、环保、物流等基础设施和医院、学校、商场、娱乐场所等民生设施建设，加快园区社区化，提高园区吸引力和承载力。四是创新园区体制机制。认真落实《关于加强园区收入分配制度改革工作的意见》。尽快出台《关于进一步促进园区发展的意见》，在人事管理体制、招商引资奖励制度、投融资体制、财税体制、行政审批等方面加快改革创新步伐，进一步激发园区创新创业热情。五是努力破解用地、用工、融资要素瓶颈。年度新增建设用地计划优先保障园区内重大工业项目的用地需求，同时要加大对闲置用地的清理力度，盘活现有土地存量。园区用工稳工问题要探索建立企业与学校融合互动的职工培训机制，着力解决子女就学、职工就医、配偶就业等问题，提高园区对产业工人的吸引力。做强园区融资平台，积极运用发行债券、银行贷款、土地收入、征地款托管等筹资方式，破解园区建设资金难题。

（四）着力推动非公经济发展

力争全市中小企业发展到3.8万户，非公有制经济增加值占GDP比重75%以上，实缴税金占税收75%以上，产值过亿元企业700户。一是进一步减轻企业负担。贯彻落实《关于加强涉企收费管理减轻企业负担的通知》，严格执行涉企收费目录清单制度，加大投诉举报查处力度，严厉打击各种侵害企业合法权益的违规行为。二是抓好惠企政策落实。国务院、省政府和市政府对中小企业扶持的力度是很大的，出台了很多政策文件，要加大国家和省、市各类扶持政策措施的宣传解读力度，全面梳理优惠清单，加快出台《进一步促进非公有制经济健康发展的实施意见》，并开展专项督查，畅通惠企政策落地的“最后一公里”。三是加大服务力度。开展腾飞杯管理升级、创新创业服务月、中小企业转型升级大讲堂等多种形式的服务活动，传授科学的管理理念、营商模式，引导企业主动转方式、调结构。开展中小企业资金需求调研摸底，组织银行金融机构主动开展信贷融资洽谈和创新业务品种，完善中小企业融资超市，引进有实力的融资性担保机构，争取国内中小企业银行在郴设立分支机构，多渠道缓解融资难题。

（五）着力加快“两化”深度融合

大力培育移动互联网产业，研究出台《加快移动互联网产业发展促进信息消费的实施意见》，积极促进信息消费。推进信息化与本地支柱产业、重点产业的融合发展，组织开展高端信息服务“两化融合”对接活动，为企业提供“一对一”的两化融合解决方案，促进工业企业信息技术深度应用。开展面向领导干部的“两化融合”专题培训班，提升领导干部信息化运用的理论水平和专业技能。

B.21

2014～2015年永州市新型工业化发展研究报告

唐能武*

2014年，永州市规模工业增加值累计增速连续7个月位居全省第一，突破了永州在全省排位八九不离十的格局，作为全省推新工作亮点在全省推介，为永州工业发展史上第一次。

一　2014年推进新型工业化工作开展情况

（一）狠抓调度稳增长，工业增速全省领先

一是工业运行逆势上扬。预计全年，全市规模工业完成产值948亿元，同比增长15%，完成增加值294亿元，同比增长12.2%，规模工业增加值累计增速连续7个月在全省排第一位。二是骨干企业支撑有力。零陵烟厂完成产值60.51亿元，同比增长51%，成为全市首家年产值过60亿元企业；江华坤昊实业有限公司完成年产值22.6亿元，同比增长17%；宁远福嘉有色金属有限公司完成年产值15.4亿元，同比增长21%。三是优势产业增长较快。电子信息产业增长40%以上，轻纺制鞋产业增长25%以上，农产品精深加工和生物医药产业增速达18%以上。四是规模企业入统名列全省前茅。年初做好入统企业排查摸底，对拟入统企业上门培训辅导服务，会同市统计局，严格把关入统申报材料，做到应统尽统。全市新入统规模企业达106家，名列全省前茅。

* 唐能武，永州市人民政府副市长。

（二）工业投资平稳增长，项目建设顺利推进

全市工业固定资产投入完成542.5亿元，同比增长21.3%，工业技改投入完成276.1亿元，同比增长20.9%，在全省排第4位。一批重点项目开工，一批重点在建工业项目如期推进，一批重点项目竣工投产。据调查，2014年全市新开工工业信息能源项目101个，已经或即将竣工投产项目100个。列入“十百千”工程中工业信息能源项目221个，全年完成投资185.2亿元，占年度计划的102%。其中列入全市“十百千”工程10大重点工程中5个重点工业信息能源项目稳步推进。永州火电项目已于10月28日顺利开工；烟草产业园、湘器异地搬迁、永州市康都药业、台湾高科技产业园等重大项目顺利推进。列入全市“十百千”工程100个重点项目中49个工业项目进展顺利，其中48个项目已开工建设，1个项目尚未开工，全年完成投资50.95亿元，占年度计划的108%；已竣工或即将竣工的项目22个。其中，和广生物科技、至康鞋业、千山医疗器械、凯盈科技、瑞翔动力锂电池等项目都已竣工投产；零陵烟厂、长丰扩能项目、德福隆电子、金翼堂生物科技、恒伟生物医药园等项目即将竣工投产；无线城市提升覆盖工程和光网城市建设工程（电信、移动、联通）项目进展顺利，已顺利完成年度目标任务。

（三）开展“三比三看”活动，园区发展步伐加快

深入开展工业园区“三比三看”活动，重点突出园区开发面积、标准厂房建设、土地储备和基础设施投入等方面的评比，园区发展步伐加快。组织全市各工业园区和县区经信委到郴州、衡阳等地工业园区学习考察，并在江华县召开了全市工业园区现场交流会，促进了园区的交流互动和发展。结合全市实际，充分发挥考核指挥棒作用，完善了新型工业化考核办法，出台《永州市工业园区经济发展专项考核办法》，实行重奖重罚，促进工业园区提速提质发展。同时，将园区考核占新型工业化考核中的分值占比提高到70%，进一步突出园区在新型工业化的主战场作用。2014年，全市工业园区实现技工贸总收入1267.36亿元、增长11%，规模工业完成增加值209.3亿元、增长14%，新增扩园面积18.5平方公里、增长11.6%，新储备土地面积1.6万亩、增长12.3%，新建标准厂房240万平方米，完成基础设施投入26.5亿元。

（四）两化融合力度加大，信息化水平不断提升

一是“两化”融合全面推进。制定了“两化”融合实施方案，推动永州经济技术开发区、道州工业集中区开展数字示范园区试点，组织长丰空调、异蛇科技等18家企业实施“两化”融合项目，引导鹏迪源电子有限公司、伊园油茶种植专业合作社等172家企业开展数字企业创建，目前全市有20家企业被列为全省利用信息技术改造和提升传统产业试点企业，9家单位获批全省第一批“数字湖南”试点示范企业单位。二是信息产业发展较快。新增规模以上电子信息制造企业15家，全市规模以上电子信息制造业企业达到54家。全年完成产值75亿元，同比增长41.5%，限上软件和信息服务业企业17家，全年产值3.2亿元，同比增长117%。三是通信业平稳增长。2014年全市通信行业共实现营业收入21.6亿元（其中移动公司11.5亿元，电信公司4.9亿元，联通公司4.1亿元，有线网络1.1亿元），同比增长3%。同时，开展了“移动4G惠潇湘”活动，大力促进信息消费。四是“数字永州”建设全面启动。牵头起草了《关于加快数字永州建设的实施意见》、《永州市信息工程管理办法》、《永州市信息化专项资金管理办法》、《永州市信息化工作绩效考核办法》等政策文件；组织编制了《中心城区信息基础设施专项规划》，智慧公安、智能交通、教育“三通两平台”等“数字永州”重点项目顺利推进。

（五）结构调整力度加大，节能降耗效果明显

严格执行国家的相关政策和规定，协调有关部门认真落实各项优惠政策。鼓励企业实施节能技术改造工程、合同能源管理推广工程和节能能力建设工程。以湘江流域工业污染防治为重点，以打造湘江“东方莱茵河”为目标，大力推进湘江流域重点行业和重点企业清洁生产，节能降耗成效明显，全年万元规模工业增加值能耗下降15.2%，提前超额完成了三年目标任务。同时，严格执行行业准入制度，积极化解产能过剩矛盾，加强工业投资项目审核管理，对产能过剩行业坚持新增产能与淘汰产能“等量置换”或“减量置换”原则，严格环评、能评、土地和安全生产等审批，遏制低水平重复建设，防止新增落后产能。同时，大力调整和优化产业结构，大力改造传统产业，发展战略

性新兴产业，加快淘汰落后产能。2014 年全市列入国家公告的 10 家企业，淘汰铁合金产能 6.83 万吨，稀土分离产能 1.19 万吨。行政性关闭小企业 32 家。

（六）企业服务扎实开展，发展环境持续优化

一是深入推进企业服务年活动。各级领导、服务小组深入企业一线、项目现场，调研企业发展和项目建设难题，市本级 29 家重点企业每一家企业由一名市级领导、一个市直部门牵头抓协调抓服务。2014 年共收集到用地、融资、市场、稳定、生产安全、税收、用工、基础设施建设、项目建设等九大类困难和问题 79 个，并正式交办到相关职能部门，督促职能部门帮助企业解决困难和问题，已解决困难问题 60 多个。同时在重点企业实行特派员制度，每家企业由市里确定一名副处级以上干部担任特派员，负责反映和协调企业需要解决的困难和问题。年初，开展“服务企业零距离”活动，调研走访企业 200 余家，发放《惠企政策汇编》2000 多本，向企业解读惠企政策，并收集整理困难和问题 159 个，协调解决困难和问题 110 个。同时，还成立 13 个“扶助小微企业专项行动”工作组，分赴各县区、各重点园区联系小微企业开展扶助工作。二是切实加强要素保障，扶持小微企业成长。组织召开银企对接洽谈会，帮助恒惠食品有限公司、恒远发电设备有限公司等 78 家中小企业融资 3.2 亿元，帮助 6 家企业获国开行打捆贷款 2900 万元。开展全方位的招工服务，帮助企业招工 14000 余人。把握工商登记全面放开和小微企业税收优惠政策机遇，有效激活了全民创业激情，小微企业增长迅速，全年新培育小微企业 2013 家。三是大力帮助企业跑项争资。认真研究国家和省里有关发展专项资金政策，组织企业用活用好惠企政策，积极为中小企业争取各类资金。目前，共为中小企业争取各类专项资金共 9000 多万元，仅中小企业专项发展资金 1049 万元。四是着力减轻企业负担。深化行政审批制度改革，消减行政审批项目 55 项；规范涉企收费，开展收费专项检查、监督；认真清理行业协会涉企收费，实行政会分开；认真做好“三单”清理，并在媒体上公布；积极协调为企业减免基本电费，全年共为 60 余家企业减免基本电费近 2000 余万元。五是帮助企业提升素质。组织全市中小企业积极参加中东投资贸易环境推介会暨巴林龙城项目对接会以及第十一届国际中小企业博览会等。同时举办全市中小企业“腾飞杯”管理升级讲座，先后组织企业参加全省、全国相关企业管

理培训和信息化应用管理培训等14次，参加培训1000余人，有力地促进全市中小企业形象的提升、管理水平的升级。

（七）推新合力不断增强，各项工作圆满完成

一是制订落实政策，推新合力不断增强。面对复杂严峻的形势，深入工业园区、企业、项目等现场调研，并赴郴州等地学习考察了新型工业化、信息化、园区建设的先进经验，结合永州实际，制订了《永州市推进新型工业化考核办法》和《永州市工业园区经济发展专项考核办法》；起草了《关于进一步加快推进新型工业化的意见》和《关于促进产业园区发展的若干意见》。为扶持中小企业发展壮大，积极落实永发〔2013〕11号文件精神，目前已兑现落实奖励补贴资金236万元。二是工业招商成效明显。组织相关企业参加“沪洽周”等系列工业专题招商活动，编制《永州工业招商项目指南》，发布工业项目180个，零陵烟厂等一批大项目的技改升级又快又好地完成，存量不断壮大，台湾工业园、康都药业、凯盈科技等一批大项目、新项目相继落户永州。此外，还引进大唐集团投资12亿元的大唐风电项目已开工建设。并成功引进国药集团与希尔药业合作建设湖南希尔生物医药产业园；会同市卫生局招商小分队一起引进湖南省驰越汽车销售有限公司落户冷水滩高科园。异蛇酒深度开发项目、广州鑫利数控有限公司数控机床项目、长丰汽车10万辆整车生产项目等正在洽谈中。

二　永州市新型工业化发展存在的困难和问题

（一）工业经济发展不平衡

虽然全市规模工业增加值累计增速连续7个月排全省第一位，但工业经济运行仍存在一定的差异。县区发展不平衡。江华、零陵、宁远和新田虽然规模工业增加值增速高于全市平均水平，但其总量仅占全市的39.8%，其他县区尤其是作为中心城区的冷水滩区（含永州经开区），规模工业增加值增速低于全市平均水平。行业发展不平衡。电子信息、农产品加工、生物医药、轻纺制鞋等产业产值增速均达到了20%以上，但矿产品精深加工和先进装备制造行业持续低迷，

部分外向型加工、竹木加工等企业也出现停产半停产现象。部分骨干企业生产减缓。湘器、跃进、建华、南岭等企业由于各种原因出现负增长。

（二）大项目还不多

221个列入全市“十百千工程”的工业能源类项目，1亿元、5亿元、10亿元、50亿元以上的工业能源类项目只有30个。

（三）存在要素瓶颈制约

一是要素瓶颈制约产业园区发展。从用地方面看，产业园区工业用地指标紧张，土地审批程序、周期较长，延缓项目落地和投资进程，部分园区签约项目落地困难。从融资方面看，各工业园区普遍存在投融资平台公司注册资本金小、融资能力弱、融资渠道窄、基础设施建设投入严重不足、园区规划不完善等问题。同时，园区水、电、气配套能力不足及污水处理设施滞后，园区吃、住、行、就医、就学等生活配套跟不上，影响园区企业的招工稳工，制约入园企业发展。二是要素瓶颈制约企业发展。2014年以来原材料、资金、劳动力等成本大幅上升，企业生产经营困难明显增加，融资环境总体偏紧。据调查，中小企业融资成本高达12%，70%～80%以上的中小企业存在流动资金紧张的困难，中小企业特别是小微型企业获得银行贷款的难度更大。全市中小企业资金需求满足度不足1/3，小企业只有1/5。企业用工难。另外，物流成本高企、配套产业链不完善、工业和信息化人才匮乏等方面也限制了企业发展。

三　2015年永州市新型工业化工作基本思路

（一）2015年形势预测

从宏观大环境看，全球经济在温和回暖，缓慢复苏。中央、省委、省政府力推改革，提出保持国内经济新常态，新常态蕴含着新机遇。新常态下，国家、省将更加重视重大基础设施、重大产业和重大民生发展，更加注重经济发展速度与质量并举，更加重视优化区域发展布局，这将为永州市工业经济的发展提供巨大机遇。

从永州实际情况看，永州工业经济的发展要保持“稳中求进”的目标，既有许多有利因素，也面临诸多困难和压力。有利因素：一是省委、省政府、市委、市政府高度重视新型工业化工作，高度重视工业园区建设，近两年出台一系列支持工业发展的政策和措施将持续发酵，进一步推动工业经济持续发展，确保一定的工业经济增速。二是市委、市政府高度重视招商引资工作，引进了一大批重大项目支撑工业经济发展，经调查摸底，2015 年全市新开工续建项目总投资 490 亿元以上，其中总投资 5000 万元以上项目 160 个。神华火电、台湾高科技产业园、康都制药、江华稀土等项目陆续开工建设，将成为工业发展的有力支撑。三是现有的骨干企业通过技改扩能，将成为经济增长有力的支撑。零陵烟厂技改、长丰扩能技改、奔腾彩印二期、江华坤昊二期、宁远榕达钢铁等技改项目年内将竣工投产，形成新的经济增长点。零陵烟厂 2015 年产值有望达 80 亿元以上，猎豹汽车预计全年可达 30 亿元以上。四是 2014 年新增入统的 106 家规模工业企业将继续发力，预计增加产值 20 亿元左右。2014 年竣工投产且入统的规模企业预计可新增产值 15 亿元。

但是，当前面临的困难和压力仍然较大，主要有：一是房地产市场的持续低迷将直接影响全市的冶炼、建材等传统支柱产业发展。传统的资源性产业（如锰产业、多金属矿开采）尚无复苏迹象，将继续处于疲软状态。二是受国际经济形势的影响，外需疲弱，出口将会放缓，给全市的轻纺制鞋、电子信息、农副产品加工出口、造纸、包装企业带来一定的影响。三是节能减排、土地供应等资源和环境约束力进一步加大，将直接影响后发地区的工业经济发展和项目建设。四是现有的骨干企业增势乏力。如湘纸搬迁在即，生产形势不容乐观。长丰猎豹，跃进、建华、南岭、湘器等企业增势有限。五是中小企业融资困难、用工紧张制约全市工业发展。六是 2014 年全市工业增速一直保持了高于全省平均值，连续 7 个月规模工业增加值增速排全省第一，明年继续保持较高增速运行的压力巨大。

（二）2015年工作目标

2015 年，全市工业经济要努力实现“四个一”目标，即全年规模工业总产值突破 1000 亿元，新增入统规模工业企业 100 家以上，开工建设年度投资 5000 万元以上工业能源项目 100 个以上，每个县区突出抓好一个主体工业园区。具体目标为：力争2015年规模工业总产值突破千亿达到1070亿元，增长15%，增加值达到330亿元，增长12%；新增亿元企业20家；新增5亿元以上企业10家；新入统规模企业100家；培育各类小微企业1400家以上。全市完成工业投资622亿元，同比增长18%，完成工业技改投资290亿元，同比增长12%；全市工业园区完成规模工业总产值940亿元，园区新建标准厂房200万平方米。信息产业增加值占GDP比重达2.5%以上。万元规模工业增加值能耗下降0.5%。

（三）2015年工作措施

2015年，依然是经济形势极其复杂的一年，也是各种矛盾困难相互交织、工作任务十分繁重的一年。做好2015年工业经济和信息化发展工作，必须继续坚持稳中求进的总要求，按照市委、市政府“四个三”的战略部署，继续坚持推进新型工业化是经济发展第一推动力的方针不动摇，继续推进新型工业化大突破，突出抓好工业园区、产业发展、协调服务、两化融合等重点工作，力求在产业引导、工业招商、破解难题上有新突破，推动全市工业经济平稳快速发展。2015年的工作重点是实施好五大计划：

1. 实施“百亿园区”推进计划，促进园区快速发展

以创建“百亿园区”为目标，全力实施省政府提出的“135”工程，做大做强工业园区。一是做好园区规划修编，突出“产城融合”发展。按照“工业新城、城市新区、产城融合”的要求，进一步完善园区发展规划修编，优化产业发展布局和区域布局，突出“产城融合”发展。二是加强产业引导，突出主导产业发展。要加强对全市各工业园区主导产业的规划指导，突出优势产业发展，优化产业布局，突出本地特色，实现错位发展，园区的主导产业产值在园区的占比要达到50%以上；同时，通过制定产业引导政策，支持主导产业的发展，项目扶持资金、税收优惠政策、土地、用工等生产要素都要向主导产业倾斜。要突出抓好先进装备制造、电子信息、生物医药、新材料新能源、农产品深加工、矿产品深加工和轻纺制鞋等七大主导产业发展。三是加大基础设施投入，完善园区设施配套。要加快园区体制改革，建立园区投融资体系，加大园区基础设施投入。全面推进园区“基础设施建设年”活动，重点加快园区道路、水电管网、标准厂房等建设力度，特别是要突出标准厂房建设

（全市两年内要新增标准厂房面积360万平方米）；支持园区统一规划生活配套区，并不断完善园区在绿化、金融、商业网点、社区服务、就学、就医、住房、交通等方面生活配套，力争通过3～5年的努力，基本完善园区基础设施和生活配套设施。四是鼓励企业入园集聚集群发展。充分发挥全市中小企业创业基地的作用，鼓励企业入园创新创业，鼓励产业配套集聚发展。按照省政府提出的两年内全省新增100个创业园区（每个县区新增1个1～2平方公里的创业园）的要求，两年内全市要引进500家企业入驻园区。五是强化园区考核奖惩。全面落实全市工业园区流动现场会精神，充分发挥考核指挥棒作用。抓紧落实市委、市政府制订出台《关于进一步支持园区建设发展的若干意见》和《全市工业园区经济发展专项考核办法》，建立完善各项基础平台建设，强化考核的科学性和可操作性，做到既给压力又给动力，促进园区提速、提质发展。

2. 实施重大项目建设计划，增强工业发展后劲

根据市工业实际，紧紧围绕先进装备制造、电子信息、生物医药、农产品精深加工、矿产品精深加工、新材料新能源、现代物流等优势主导产业，抓项目配套、抓项目开发和项目招商，以抓城市建设的干劲抓好工业地产的开发，实现永州工业增量突破。一是抓好工业项目的开发包装，强化争资跑项力度。要明确专门班子，充分挖掘永州潜力，做好重大项目的前期包装论证工作，争取一批大项目挤进国家、省“十三五”规划笼子，争取国家、省里政策和资金对永州工业项目更多扶持。要制订向上争资跑项的激励措施，鼓励各县区、各部门向上汇报争取项目。二是层层明确责任，突出抓好工业招商。由市级领导牵头，充分发挥县区政府的主体作用和市直招商小分队的作用，紧紧围绕主导产业因地制宜开展针对性招商。要突出工业和信息化项目招商，层层明确责任，明确招商目标任务，形成全社会全民招商氛围。要强化对招商项目的考核，坚决按政策依法兑现，以调动全民招商的积极性。三是强化措施，着力抓好重点项目开工和在建项目进度。对未开工的重大项目开辟“绿色通道”，尽快做好立项、环评、用地、资金筹措等各项准备工作，力争早日开工；加强调度，掌握各项目前期工作存在的困难和问题，并做好协调服务工作，排出项目具体开工时间表，突出抓好长丰猎豹汽车龙卷风动力合作项目、菲斯克新能源汽车整车工业项目、江苏立德华中产业化基地项目、陈光标饮品、台湾光塑、崧顺电子、金茂展微电机生产基地等重大项目前期工作的推进，力争尽早开工。对已开工项目，要倒排工期，加快进度，争取尽快投产见效。重点抓好神华火电项目、台湾高科技产业园、猎豹汽车技改扩能、烟草产业园、江华稀土等重大项目的推进，尽快投产达效。要注重典型示范，在全市掀起比学赶超大抓项目、抓大项目的热潮。四是高度重视对接央企工作。要抓住央企延伸产业链、寻求新发展的机遇，主动出击，积极作为。力争在稀土开发、风能利用、汽车制造、烟草扩容、生物制药等领域与央企攀亲联姻，做大做强全市优势产业。

3. 实施产业转型升级计划，优化工业经济结构

市委、市政府制订出台《关于进一步加快推进新型工业化的若干意见》，明确全市产业发展方向和产业布局，以及产业发展的重点和目标任务，进一步优化全市工业产业结构。一是着力改造提升传统产业。鼓励传统产业企业运用先进适用技术和高新技术改造提升。重点加强对农产品精深加工、矿产品精深加工产业进行整合改造提升。2015 年要全面启动农产品加工产业整合工作，做大做强农产品加工业。重点抓好以异蛇科技、异蛇实业等企业为龙头，整合全市异蛇产业，提高品牌效益，促进异蛇产业持续健康发展；以熙可、泉辉、永罐为龙头，整合全市的罐头食品加工产业；以银光、天龙为龙头，整合全市的大米加工产业。二是大力发展战略性新兴产业。重点发展先进装备制造、电子信息、生物医药、新材料新能源、现代物流等新兴产业。不断拉长产业链条，形成完整产业链，尽快产生效益，形成生产规模。以长丰猎豹为依托，延伸产业链，不断引进先进配套厂家，做大做强猎豹汽车；强化产业引导，面向全市布局电子信息产业，优化产业结构，引导企业向园区集聚，实行错位发展，做实做大信息产业。以时代阳光制药、希尔制药、康都制药为龙头，带动药材种植、采摘加工循环发展，做活做强生物制药产业。三是坚决淘汰落后产能。坚决淘汰落后设备和过剩产能，培育传统产业新的竞争优势。通过发挥优势，整合资源，加快结构调整和产业转型升级的步伐。四是鼓励创新发展。鼓励企业与高等院校、科研院所、优势企业共建技术平台和产业技术联盟；鼓励企业加大科技创新力度，加大研发投入，建立产、学、研相结合的技术创新体系；鼓励企业建设国家级实验室和检测中心，提高自主创新能力，增强市场竞争力。

4. 实施工业企业培植壮大计划，做优工业发展增量

一是培植壮大骨干龙头企业。全面落实兑现《加快推进新型工业化 引进培植壮大骨干企业的意见》（永发〔2013〕11号）精神，继续开展市本级重点企业帮扶活动，做大做强中心城区现有产业和骨干企业。加大零陵烟厂中高档烟指标争取力度，确保全年产值过80亿元以上，力争建成百亿企业。强力推进猎豹汽车新车下线，加快整车和零部件产业发展，促进猎豹汽车再次腾飞。加快推进生物制药产业发展，全力支持希尔制药上市和阳光制药、康都制药等企业扩张规模，快速成长。对发展前景好、税收利润高、带动作用强的重点企业，实行特殊政策、特殊服务、特殊奖励，全力扶持企业上规模、上台阶。力争全年新增过亿元企业20家，新增过5亿元企业10家。二是实施小微企业成长工程。充分发挥全市中小企业创业基地的作用，做实做强中小企业担保平台体系，落实各项支持小微企业发展的政策，用好市本级1000万元小微企业专项资金，扶持小微企业成长。市经信委继续实行“扶助小微企业专项行动”，每个党组成员负责联系一个县区、一个园区，一家重点企业，加大对企业的服务力度。三是鼓励全民创业。要适应经济发展新常态要求，鼓励全民创业，万众创新。抓住工商部门放宽登记条件和小微企业的税收免征优惠政策机遇，集中力量扶持重点创新创业对象，重点扶持务工经商人员返乡创业和大学生创新创业发展，确保全年新增各类小微企业1300家以上。

5. 实施智慧永州创建计划，提升两化融合水平

一是统筹智慧永州建设。以智慧永州综合应用及电子政务公共平台为突破口，加快构建“三位一体”数字化平台。做好“十三五”信息化发展规划和信息产业发展专项规划编制工作，集中力量突出抓好工业经济和信息化发展综合信息平台建设。二是突出信息产业发展。大力发展信息制造业，积极培育发展软件和信息服务业，扶持做大做强现代通信业，力争产业增速达30%以上。三是深入推进两化融合。深入实施两化深度融合“111”工程，2015年，全市完成2家数字示范园区、3家省级示范企业、24个市级两化融合重点项目以及200家数字企业创建任务。四是着力促进信息消费。积极开展全市信息消费企业摸底调查，全面加强信息消费统计监测，培育新型服务业态，丰富信息消费内容，促进信息消费产业发展。

B.22

2014～2015年怀化市新型工业化发展研究报告

李 军*

2014年在市委、市政府的正确领导下，坚持以稳增长、调结构为抓手，紧紧围绕六大产业建设发展目标，着力推进新型工业化进程，不断加快后发赶超步伐。全年完成规模工业增加值308.34亿元，同比增长7.1%；工业投资完成250.76亿元，同比增长3.2%，工业技术改造完成164.13亿元；工业招商到位资金148亿元，签约亿元以上项目10个；万元规模工业增加值能耗全年下降13.7%。工业经济实现平稳增长。

一 2014年新型工业化运行基本情况

（一）调整产业结构，培养新型产业

2014年，怀化市工业产业结构调整已发生积极变化，现代装备制造业完成增加值20.9亿元，占规模工业总量的比重由5.4%上升到6.4%；“两高一资”企业占规模工业总量的比重逐步下降，其中矿冶行业占比下降2.83%。一是改造提升传统产业。促进传统优势产业高端化发展，深入推进辰州矿业、怀化新型印务、奥晟科技等技术改造项目，在全市逐步培养一批占据产业发展前沿、引领产业发展方向的企业，抢占产业竞争高地。二是积极培育新兴产业。大力引进和积极培育新能源、新材料、现代制造业、生物医药、节能环保五大战略性新兴产业，全市战略性新型产业全年完成增加值43.21

---

* 李军，中共怀化市委副书记。

亿元，同比增长11.42%，随着正清制药、千源铝业、金益环保、本业农机、恒裕钢构等项目的落地，有力推动了全市战略性新兴产业的发展。三是大力发展特色产业。依托资源优势，加快推进食品、生物医药产业等基地建设，逐步实现由以资源加工和传统产业为主，向以资源加工和传统产业为基础，高新技术产业、先进制造业齐头并进转变，从而形成具有较强竞争力的产业格局。

（二）加大创新力度，推动工业转型

一是加大科技创新力度。2014年，市高新技术产业快速增长，全市实现高新技术产业增加值52.5亿元，同比增长8%；新建省级企业技术中心1家，省级技术中心已达8家；有2件新产品、4项专利列入省经信委实施的“双百计划”；企业与30多家省内外高校开展产学研合作，合作项目23项，项目总投入超5亿元；全市新认定高新企业4家；专利申请量为530件，专利授权量为354件。二是积极推进节能降耗。实施了尾气余热综合利用、电机能效提升等项目，推进企业节能降耗、清洁生产、发展循环经济。三是加快淘汰落后产能。淘汰落后水泥生产线7条，关停不符合国家产业政策、工艺装备落后的“两高一资”企业和污染大、安全不达标的小企业共25家。

（三）加快园区建设，逐步实现倍增

一是市工业园建设步伐加快。市工业园全年实现规模工业增加值24.08亿元，同比增长9.2%；完成技工贸收入175亿元；完成基础设施建设6.5亿元，标准化厂房开工面积30万平方米，竣工面积21.9万平方米。二是积极建设工业集中区。沅陵、洪江市、会同、靖州等工业集中区基础设施建设步伐加快。全市工业园区全年完成固定资产投资112.3亿元，基础设施建设31.5亿元，标准化厂房开工面积156.5万平方米，竣工面积57.9万平方米。三是拟定全市产业园区三年倍增计划。根据市委、市政府的指示，拟定全市产业园区三年倍增计划，全市产业园区力争技工贸总收入、规模工业增加值、财税收入、固定资产投资、招商引资等主要经济指标年均增长25%以上，三年实现总量翻番。四是深化园区管理体制改革。围绕“一权两制一司”的改革思路，起草相关政策文件，推进园区管理体制和运行机制改革创新。

（四）突出项目建设，促进协调发展

2014 年，全市重点工业投资项目 58 个，完成投资 73.13 亿元。一是抓调度。坚持“一月一调度、一月一通报、一月一小结”，每月对照工业发展情况进行排名对比和点评，促进了全市平衡发展。二是抓服务。采取企业驻点和按需解决问题分类设立专项组相结合的办法，设立了能源、现代制造、生物医药、冶金、森工、食品 6 个产业帮扶组和上市辅导、金融协调、项目前期、改制及遗留问题处置和电力协调（与能源产业组合并）专项帮扶组，切实解决企业生产经营中的实际问题。积极开展“转作风、解难题、抓关键、见实效”专项活动、“搭建平台、服务企业”专题活动，收集各类难点问题，并召集市直相关部门进行反馈，为企业协调解决了融资渠道、企业管理、产品销售等实际问题 100 多个。开展了“腾飞杯”企业管理升级怀化大讲堂和携手行动——湖南省知名企业家助力中心微企业大型公益活动“走进怀化·导师面对面”等系列活动。三是抓保障。为稳定增长，促进全市工业发展，出台了《关于稳定工业经济增长的十条措施》，协调有关部门逐条抓好落实，2014 年已累计落实中小规模工业企业担保贷款补助、企业技改设备专项补助、标准化厂房建设补助等近 3000 万元。

（五）加大招商力度，推进信息化建设

一是在项目引进上下功夫。深入开展专场招商、特色招商、上门招商和小分队招商，紧盯综合实力强的企业，根据其发展战略和市场布局，主动出击。2014 年以来，赴广州、深圳、北京、浙江、湖北等地上门招商，取得较好成效。深圳市易德信投资发展有限公司拟投资 6 亿元的怀化中医药产业开发建设项目签约成功，项目涵盖中华中医药养生大厦（占地 22.7 亩）、20 万亩中药材基地建设项目、中药饮片加工项目、中药材数字物流项目。中信集团加多宝饮料项目，目前已签约成功。江西星汉光学科技 20 亿元的手机配件及光学玻璃制造项目、5000 吨肉类产品深加工项目、超强聚酯建筑材料项目、珠江啤酒 50 万吨生产线项目、双虎家具产业园项目、珠海润星泰电器的食品加工机械项目等正在积极跟进。二是在项目开发上下功夫。包装了啤酒生产线、家具产业园、农机产业园、中药饮片加工等数十个操作性强、市场潜力大的项目。

三是在信息化建设上下功夫。大力推进“数字怀化、智慧城市”建设，大力发展信息产业，实施辰州磁电高科、亚信电子等重点项目，新增“数字企业”30家。

当前和今后一段时期，经济下行的压力仍然较大。从全市2014年工业经济运行的情况看，主要有以下问题：一是企业开工不足。市工业企业大部分为原材料供应及加工企业，资源型企业较多，在产业链中处于初级阶段，受宏观经济环境趋紧、市场产品价格低迷、生产要素价格上涨等因素影响，造成市工业部分行业开工不足。最严重的时期，全市停产（半停产）企业一度达120余家，占规模工业企业的20%；产品价格低位徘徊，骏泰浆纸有限公司的浆板纸、溶解浆，恒光科技股份有限公司的液氯，湘维有限公司的PVA等销售走货不畅，进一步压缩企业利润空间，严重影响企业生产经营。二是企业融资困难。全市缺乏优质企业，工业贷款余额主要集中在水电等优势行业，自身融资条件不足导致融资渠道不畅；多层次资本市场尚不够健全，绝大多数中小企业难以利用资本市场直接融资；信用服务体系不健全、担保规模偏小、担保方式单一、民间融资机制缺乏。全市工业化率仅为38.9%，规模工业企业仅占全省的4.1%，并且大多为资源型企业，这些企业转型升级出现严重困难。三是园区发展滞后。全省77个省级园区中，全市仅有怀化工业园区和怀化经开区两个，园区规模工业增加值仅占规模工业比重的24.58%，低于全省平均水平33个百分点。园区建设相对滞后制约了全市工业经济快速发展，一些企业各自为政、无序发展，导致产业链条难以拉长，资源利用率无法有效提高，招商引资存在恶性竞争，已经成为阻碍新型工业化进程的重要因素。四是人才严重缺乏。由于本市工业处于发展的起步阶段，人才队伍严重缺乏。缺少懂工业，熟悉工业经济的党政领导人才；缺少懂经营、懂金融、会管理的现代企业管理人才；缺少创新型科研技术人才。由此，给怀化市新型工业经济的发展造成相当大的制约，致使工业经济发展后劲不足。

二　2015年新型工业化发展趋势分析

怀化市2015年新型工业化发展主要把产业及产业园区发展作为第一大主战场，大力实施“产业园区三年倍增计划”，争取实现全市规模工业增加值完成340亿元，增长12%；工业投资290亿元，增长12%；工业技术改造投资190亿元，增长12%；工业招商引资到位资金160亿元，增长12%，引进亿元以上项目16个；全市万元规模工业增加值能耗下降4.5%的目标。为实现以上目标，将着力抓好以下几个方面的工作。

（一）实施产业倍增计划，工业发展将加速推进

伴随国内经济下行压力加大和国际经济复苏疲弱态势延续，工业结构调整阵痛显现，企业生产经营困难增多，工业运行风险逐步显性化。全市必须准确把握经济发展新常态，坚持走新型工业化发展道路，将发展产业园区作为市委、市政府的一号工程，按照省委、省政府"135工程"、"121行动"要求，实施产业园区三年倍增计划，全面推进市经济社会快速发展。力争到2017年全市建成1~2个国家级园区，全市工业园区固定投入3年累计达到360亿元以上。"三年倍增"行动期（2015~2017年），全市产业园区力争技工贸总收入、规模工业增加值、财税收入、固定资产投资、招商引资等主要经济指标年均增长25%以上，三年实现总量翻番，实现产业园区"经济规模、开发建设、招商引资、产业培育、体制机制、争先进位"六大突破。

（二）加快改革创新步伐，园区经济将更快发展

按照新园、新城、新区"三新融合"的要求，遵循园区经济规律，把产业园区打造成为市经济的增长极、产业的示范区、改革的试验田。坚持基础先行、适度超前的原则，加快水、电、路、讯、气等基础设施建设，完善服务配套。2015年，计划完成园区基础设施投资36亿元，竣工标准化厂房170万平方米。市财政从有限的财力中挤出1亿元资金来支持园区建设。推进园区管理体制和运行机制改革创新，按照"一权两制一司"的要求，在授全权、负全责原则下，将相应的行政审批和经济管理权限下放到园区，建立相对独立的行政体制和财政体制，组建独立的投融资公司。

（三）大力培育优势产业，集群产业加速发展

一是调优产业布局。立足怀化工业园区、鹤城区、中方县、洪江市等产业基础，以怀化工业园区为龙头，打造"怀黔工业走廊"。鹤、中、洪、芷重点发展

森工、食品、生物医药、装备制造产业，支持溆浦、辰溪、沅陵发展冶金、有机化工等产业，支持新晃重晶石、麻阳葛根、会同石煤、靖州茯苓等产业发展。做强优势企业，重点支持辰州矿业、骏泰浆纸、正清、娃哈哈、恒光科技、金大地等企业做大做强，推进产业集群集聚。促进军民融合，推进军工产品、军工技术和地方企业融合，加快市工业园“园中园”建设。二是发展主导产业。重点发展冶金、能源、食品、森工、生物医药等主导产业。发挥资源、区位、交通优势，争取武陵山片区区域发展与扶贫攻坚、湘西地区开发战略等政策和资金支持，工业发展资金向主导产业倾斜。三是力促企业转型升级。支持企业自主创新，引导企业增加研发投入，更新技术和装备，支持企业建立技术中心和产学研平台。实施节能减排，重点推进林纸、矿冶、化工、建材等传统行业的资源综合利用，大力推动产业结构节能，抓好工业节能管理，推进企业清洁生产，加强节能监察能力建设。淘汰落后产能，2015年计划淘汰落后产能企业6家。

（四）着力推进项目建设，促进企业投产增效

一是加快项目建设。对已经签约的项目，及时掌握项目资金到位、土地报批、征地拆迁、业主动态、外部环境等情况，切实抓好项目选址、项目审批、项目设计、开工准备等各个环节的工作，保证项目按计划动工或提前动工。对已经立项、具备正式开工条件的项目，督促业主尽快开工建设。对正在建设的项目，建立工作倒推机制，确保项目尽早竣工，早日投产。二是加强项目调度。强化工作责任，按照“一个项目、一名领导、一套班子、一套方案、一抓到底”的要求，落实工作责任，强化工作措施，加强跟踪督查，加快建设步伐。坚持定期调度、集中调度、重点调度、分类调度、现场调度相结合，全面掌握项目前期工作、项目建设和投产运行等情况，及时协调处理项目实施过程中存在的困难和问题，确保项目尽早落地、顺利建设、按期投产、早日达产。三是抓好项目服务。进一步完善工作制度，按照企业不同需求，对重点工业项目存在的问题进行分类处理。重点对企业用电、信贷融资、要素保障、市场开拓等关键性问题进行帮扶，积极帮助企业争取国家和省里的支持。

（五）积极创新体制机制，确保招商取得实效

把招商引资作为园区发展的第一菜单，强化各级党委、政府主要领导作为

招商引资第一责任人的责任，带头落实领导招商、大企业招商、产业链招商、特色园区整体招商。充分利用高铁带来的发展机遇，积极承接长三角、珠三角、长株潭等地产业转移。把“委托招商”和“以商招商”的方式，作为招商引资重要手段，确保招大商、招真商、招好商。积极主动对接央企、上市企业及国内500强企业等重点招商项目。鼓励发展“飞地经济”模式，打破行政区划限制，鼓励园区与园区、园区与县市区之间互相推荐招商项目或共同招商，实行招商引资任务、产值、税收、奖励等按比例分成，在市内形成资金项目和生产基地间的互通，实现不同发展阶段园区间的互利共赢。

（六）重点突出两化融合，增强企业核心竞争力

一是推进“智慧城市”建设。加强与浪潮集团等企业合作，明确智慧怀化建设合作模式、建设内容及工作进度，做好重点项目建设的调度、协调、服务工作。2015年计划完成“云计算中心”、“城区高清视频监控系统一期”、“应急指挥系统”、“资源共享交换平台”、“地理空间框架”等工程。二是继续推进两化融合。推进数字企业创建工作，不断增强企业的市场竞争力和综合实力。开展“数字医院”、“数字学校”、“数字旅游”建设。2015年，以矿产、医药、食品、建材等行业为重点，力争完成新增“数字企业”30家。三是推进信息产业发展。支持信息产业向市工业园及省级工业集中区集聚发展。支持湘鹤电缆、华峰新宇电子、建南机器电子等企业发展；支持中方星珍电子、辰溪顾通公司、沅陵青山电动汽车公司、金升阳怀化科技园等电子产品生产基地建设。

（七）全力稳定工业增长，促进经济平稳发展

一是加快落实“市十条措施”。重点抓好中小规模工业企业担保贷款、技改专项补助、标准化厂房建设补助、协助企业清收欠款、促进企业用工和落实企业用电政策等措施的落实。完善金融部门目标管理办法和中小企业担保公司运作机制，鼓励银行积极对工业企业放贷，进一步扩大担保规模和实际贷款能力，解决企业融资难的问题。二是支持工业项目建设。对重点项目实行财政贴息，建立工业项目建设奖励制度，对协调服务工作有力、项目推进快、按期或提前竣工投产的单位和部门给予奖励。三是创新帮扶方式。建立企业派驻特派

员制度，重点支持20家规模较大、税收可观的优质财源企业，帮助企业解决实际问题，促进企业做大做强。四是优化发展环境。突出要素保障，协调煤、电、油、运等生产要素的供应，确保停产半停产企业复产达产。协助企业开拓产品市场，帮助企业进行技术改造，促进企业正常开工、高效运行、增产增效。

三　新型工业化发展的对策和建议

当前，怀化加快新型工业化发展的机遇与挑战并存，只要审时度势、抢抓机遇、真抓实干、趁势而上，新型工业化就能加快推进，实现突破。

（一）围绕培大育强，在政策资金扶持上求突破

推进新型工业化，必须在培大育强上下功夫，倾力打造一批能够影响全局的大型企业集团，培育一批骨干企业群体。一要着力打造龙头企业。对生产规模大、经济效益好、成长性强的企业，要按照“一企一策”的办法给予重点扶持，实行个性化服务，争取培植一批行业“排头兵”、企业“小巨人”。二要完善政策扶持体系。政府要加大科技经费投入，鼓励支持企业开展科技研发、生产技术创新和技术改造，加快实施成长型企业“倍增计划”，在政策引导、环境创造、技术支持上予以倾斜，鼓励企业扩大生产、扩张规模。要注重扶持中小企业发展，加强和规范对中小企业的财政、金融支持，鼓励银行扩大信贷规模，积极引进各类金融机构，加快发展小额贷款公司、融资性担保公司等金融组织，不断优化金融生态环境。加大直接融资力度，积极推进企业上市，尽快形成强势突破、全面开花的融资局面。三要发挥行业协会作用。充分发挥协会在行业自律、资源整合、开拓市场、企业维权等方面的作用，避免盲目竞争、无序竞争甚至恶性竞争，加快形成众多企业“抱团”发展的良好局面。

（二）围绕转型升级，要在加快结构调整上求突破

一方面，要坚持优势产业与新兴产业一起抓。怀化的优势产业主要是冶金、能源、食品、森工、材料、生物医药等，必须进行重点扶持，制定有针对性的政策措施，引导各类技术、资源、要素向六大产业集聚。同时，要大力引进一批新材料、新能源、生物医药、电子信息、节能环保、先进装备制造等新

兴产业项目，通过给政策、给扶持资金、给人、给地，实行一对一服务，帮助他们解决发展中的各种矛盾和问题。另一方面，要坚持骨干企业与中小企业一起抓。要大力提倡全民创业，积极培育全民创业主体，进一步优化创业环境，降低准入门槛，鼓励企业进行二次创业，加快民营经济发展的步伐。要在抓好骨干企业发展的同时大力发展中小企业，培养一批经济实力强、技术水平高、地域特色突出的中小企业，引导他们加大生产工艺和技术改造力度，积极开发新产品、延伸产业链、提高附加值，让中小企业与大企业形成产业链的协作配套关系，使他们向“专精特优”方向发展。

（三）围绕产业集群，要在加快园区发展上求突破

一要合理规划布局产业。要按照“布局集中、产业集聚、资源集约、功能集合”的原则，高起点完善建设规划，高标准整合园区资源，千方百计加大基础设施建设投入，着力解决园区水、电、路等公共基础条件差的问题，大力提升园区硬环境。二要健全项目准入制度。实施严格的项目准入制度，规模小、质量差、回报率低的项目一律不得单独供地；对入园企业要制定奖优罚劣政策，对那些长期占而不用、不能正常生产经营的企业要坚决予以退出。三要优化园区发展环境。积极探索工业园区管理服务“一体化”新模式，实行重大问题定期会商、领导挂点联系企业制度，建立企业反映问题绿色通道。尤其要对重大项目实行“特事特办、上门联办、限时快办、跟踪督办”的绿色审批，把园区打造成为审批最少、办事最快、效率最高、服务最好、环境最优的示范园。

（四）围绕项目建设，要在加大招商引资上求突破

一要大力推进招商引资。进一步树立大项目带动大发展的观念，积极捕捉国家、省里支持发展的重点项目信息，努力策划包装推出一批重点招商的优势产业项目，进一步充实招商项目库。要围绕重点产业，主动寻求战略投资者，盯紧世界500强、国内100强、央企和上市公司，积极创造条件让大企业、大集团来园区落户。二要创新招商引资方式。敏锐把握沿海产业转移动态，加强与大西南市场、重庆经济圈的对接，以节会招商、网络招商、委托招商、小分队招商、上门招商、以商招商等多种形式，提高项目运作的准确性和招商引资

的工作效率。坚持“大小并举、先进适用、内外一样”的原则，既抓大项目又兼顾中小项目，既引进先进技术项目又引进适用技术项目，既招外商又引内资，只要项目产品有市场、有效益、有税收、有就业、有利于地方发展，又符合环境要求，都要鼓励发展，积极引进。三要建立健全招商绩效考核制。对招商企业实行领导联系和部门跟踪服务问责制，落实招商任务，严格奖惩兑现，做到形成一套招商引资奖惩机制、建立一个招商引资平台、完善一批招商引资项目库、奖励一批招商引资先进，实现“招得进、有人问、能发展”的目标。同时，要同等对待招商企业和本土企业，让招商企业和本土企业都能做大做强，都能为本市经济又好又快发展做贡献。

（五）围绕自主创新，要在加强人才培养上求突破

缺人才，是欠发达地区加快新型工业化的最大瓶颈制约。一方面，要加大企业自主研发力度。鼓励支持企业开展科技研发和生产技术创新，提高企业科技含量，引导企业走“产、学、研”相结合之路，积极主动与相关高等院校，科研院所合作，邀请专家、学者讲学，组织科技攻关，努力提高企业科技创新能力。要积极营造支持名牌建设的政策环境，鼓励企业开发具有自主知识产权的关键技术、核心技术，支持企业申报高新技术项目，申报专利产品，参与国家标准、行业标准的制定，赢得行业话语权。另一方面，要加快人才队伍培养力度。切实加强人才资源开发，大力培养和引进懂工业、熟悉工业经济的市、县（区）两级党政领导人才，着力加强和改善对特色新型工业化发展的领导。努力培养和引进懂经营、懂金融、会管理的高层次现代企业管理人才，努力改变家族式企业管理模式，积极建立现代企业制度。以怀化职教基地建设为契机大力发展职业教育，推广订单式职教模式，努力培养本地实用人才和引进企业高科技人才，为企业科技创新提供人才保障。

B.23

2014～2015年娄底市新型工业化发展研究报告

娄底市人民政府研究室
娄底市经济和信息化委员会

一 2014年娄底市新型工业化发展基本情况

（一）总体运行情况

1. 工业经济在复杂多变的形势下保持了基本平稳

娄底市全部工业实现增加值584.94亿元，同比增长9%。705户规模工业实现总产值1710.03亿元，增长3.5%；实现增加值431.12亿元，增长9.5%。

2. 结构调整在“四转三化”的实践中取得了初步成效

全市规模以上轻工业增长24.8%，高于重工业增速17.3个百分点，高技术产业、高加工度工业分别增长11%、16.7%，六大高耗能行业增加值占比下降3.2个百分点。先进装备制造、农机等传统产业快速发展，医药、食品、电子信息等新兴产业茁壮成长。全市工业经济正从严重依赖重化工业向轻工业转变、从依赖传统产业向新兴产业转变，转方式、调结构成效初显。

3. 项目建设在民资风波的考验下实现了稳步推进

科学、务实地处置民间融资集中爆发问题，积极抓好银企对接，全力缓解重点（企业）项目融资难题。对102户实体企业进行一对一帮扶，提振了企业信心，有力推进了项目建设。全市投资500万元以上工业项目943个，完成投资416.1亿元，增长16.3%，其中新兴产业项目投资占54%；完成技术改造项目714个，完成投资318.3亿元，增长23.7%，增幅排全省第6位。汽车板、天宏不锈钢、湖南海螺等5个项目建成投产。新建标准厂房85.5万平方米，省级以上园区规模工业增长12.1%，占规模工业的38.3%。

4. 两化融合在积极主动的推进下加快了发展步伐

出台了《娄底市两化融合示范企业认定管理暂行办法》，每年对认定的两化融合示范企业给予奖励。全年规模企业信息化投资4.7亿元，增长12%；三星锻造、湘源皇视等企业实现生产智能化；信息基础不断夯实，城区“天网工程”全部完成；互联网宽带用户达48万户以上，完成主营业务收入4亿元。

（二）存在的主要问题

1. 经济结构不优，传统产业受到巨大冲击

全市705户规模企业中，六大传统产业占了470户，产值占规模工业总产值的81%。传统产业占比过高，受到宏观政策冲击，行业生存压力很大。先进装备制造、电子、医药、食品、轻工、纺织等行业企业共133户，产值仅占规模工业总产值的10.52%，特别是信息服务企业只有5户，对全市产业转型升级的支撑力不足。

2. 市场需求不振，企业经济效益大幅滑坡

至2014年底，全市规模工业企业达产能力在80%以上的只有109户，占15.46%；产能在50%～80%的有223户，占31.63%；少量生产的有194户，占27.52%；暂时停产（6个月内）的有55户，占7.8%；长期停产（6个月以上）的有124户，占17.59%。由于产能不能释放，加上产品积压，一些企业出现亏损，效益大幅下滑。

3. 投资步伐放缓，工业发展后劲严重不足

工业固定资产投资和技改投资未完成年度计划，部分项目推进受阻，且缺乏大项目支撑，经济发展后劲不足。

4. 融资问题突出，中小企业运行更加困难

受经济下行和民间融资挤兑风波的影响，银行贷款全线收缩，惜贷畏贷，并对已有贷款进行回收；各担保公司基本上停止新的担保业务；民间资本只抽不借，借贷渠道基本堵塞，部分中小企业处于“严重缺血”或“失血休克”状态。

5. 盲目扩张规模，部分实体企业步履维艰

部分企业“创业不实”，实力不够却盲目追求铺摊子、主业未成寻求多向

发展、资金短缺依赖民间高息融资、管理粗放缺乏精细管理，这种发展的不科学、不理性、不务实，严重影响了企业正常发展。

二　2015年娄底市新型工业化的有利形势

（一）各项政策利好带来良好发展机遇

一是国家实行微刺激政策，连续推出中小微企业减税、扩大出口退税、上调铁路投资计划、鼓励民间资本参与基建投资、鼓励生产性服务业发展等措施，将促进娄底产业转型，加速一批重大产业和基建项目落地。特别是《国务院关于创新重点领域投融资机制鼓励社会投资的指导意见》，将激活民间资本，扩大有效投资。二是国家"一带一部"、长江经济带等战略深入实施，将有利于娄底重大产业进入国家和省的重大生产力布局，促进一批重大项目落地，吸引更多生产要素向娄底汇聚。三是娄底已争取到的国家、省政策将逐渐显现利好。近年来，娄底争取列入全国资源型城市可持续发展规划、全国产业固体废物综合利用示范基地、国家循环经济示范城市、武陵山片区国家生态文明先行示范区等政策范围；新化、双峰分别进入了全省旅游产业重点县、农机产业重点县，同时，最近出台的《湖南省人民政府关于支持娄底市资源型城市转型发展的实施意见》，将为娄底转型发展增强动力。四是娄底正在实施的重大战略成效开始凸显。"六个四年行动"、"娄商返娄"、"融城战略"的深入实施，为娄底产业转型、完善基础设施建设、稳增长提供巨大支撑。

（二）工业的基本面稳健向好

一是全市年产值过4亿元的重点企业达到30家，产值占工业总产值的46.8%，增值税占工业税收的42.4%，是娄底工业抗风险、稳增长的主力军。二是重点企业生产经营基本正常，全市30家重点企业增速6.6%，产运销衔接较好。三是重点企业均未涉及民间融资，银企合作较好；且大部分中小企业也未涉及，个别涉及的企业，数额也较少，处于合理可控范围。四是煤、电、油、运等要素保障相对宽松，能够满足企业和项目建设的正常需求。

（三）传统产业有望反弹回升

从钢铁行业来看，近期国家发改委批复了1.4万亿基建投资，全省也将实施50个重大工程、1000个重点项目、一万亿投资，这将极大带动钢铁需求；国家正加紧实施出口战略，2015年机电产品出口将继续增长，直接出口亦会保持巨大数量规模，两项相加需钢铁2亿吨左右，预计2015年全国钢铁需求将达9亿吨，钢铁价格应有所回升，行业效益将逐步好转。从建材行业来看，2014年水泥产量增长8.6%，随着湖南海螺水泥有限公司二期竣工投产，以及海螺水泥有限公司和国产实业强强联手，2015年，水泥产量将有较大幅度增长，行业形势向好。从煤炭行业来看，全市现有设计产能1582万吨，关停整合后减少产能600万吨，但技改扩能将增加300万吨以上，娄底煤矿产能仍达1280万吨以上；且关停整合后，将大幅度降低生产成本，增加行业效益，有利于煤炭产业安全生产、结构调整和"四化建设"。从火电行业来看，2014年达到历史最低点，发电量下降11.2%。2015年，汽车板、天宏等大项目达产后，用电量将大幅增长，加上经济回暖，预计全社会用电量也会增加，发电量相应增加。从机械行业来看，随着国家对工业、农业现代化和机械零部件支持力度不断加大，以及长株潭汽车、工程机械产业化和规模化的形成，加上娄底积极引导发展薄板深加工、汽车板、不锈钢产业，大力培育机械配套企业，娄底机械行业发展空间巨大，对2015年工业增速助力明显。

（四）新兴产业发展态势良好

战略性新兴产业在逆境中加速发展，农机、电子陶瓷、电取暖桌等特色产业不断壮大，产量、产值均有较大幅度增长，其中电子陶瓷、电取暖桌占据全国市场的30%以上。农友机械、瑞奇电器、朝阳塑钢、创一电子等一批特色、新兴产业产销两旺，三泰轧辊有限公司、健缘医疗科技有限公司等企业有望在2015年实现产、税、利三倍增。新兴产业企业经过民间融资的洗礼，更加注重理性务实精细化发展，增长势头强劲。

（五）新竣工项目产能释放可观

2015年，预计新竣工项目可新增产值50亿元，成为稳增长的生力军，加上规模工业新增产值108亿元，两项合计新增产值158亿元，减去停产半停产企业减少产值20亿元，预计2015年规模工业净增产值138亿元，增长8%。

（六）转型升级拓宽了产业发展空间

近年来，娄底转型升级取得初步成效，涟钢、冷钢、闪星锑业、金电、宜化等骨干企业基本实现装备大型化、工业现代化、产品高端化。同时，新材料、新能源、先进装备制造、光电、节能环保等战略性新兴产业初显成效，将带动娄底结构调整，加快形成多点支撑多极发展的产业格局。

（七）交通条件的进一步改善带来巨大发展后劲

沪昆客运专线、长韶娄高速、新溆高速已经通车，娄底作为交通枢纽的地位得到提升。特别是高铁通车，将完善提升娄底沿线城镇、区域的发展定位和产业布局，有利于承接长三角、珠三角产业，更好地吸引人流、物流和资金流，从而促进娄底传统产业优化升级，打造娄底经济新的增长带。

（八）钢铁产业链条延伸发展潜力巨大

按照靠大扶强的思路，全力延伸钢铁产业链条，将有效推动工业增速，对今后娄底工业经济持续发展产生重大而深远的影响。汽车板、天宏不锈钢项目的竣工投产，极大提高了钢铁的本地配套加工率，提升了产业的辐射和带动能力，将有效推进中部地区千亿不锈钢产业基地和薄板深加工产业园建设，并能加强同长株潭汽车产业配套协作，打造汽车零部件基地，实现钢铁行业转型发展、集群发展和高端发展。

三　2015年娄底市加快新型工业化发展的对策建议

总体思路：全面贯彻落实中央、省委、市委经济工作会议精神，全面推进“科学发展、加速转型”，牢牢把握“发展优先、稳中求进”的工作总基调，认识、适应、引领新常态，紧紧围绕“四转三化”、转变工业发展方式这一主线，以重点产业、项目、企业、园区为突破口，强力推进两化深度融合，努力开创多点支撑的产业发展新格局。

发展目标：全部工业增加值增长8.5%以上；规模工业增加值增长9%以上；完成投资370亿元，其中技改投资330亿元，增长9%以上。

（一）坚持多措并举，千方百计稳增长

一是加强运行监控。及时、准确掌握新情况、新问题，并采取有效措施积极应对。二是盘活存量。加大优化整合力度，积极引进战略投资者，帮助企业实施资产重组，最大限度盘活存量。三是做优增量。对汽车板、天宏不锈钢、湖南海螺等已竣工项目，加大生产要素保障，促其尽快达产达效，成为经济增长的主力军；加大服务协调力度，全年力争新入规企业达到50户以上。

（二）坚持“四转三化”，全力以赴调结构

一是优先扶持培育新兴产业。增强工程机械、先进装备制造业的支撑作用，对接长沙“中国汽车产业第六极”，重点推进薄板深加工产业园、不锈钢基地、汽车零部件基地建设，着力打造大长沙汽车产业配套协作区。二是加快改造提升传统产业。做好汽车板、天宏不锈钢等上下游配套文章，延长产业链条，引导钢铁产业高端发展；利用煤矿关停整合之机，推进企业兼并重组和“四化”建设，矿点总量控制在125处以内，提高产业抗风险能力和效益。三是积极整合发展特色产业。推进农机、煤机、电子陶瓷等特色产业资源整合，促进行业做大做强。打造双峰农机产业升级版，支持新化县申报全国特种陶瓷产业基地，支持娄星区申报省级循环经济产业园区，支持新化县、冷水江市申报全省特色县域经济重点县，支持涟源市创建全国应急产业示范基地，提升县域经济竞争力。

（三）坚持项目优先，矢志不移扩投资

围绕“四个一批”重点项目，按照“新建项目抓开工、在建项目抓进度、竣工项目抓投产、投产项目抓效益”的思路，全力推进项目建设，确保更多项目达产达效，培育新的增长点。争取创安防爆、巨大锻造、忠实农业等竣工投产；强力推进世音光电、博长新材料、金品电器等项目建设；新开工建设灿明机械、星泰科技等项目；加强包装推荐，开发储备一批好项目、大项目；推行全民招商，促进产业链条延伸、产业结构调整和科技创新。

（四）坚持集群集聚，尽心竭力优平台

一是尽快出台《关于支持标准厂房建设的意见》，加快推进乾源国际、旺达、双信、星泰科技、中科金谷、三一配套产业园等六大标准厂房建设，提升园区集聚项目、承载项目能力。二是加快园区基础设施、商贸物流以及生活性服务配套等保障体系建设，吸引企业入驻。三是推动国家级、省级新型工业化产业示范基地提质升级，组织其他符合条件的园区申报国家级新型工业化产业示范基地。四是按照“政府搭建平台、平台扶持中介、中介服务企业、企业受益发展”的思路，加快成立中小企业服务中心，为中小企业稳健发展提供优质服务。

（五）坚持灵活高效，多管齐下抓帮扶

纵深推进“帮扶实体企业”活动，务求帮扶效果。一是切实缓解融资难题。积极争取信贷支持，尽快组建政府融资性担保公司，建立工业贷款周转资金，加强政银企信息互通，多措并举缓解中小企业融资难题。全力以赴加强民间融资风险处置，鼓励企业生产自救，力争取得实质性突破。二是引导帮助企业调结构、优产品、拓市场，强化品牌意识，推进本地名优合格产品进超市、进院校、进酒店。三是引导企业合理确定发展方向和规模，理性发展。指导企业建立现代企业制度，向管理要活力、要潜力、要效益。四是优化发展环境。深入推进行政体制审批改革，建立涉企收费目录清单制度，坚决防止乱收费、乱罚款、乱检查、乱作为发生，严厉打击“三强”行为，营造良好的创业发展环境。

（六）坚持两化融合，创新驱动促转型

一方面，大力实施创新驱动发展战略，引导企业建立技术创新平台，着力强化企业在技术创新中的主体地位，推动主导产学研用合作，加大重点专利技术转化和产业化，打造新的发展引擎，增强新的发展动力。另一方面，加快推进“智能娄底”建设，深入贯彻《信息化与工业化深度融合专项行动计划（2013～2018）》，加大信息基础设施建设力度，加快企业信息化进程，大力推进信息技术在产品研发、生产经营、节能减排、创新发展等方面的应用和渗透，促进工业和信息化深度融合，推动娄底工业结构、发展方式快速转变，着力提高发展效益。

B.24

2014～2015年湘西自治州新型工业化发展研究报告

龙靖波*

2014年是湘西自治州有效应对经济下行严峻挑战的一年。面对宏观经济政策趋紧和经济下行压力加大的不利影响，全州矿产企业停产面大，白酒行业深度调整难以短期内实现恢复性增长的艰难情况下，全州上下紧紧围绕州委、州政府的决策部署，坚持新型工业化第一推动力不动摇，围绕“稳增长、强园区、促转型”，突出“基础工作、基础设施、基础产业”，积极应对，主动作为，稳中求进，全力以赴调结构、促转型、强园区、上项目、破难题，全州工业经济运行实现止跌回升、逐月回暖，保持了平稳较快发展。全州规模工业增加值1～2月跌入谷底，同比下降30.2%，3月以后开始转入月均两位数增长，至6月底累计增幅实现正增长，下半年回升势头加快。2014年，全州完成工业增加值125.3亿元，同比增长6.8%（含卷烟完成工业增加值137.7亿元，同比增长16.5%），完成规模工业增加值84.6亿元，同比增长6.8%（含卷烟完成工业增加值97亿元，同比增长18.5%），全部工业增加值占全州GDP比重27.4%。一批优势骨干企业在困境中转型发展，2014年销售收入过亿元企业达到61户，新增规模企业66户，其中净增规模企业52户。

一　2014年湘西自治州新型工业化发展情况

（一）园区建设有新突破

启动实施《湘西州2014～2020工业园区发展规划》，重点抓了园区标准厂

* 龙靖波，中共湘西自治州委常委、湘西自治州人民政府副州长。

房建设、土地储备、项目入园。园区建设有新拓展，储备土地1.2万亩，启动20万平方米标准厂房建设，新引进入园项目32个，入驻企业50多家，园区规模工业增加值占全州规模工业比重达57.8%，特别是湘西经开区发展势头强劲，实现技工贸收入近50亿元，财政收入突破3亿元。建立健全“一个项目、一名领导、一套班子、一个责任单位、一抓到底”的“五个一”工业项目招商责任制。

（二）转型升级步伐加快

1. 加快产业转型升级

依托优势资源，积极培育发展氮化锰、四氧化三锰、氮化钒、高纯五氧化二钒、全钒液流电解液、太阳能微细球形铝粉、环保水性铝颜料、民族中药、医药中间体、装备制造等战略性新兴产业，调整工业产业结构，转变工业经济增长方式，增强战略性新兴产业的支撑能力。锰系新材料产能达12.5万吨/年，占全州锰产业产能40%左右，精细铝粉产能达3.8万吨/年，在国内占比60%，成为实现恢复性增长的主要因素。以次氧化锌废渣为原材料的电解锌生产能力占总产能的50%左右，综合稀贵金属回收的生产模式正在形成，原材料升级为新材料，成为转型发展的主要方式。

2. 加大项目建设力度

大力实施“工业项目推进年”，着力抓好“1115”工程、州重点项目和15个新增产能项目建设，突出抓好“四千工程”项目建设，加快招商落地项目建设步伐。重点抓了东顺纸业、王老吉凉茶、雪花啤酒、洁宝日化、东方矿业、酒鬼酒产业园、湖南轩华、古丈汉瑞等项目建设，确保早建成、早投产。重点调度的15个拟投产项目完成投资近7亿元，所有项目均已投产，特别是湘西经开区、泸溪、古丈等县区来势好。2014年全州实施工业投资项目212个，完成投资61.7亿元，同比增长12.2%，实施工业技改项目182个，完成技改投资37.6亿元。全年向上争取各类专项资金1.26亿元。

3. 积极培育市场主体

坚持做强骨干企业和培育中小微企业并重，重点支持了酒鬼酒、东方矿业、丰达合金、太丰集团、三立集团、湘泉药业等优势骨干企业上项目抓技改，做大做强。传统产业提质扩能进程加快，东方矿业、太丰集团、金昊铝业、金天铝业、天源建材、南方水泥等骨干企业产值稳步增长。

（三）科技创新深入推进

突破一批关键技术，推进铝基复合材料、杜仲胶材料关键技术开发及应用。开发一批新产品，湘西鸿瑞有限责任公司的高纯高能无汞碱性电池正极材料进入省百项重点新产品名单。转化一批专利技术，提升产学研合作的规模、深度和方式，鼓励湘西自治州优势企业和中南大学、湖南大学、湖南师范大学、吉首大学合作开发新技术、新产品，建立湖南锰锌材料、植物提取、生物产业化等工程技术研究中心和科研工作站。3家企业进入湖南省百项专利名单。建设一批创新平台，加强酒鬼酒公司、金旭冶化集团公司、泸溪金天铝业、湘泉药业已认定企业技术中心的建设工作；组织申报省级企业技术中心2户，其中泸溪金源公司已通过湖南省专家初审。支持企业做好外矿引进和新技术推广应用，泸溪金瑞公司实施的进口氧化锰矿还原生产电解锰技术改造项目进展顺利。

（四）服务能力不断提升

州委、州政府出台了《关于加快推进新型工业化的意见》，在以奖促推、市场引导、目标管理等措施导向方面强化了考核激励机制，这次州里将拿出必要的资金，对照文件坚决兑现奖励到位。继续深入开展“千户企业大走访，排忧解难促增长”活动和推进“三联”工作，切实帮助企业解决生产经营难题。加强经济运行预警监测，发现问题及时预警，确保骨干企业平稳发展。外矿引进、银企合作、电价补贴、农网改造、信息化建设等方面工作力度加大。认真筹划州兴业担保公司股权改造，加强与湖南省属担保公司合作。搭建银企合作平台，逐步完善中小企业服务体系建设，银企合作签约项目44个，签约金额41亿元，2014年入围湖南省重点上市后备企业7户，“新三版”挂牌企业2户。全州完成农网改造投资1.03亿元，改造未改村67个，升级完善村116个，全州累计完成农网改造1705个村，改造率80%；积极争取电价补贴，有效降低了锰锌加工企业的生产成本。推进数字湘西、数字矿山、“村村通”农村服务信息系统等领域信息化建设，全州“村村通”工程累计完成投资7.8

亿元，158 个乡镇开通光纤宽带并实现 3G 覆盖，建制村有线宽带开通率为 60%，3G 无线宽带覆盖率达 83%，“村村通”宽带业务新增行政村 165 个。

二 2015年湘西自治州新型工业化趋势分析

2015 年是全面深化改革的关键之年，是全面推进依法治国的开局之年，也是全面完成“十二五”规划的收官之年。综观发展形势，从宏观经济环境看，2015 年依然是十分复杂多变的一年。世界经济虽然仍将延续缓慢复苏态势，但全球经济发展前景依旧不乐观。全国经济发展进入新常态，呈现“三期叠加”阶段性特征，正在向形态更高级、分工更复杂、结构更合理的阶段演化。从湖南省内环境看，湖南省工业经济稳增长的压力超出年初预期，但工业经济运行总体平稳，处在合理区间，工业经济增速缓中趋稳，质量效益稳步提升，推进新型工业化整体有利的宏观环境没有变，仍处于上升阶段的发展趋势没有变，支撑发展的条件和基础没有变。随着新的改革红利不断释放，也将进一步激发工业经济发展的内生动力与活力。从州内环境看，近几年来，湘西自治州工业经济转型步伐加快，基础设施体系逐步形成，特色产业发展初具规模，尤其是 2015 年，园区建设开局顺利，项目投资来势强劲，企业培育步伐加快，工业带动能力和主导地位明显增强。特别是在政策和导向方面，州委、州政府出台了《工业振兴三年行动计划》，从顶层设计上明确 2015 ~2017 年全州工业经济发展目标的规划引导和行政推动的具体措施，对于加快推进湘西自治州新型工业化进程必将具有重要、深远的意义。湘西自治州正处于工业化初期向中期迈进的关键阶段，正处于基础建设的启动期、结构调整的阵痛期和融合发展的准备期，工业发展的“短板”还没有完全补齐。比如，长期以来湘西自治州工业形成“一矿独大”的发展格局，过度依赖资源和市场，抵御市场风险能力弱，新兴产业培育缓慢，多点支撑格局还未有效形成，发展方式粗放，技术创新能力弱，产品结构单一、附加值低，出卖原材料和初级产品的问题始终没有较好解决，发展后劲不足；工业园区普遍存在规划滞后、基础设施差、土地储备少、标准厂房不足、入园企业少等问题和矛盾比较突出。因此，湘西自治州必须准确把握新机遇、新常态、新形势，牢牢掌握工业经济发展主动权，主动适应工业经济发展新常态，千方百计守住工业稳定增长的底线，加大推进力度、夯实发展基础、加快发展速度、提升发展质量，加快推进全州新型工业化发展步伐。

2015年湘西自治州推进新型工业化工作的总体思路是：全面贯彻落实党的十八大、十八届三中、四中全会和习近平总书记系列重要讲话特别是视察湘西重要指示精神以及中央、湖南省委经济工作会议精神，按照州委经济工作会议及湖南省工业和信息化工作会议的要求，紧扣州委“542”发展思路，围绕稳增长、调结构、促转型、强园区、优服务，统筹存量工业转型发展和增量工业园区带动，突出园区建设、企业培育、产业壮大和工业招商，夯实发展基础，构建服务体系，扩张经济总量，努力推动湘西新型工业化再上新台阶。

预期目标：全部工业增加值增长13%，其中规模工业增加值增长15%；工业固定资产投资增长20%以上；规模工业企业新增35户；固定资产投资2000万以上招商引资项目落户30个。

三 2015年湘西自治州新型工业化发展的对策建议

（一）科学编制规划，完善实施计划

完成“十三五”工业发展、工业园区发展、“数字湘西”建设、食品产业发展四个规划编制，启动实施湘西自治州州工业振兴三年行动计划，突出抓好“四百工程”建设，引导工业经济有序快速发展。从2015～2017年，重点实施工业园区建设、企业培育、招商引资、产业壮大“四百工程”，力争通过三年努力，工业园区建设总投资达到100亿元，新增规模工业企业100户以上，新引进100个固定资产投资2000万元以上的工业企业项目，锰、锌、食品三大骨干产业产值分别突破100亿元。全州工业总产值突破600亿元，工业增加值达到200亿元，其中规模工业增加值150亿，年均增速15%以上。

（二）加快园区建设，逐步完善体制

工业园区是实施项目带动、加快经济增长的重要载体，也是推进产业升级的重要基地。要不断完善全州园区总体规划、建设规划和产业规划，把园区建设和管理纳入新型工业化考核，全力推动基础设施建设。创新园区建设和经营

模式，鼓励社会投资，加大建设投入，狠抓标准厂房建设，强化组织领导，细化目标任务，确保年内完成投资30亿元，新增土地储备8000亩，新建标准厂房108万平方米。分类指导，根据园区的发展阶段逐渐完善经济、社会和财政管理体制。加大招商，强化跟踪，充分发挥自身的区位和功能优势，根据园区产业发展方向，引进一批创新创业项目、工业地产项目入园，加快湘西经开区扩区扩容，增强园区发展后劲。

（三）加快项目建设，强化工业招商

继续抓好“三联工作”和“1115工程”工业项目实施，重点调度州庆重点工业项目、年内新开工和新增产能项目，力争完成工业固定资产投资80亿元。积极争资上项，力争协调整合专项投资5亿元。抓好项目储备，搞好重点企业、重点项目的跟踪服务和调度，加快形成多点支撑的产业发展新格局。一是加快推进重点项目建设。重点抓好东顺纸业高档生活用纸前端工序、华润雪花20万吨/年啤酒生产线、洁宝日化无纺布生产线、鹤盛原烟异地技改扩建等项目推进实施，三立集团6万吨电解锌扩能、轩华二期6万吨电解锌扩能、花垣鸿瑞4万吨电解二氧化锰等重大项目建成投产。二是推动传统产业转型升级。改造提升锰锌铝等传统矿业，重点支持东方矿业、三立集团、太丰集团、丰达合金、金昊公司等矿业企业扩能升级，加大下游产品开发力度，提升企业竞争力。抓好生物医药、食品加工、旅游商品加工、建材等传统产业的优化升级，支持酒鬼酒公司实现恢复性增长。三是大力培育新兴产业。培育壮大新材料、新能源、电子信息、移动互联网等新兴产业。逐步理顺信息化项目建设管理体制，推进“数字湘西”建设，指导州空间地理信息系统、平安湘西信息系统建设。继续开展智慧园区、智慧企业试点工作，协调推进通信基础设施建设，支持电子信息产业加快发展，支持电子政务、电子商务平台建设，促进信息消费。支持保靖新中合、吉首成聪软件等创新型企业做大做强。四是强化工业招商。探索建立经信部门同商务等部门联动的招商工作机制，建立招商项目库，工业项目动态储备200个以上，力争年度完成固定资产投资2000万元以上招商项目30个。

（四）完善服务体系，壮大企业规模

加强州、县市（区）服务中心建设。实现企业运行平台省、州、县市三

级联网，重点加强管理咨询服务、金融服务、上市培育等创业创新服务，搭建银企对接平台，构建多层次、宽领域的中小企业服务体系。培育一批骨干企业，遴选10户产业带动力强的企业进行重点扶持，重视培育和发展中小微企业，年度新增规模工业企业35户，力争支持1户企业成功上市，2户企业“新三板”挂牌。

（五）夯实基础保障，加快电网建设

电网建设暨农网改造升级工作是社会经济发展的基础，关系国计民生，关乎工业命脉。

（1）强化电网建设工作领导。当前湘西自治州电网建设暨农网改造升级工作处于攻坚阶段，各县市继续把电网建设和农网改造升级工作当做一项重大民生工程来抓，优化工作环境，落实工作责任，抓好电网建设征地拆迁、规划、砍青等工作，切实解决重点、难点问题，确保项目建设顺利推进。

（2）加快农电体制改革步伐。各县市进一步加快农村电力体制改革步伐，积极妥善处理好遗留问题，特别是凤凰、保靖、永顺、龙山等县要加快农村电力资产上划力度，确保农网改造顺利实施。凤凰、保靖力争在2015年底前完成农网改造工作，永顺、龙山等县力争在2016年底前完成农网改造工作，实现城乡居民生活用电同网同价。龙山、永顺、古丈等县加大工作力度，彻底解决电力体制改革遗留问题，力争年内完成上划工作。花垣县加快推进电力体制改革步伐。

（3）加快农网改造推进力度。各县市扎实推进电力建设、农网未改村和升级完善村改造工作。电力部门对网改任务重的县市加强施工队伍力量，加大农网物质配送，在各级政府的密切配合下确保按时按质完成任务，同时对已完成农网改造的村，尽快组织检查验收，实现同网同价。

（4）加大争取电网建设和农网改造投资力度。加大争取永顺、龙山两县农网改造项目投资力度，两县要进一步加强工作衔接，力争改造未改村100个以上。加快湘西500千伏输变电工程立项前期工作，争取尽快开工建设。

（六）优化发展环境，强化企业服务

牢固树立环境就是生产力、环境就是竞争力的理念，全面营造政策环境

优、商业成本低、服务效率高的发展环境。

（1）抓好环境整治。深入开展软环境整治活动，进一步提高服务效能，着力破解土地、资金、能源、技术、人才等制约企业发展的瓶颈问题。

（2）健全服务机制。逐步加强技术服务、信息服务、法律服务等服务平台建设，不断提高对工业经济服务的社会化、专业化和规范化水平。各县市区针对企业运行情况，及时研究出台相关政策措施，主动深入企业排忧解难；各企业认真组织生产经营，积极达产增效，确保全州工业经济增长目标的实现。

（3）优化服务环境。各级各部门增强大局意识、责任意识和服务意识，出实招、干实事，形成发展合力。提高服务水平，认真落实首问责任制和服务承诺制，做到超前服务、优质服务、高效服务。要优化执法环境，规范执法行为，加强执法监督，坚决整治乱收费、乱罚款等行业不正之风，坚决执行好企业“宁静日”制度。广泛开展诚信教育，增强全社会诚信意识，为外来投资者创造良好的人文社会环境。

（七）创造良好条件，强化要素保障

不断完善交通、电力、通讯、园区、物流等基础设施，促使工业要素保障更齐备，投资更多元，承载更有力。积极做好电力迎峰度夏工作，确保全州工业企业用电稳定有序供应。用地指标计划向工业用地倾斜，切实优先保障重大工业项目和标准厂房用地，支持园区管委会土地储备分中心建设。积极争取灵活电价机制和优惠电价额度，促进锰锌产业转型升级。争取金融差别化政策，加大银行等金融机构对工业项目和园区建设的支持力度，确保工业领域贷款与工业经济保持同步增长。积极引进战略风险投资机构，健全中小企业融资担保服务体系。建立经济运行分析例会制度，完善经信、园区系统办公平台建设，完成与服务中心企业运行平台联网。支持外矿引进和加工技术研究，支持生产性物流企业发展。推进清洁生产和支持科技创新。加大人才培养。要重视企业家队伍建设，为企业家成长创造宽松的环境，让企业家大显身手，施展才华。支持和发挥好企业加强人才培训的主体作用，推进校企合作对接，鼓励企业与职业院校合作办学，加快培养适应企业和产业发展需要的技能型人才。加强骨干企业、规模企业法人培训，不断提高企业经营者和管理人员素质。

园 区 篇

Industrial Zone

B.25

2014～2015年长沙高新技术产业开发区产业发展研究报告

李晓宏*

一 2014年园区产业发展情况分析

（一）产业结构不断优化，经济发展迈上新台阶

结构调整成效显著。出台并落实移动互联网产业、节能环保产业发展专项政策，大力培育发展节能环保、电子信息、新材料、生物医药产业。产业结构实现由“一业独大”向“多点支撑”转变。工程机械在园区经济规模中的占比持续下调，除工程机械外的其他产业产值稳步上升，增速均超过20%。高新区获批全国首家环境服务业试点园区，节能环保产业增长30%；获批全省首个移动互联网产业集聚区，移动互联网产业增长翻了一番；新材料产业产值增长31%，

* 李晓宏，长沙高新区党工委副书记、管委会主任。

生物医药产业产值增长25%。麓谷园区全年实现技工贸总收入2200亿元，规模工业总产值1280亿元，财政收入80亿元，同比增长10%以上。规模工业过亿元的企业达73家，新增11家。纳税过百万的企业487家，新增99家，其中纳税过千万的企业85家，纳税过500万的企业158家，新增6家。

龙头企业加速成长。制定实施产业倍增行动计划，推进落实“十百千工程”。深入开展企业帮扶工作，大力推进企业管理升级。一批规模以上龙头企业快速成长。科力远、湘投金天、岱勒新材、金瑞科技等15家规上企业产值实现超过50%的增长速度，远大住工、金杯电工、杉杉新材等50家企业产值增长速度超过20%，九芝堂、科力远等企业产值突破10亿元，天劲制药、汇通科技产值增速超过100%，拓维信息、中移动、华凯创意产值增速超过90%。

新兴产业加速显效。2014年以来，高新区把移动互联网产业作为战略性新兴产业发展重点，得到了省、市的大力支持。高新区出台了包含项目支持、房租减免在内的一系列优惠政策；先后赴北上广举行专题推介，举办湖南移动互联网产业发展研讨会等多场产业研讨活动；建立IT湘帮、IT湘军、湖湘会、新湘会、互联湘江会等微信群，聚集500多名企业高管及技术骨干人员；组建长沙移动互联网联盟，171家单位加入联盟；着力夯实中电软件园、芯城科技园、麓谷信息港等产业平台载体，成功吸引央视商城、58同城、金蝶软件、中清龙图、易宝支付等40多家国内知名企业入驻。全年新增移动互联网企业400多家，从业人员过万人，收入突破100亿元。

（二）强力实施创新驱动，创新体系日益完善

创新平台不断夯实。中电软件园、芯城科技园等建成投入使用，园区新增孵化面积50万平方米，各类孵化器、加速器达19个，孵化总面积达265万平方米，在孵企业近3000家。新长海、湘能科技进入国家级科技企业孵化器行列，区内国家级孵化器达10家。创新平台建设稳步推进，新增省级企业技术中心3家，省级工程技术研究中心5家，2家单位获批湖南省院士工作站。成立3D打印、生物医药和节能环保产业技术联盟，促进创新资源的对接整合。

创新人才不断聚集。“三五”人才计划深入实施，全年新增千人计划专家1名，百人计划专家8名，长沙市创新创业领军人才达到11名。创业服务完善提升，首批50套高层次人才公寓建成投入使用，成功举办科交会系列专场

活动、“搜云杯移动互联网创业大赛暨2014创新中国走进长沙”、“黑马大赛生物医药医疗健康行业赛”等活动，创新创业氛围进一步浓厚。

科技金融不断融合。拓宽企业融资渠道，在全省首推知识产权质押融资，设立麓谷共同创业基金、中小微企业转贷基金、高新发展产业基金。各类投融资平台累计为企业提供资金支持100多亿元，科技支行累计为小微企业授信5亿元。助推企业上市挂牌，“全景网长沙网上路演中心”正式开通运营，方盛制药成功上市，加上年初上市的益丰大药房和博世科两家公司，全区上市企业达36家，占全省的40%以上；12家企业成功挂牌新三板，总数排全国高新区第十位。

创新实力不断增强。全年累计申报国家、省、市各类科技计划项目700多个，获得资金支持2.6亿元；新认定高新技术企业120家，高新企业总数达518家，占全市一半；新增市级以上创新型试点企业8家，总数达105家；全年企业专利授权总量达到2328件，其中发明专利授权575件，同比增长17%，占全市国家级和省级园区发明专利授权总量的51.2%。

（三）招商引资提质增效，项目建设有序推进

招大引强成果丰硕。全年实现到位外资3.26亿美元，到位省外境内资金33.21亿元，完成进出口总额19.4亿美元；新注册入区各类企业2100多家，比上年增长一倍。重大项目招商取得新的突破，全年新签约产业项目17个，其中世界500强项目1个，丰树集团投资逾10亿元建设长沙现代服务产业园；中光通信、康奕达等3个项目投资过50亿元，金瑞新材、远大住工、长城信息等6个项目投资过10亿元，签约项目总投资超过170亿元，预计达产后将实现总产值700亿元以上。突出特色产业招商，移动互联网、节能环保等产业招商来势看好。外资外贸工作取得新进展，引进前海集团晶圆项目和阿凡达芯片两家进出口额超过10亿美元的加工贸易企业。湖南省首家外贸综合服务体落户高新区，国际商务平台启动建设。

项目建设全力推进。加强对接引导，指导企业提高报建办事效率。中光通信、多喜爱等18个项目实现新开工，霍尼韦尔、华曙高科等17个项目竣工投产，移动电子商务、深拓智能等15个项目正在加快建设。

（四）产城融合深化建设，新城品质逐步提升

拆迁安置力度空前。全年共启动拆迁项目12个，动迁1339户，拆迁总面

积7373亩，新拆面积超过以往任何一年。开展扫尾攻坚专项行动，累计完成扫尾签约49户，倒房84户，为项目开工建设扫清了障碍。加强安置工作，力争拆安同步，全年共完成安置3879人，安置人口数量居全市第一。出台鼓励扶持被征地农民就业创业的若干政策，在大征拆、大开发、大建设的形势下，确保了社会大局的和谐稳定。

基础设施建设提速。全年铺排项目124个，完成总投资52亿元。建设完成道路总里程35公里，望雷大道以东地区路网全面拉通，基本建成区面积达到45平方公里。实施"林荫大道"、路面"灰改黑"以及"亮化、美化、畅通、清霾、碧水"等七大工程，累计投资7.6亿多元，完成园区道路绿化提质面积22.82公顷，中心区道路实现100%黑色化改造、100%机械化清扫，全年空气质量优良率达到64%，排名全市前列。完善城市功能配套，优化调整公交线路20条，新建、改建71个公交站台，新建4个公交首末站，实现重点区域、重要企业、重点道路全覆盖。

民生保障持续改善。民政保障、医疗卫生、文化体育、食品安全等工作稳步推进，新增城镇就业8735人，城乡居民基本养老、医疗保险参保率分别达到96%、98%，社会保险基金运作规范率、安全完整率达100%，群众幸福指数提升，高新区获评人民网全国民生改善典范城区。教育强区战略深入实施，全年教育投入达3.5亿元，麓谷中心小学改扩建顺利完成，金桥、明华等4所小学异地重建全面启动；湖南师大附属高新实验小学、望龙小学启动新建。保障房建设累计完成投资11亿元，新建成面积80万平方米。安全生产总体形势保持平稳，工矿商贸领域连续24个月未发生生产安全死亡事故。

二　2015年园区产业发展面临形势分析

一方面，要深刻认识新常态对经济发展的新要求。进入新常态，经济增速面临换挡，高新区经济社会发展面临许多困难和问题。一是经济增速换挡，全国经济增长目标是7%，宏观经济下行，多点支撑的产业格局还不稳固，新的经济增长点不足，小微企业融资难、融资贵的问题没有根本缓解；二是经济工作必须面对新的规范要求，国务院相继出台43号、62号文件，严格规范政府举债，清理规范税收优惠政策，融资工作和招商引资面临新的转型。三是资源环境约束不断加剧，土地指标供应紧缩，史上最严的新《环境保护法》开始实施，对园区开发和项目建设提出了更高的要求。

另一方面，要积极作为，抢抓新机遇。一是获批全国第七个国家自主创新示范区，成功进入国家级高新区第一方阵，品牌效应、政策先行先试的效应、环境的效应、产业整合的效应将不断显现出来，并将得到国家、省、市三个层面的支持。中关村“6+4”的政策将率先在示范区实行，这将加速创新要素向高新区集聚，加速优势产业向高新区整合。二是新修订的高新区《条例》已于3月1日实施，为高新区经济社会发展和改革创新、全面依法行政提供了强有力的法制保障，也有利于加快行政审批制度改革步伐。三是全面深化改革释放的红利，中央将进一步简政放权，减少前置审批，取消非行政许可审批，放宽对市场的管制，将激发更多的社会投资，释放更大的市场活力。

三 2015年园区工作思路和主要任务

2015年工作的总体思路是：全面贯彻党的十八届三中、四中全会精神，围绕全面建成小康、全面深化改革、全面依法治国、全面从严治党的战略布局，积极适应和引领新常态，谋划和推动高新区转型创新发展。坚持稳中求进的总基调，以建设国家自主创新示范区为主线，更加突出创新驱动和项目带动，更加注重产业升级、园区提质、城乡统筹、社会治理、民生改善、环境优化，深入推进创新麓谷、高效麓谷、美丽麓谷、幸福麓谷建设，切实提高园区经济发展的质量和效益，实现经济平稳健康发展和社会和谐稳定。力争实现技工贸总收入2500亿元，规模工业总产值1400亿元，高新技术产值1600亿元；财政总收入完成85亿元，公共财政预算收入28亿元，全面完成“十二五”规划目标任务。

（一）实施创新驱动，引领经济发展新常态

全力推进国家自主创新示范区建设。一是要借势而为，积极争取省、市支持，全程参与省、市的发展规划，精心绘制示范区建设的总蓝图，确保示范区建设按照既定的“任务书”、“时间表”全面推进；二是要先行先试，力争尽快将6项中关村先行先试政策和“新四条”税收政策全部在高新区落地，用好用足政策；三是要科学谋划，突出聚焦主导产业，谋划产业链发展；四是要

培新育小，育苗造林，形成创新的产业生态。要把产学研结合抓得更深，搭建产业发展平台，加大科技金融结合力度。要突出创新品牌，形成具有全国影响的创新品牌与氛围。

推动产业转型升级。做优做强移动互联网产业，争取全年新增移动互联网企业600家、力争突破1000家，实现营业收入300亿元以上。以远大住工为龙头，大力扶持绿色建筑和住宅产业化项目建设；以智能停车场示范项目建设为突破，支持崇友电梯先进智能停车场系统产业化发展；以乔治海因茨飞机制造项目为重点，加快低空航空运输产业发展；以太阳鸟公司为核心，推动游艇产业规模发展。加快发展现代服务业，推进国家生态工业园建设。

完善自主创新体系。加快科技服务体系试点园区建设，带动科技服务机构向示范区集聚，突出品牌建设，培育创业苗圃，完善创业孵化服务链条，推动形成科技企业发展的完整生态系统，形成万众创新、大众创业的良好氛围。加快科技金融结合示范区建设，完善科技金融综合服务平台，探索建立企业征信服务体系，完善多层次资本市场建设，推进企业上市挂牌。加快人才高地建设，完善创新创业扶持政策，创新引才方式，做优做强“555人才计划”品牌，加大力度引进企业领军人才和优秀专业技术人才，加强职业教育，培养实用型技能人才。

培育壮大新兴产业。着力推进产业提升“四五六”工程，明确重点企业和龙头企业，加大帮扶力度，加快建设以先进装备制造、节能环保、电子信息、现代服务业为主的4个“千亿级集群”，以电力智能控制与设备、生物医药、先进电池及材料、光伏新能源、专用车及汽车装备为主的5个“超百亿级产业”，大力培育和扶持60家以上技术水平高、产业带动力强和财税贡献率大的行业领军型企业实现总收入过10亿元，加快形成“十亿企业”方阵。

（二）推进项目带动，增强产业发展后劲

创新招商引资方式。加大PPP模式项目试点力度，激活民间投资，有效撬动社会资本参与重点领域建设。创新土地招商方式，探索股权投资合作等市场化招商方式。创新融资方式，推进上市公司再融资、再投资，有效盘活土地存量资产，启动浦发高新发展产业基金运作工作。提高招商服务水平，实现招商方式向市场导向、环境吸引和产业整合型转变。

加大招大引强力度。围绕新材料、节能环保、3D打印、电子信息、健康产业等领域树立招商大旗，积极引进移动互联网等新兴产业和与高新区产业关联度高的世界500强企业、国内100强企业、行业龙头企业，以项目招商促进产业融合，以产业聚集吸引项目招商。

加快项目建设进度。重点推进康奕达生物、金瑞新材、红太阳光电、长城信息等新项目开工建设，持续跟进中光通信、丰树集团、远大基地、多喜爱等2014年已开工项目，促进早日竣工，同时切实做好华曙高科、霍尼韦尔、金荣同心园等已竣工项目的后续服务工作，促进早日达产增效。构建项目建设长效机制，做到领导联点制度化、现场督查经常化、部门责任明细化，建立和完善项目建设问题摸排机制、交办督办机制和考核评价机制，做到项目落在哪里，征地拆迁、基础设施与配套服务就跟进到哪里，以力促园区项目建设为主导，确保完成征地3000亩、拆迁腾地6000亩。

（三）打造产城联动，提升城乡发展品质

发挥规划引领作用。重点抓好土地利用规划、城市规划和产业规划“三规合一”及控规项目的编制管理，完善对重点片区的总体规划、控制性规划，启动“十三五”土地利用和优化空间布局研究工作，提高园区道路绿化的规划设计标准，对园区内道路景观、建筑形态、园林绿化等进一步提档升级，建设宜居宜业、精致精美的新城区。重点抓好信产园总部经济区和雷锋湖国际创新区规划的完善提升和项目建设。

统筹城乡协调发展。要对永久农业区、待开发的城市区、正在拆迁或短期内要拆迁的拆迁区、建成区四类区域进行总体规划，分类指导。加快完善建成区城市基础设施配套功能，提升城市品质。以建设更高水平文明城市为目标，持续推进“美丽麓谷”三年行动计划，深化实施“净化、亮化、绿化、美化、畅通、序化、清霾、碧水”等八大工程。进一步巩固常态化“整洁、亮丽、有序”的文明创建成果，推进城乡环境保护和综合整治、市容秩序提升，打造全市清洁城区。加大对永久农业区和待开发区域农村、农业投入，改善农村居住条件，提高农民生活质量。

发展社会保障事业。研究制定“幸福麓谷”建设方案，协调推进教育、就业、养老、医疗卫生和文化等公共服务全覆盖，并逐步实现标准化、均衡化

和优质化；加强职业学校建设，大力发展职业教育；加强对被征地农民的就业创业引导和扶持；推进养老服务业综合试点；提高医疗服务质量；推进公共文化服务项目和配套设施建设。加快社会管理服务网格化信息平台建设，实现建成区域社会服务网格化管理。

加强社会综合治理。以争创全省最具安全感和满意度的城区为目标，进一步加强和创新社会治理，确保社会大局和谐稳定。深入开展平安创建活动，加强“天网工程”、“棋盘工程”、“风声工程”建设，完善网格化治安巡防体系，依法打击各类违法犯罪活动。建立重点工程、重要事项、重大决策社会稳定风险评估机制，从源头上预防和化解社会矛盾。创新群众工作方法，建立健全“大信访、大维稳”工作格局，形成“一站式接待、一条龙办理、一揽子解决”工作机制，有效化解社会矛盾。全面落实新《安全生产法》，强化安全监督主体责任和职能部门主管责任，以职业卫生示范园区创建为突破口，推动安全示范区创建。

（四）依靠改革推动，优化政务服务环境

深化行政审批制度改革。以打造“行政审批事项最少、行政审批环节最优、行政审批时限最短的全国一流开发区”为目标，深入开展行政审批制度改革试点，着力实现“园内事园内办结”，厘清政府和市场界限，做好负面清单、权力清单、监管清单、收费清单的“四张清单”工作。

推进法治高新建设。落实新《条例》学习宣传培训和实施工作，提升依法行政能力。建立法律服务顾问制度，完善行政决策法律咨询机制，加大政府合同管理软件开发及推广实施工作，严格落实重要政策文件法律审查和重大合同法律审查制度。加强对公共权力的规范运行与监督力度，建立健全行政问责制度，实现行政决策科学化，重点推进依法行政示范单位创建、法律服务进社区等工作。

提高政务服务效能。所有行政审批事项进驻政务服务中心，推行“两集中两到位”模式，完善电子政务、网上审批和电子监察，重点推进审批流程再造、全面建立“一表申请、一窗受理、四证一章”的联办机制、大幅度提高窗口即办件数量、成立企业服务“110”、加快网上审批系统建设步伐，提高审批效率，完善政务信息公开制度，进行一对一全过程项目服务，提高行政服务效能。加强督查督办和工作问责，建立督查督办专员制度，提高工作执行力。

B.26

2014~2015年长沙经济技术开发区产业发展研究报告

吴信村　凌成增*

一　2014年园区发展情况

2014年，长沙经开区实现工业总产值1637亿元，完成工商税收96亿元，实现工业固定资产投资110亿元。重大项目支撑产业转型升级。长沙经开区在全区上下形成一门心思上项目、一往无前跑项目、一鼓作气建项目、一以贯之抓项目的浓厚氛围，以项目建设促产业聚集，以产业集群促转型升级。

1. 主导产业焕发生机

巩固壮大现有主导产业，引导价值产业链向“微笑曲线”两端延伸，逐步实现传统产业结构调整与产品升级转型。面对工程机械、汽车产业产能过剩此起彼伏之声，长沙经开区则认为，产能过剩并不意味着整个行业过剩，经济困难并不意味着整个行业困难，关键要瞄准市场需求，细分市场领域，调整产品结构。尽管工程机械行业整体回落，但恒天九五生产的水利机械依然产销两旺，依然保持了15%的增速。

工程机械完善产业链条。长沙经开区连续多年举办“中国（长沙）工程机械配套件博览会”，邀请主机企业和零部件供应商深度融合、无缝对接。同时园区拟大手笔建设“中国（长沙）工程机械交易展示中心”，该项目总用地2000亩，总投资60亿元，是一个集工程机械研发、展示、交易、物流于一体的全产业链平台，该项目的建设将进一步延伸工程机械产业链，促进装备制造与生产性服务业深度融合，将为长沙经开区打造“世界工程机械之都”奠定

* 吴信村、凌成增，长沙经开区管委会经济研究室。

坚实基础。

汽车产业集群渐成气候。长沙经开区汽车产业蓬勃发展，特别是销售看好的中高档汽车发展势头强劲。继长丰猎豹、北汽福田、广汽菲亚特、广汽三菱入区之后，2013 年该区成功引进湖南有史以来最大的实体投资项目——上海大众长沙工厂。目前上海大众长沙工厂总装、焊装、涂装、油漆车间均已建成，12 月中旬样车已经正式下线，2015 年 5 月将全面投产。2014 年 9 月，长沙经开区又成功签约克莱斯勒吉普项目。该项目投资总 60 亿元，投产后将实现年产 8 万辆吉普和 15 万台发动机，达产年后可望实现销售收入 160 亿元，是园区汽车企业转型升级的又一“杰作”。同时，在传统燃油汽车的基础上，长沙经开区又将目光瞄准了新能源汽车。10 月 24 日，湖南省首款纯电动轿车——众泰云 100 宣告上市。该车最高时速可达每小时 85 公里，续航里程达 150 公里，消费者个人购价不到 5 万元，一上市就以其较高的性价比赢得了消费者的青睐，产品供不应求。

电子信息产业焕发新春。本世纪初，长沙经开区以 LG 曙光、HEG 为代表的电子信息产业非常红火，LG 曙光高峰期产值达 50 亿元，成为全省电子信息产业的明星企业。园区大街小巷随处可见韩国人和韩式餐饮。然而，好景不长，大浪淘沙，短短几年时间，LG 曙光、HEG 整体关停。2009 年，一个偶然的机会，一家研发生产智能玻璃面板并为苹果、三星等全球知名品牌配套的企业——蓝思科技向长沙经开区伸出了橄榄枝。其产品不仅打破了国外技术垄断，而且其技术指标均已达到甚至超过国际先进水平。蓝思科技对 LG 曙光闲置厂区进行简单改造后迅速投入了生产，并在榔梨建设第二期工厂。目前，蓝思科技吸纳了 3 万多产业工人，今年可望实现产值 120 亿元。通过“腾笼换鸟”，长沙经开区电子信息产业又焕发出新的生机，为重振电子信息雄风奠定了坚实的基础。

如今，长沙经开区主导产业结构不断优化，工程机械“一枝独大”的局面得到改变，目前工程机械产业占比由 75% 下降到 50%，汽车制造产业占比由 10% 上升到 20%，产业结构呈现出多点支撑的格局。

2. 新兴产业方兴未艾

工业革命风起云涌，新兴产业以前所未有之势席卷传统行业。长沙经开区以强烈的忧患意识审时度势，谋划布局未来新兴产业，瞄准高新技术、高端服务业转型发力，积极寻找转型升级的着力点、兴奋点和增长点。长沙经开区初步确定将集成电路、电子商务、电动汽车、节能环保、现代服务业等作为战略性新兴产业发展方向。

集成电路乘势加快发展。2014年6月，国务院印发《国家集成电路产业发展推进纲要》。园区将全力引进一批集成电路研发设计、生产制造、封装测试企业。2015年，长沙经开区将在美国旧金山举办集成电路专题招商会，吸引集成电路高层次人才带项目来区投资创业。

移动互联网快速发展，电子商务在跨界与融合中迅速崛起。长沙经开区连续举办了两届中国（湖南）电商创新与发展峰会，出台了《关于支持电子商务发展的若干政策》，目前湖南省电子商务协会、中国大数据研究院中部分院已落户园区。

高端服务业是拉动内需、促进消费的重要引擎。2014年6月，长沙经开区与大连亿达集团、金科地产签订投资300亿元（一期35亿元）的长沙科技新城项目协议。该项目将以软件数码、电子商务、文化创意、核心研发等为支撑，打造一个高档次、高品位的城市综合体，可望为园区产业升级转型注入新的活力。

节能环保产业是建设“两型社会”的新兴产业。远大可持续建筑产业以9度抗震、5倍节能、20倍净化的优势在上海世博会一炮打响，迅速掀起了一场建筑领域的革命。

如今，长沙经开区已经成功找到了发展新兴产业的切入点和支撑点，尽管目前基础还很薄弱，但已经扬帆起航，正在破浪前行。

3. 创新驱动凝聚发展内生动力

从“制造”向“智造”迈进，这是中国经济实现创新驱动的必然途径，也是产业园区转型升级的内生动力。长沙经开区坚持招商引资和招才引智并举，科技创新与人才支撑两翼齐飞，鼓励支持自主创新。人是生产力中最活跃的因素，市场竞争归根结底还是人才的竞争。作为产业园区，对人才的需求是多元的，既需要高层次研发管理人才，也需要生产一线的技能型人才。2013年以来，管委会先后接洽高层次人才创新创业项目50余批次，引进了一批科技含量高、成长性较好的项目，达到了引进一批人才、带动一批项目、促进一个产业的初衷。

自主创新引领发展。科技创新是企业永恒的主题，企业只有走自主创新之路才能越走越远，靠模仿、“山寨”永远成不了气候。长沙经开区积极创造条件，支持企业创新，保护知识产权。目前，园区拥有省级以上技术、研发中心42家，博士后科研工作站（院士专家工作站）11家，园区专利拥有量和专利质量位居全省前列。园区管委会还多次举办产学研合作对接活动，园区企业与国防科大、中南大学、湖南大学、长沙学院等院校签订合作协议，加快推进专利技术产业化，促进知识产权成果在实践中广泛应用。园区企业坚持自主创新，取得了累累硕果。三一重工开发了世界最长臂架的混凝土泵车，创造了混凝土输送至492米高度的世界纪录。中联重科自主研发的塔式起重机、轮式起重机享誉全球。铁建重工研发的盾构机填补了国内空白。2014年，长沙经开区正式获批成为“国家知识产权示范园区”，也是湖南省首个获此殊荣的产业园区。

二　长沙经开区建设经验及今后努力方向

1. 建设宜业宜居品质园区

工业园区初创时期，大多选择在城市郊区，工业厂房林立，但城市配套功能往往相对滞后，容易造成“白天机器轰鸣，晚上冷冷清清”的孤岛效应。在传统制造业领域，一般都是人跟企业走，企业在哪，人就去哪；在高科技和服务业领域，逐渐转变为企业跟人走，人才在哪，企业就在哪扎堆。人跟什么走？人跟环境走！哪里生活品质高，工作环境优，人才就往哪里聚集，企业也就在哪扎堆，产业就在哪里成长。为打造宜业宜居的创新创业环境，长沙经开区提出，营造吸引人才的一流环境，一定要高起点规划，高标准建设，高水平管理。

2. 舞活规划龙头

长沙经开区提出，要按照“高标准、严要求、看长远、花本钱”的要求，坚持“规划优、设计优、建设优、管理优”的理念，高起点编制好城市规划。近年来，园区坚持“慎砍树、不填湖、少拆房”，坚持原生态、低冲击开发，维护天蓝、地绿、水清的生态环境。按照“布局合理、配套齐全、生态优美”的整体要求，科学进行功能分区，生活区、商业区、生产区规划建设井然有序，学校、医院、商场、公租房、运动场馆、公共交通配套完善，产业发展与城市功能深度融合，产业工人充分感受到出行更方便，配套更合理，环境更舒适。按照东拓南延的思路，园区规划面积由38.6平方公里拓展到100平方公里，为未来产业聚集提供了广阔的发展空间。在新一轮的规划控规梳理与提升中，对核心区42平方公里的产业布局、教育医疗、商业中心、公共绿化、环卫设施、道路交通、电力通讯等提出了刚性要求，明确规定不得随意改变用地性质，不得随意调整空间布局，确保规划的权威性与严肃性，“一张图纸管到底”，防止规划变成“鬼划”。

3. 建设精品园区

为彻底扭转以往“项目入园、排队等地”、年年打突击战、攻坚战的被动局面，管委会提出，园区建设必须坚持大手笔、大投入，水、电、路、网等基础设施要一次性建成，拆迁平地要整体推进，商业生活配套要先期启动，逐步实现“熟地招商”，大大缩短项目落地、开建、投产的周期，为投资商创造一个良好的预期，进一步坚定投资商的决心。同时，土地是开发区最重要的资源，以前粗放式发展阶段将土地当成原材料或半成品贱卖了，以后要提前将生态环境、生活商业配套做好，把土地当成“精品”卖，才能进一步提升土地未来增值空间，全面提升开发建设品质。

如何集约节约利用土地资源，这是困扰开发区发展的难题。在工业项目入区阶段，严格按基准地价供地，从严从紧供地，对重大项目分批次供地，引导企业建筑向空中发展，向地下发展。积极发展工业地产，对中小项目不单独供地，引导其租赁标准厂房生产，不断提高单位面积产出率。目前园区已建成12个工业地产孵化园，建成标准厂房68万平方米。在项目建设阶段，及时梳理排查闲置用地、低效用地，对缺乏开发实力、长期闲置土地坚持依法回收，腾笼换鸟，引进新项目。光南摩托是园区早期引进的重大项目，近年来因市场原因被迫关停，管委会通过谈判和法律手段全部收回272亩土地，在该宗地块上引进了金科地产和红星美凯龙项目，成功盘活了土地资源，促进了产业转型。

针对以往工程建设手续繁多、程序复杂、工期漫长的实际，园区管委会不断创新工作方式，先后推出了土方装卸、工程监理、小型工程项目等捆绑招标方式，确定常年入围队伍，大大提高了项目进度。针对工程建设战线长、工期紧的现状，管委会加快推进建管分离，成立了工程建设公司，以市场化运作手段和代建模式推进基础设施建设。针对管委会自身财力有限的现实，管委会启动了PPP模式，鼓励支持社会资本参与市政基础设施建设，开创了工程建设新模式。

4. 美化生态环境

多年来，长沙经开区孜孜不倦着力构建“两型社会”，创建“国家生态示范园区”。园区全面启动了“三年造绿行动”，计划总投入4.5亿元，重点推进道路绿化、公园绿化、小区绿化。松雅湖、泉塘公园、晓塘公园、浏阳河风光带已成为园区的靓丽风景线。园区严格落实环境影响评价制度和环保“三同时”验收制度，坚决杜绝引进“两高一资”项目，严格环保执法，坚决打击违规偷排、漏排，加强渣土运输、建筑物扬尘治理，园区三座污水处理厂污水处理能力已超过30万吨，废乳化液基本实现了区内封闭处理，太阳能屋顶电站项目蔚然成风，太阳能路灯、风光互补太阳能路灯和LED路灯随处可见。如今，长沙经开区已经形成了环境美、空气优、交通畅的独特优势，星沙已经荣获“中国人居环境范例奖”，不但赢得了经济发展的“满堂红”，而且已经实现了生态环境的“满眼绿”。

5. 创新城市管理

长沙经开区尽管没有独立的城市管理和执法机构，但得益于多年来融洽的区县关系，长沙县城管局主动服务，严格执法，园区开发建设到哪，城市管理就延伸到哪。近年来，城管部门在环境卫生、园林维护、广告清理等方面坚持高标准、严要求，在批后管理、动态巡查方面敢于动真格，出重拳，依法打击了未批先建、批后乱建等不良风气。针对蓝思科技等劳动密集型企业周边摊贩林立、交通堵塞、治安混乱等现象，管委会成立了企业周边环境整治指挥部，重点整治交通出行、车辆停放、流动摊贩、环境卫生、公租房管理、社会治安等，积极探索重大项目周边社会管理新模式。针对企业周边流动摊贩，城管部门采取宜疏不宜堵的策略，坚持以人为本，专门开辟了摊贩一条街，加强了环境卫生、食品安全管理，引导摊贩持证上岗、有序经营。深度服务塑造优良投资环境。在政策优势日益弱化的背景下，精简、优质、高效的政务服务逐渐成为吸引投资的重要砝码。

6. 减少衙门作风

为避免管委会“越办越像政府”的趋向，努力减少衙门作风，管委会牢固树立“视企业为上帝”、“为纳税人服务”的理念，坚持主动服务、上门服务、跟踪服务，深入企业持续开展“两帮两促”、“学习与服务”等活动，管委会领导去企业调研坚持做到“三不要”：即不要负责人陪同，不要汇报材料，一般不进会议室，力戒官僚主义，形式主义，深受企业好评。为解决企业的实际困难和问题，管委会坚持每天召开早餐会、周一碰头会、月度调度会、季度讲评会，有时深入现场调度，会议开门见山，直奔主题，注重实效，重在落实。

为提高行政审批效能，园区进一步精简了审批事项，优化了审批流程，在全省率先实行了“全程代办、限时办结、效能问责”，成立了全程代办中心，免费为企业代办各项审批事项，免去了企业奔波劳累、求人办事之苦。为给企业营造良好的生产环境，免受外界干扰，长沙经开区大力倡导“围墙法则”，即“围墙内的事情政府不干预，围墙外的事情企业不操心”。同时长沙经开区在全省首倡“宁静日制度”、“首犯不罚制度”，除法律法规和安全生产、环保检查、治安等部门以外，其他部门每月1～20日不得进入园区企业进行检查、收费，同时规定企业首次违规以教育为主，免予处罚，让企业感受到园区保姆式的周到服务。

7. 当好企业保姆

服务项目就是服务发展。近年来，长沙经开区完善领导干部联系重点企业、重大项目制度，要求领导干部深入基层，定点联系项目进度、拆迁安置、安全生产等，做到责任上肩，奖惩挂钩，着力为企业解决实际困难和问题，确保重大项目开建、投产。在推进上海大众长沙工厂项目建设过程中，园区领导干部全力以赴，攻坚克难，风雨兼程，在短短3个月中，拆迁安置了1700多名群众，完成了2500亩场地平整，创造了项目建设的多项“奇迹”，得到了省委、省政府的充分肯定，赢得了以严谨、精细著称的德国投资商的高度评价。针对当前中小微企业融资难等难题，长沙经开区成功举办了“2014年中小微企业融资服务直通车活动”，邀请8家金融机构，为参会的120多家小微企业量身打造19种金融服务产品，全年累计为小微企业发放贷款3.2亿元，为企业发展送来了“及时雨”。2014年11月初，长沙星沙海关、长沙出入境检验检疫局相继开关、开检，这是该区优化投资环境、扩大对外开放的重要举措。引进商检、海关这些机构，主要是为园区众多的外资企业就近提供报关通关、稽查稽核、检验检疫等服务，减少企业奔波之劳。

8. 简化行政审批

简政放权是改进行政服务的主要内容。针对行政审批资料多、程序复杂、手续繁琐、耗时费力等影响投资环境的“痼疾”，长沙经开区主动对接上级简政放权的文件规定，提出“凡是上级明令取消或没有设定依据的，一律予以取消；凡是省、市内其他地市没有保留的，一律不予保留”，破除包括行政干预在内的各种隐性壁垒，切实减轻企业负担。区工商分局从改革商事登记制度着手，进一步优化流程，出台了优化行政服务 15 条方便企业的具体举措，深受企业好评。曾经有关部门出台文件，对工业地产投资商自持地产物业比例作出了硬性规定，长沙经开区管委会认为，这是一种典型的计划经济、管制经济思维模式，应充分发挥市场对资源的配置作用，充分激发市场主体的创业激情，经协调，该规定在园区暂缓执行，得到了投资商的一致好评。

9. 强化执法监管

简政放权并非放任、放纵，相反要更加重视监管，加强对审批事项的后续监管与执法，改变以往“重审批、轻监管”的倾向，在改革创新中营造公平、公正的营商环境。特别是在安全生产、环境保护、规划许可、建设质量等方面，要求职能部门严格坚持依法办事，不徇私情，不留余地，要求工管委领导不打招呼，不批条子。同时，长沙经开区率先在全省探索企业信用体系建设，建立健全信用评价制度、信用信息披露制度与信用奖惩政策体系，从项目履约、土地利用、偿债能力、批后管理、环境治理、安全生产等方面定期收集企业信用信息，通报企业信用等级。对于信用记录良好、信誉度高的企业，在项目支持、金融信贷、采购招标等方面给予倾斜；对信用缺失的企业，在一定范围内予以通报，并将其纳入黑名单。近年来，长沙经开区狠抓建设领域合同履约率，健全施工企业信用评价制度。2014 年 4 月，园区启动星沙供水应急供水管网项目招标时，管委会明确提出，“该项目是改善民生的重要项目，凡未达到施工质量要求，凡发现围标串标、挂靠、转包的，一经查证属实，立即取消市场准入资格，纳入诚信记录黑名单，且 2 年内不得进入园区投标。”从源头上规范了公平竞争，杜绝了暗箱操作。

为落实企业安全生产责任和环境保护主体责任，强化企业的社会责任，长沙经开区出台了《企业安全生产不良行为公示管理办法》、《环境保护责任主体不良行为公示管理办法》，从 2015 年 3 月 1 日起，将分别对企业安全生产、环境保护不良行为进行评价，并划分不良等级。一旦发现企业不良行为，则立即将该企业纳入不良行为记录名单，并公开曝光、依法惩处。

B.27

2014～2015年株洲高新技术产业开发区产业发展研究报告

杨 静*

一 2014年园区产业发展情况分析

（一）产业综合实力稳中有进

2014 年全年株洲高新区预计完成地区生产总值 615 亿元，增长 9.9%；完成工业总产值 1635 亿元，增长 15%；完成固定资产投资 435 亿元，增长 25.4%。财政收入方面，10 月底已经达到 41.4 亿元，进度为全市第一，全年预计突破 50 亿元。高新区在全国的综合排名也在不断提升，根据科技部火炬中心对国家高新区最新评价结果，株洲高新区前进 6 个名次，上升到第 40 位。

（二）软硬件环境全面提升

硬件上，围绕株洲高新区的“轨道交通、通用航空、新能源汽车”三大动力产业，启动了中国动力谷自主创新园项目建设。动力谷自主创新园定位为中国动力谷引进和培育企业研发机构的核心载体，项目总用地面积 5382 亩，其中产业用地约 4739 亩，配套商业用地约 643 亩，建设总投资约 223 亿元，预计将带动企业投资近 300 亿元；规划建设各类物业约 710 万平方米，其中产业类物业 603 万平方米，配套类物业 107 万平方米，整个项目计划五年内全部开发完毕，前三年建设各类物业约 300 万平方米。2014 年已启动一期 40 万平

* 杨静，株洲高新技术产业开发区管委会产业发展局。

方米“一圃、二器、三中心”的建设，即创业苗圃、孵化器、加速器、研发中心、公共技术中心、公共管理服务中心（包括展示馆、会议中心、动力谷大厦）。软件上，转变政府职能，强化服务，进一步优化园区发展环境，让投资商进的来、住的下、运转好。新设立中国动力谷发展专项资金，涵盖科技创新、产业扶持、人才引进、金融服务等，2014 年区财政安排预算经费增至 1.08 亿元。成立了动力谷企业成长学院，着力提升动力产业中小企业经营管理水平，目前已举办了 17 期授课，有 600 多家企业共 4000 多人次参与。

（三）产业集群优势明显

截至 2014 年底，株洲高新区共有工业企业 930 余家，年销售收入过亿的企业 62 家，过 10 亿元的企业 18 家，过 50 亿元的企业 8 家，过 100 亿元的企业 4 家。高新区逐步打造了轨道交通、通用航空和新能源汽车三大千亿产业集群，以及新材料基地、电子信息基地、生物医药及健康食品基地等“三集群三基地”的产业格局。其中轨道交通是国家首批十个创新型产业集群之一，硬质合金和中小航空发动机是国家火炬计划特色产业基地，电动汽车和轨道交通装备是国家高新技术产业化基地。轨道交通装备产业快速发展。形成中低速磁悬浮、电容储能式轻轨车、干线货物机车、动车组、城市轨道车辆协调发展的产业集群，成为我国最大的轨道交通装备制造产业基地和技术研发中心。株洲轨道交通装备制造产业拥有规模以上企业 56 家。1～11 月，轨道交通制造产业实现工业总产值突破 650 亿元，其中南车株机完成产值 240 亿元，南车株洲电力机车研究所完成产值 130 亿元。预计全年轨道交通制造产业实现工业总产值将突破 750 亿元。通用航空产业全面提升。依托中航动力机械研究所和中国南方航空工业集团建设军民融合产业基地，在中小型航空发动机、中小微型燃气轮机、航空机械传动等领域居国内领先地位，代表我国中小型航空发动机领域的国家技术实力，预计全年通用航空产业总产值达到 100 亿元。山河科技阿若拉、北航小蜜蜂、美国罗特威等一批整机制造项目的相继落户，使株洲通用航空城日渐成为世界一流的中小型航空发动机研制基地、全国一流的通用航空制造基地和通航运营中心。新能源汽车产业不断壮大。以北京汽车、南车时代电动、南方宇航等公司为核心的新能源汽车产业集群加速形成，电动汽车传动系统、汽车齿轮、火花塞等关键零部件在国际国内占有重要地位。汽车整车、汽车零部件及机械加工企业超过160家。北汽株洲基地年产能在实现20万辆基础上朝50万辆迈进，时代电动混合动力客车及纯电动汽车成功打入北京奥运、上海世博会、广州亚运会市场，研发与生产能力居全国前三强，预计全年汽车产业总产值将突破100亿元。

（四）创新发展硕果累累

制定了《株洲高新区创业苗圃暂行办法》、《株洲高新区工业地产孵化器建设管理暂行办法》等政策文件，进一步降低科技创业门槛和成本，优化创新创业环境，培育和壮大中小企业发展。新设立了中国动力谷发展专项资金，财政安排科技创新创业方面支持经费超过1亿元。成功策划并举办中国动力谷"千人计划"专家项目合作洽谈会，接洽项目48个，7个完成签约，10个项目达成合作意向，5个项目通过评审。加大中小型科技企业培育力度，全年新认定瞪羚企业13家，总数达到20家，发放科技周转资金2200万元。积极推动专利和项目申请，申请专利919件，授权专利558件。申报各级各类科技计划项目20项，金额达4000万元。新增高新技术企业7家，高新技术企业复审22家。出台了《高新区鼓励和扶持企业上市的若干政策的补充规定》，日望电子、海天股份等5家企业成功在新三板和四板挂牌。科技银行充分发挥企业成长的"助推器"作用，支持27家企业授信达1.5亿元，满足了不同类型、不同发展阶段园区企业的资金需求。克服政府融资平台政策收紧影响，不断拓宽融资渠道，融资模式、体系建设取得新进展，高科集团融资到位近60亿元，天易集团完成融资超过25亿亿元。加快标准厂房建设步伐，目前已完成投资4.3亿元，开工面积达到40万平方米，全年建成面积将达到30万平方米。

二　2015年园区产业发展的主要任务

2015年是"十二五"的收官之年，也是"十二五"到"十三五"承上启下的关键之年，做好新一年的各项工作，意义重大、影响深远。园区将坚持创新驱动，围绕中国动力谷建设，突出四个百亿工程，全年工作主要突出以下几个方面。

（一）凝心聚力抓好招商引智

围绕三大动力产业，加强引进高科技含量、具有行业带动效应和产业聚集效应的轨道交通、航空动力、汽车及零部件产业配套的动力产业项目，从整体上提升主导产业的聚集力和区域影响力。制定支持特色工业园区开发的相关优惠政策，从用地、厂房、税收等各方面给予其更多的配套支持，完善动力谷自主创新园的管理办法，着力引入各级工程中心、企业技术中心、重点实验室和博士后工作站等科研机构，引进技术创新能力强、成长性好、抗风险能力强、税收贡献度高的中小企业以及智力型、研发型的轻资产项目。充分发挥中小企业在产品研发、完善产业链、吸纳就业等方面的重要作用，形成龙头企业与中小企业联动互补的发展格局，使一批骨干研发型中小企业发展成为新区最具活力新的经济增长点。积极推进八达信息产业园、大汉·惠普信息产业园的建设，加大电子信息产业招商力度，加强园区企业与第三方网络销售平台、电子商务专业服务机构的对接与合作，努力实现工业企业拓市场、网销平台得货源、电商服务企业增客户的“三方共赢”，推动新区电子商务产业发展。

（二）坚定不移促推创新创业

全面落实湖南省政府“135”工程，实施“创业新区”计划，以政府主导和企业主体相结合，加大标准厂房建设力度，为全面创新创业搭建平台。加快创新园“一圃两器三中心”建设进度，实施创业苗圃工程，优化创业苗圃基地建设，实施孵化器倍增计划，优化创业中心孵化资源。认真落实各项产业扶持政策，为高成长性创新创业企业提供技术、人才、资本等方面的支持。创新产业引导资金的使用方式，完善中介服务机构的服务职能，拓展服务企业的广度和深度，提升为企业服务的能力和水平。支持园区企业借助资本市场发展，大力推进企业在创业板、新三板、区域股权交易市场上市或挂牌，大力培育60家拟上市后备企业，争取帮助5家在新三板或区域股权交易市场挂牌。不断优化金融发展环境，鼓励社会资本投资参与园区开发，完善高新区科技金融创新联盟建设，构建多功能、多层次的金融服务体系，以更高效率、更低成本，向科技型中小企业全面输送创新创业所需资源和服务。

（三）全力以赴推进项目建设

园区四大百亿工程项目，是2015年乃至今后几年的工作重点。只要把这四大工程抓好，新区就会在新一轮的发展中夺得先机、赢得主动。一是动力谷自主创新园。争取在2015年通过投资主体多元化的手段，启动40万平方米工业物业建设。力争用3年左右的时间，全面建成动力谷自主创新园，落地6~8个创新产业园项目，集聚2000家小微企业与研发项目，成为长株潭地区的科技创新示范区，在全国有影响力和竞争力的自主创新示范区。二是新马EBD。重点是抓好5200亩万丰项目建设，其中1800亩的万丰湖生态水系景观一期工程在2015年要全面完成并蓄水，二期工程在明年底前基本完成。要通过几年的努力，把该区域建成300万~400万平方米的生态商务区，按产城一体的理念，满足新马创新城城市功能需要和园区产业配套。三是汽车博览园。未来3年重点建设新车贸易区、二手车贸易区、汽车后市场服务区和配套物流园，完成项目开发的50%。要打造中南地区最具影响力的集多种业态为一体的汽车商贸平台和全国闻名的汽车文化及旅游目的地。四是汽车产业集群。北汽二工厂将于明年1月正式开工建设，将在2016年建成投产。通过几年的努力，形成以北汽为龙头年产50万辆乘用车、南车时代电动1万辆新能源电动车、海纳川零部件为代表的千亿汽车及零部件产业集群。

B.28

2014～2015年湘潭经济技术开发区产业发展研究报告

喻 湘*

一 2014年园区产业发展总体分析

2014年，开发区全年续建和新开工项目156个，完成固定资产投资351亿元，同比增长20.1%，实现技工贸总收入1401.6亿元，同比增长33.1%，完成财税收入26.9亿元，同比增长16.5%，完成工业总产值850.4亿元，同比增长44%。

（一）新增长点形成的接续能力不断提升

从经济运行看，主要经济指标保持平稳增长，技工贸总收入、财税收入、工业总产值保持15%～25%的增长。从产业看，高新技术产业逆势而上，全年增长19.4%。电子信息、先进装备制造业、汽车及零部件配套三大主导产业分别增长15.1%、57.6%和8.5%。泰富重工产值达110亿元，二期于2014年10月16日开工建设，预计2015年5月投产，威胜智能配用电产业园正在进行4栋主厂房建设，预计5月正式投产，吉利汽车产值达100.08亿元。移动互联网、商务服务、科技服务等新兴服务业快速增长。从投资看，完成固定资产投资351亿元，同比增长20.1%。19个基础设施项目完成投资90亿元，增长50.3%；62个在建工业项目完成投资130亿元，增长6.64%；63个服务业项目完成投资114亿元，增长21.4%。从基础及配套工程看，沪昆高铁湘潭北站正在加快推进站前广场建设，进出主干道（莲城大道）已拉通，于2014

* 喻湘，湘潭经济技术开发区党工委书记。

年12月16日通车；潭锰路九华段、鹤岭供水工程等全市重大项目建成投入使用。

（二）改革创新催生的内在动力不断提升

1. 创新引领作用凸显

积极开展科技、投融资模式的重大突破和创新，推动了经济结构的重大调整，提供了新的增长引擎。吉利汽车抢占先机，打造全国甲醇和乙醇燃料汽车产业化基地；湘潭锅炉进行技术改造，节能减排成效显著；污水处理一期工程项目被财政部列入全国PPP示范项目，采取由政府和社会资本合作投资的模式进行公共服务项目的投资、建设和运营；积极研究“政府引导＋企业主导”开展两型地产推广的新模式，探索绿色建筑及绿色理念与两型的融合；培育环保产业，全力支持园区首家高新环保企业——景翌环保公司，全面开展合同环境服务；大力开展智慧城市试点与新能源的推广与利用。

2. 全力做好重点规划政策编制工作

全面启动“十三五”规划编制前期工作，制定“十三五”规划编制工作方案，上报纳入省“十三五”规划的重点内容；建立“十三五”规划重大项目库，初步摸底申报省级“十三五”规划重大项目21个，市级“十三五”重大项目90个，估算投资1347.63亿元。

3. 完善工作联动机制

推行重点产业项目委领导联系帮扶制和重大工程项目“一对一”联点责任制；制定重大项目考核奖惩办法，全力以赴推动项目建设；建立从招商引资到项目投产的工作协调联动机制，全力为项目建设做好“保姆式”服务。

4. 着力搭建湘潭外向型经济发展新平台

湘潭综合保税区顺利完成“七个必检项目”和10余万平方米标准厂房及标准仓库建设，顺利通过国家层面验收，为湘潭经开区外向型经济发展打造了新平台。

（三）大力转方式调结构提升了发展质量

在“转型发展、高端发展、创新发展”的指引下，园区经济转型升级取得明显成效。汽车及零部件、电子信息产业、先进装备制造业三大主导产业产值占比分别为 17.7%、21%、34.2%。泰富重工释放出强大产能，先进装备制造业一跃成为园区第一大产业；泰富重工、吉利汽车和新浦实业三家公司进入湖南民营企业百强之列；华拓数码、中国网库等项目为园区服务业发展带来蓬勃生机，第三产业占比快速提升，汽车及零部件产业“一枝独大”局面有所改观，产业多点支撑趋势越来越明显。

2014 年是园区加快实现从单一的生产型园区向生产、服务、消费型园区转变的一年，各大产城融合战略性工程加快推进。大型商业综合体红星美凯龙国际家居商场开业运营；国际五星级酒店喜来登签约入驻步步高新天地；黄河索菲特酒店基本建成；千亩级九华湖德文化公园建成开园。

（四）要素保障能力的强化夯实了发展后劲

一是土地要素保障方面，全年国土报批面积近 6432 亩，保障了沿江风光带、湘潭综合保税区、泰富重工等重大项目用地需求。蓝思科技二期、九华大道北段、华拓数码、建荣检测中心二期、台胞服务中心、先进矿山装备及地通总部、沿江风光带（含九昭路）扩征、新星国际、华拓数码等 9 个项目已全部完成土地征收工作，确保了项目建设用地需要。提高土地利用率，盘活做优土地存量，处置了一批闲置用地。

二是征地拆迁方面，不断完善征拆制度，规范补偿价格，想方设法攻克征拆难题，完成了一大批重点项目征拆遗留问题。全年完成土地征收 3143 亩，签订房屋认定书 1535 户。综合保税区、威胜智能、恒润高科、科大北路、沪昆高铁站场及连接线、东信棉业、九华湖回报用地、公元房产、晟嘉达房产、泰富重工、泰富重工扩征、湘江学院及学院南路、奔驰路、霞城路等 14 个项目全部完成红线内扫尾任务。

三是资金要素保障方面，全年筹集各类资金 175 亿元，是建区以来获批资金最多的一年；积极为企业融资搭建平台，全年争取国省市专项资金 2.3 亿元，企业新增融资额 45 亿元。

（五）民生改善凝聚的发展活力不断增强

在基础设施建设、公共服务提供等方面统筹城乡发展，让农村群众享受到与城市同质化的资源与待遇，共享发展成果。先后出台了《湘潭经开区城乡统筹乡村片区规划》、《湘潭经济技术开发区新型农村合作医疗2014年医疗费用补偿方案》、《湘潭经开区实施国家基本公共卫生服务项目工作方案》、《湘潭经济技术开发区就业奖励试行办法》等利民惠民方案，促进社会事业城乡一体化发展。新版医疗《补偿方案》保障力度加大，11万人次受益；切实落实为民办实事工程，注重群众物质和精神家园建设，新建立了鹤岭村、黄龙村两处群众文化广场；着力公共出行，园区内开通了1、2、3、4路免费公交车，28、29等4路公交线路拉通到湘潭市区，延长127路公交车线路终点站，解决了富家村400多户村民的出行问题。

二　园区发展趋势与问题的分析预测

一是迎来经济“新常态”的机遇期。中国发展正处于重要战略机遇期，从当前中国经济发展的阶段性特征出发，园区经济发展要主动适应新常态，保持战略上的平常心态，正确把握国家宏观政策、促进企业的转型升级，确保园区经济健康持续发展。

二是迎来“转方式、调结构”的机遇期。随着中央进一步简政放权，深度调整产业结构，我们将紧紧抓住深度调整经济结构的大好机遇，积极发现培育新增长点，保持经济运行在合理区间，努力实现园区整体实力的增强，抓住机遇，赢得主动，发展壮大。

三是迎来长株潭国家自主创新示范区建设的机遇期。2014年12月3日，长株潭设立国家自主创新示范区，先行先试政策将在更大范围发挥效益。自主创新示范区的建设，赋予了长株潭城市群更为广阔的发展空间。湘潭经开区地处长株潭腹地，将成为长株潭融城和国家东西部连接的重要支点，建设美丽新九华大有可为。

四是迎来产业转移和对外开放的机遇期。湘潭综合保税区2015年3月将封关运行，湘潭经开区有望成为接纳外向型产业转移的新洼地，有利于实现经开区与综保区协同作战、融合发展，提升经开区的对外开放水平，抢占全省外向型经济发展高地。

但是，也应该清醒地认识到湘潭经开区发展中的深层次问题逐步凸显，中国经济进入增速阶段性回落的“新常态”时期，呈现出与周期性调整不一样的新现象和新规律，园区面临不少风险和挑战。

一是财政收支平衡压力增大。受经济形势影响，部分重点税源企业生产效益下滑，财税增收压力较大。如吉利汽车税收入库同比下降13%。社会保障、民生工程等刚性支出持续增加，财政收支平衡面临较大压力。

二是经济下行压力大，企业经营困难。受国家宏观经济整体下行等不利因素影响，经开区企业生产经营困难，主要表现为：龙头企业大而不强。如吉利汽车产量同比下降38%；三星爱铭于3月已全面停产；中冶京诚、江麓重工因市场有效需求不足，基本处于半停产。中小微企业小而不精。已投产的228家企业中，中小微企业占95%。部分企业产品附加值不高，无核心技术，市场竞争力不强，抗风险能力差。房地产市场供大于求。商品房销售惨淡，融资难，整体市场情况不容乐观。

三是项目建设支撑不强，项目建设速度明显放缓。重大项目储备不足。当前经开区三大主导产业、战略性新兴产业和服务业大型高端优质产业项目偏少。项目实际开工率不高。受宏观经济下行影响和企业自身原因，企业投资意愿明显不足、建设缓慢，甚至停工。工业投资同比下降7.6%，156个项目中已产生投资的有149个，但实际开工率只有77%。

四是银根收紧，企业资金压力大。企业融资难、融资贵，资金难回笼。银行抽贷、压贷问题比较突出，信贷条件设置过高，程序复杂，企业应收账款多，流动资金周转紧张，严重影响到企业正常生产经营。2015年以来，经开区中小企业资金面趋紧，融资需求同比增长21.4%，资金缺口率同比上升21.1个百分点。

三　下一步园区发展目标

主要预期目标为：2015年实现技工贸总收入1560亿元，增长11.4%；完成工业总产值1000亿元，增长17.6%；完成固定资产投资360亿元（其中，省市重点项目计划完成投资155.9亿元），增长24%；实现财税收入30.18亿元。到2020年，把经开区建设成为“两型”产业新区、生态宜居新城，全区技工贸总收入达3500亿元，工业总产值达2500亿元。

（一）突出创新驱动重点，着力培育新的产业增长点

培育新技术。坚持政府引导、企业主体，依托长株潭国家自主创新示范

区，实施龙头企业培育、关键领域攻关、公共服务平台建设和科技人才壮大等4大工程。进一步完善扶持引导机制，设立产业投资基金，推进重大创新工程和关键共性技术研发、公共创新平台建设；支持企业发展总部研究院、设立产业创新发展联盟；量身定做引进政策、逐步建立核心领军人才参与分享产品增值收益的新机制，打造企业核心技术团队。

发展新产业。坚持智能化、专业化发展方向，着力培育先进装备制造、电子信息高端发展以及新能源、新材料、智能制造、节能环保、新一代信息技术等战略性新兴产业。研究制定三大主导产业链创新路线图，进行定向、滚动支持。着力支持培育泰富重工、吉利汽车、威胜电子等领军企业的创新。同时，抓好金融投资服务、工业设计服务、现代物流服务、信息软件服务、科技创业服务5大新兴服务业发展，完善产业发展业态。

创造新模式。支持园区内各产业的融合发展，推动模式创新。引导促进三大主导产业与高新技术产业、网络信息产业的深度融合；对接国家“互联网+X”行动计划，促进云计算、大数据、物联网等与现代制造业结合，推进制造服务化；依托综保区平台，以促进贸易便利化为核心，争取跨境电子商务服务试点；积极推动外向型经济发展和贸易模式创新。

打造新业态。积极发展移动电子商务，推动优势产业、重点行业与电子商务融合发展；积极发展融资租赁，引进一批融资租赁企业；发展高端消费品会展、交易、制造综合产业；鼓励加快做好支持具有自主知识产权的关键技术和重大产品研发，促进企业核心技术和专利技术向标准转化；鼓励企业创建国、省工程和技术中心，不断提升园区企业的内生增长力。

（二）突出产业结构调整重点，着力创新提升园区实力的新路径

1. 集中做大做强集群产业

根据目前园区发展态势来看，要圆满完成明年经济指标，必须坚定不移地做大做强园区主导优势产业。预计2015年，汽车及零部件、先进装备制造、电子信息三大产业产值将分别达到220亿元、200亿元、300亿元的产值规模。

（1）汽车及零部件产业。一是加快培育新能源汽车制造。重点支持吉利新能源汽车生产平台，确保年底建成投入运营；支持恒润高科新能源整车生产基地及其关键零部件研发制造。二是重点打造配套零部件产业。加快国际高端汽车零

部件产业园项目建设，力争2015年本地配套率达到35%，靠增量带总量。

（2）先进装备制造产业。重点抓好泰富重工二期项目建设，确保6月建成投产，培育具有工程总承包、系统集成、国际竞争的装备产业集群。

（3）电子信息产业。一是重点抓好威胜智能微电产业园项目建设，确保5月建成投产。二是发展保税区出口加工及物联网配套电子元器件制造。三是发展移动互联网、数据处理、信息安全、移动支付等产业，使园区电子信息产业的增长动力由生产型向服务型驱动。

2. 加快产业结构调整，大力发展战略性新兴产业

改变粗放型增长方式，将九华的经济发展空间有力地释放出来，采取有力措施，腾出土地。由“低小散”向“高新尖”发展，由单一经济向产业集群转化。重点培育和发展新能源、节能环保和新材料产业，建设好华电九华分布式能源基地项目。

3. 集中做大优势产业，努力培育百亿龙头企业

重点推进湘潭综保区、泰富重工二期、威胜智能电网、华电分布式能源站以及吉利汽车零部件产业园等建设，确保重点产业项目尽快投产。积极实施《百亿企业千亿产业发展规划》，全力支持一批自主产业突出、核心竞争力强的龙头企业做大做强做优。

（三）突出项目建设重点，着力构建园区经济健康持续发展新机制

1. 构建投资责任机制

科学编制2015年固定资产投资计划，确保投资达到360亿元。做好项目储备，抓好2015年重点项目、重大前期项目申报和管理。初步摸底，经开区2015年固定资产投资项目112个，计划完成投资360.09亿元。出台全年重点推进的20大产业项目和20大基础设施项目。

2. 构建项目服务管理机制

一是积极做好对接、指导与服务工作，提高服务质量，营造高效便捷服务环境。二是精心策划，积极包装项目，重点围绕2015年中央预算内重大基础设施、社会事业和治理、节能与生态、自主创新和结构调整以及国家七大类重大工程等，争取国省资金；积极引导民间投资进入公共领域建设。三是建设知识产权试点园区，加快企业技术中心申报。四是主动适应新常态，进一步优化

岗位职能，加强管理，整合资源，切实转变服务方式，提升服务水平。

3. 构建重点项目建设的协调工作机制

一是联合园区招商、产业、住建、建发集团、征拆等部门，建立省、市重点项目建设联动机制，营造良好的项目建设氛围。二是科学制定重点项目责任落实机制，包括征拆、投资、形象进度等月、季度任务；及时掌握破解项目推进的困难问题，盯紧项目落地、开工、竣工各项环节，按照市重点项目开、竣工计划目标开工投产。三是建立企业入园后全流程服务表，明确时间节点；建立服务企业发展的项目经理制、重点项目联点制、企业分级服务制。

4. 构建重点项目建设的要素保障机制

积极对接国家和省市政策，积极争取专项资金。完善投资公司经营体制，大力拓宽融资渠道，加大融资力度；积极为企业融资搭建平台，筹集项目建设资金。全面提高土地利用率，盘活做优土地存量，确保重点项目用地需求。加强对征拆相关政策的规范和完善，破解项目征地拆迁难题。

（四）突出民生改善重点，着力出台强化民生保障的新举措

一是加大投入、保障民生支出费用，与经开区产业转型升级相适应，完善制度和创新机制，优化民生投入结构，重视做好就业工作，提高群众医疗保障水平、满足多层次健康需求，提供稳岗补贴，对在调整优化产业结构过程中不裁员、少裁员的企业，由失业保险基金给予稳岗补贴，主要用于职工生活补助、缴纳社会保险费、转岗培训、技能提升培训等相关支出。二是突出社会民生项目建设重点，紧紧围绕结构调整、产业升级、基础设施、社会民生、生态环保等领域，按照“十三五”规划编制总体工作方案及进度要求，科学编制“十三五”规划。三是加快民生项目建设，大力发展政务、教育、医疗卫生、体育文化等公益事业；办好学前和义务教育、高中教育，积极发展职业教育；完善大型综合医院、专业医院、社区医疗三级体系；高起点、高标准编制兴隆湖、沪昆高铁北站、城乡统筹区等重点片区控制性详规。四是要更加重视社会大局稳定，要从根本上解决影响和制约科学发展的深层次矛盾和问题，保障和改善民生。五是积极探讨“两型社会”改革的新路子，做好各个领域的两型改革工作方案及部署，将改革落到民生改善实处。

（五）突出现代服务业发展重点，着力探索产城融合的新模式

1. 大力发展生产性服务业

一是依托现有主导产业，大力发展信息技术、现代物流、总部经济、科技服务、服务外包、教育培训等项目等高新技术服务业。二是加快智慧九华、华拓数码、中国网库等智慧信息产业项目，以信息化拓展生产消费的新模式。三是建设好华源港口二期，并引进一批保税物流、保税商贸项目。四是利用创新创业基地和知识产权工作站，抓好科技服务产业，鼓励中介服务企业发展；引入和建设园区法律、咨询、金融、会计、知识产权、电子商务、资产评估等服务机构及配套设施。

2. 支持发展消费性服务业

大力发展商贸购物、旅游休闲、餐饮娱乐等消费性服务业，引进大型商贸，打造区域大型购物商业街、居民集聚区购物商业中心和社区购物商业网点三个层次体系。对“一站一湖”进行总体规划，加快打造集生态休闲、新能源、智慧城市为一体的 RED 国际新城。建设 RED 核心示范、商务、休闲养生、智能居住四大功能区，包括能源研发及交易、新能源体验、银龄养生、红色文化、生态住宅、低碳家庭、智能家居等特色主题。

3. 加快发展公共性服务业

加速完善滨江新城基础设施和公共服务配套建设，带动区域商贸繁荣和人口集聚，大力拉动消费，打造资源“洼地”。加快建设索菲特、沿江风光带景观、雅礼中学等城市配套项目。

（六）突出平台建设重点，着力打造高端发展的新台阶

一是建设好沪昆高铁北站综合枢纽。充分利用高铁北站平台，大力发展高铁经济。以高铁北站的建设为契机，推进长株潭融城步伐，加速实现湘潭经开区与大河西先导区两地相向发展，基础设施上的无缝对接、产业上的互补发展、生态环境上的共治共建。二是着力搭建湘潭外向型经济发展新平台。综合保税区已于 2014 年 12 月 16 日通过省级层面预验收、2015 年 1 月 28 日通过国家十部委正式验收。要进一步研究综合保税区对区域经济发展的作用，加强区内外联动、上下游产业联动、内外贸易的联动，把湘潭综合保税区建设成为开

放型经济新引擎和新亮点。三是着力建设好园区公共服务平台。加快创新服务平台建设，抓好九华创新创业服务中心创建省级科技孵化器工作；构建企业信息交流平台，实现园区项目的全生命周期管理和可视化管理，创造园区企业间相互合作的机会，实现企业与高校、研究机构间构建技术研发交流平台，为企业与银行、风险投资等金融机构搭建金融信息交流平台。

B.29

2014~2015年岳阳经济技术开发区产业发展研究报告

岳阳经济技术开发区研究室

一 2014年园区发展回顾

1. 经济运行稳中提质

全年实现地方生产总值208.23亿元，增长8.8%；完成规模工业增加值131.96亿元，增长8%；完成固定资产投资139.33亿元，增长24.5%；实现社会消费品零售总额99.97亿元，增长12%；完成公共财政预算收入24.4亿元，增长13.2%，总量继续稳居全市第一。税收收入占公共财政预算收入比重76.2%，同比提高2个百分点，南翔万商、雷勃电气、道道全粮油、湖南科伦、百利科技、华润燃气、中科电气等80家重点企业完成税收15亿元，增长23%；高新技术产业增加值占地方生产总值比重46%，高于全市平均水平29个百分点；三次产业结构比调整为2.1∶83∶14.9，经济质量和效益稳步提升。

2. 项目建设奋力推进

全年招商引资实际到位内资45.1亿元，实际利用外资8000万美元，红星美凯龙城市综合体、飞艇研发中心和制造基地项目确定落户岳阳经开区，汇一汽配城、中南商贸广场、百利科技总部等一批重大项目签约入区。岳望高速、大岳高速全线按期交付。京港澳高速岳阳收费站西移工程、金凤桥变电站、罗家坡污水处理厂二期等重点工程加快推进。南翔万商国际商贸城一期主体工程基本竣工，家居博览城开始施工。长炼机电园、科美达电气二期、华文食品建成投产。迅力机电市场、鱼蛋白肽即将竣工。同联药业建设加快。全年获批新增建设用地近千亩，征拆腾地3453亩，拆迁房屋1200多栋。康王乡、三荷乡、通海路和金凤桥管理处广大干部在项目建设与项目服务上付出了艰辛努力。

3. 产业转型升级向好

洞庭湖国际电子商务新城启动建设，电商服务中心投入运营，20 多家电商企业和电商服务企业率先入驻。现代服务业加速发展，第三产业实现增加值 30.9 亿元，增长 11.9%；新增个体工商户 1946 户，房地产税收增长 46%，城区人气、商气日益兴旺。现代农业发展步伐加快，新增农民专业合作社 7 家，创建省级示范社 4 家。高新技术产业实现增加值 95.97 亿元，增长 8.2%，新认定省级高新技术企业 10 家，授权专利 119 件。新认定中国驰名商标 4 件，新增马德里国际商标 4 件。巴陵节能炉窑成为岳阳在“新三板”挂牌上市的第一股，鑫隆信息在上海股权托管交易中心 Q 版挂牌上市。国家磁力设备质量监督检验中心建成运营，北斗卫星导航系统应用工程技术研究中心获批省级研发中心。

4. 城乡统筹发展加快

木里港工业区、金凤湖生态示范区、三荷空港产业区、现代新型城区“四区一体”功能布局更加科学，城乡规划编制更加完善。木里港路、长岭路、中科路全线贯通，拉开了园区开发整体框架。创建文明城市建设成效明显，完成市政基础建设投资 1.5 亿多元，白石岭路、旭园路等道路提质升级，拉通了王家垄路；社区“三改三化”建设发力，通海路管理处八字门社区、亮山社区提质改造获得好评；环卫保洁、志愿服务、交通秩序整治等工作形成常态，城市建管水平逐步提升。新农村建设成效明显，小农水建设三年行动扎实推进，疏浚沟渠 304 公里，除险加固小二型水库 7 座；提质改造农村公路 68.32 公里、县道 10 公里；乌江高城水厂竣工运营，解决安全饮水人口约 2 万人；实施移民后扶和精准扶贫项目 75 个，农村三防体系建设明显加强，环境卫生整治工作获评全市先进，农村生产生活条件不断改观。生态环境不断改善，环南湖截污管网工程加快建设，环南湖区域生猪退养基本完成；新增造林 2700 余亩，削减化学需氧量 4803 吨，氨氮 383 吨。禁拆治违力度加大，全年累计组织拆违行动 200 余次，拆除违法建设 1878 处 18.7 万平方米，其中存量违法建设 1023 处 12.6 万平方米；集中审批民生建房 700 余户，加强了农村集体土地农民建房管理。

5. 民生保障逐步加强

启动建设安置小区 14 个，建成安置房 1498 套；新建棚改房 282 套，建成公租房245套。新增城镇就业2785人，新增转移农村劳动力804人，零就业家庭动态援助率100%。“五大保险”继续扩面提标，城乡居民养老保险征缴率和发放率达到两个100%，城乡低保人均月保障标准分别达400元和200元。新农合平均受益度达69.36%。

工作中仍然存在着不少薄弱环节和问题：大项目、好项目还不多；产业层次还不够高，产业集聚效应还不强；城市东扩步伐还不够快，公共配套服务和城建城管水平还不够优；社会管理还不够到位，社会矛盾还比较多；经济发展环境还不够优，阻工闹事时有发生；违法建设屡禁不止，禁拆治违压力很大。但总体来说，经过20多年的发展积淀，特别是近几年全区上下自加压力、负重奋进，岳阳经开区加快发展的大势已成。一是财力较强。财政收入稳居全市第一，可用财力大大增加，支撑发展能力显著增强。二是负债较少，在同类开发区中，岳阳经开区政府债务规模相对较小，债务风险可控，融资能力较强。三是资源较多。园区整体框架初步形成，土地资源开发建设潜力较大。四是后劲较强。通过近几年努力，项目建设对实体经济支撑的效果初步显现，而且越来越明显。五是态势较好。各项管理水平稳步提高，领导干部作风和精神状态越来越好。只要我们坚定信心，真抓实干，就一定能够加快发展，成为岳阳经济社会发展的领头雁。

二　2015年工作思路和目标

2015年工作的总体要求是：认真贯彻落实中央、省委和市委经济工作会议精神，按照《政府工作报告》明确的目标任务，坚持产城共荣，突出产业发展，统筹城乡发展，构建发展新格局，推进项目新跨越，健全管理新机制，树立干部新形象，开创工作新局面，努力建设充分展示岳阳发展水平的现代核心城区，在争当领头雁上迈出新步伐，为打造湖南通江达海的新增长极作出新贡献。

主要预期目标是：地区生产总值增长10%左右；固定资产投资增长20%以上；规模工业增加值增长10%左右；社会消费品零售总额增长12%以上；公共财政预算收入增长10%；城乡居民人均可支配收入分别增长9%、10%以上。

三　2015年工作任务

1. 突出产城共荣，构建发展新格局。要实现经济实力更强、产业结构更优、城市形象更美、人居环境更好的目标，必须做好产业发展和城市发展的结合文章

在功能布局上坚持四区一体。坚持把木里港工业区、金凤湖生态示范区、三荷空港产业区、现代新型城区“四区一体”布局谋深谋细，每年抓几个实实在在的项目，办几件强基固本的实事，积小胜为大胜，夯实加快发展基础。木里港工业区：按照工业园区沿木里港路及其以南集中布局的思路，加快园区基础建设，提升项目承载能力。白石岭工业园、监申桥工业园除保留部分与环境相容的优势项目外，加快引导其他工业企业逐步退出或调整业态。金凤湖生态示范区：以生态保护为核心，以生态建设为主线，以生态产业为主体，尽快完成片区概念性规划、控详规划，规划建设金凤湖城市森林公园、公园广场和金凤湖路。三荷空港产业区：完成空港产业区控详规划、安置点建设规划，加快推进安置还建点建设，加强禁拆治违工作，全力服务机场建设。现代新型城区：以岳阳大道、巴陵大道为轴线，加快项目落地，加快城市东扩，加强城市管理，体现岳阳门户形象。

在产业转型上培育特色产业。大力发展战略性新兴产业和现代服务业，实现双轮驱动，带动转型创新发展。一是大力发展战略性新兴产业。加快引进培育北斗应用、生物医药、节能环保、电子信息、文化创意等新兴产业，提质升级磁力设备、石化装备、食品加工等优势产业，既高度重视引进外地好项目、大项目，又更加重视支持扶助本地企业发展，延伸产业链条，提升产业层次。二是大力推动现代服务业提速发展。积极引进培育研发设计、服务外包、金融证券、中介咨询、仓储物流等生产性服务业，支持知名商业品牌、餐饮名店、星级宾馆和大型超市发展，提升传统服务业水平，培育消费热点，激活商贸流通。加快发展电子商务，以洞庭湖国际电子商务新城为依托，加速形成具有岳阳特色和强大市场竞争力的电子商务品牌，积极创建省级电子商务示范园区和国家电子商务示范基地。大力发展工业地产、商业地产和住宅房地产，强化产业发展平台和载体支撑。积极推进“135”工程，新建一批中小企业孵化园、特色产业园和标准厂房，加快建设一批写字楼、商住楼盘和城市产业综合体。年内启动建设标准厂房60万平方米以上、建成30万平方米以上，引进创新创业企业30家以上，重点电商企业和电商服务企业50家以上。

在城乡统筹上彰显门户形象。一方面，加强城市规划、建设和管理，让城市形象更现代更宜居。进一步完善城市规划区各个重点区域、重要地块和重要节点的规划设计，加快编制乡镇总体规划和重点集镇、村庄规划，提高规划的整体性、指导性和前瞻性。以高铁新城、电商新城和金凤湖生态示范区为重点，突出生态家居、产城共荣，加快开发建设，推进城市东扩提速。进一步提质改造中心城区人行道、绿化带、标识标牌等市政基础配套设施，优化“小细节”。逐步拉通中心城区“断头路”，改善“微循环”。完善学校、医院、商场、餐饮、娱乐等公共配套，不断提升城市服务功能。进一步巩固文明创建成果，提升城市管理规范化、数字化、网格化和市场化水平，优化城市环境品质和文明形象。另一方面，大力推进新农村建设，让乡村面貌更生态、更秀美。加快康王、三荷、西塘等集镇建设，完善集镇道路、农贸市场、自来水、污水及垃圾处理等基础设施，整治临街门面，推进实施绿化亮化工程，坚决改变集镇“脏、乱、差”现象。大力加强安全饮水、农田水利、农村道路等基础设施建设，建立完善农村环境整治三级投入机制和长效化工作机制，建设美丽村庄、美丽乡镇。加大节能减排和生态环保力度，认真落实已承包山塘水库逐步退出工作要求，严格规范采石场管理，禁止乱挖滥采，保护青山绿水，保护城乡生态环境。

坚持属地管理，突出强化村（社区）工作责任，严明工作纪律，严格责任追究，持续加大禁拆治违力度，杜绝新增违法建设，加大拆除存量违建力度。坚持综合治理，强化部门职责，加大打击力度，严肃查处非法占地、非法买卖土地、推山毁林、抢搭抢建等不法行为，严厉打击暴力抗法的黑恶势力，严厉惩治党员干部不作为、慢作为、乱作为，坚决严肃查处包庇、纵容或参与违法建设的党员干部。

2. 突出好中求快，推进项目新跨越。坚持把项目建设作为经济工作的第一要务，既要快中求好，更要好中求快，聚精会神抓项目、千方百计增投资，支撑经济发展

加大招商引资力度。坚持按城市发展规划招商、按产业发展重点招商、按市场经济规律招商，进一步开阔视野、创新方法，着力盯住中央、省属企业和国际国内知名企业，着力引进一批投资规模大、技术含量高的大项目、好项目，提高招商引资质量和效率。完成市定招商引资任务，确保引进3个投资过亿元的工业项目、5个投资过5亿元的三类地产项目。同时，准确把握中央、省、市政策走向，主动捕捉项目信息，抓好项目包装对接，争取政策性项目资金5亿元以上。

加快重点项目建设。基础项目：协调推进大岳高速、岳望高速、岳阳三荷机场、蒙华铁路、京港澳高速岳阳收费站西移工程等重点工程建设。完成中科路、木里港路、康王路道路硬化和基本配套建设，启动建设临湖路、枣子山路、新华路、十字坡路、火峡庙路等道路，完善城区路网。加快金凤桥变电站、昆仑加气母站建设，保障电力和燃气供应。协调推进罗家坡污水处理厂二期建设，完成滨湖游路截污管网工程和王家河截污压力管网建设，完成南片雨污管网提质改造。产业项目：加快南翔万商国际商贸城建设，确保一期投入运营，力争二期主体工程竣工。加快推进红星美凯龙城市综合体项目，力争建成家居广场。推进中南商贸广场建设，力争居然之家开业。推进温德姆至尊豪庭大酒店项目，力争下半年试营业。完成汇一汽配城主体工程，启动果品市场建设。加速推进百利科技总部基地、四化建总部大楼等项目建设。加快推进电商产业项目落地与建设。推动同联药业竣工投产。建设伍家洞水厂、西塘水厂，实施康王城市供水管网延伸工程，解决安全饮水人口3.9万人。

大力优化经济发展环境。继续开展重点企业和重点产业帮扶行动，进一步帮扶现有企业加快技术创新、增产扩能、创牌冠标和上市扩张。全年新增规模以上工业企业8家以上，省级高新技术企业5家以上。深化银企合作，发挥中小企业担保平台作用，帮助中小民营企业融资，力争通过平台发放贷款2亿元以上。认真贯彻落实《湖南省优化经济发展环境十条禁止性规定》，严格执行企业诉求挂号销号、入企检查登记备案和企业宁静日等规章制度，严厉整治“三乱、三强”行为（乱检查、乱收费、乱处罚；强揽工程、强买强卖、强行阻工），不断提升行政效率、落实到位率和群众满意率。

3. 突出改革创新，健全管理新机制。认真落实全面深化改革各项工作任务，立足区情实际研究改革，坚持问题导向推进创新，不断健全管理新机制，争创发展的新优势

搞活投融资工作。加快轩达公司、新金公司、开发建设总公司合并重组，全力支持轩达公司完善法人治理结构，尽快做大做强。进一步加强区属公司管理，增强融资偿债能力。要积极拓宽融资渠道，在加大与银行合作同时，创新股权转让、债券发行、融资租赁、中长期票据、资产证券化等融资方式，积极试行 PPP 模式，力争全年融资 20 亿元以上。

建设规范财政、效益财政和活力财政。进一步加大综合治税力度，加强税收征管，增加财政收入。严格预算管理，加强审计监督，搞好绩效评价，规范乡镇财政管理。坚持厉行节约，大力压缩三公经费支出。进一步发挥财政资金的调节杠杆作用，增强开发建设资金保障能力。

加强土地管理和开发利用。加快区土地储备中心运作，科学编制国有建设用地供地和土地储备计划，优化土地利用结构和项目布局，加大土地报批、储备和开发力度，保障建设需求。严格土地管理，严厉打击违法用地行为，大力整顿农村非法买卖转让土地、违法违规用地等不法现象，加强土地卫片执法检查，坚定不移地保护耕地红线。进一步加强园区外投资项目管理，坚决防止巧立名目圈占资源，坚决杜绝无序开发，保障资源环境。进一步完善征地拆迁包干工作机制，认真实施好征地拆迁补偿安置新政策，严格征地程序，提高征地效率，强化用地保障。全年力争新批建设用地 1000 亩，储备土地 1500 亩，完成土地出让收入 10 亿元以上。

推行项目建设和项目服务绩效管理。加强绩效考核组织领导，整合工作职能，提升工作权威，推行工作督查、项目督办、绩效考核和工作问责一个口子管理，进一步推动全区各项工作提速提质提效。

加强制度建设，推进依法行政。进一步深入开展管理创新活动，认真查摆突出问题和薄弱环节，深入调查研究，大胆创新实践，建立健全各项工作全覆盖的管理制度体系，促进各项管理制度化、规范化和科学化。加强依法行政，推进依法治区，认真学法、严格守法、准确用法，加强行政执法监督管理，坚持以法治思维和法制手段破解发展难题。建立健全重大行政决策程序，定制度、立规矩、建规则，确保各项工作决策程序到位、流程规范、责任清晰。

4. 突出工作统筹，开创工作新局面。坚持以全面建成小康社会统揽经济社会发展全局，加强民生保障，办好民生实事，协调推进各项社会事业健康发展

努力加强社会保障。抓好就业这个民生之本，坚持以创业促就业，认真落实各项促进就业再就业政策，千方百计增加就业岗位，实现经济发展和扩大就业良性互动。推进社会保险征缴扩面，逐步提高城乡低保、五保供养、医疗救助标准，加强下岗职工、大病家庭、贫困残疾人等特殊困难群众帮扶救助工作。按照全市统一部署，推进失地农民社会保障工作。实施科学扶贫、精准扶贫，扎实抓好10个省定重点贫困村扶贫工作。

加快发展社会事业。优先发展教育事业，继续抓好中小学校标准化建设三年行动计划，新建、改建中小学校（公办幼儿园）10所，创建6所省级合格学校，促进城乡教育均衡发展，提升教育教学水平。落实创建国家公共文化服务体系示范区目标任务，加大公共文化设施建设投入，实施文化惠民工程，进一步丰富机关、企业和群众性文体活动。加强乡镇卫生院和村卫生室标准化建设，重视医卫人才引进和培养，提高新农合保障水平，提升公共卫生服务水平。加大“两非”案件查处和打击力度，加强社会抚养费征收管理，稳定人口生育水平，确保计生工作保先进位。

切实强化社会治理。坚持依法信访和依法治访相结合，深入开展矛盾纠纷排查，切实加强源头治理，积极推行诉访分离；认真落实领导包案、信访联席会议等工作制度，努力解决群众合理诉求，及时化解一批信访积案；依法处置非法集访、越级上访、无理缠访等行为，维护正常信访秩序。抓好平安创建工作，加大打黑除恶、打击“两抢一盗”、“黄、赌、毒”等专项行动力度，严厉打击“堵门、堵路、堵桥”和医闹等严重违法行为，保持对各类犯罪活动的严打高压态势。认真贯彻落实新《安全生产法》，严格落实安全生产责任，实行党政同责、一岗双责、齐抓共管，切实加强重点领域监管，坚决防范和遏制重特大事故。健全公共安全防控体系，严格食品药品安全管理。加强宣传工作和舆情引导，充分发挥统一战线、工会、妇联、共青团等群团组织的作用，提高防范和处置各类突发事件的能力。进一步加强社会综合治理，确保全区不发生重大群体性事件、重特大刑事案件和重大安全生产事故，保持全区社会大局和谐稳定，为加快发展创造良好的环境。

B.30

2014~2015年望城经济技术开发区产业发展研究报告

望城经济技术开发区管委会产业发展局

一 园区产业发展情况

（一）经济运行稳中有进

截至2014年底，园区109家规模企业运转良好，5家企业有亏损跌入规模以下，新增规模以上企业10家，其中新投产入规3家，培育入规7家。2014年累计完成规模工业总产值648.2亿元，同比增长26.4%；其中高新技术企业产值420亿元，同比增长22.8%，占规模工业总产值的64.8%；研发投入14亿元，同比增长2.2%；完成工业投资103.9亿元，同比增长29.8%；实现财政总收入27.7亿元，同比增长7.9%，其中国地两税完成15.7亿元，同比增长8.2%，园区经济发展的新动力逐步显现。

（二）支柱产业再上台阶

园区以承接产业转移为契机，加快产业结构优化升级步伐，调整有色金属新材料暨先进制造行业“一业独大”的格局，巩固提升食品加工行业的同时，电子信息行业强势入驻，现代商贸物流行业方兴未艾，以有色金属、食品加工、电子信息、商贸物流为主导的四大产业集群发展特色明显。2014年园区有色金属行业累计完成规模工业产值476.8亿元，同比增长33.8%，占园区规模工业总产值的73.5%，拉动园区增长23.5个百分点。食品行业2014年累计完成规模工业产值81亿元，同比增长13.0%，占园区规模工业总产值的12.5%。支柱产业的转型升级为园区经济运行稳中有进打下了坚实的基础。

（三）重点企业再创新高

晟通集团着重发展“201”工程（20万吨铝箔、世界第一）、轻量化汽车、铝型材、建筑模板、铝工艺品等高附加值终端产品，实现了从传统制造业到创新型多元化企业集团的转型，2014年累计完成规模工业产值305亿元，同比增长51.9%。金龙集团打造再生资源循环经济，拓展铜精深加工、终端产品生产线，运用电商模式开拓市场，有效提高产出和效益，2014年累计完成规模工业产值101.4亿元，同比增长15.5%。澳优乳业长线投资海普诺凯荷兰工厂扩增产能，一举成为第四代配方奶粉的引领者，2014年累计完成产值26.1亿元，同比增长53.8%。

（四）产业服务质量提升

截至2014年底，累计培育高新技术企业32家，实施国家、省、市各类计划项目200项，争取专项资金2亿多元，拥有4家国家级实验室，2家国家级企业技术中心，31家省市级技术中心，12个中国驰名商标，56个省著名商标，授权专利1666件（其中发明专利121件）。2014年共帮助企业融资到位9亿多元。通过成功举办“科技引领·产业振兴”望城籍院士专家故乡行活动和“创新驱动·有色生辉”2014院士专家长沙望城行活动，促成晟通、金龙、长高、泰嘉、美特新材等5家企业8个项目与专家院士达成科技成果合作和技术攻关协议，解决了企业技术发展瓶颈问题45个，建立了园区首家金龙铜业院士专家工作站。促成30多家企业与21所大学和科研机构成功搭建产学研平台，全面落实了长沙市“313”、“3635”人才引进计划。

（五）招商建设成果丰硕

成功引进了中德有色工业园、网讯通、开利星空、合生元、西湖电缆、有色铍材等31个项目，其中工业项目27个，工业项目中产值过亿元的项目15个，过10亿元的项目10个，过30亿元的项目4个，过100亿元的项目2个，投资总额为220.3亿元。全年完成土地报批2500亩，拆迁2200亩，场平3000亩。新建续建项目有旺旺乳饮、高星物流园、金桥国际商贸城、金荣科技、优美科富虹锌业、清风纸业等39个，其中投产类续扩建项目有中航长沙航空工业园二期、航天磁电二期、晟通科技铝箔二期、奥特莱斯二期、黄金创业园三期等12个；一期建成投运和全部投产达效的项目有万家乐、统实包装、博翔纺织厂等18个，这些项目是园区可持续发展的重要支撑，也是园区迈入千亿级的新增点。

二　2015年园区发展面临的形势分析

从大形势来看，随着国内经济增长减速、行业产能过剩加剧以及原材料、能源、劳动力成本上涨导致行业利润的不断下降，加上新环境保护法、新安全生产法等硬性约束，促使企业不得不面临转型创新发展的阵痛期。

从自身来看，园区在发展过程中仍存在差距和不足。一是园区产业集群与走高端发展路线的创新型产业集群还有一定的差距，还处于低层次的企业聚集阶段，产业链条尚不完善，高附加值、高技术含量的终端产品占比较小，产品质量还不过硬，创新对企业发展的贡献率低，企业核心竞争力薄弱，抵御风险能力不强。二是园区经济增长来源依旧单一。目前经济增长主要得益于有色产业集群集聚发展，特别是得益于晟通科技、金龙集团的单体支撑，如果除去上述企业的增长因素，园区其他企业整体只增长6%，后续若无优势梯队企业增强后劲，或者现有投产企业发展受阻，稳步增长的发展势头将难以为继。与其他起步早、发展早的国家级园区相比，在经济总量上仍存在一定的差距。三是园区“硬件”配套设施还不是很健全，生产性、生活性服务配套相对滞后于企业的需求，直接影响招商引资、企业扩产、资源整合、总部建设，也给高素质人才、关键技术工人的引进、稳定带来难度，一定程度上制约了园区经济的快速健康发展。

面对新的发展机遇和挑战，必须以发展的眼光全面分析和正确把握发展的外部环境和园区实际，强化机遇意识和危机意识，激情创业、开放创新，主动适应经济新常态，创新驱动实现新发展。

三　2015年园区产业发展的目标、思路和措施

（一）发展目标

2015年园区工业经济将固本培元，行稳致远，力争实现规模工业总产值

800 亿元，同比增长 23%；实现财政总收入 30 亿元，同比增长 11%；引进招商项目 30 个以上，确保引进投资 50 亿元以上工业项目 1 个以上，新建续扩建项目 40 个以上，完成工业投资 100 亿元以上。

（二）发展思路

围绕上述目标，2015 年园区将主打“创新牌”，以“一个转变”、“三个加强”、“五个统筹”为中心，确保园区产业健康发展。

“一个转变”：实现以总量扩张为主向以产业竞争、科技创新、服务创新能力提升为导向的创新型园区发展模式的转变。

“三个加强”：一是加强产业竞争力提升和总量规模扩张并举；二是加强产学研平台建设，巩固校企、园校合作桥梁，加快知识经济发展步伐，提升园区创新能力；三是加强园区信息化建设，提高企业现代化管理和运营水平。

“五个统筹”：一是统筹内生与外引的增长；二是统筹企业与产业的发展；三是统筹总量与质量效益的结合；四是统筹经济发展和城市化的融合；五是统筹市场与政府的协调。

（三）主要措施

1. 强力推进两大攻坚行动

（1）实施招商引资和项目建设攻坚行动。以“突出重点，统筹兼顾”为总原则，以“聚群式项目满园扩园”为总目标，着力引进一批产业龙头型、补链型项目和相关配套项目。一是依托产业链精准招商。创新招商引资方式，由“企业招商”转为“产业招商”，由“筑巢引凤”转向“集凤筑巢”，做到精准招商、优势招商。二是凝聚力量推进项目建设。坚持项目提醒预警机制和项目建设倒逼机制并举，推行“情况在一线掌握、问题在一线解决、成效在一线体现”的一线工作法，切实加快项目建设。对制约园区项目建设进度的用地报批、征拆、场平、报规报建等问题进行集中攻坚、分类破解，提高工作节奏，盯准目标干成一批项目，攻坚克难启动一批项目，开展依法治园专项活动，营造良好的项目建设环境，确保早日竣工、如期投产达效。三是大力发展开放型经济。以建设中德有色工业园为切入点，加强国际经济技术交流与合作，积极参与国际优强产业分工，融入国际产业分工链条。同时，加强对德企的文化宣传和招商，营造富含德国元素的生产生活环境，打造德企投资洼地、创业硅谷。

（2）实施创新驱动和转型升级攻坚行动。一是加强创新主体的建设。有效整合各类科研资源形成园区科研创新链，引导和促进重点企业加快创新步伐，不断提升其原始创新能力、集成创新能力和引进消化吸收再创新能力，加速新产品、新技术、新产能的引进、开发和产业化。重点支持晟通“三园工程”，加速建成以“食品加工包装产业园、物流产业园、轻量化汽车产业园”为主体的产业环系统；加速推进金龙集团打造循环经济产业链；加速推进澳优乳业成为第四代配方奶粉的引领者。鼓励黄金创业园、中德产业园、联东U谷、大河西科技园引进科技服务机构，协助企业制定科技创新规划，建立企业创新项目库，搭建科技公共服务平台，为企业提供科技咨询、法律咨询、知识产权保护、人才引进等服务。二是健全创新体制机制。构建生产企业、大学院校、专业科研院所、金融机构的合作平台，促进科技创新交流合作。推进B2B，C2C电子商务平台建设，鼓励企业拓展网络销售平台。加强政策引导，根据市委、市政府科技创新《关于强化企业自主创新能力建设·加强转型创新发展的意见》，完善望城经开区《企业目标管理办法》，建立符合企业发展的创新体系、人才保障体系和知识产权保护体系。

2. 扎实推进四大支柱产业发展

以专业化、高新化、集群化为方向，着力培育以有色金属、新材料、先进制造为主的有色金属产业集群，以通信设备、光电子器件、自动化设备、手机配件为主的电子信息产业及以“休闲”、“营养”、“保健”为特色的健康食品加工产业，有针对性地推进园区产业转型升级并积极承担产业转移，实施产业发展“4个计划”，把园区建成产业集聚度高、关联产业配套好，具有相当规模和实力的现代化产业集聚高地。

（1）实施有色金属新材料产业壮大增质计划。强化顶层设计、继续培优育强、延伸产业链条、实行产业招商、突出优势吸引、打造中德有色投资洼地，建立望城经开区有色产业集群发展的服务体系，以晟通、金龙、长高集团、泰嘉新材等企业为龙头，打造“中国有色金谷”，按照“产城一体，两化互动”的理念，形成集有色金属新材料研发、精深加工、仓储物流、国际贸易、产业孵化于一体的城市综合体，提高有色产业集群的整合力、竞争力、吸引力和影响力，打造望城特色有色产业集群发展的升级版。

（2）实施食品加工产业提质增量计划。以澳优乳业、旺旺集团、百威英博、合生元素加等企业为龙头，重点发展优势乳业制品、保健食品、休闲食品、生物制品等食品加工领域中技术水平高、品牌效应显著、技术创新活跃、经济效益显著的食品加工产业。不断建设和完善高科技食品加工研发平台，加快新产品开发，提高产品附加值，充分运用现代高新技术和信息技术改造提升食品产业，形成产业特色明显、科研创新体系完善、企业发展环境生态化、上中下游相关配套产业互动发展的食品加工产业集群。

（3）实施现代商贸物流产业配套增效计划。围绕产业发展的要求，充分发挥市场的作用，在有色金属、食品加工、电子信息等产业的发展和提升中，努力构建集现代商贸、现代物流为一体的有机整合和两型互动体系，为园区产业发展提供强有力的生产性配套支撑。坚持商流、物流、信息流、资金流一体化，以湖南高星物流园为核心，建设集物流园区体系、物流运输平台、物流信息平台和采购、仓储、运输、配送等功能于一体的现代物流体系。充分利用开发区内的配套设施用地，以湖南最大现代商贸物流综合体——长沙金桥国际市场集群为核心，大力发展零售、批发、专业市场等现代商贸业，将其作为生产性服务业发展的重要领域，推进园区专业市场的规模化和品质化发展。

（4）实施电子信息产业集聚增容计划。把握技术革命带来的产业重整机遇，以信息化和工业化融合为主线，以先进电子信息产品制造为基础，高标准规划了1200亩的电子信息科技园。以网讯通科技、光智通讯、泰源光电、欧柏泰克软件园等企业为核心，发展以通信设备、光电子器件、自动化设备、手机配件等高端配件及关键元器件为龙头的信息产业群。同时，紧密结合产业转移升级的趋势，统筹市场需求和支撑条件，不断延伸信息产业链，加速创新成果产业化进程，加强产业配套体系的完善，与中南大学、湖南大学合作建立辐射全国的创新体系，打造特色明显、创新体系完善的电子信息产业集群。

3. 全力做好六大保障工作

（1）环境保障。积极创建“两型”园区，牢固树立环境也是生产力的观念，按照“高起点、严要求”的标准规划和建设环保基础设施，积极探索符合园区可持续发展的环境管理体系和清洁生产新机制、新办法，帮助企业采取节能、降耗、减废等措施节约生产成本、提高生态效益，开展“美丽企业”

等创建活动，大力发展绿色经济，加快低碳经济发展，不断提高资源节约集约利用水平，引导企业走上清洁生产，发展循环经济的道路。

（2）法制保障。以法治思维和法治措施经营园区、管理园区，修订完善《望城经开区制度汇编》，在强化园区责任中推进制度定型，增强制度执行力；注重民主、担当、实干、公廉，加强公职人员队伍建设，大力倡导真抓实干、开拓进取、攻坚克难的作风，营造公平公正、规范有序、和谐诚信的发展环境。

（3）要素保障。大胆创新融资方法和用地模式，科学使用国家级园区发债融资工具；努力保障用地需求，让新上项目快落地、早达效；合理拓展用地空间，保障重点项目建设用地需求，切实提高经开区土地开发利用率；努力保障能源需求，建立能源应急体系，确保煤、电、油、气等要素供应。

（4）基础保障。加大基础设施投入，力争金星大道西延线建成通车，望城大道南延线、航空西路、杨家湾路、红家坡路启动建设，进一步完善园区道路网络；根据园区产业发展实际，在拟开发的黄桥大道和旺旺西路板块划定专门区域着力产业发展，高标准制定规划，进一步完善电力、交通、水、气及高水准的医疗、教育等生产生活配套，提升产业配套和大项目承载能力，彰显望城新魅力。

（5）人才保障。加强企业家队伍培训，选派有潜力的干部或技术人员到沿海和发达地区挂职锻炼，因才用人，实现人力资源的充分利用。加大人才引进力度，实施“人才生根”战略。通过与中南大学、湖南大学等知名高校开展人才服务、科技创新战略合作、组织“相约雷锋家乡”人才招聘会等方式，重点打造中高层次人才创新创业首选基地和创新型人才高地，有效帮助企业解决中高端人才和专业技术人才引进的难题。

（6）科技保障。紧握创新驱动这把“金钥匙”，加大科技投入，搭建具有公益性、公共性、战略性的科技基础平台，为经济发展提供有力的科技支撑；围绕做大主导产业、打造特色品牌，大力开展科技创新和技术攻关，促进企业逐步成为科技投入和创新的主体。

B.31

2014～2015年浏阳经济技术开发区产业发展研究报告

胡晓江 *

2014年，浏阳经济技术开发区荣获湖南省加速推进新型工业化一等奖，荣登长沙市2014年度国家级园区绩效考核第一名。综合实力在湖南省109个园区排名中挺进3个位次，跃入前六强，并在湖南省加速推进新型工业化工作会议上作为典型经验推介。

一 2014年园区产业发展情况分析

（一）狠抓转型升级，经济实力进一步增强

1. 经济增速领跑长沙

2014年全年完成工业总产值710.5亿元，同比增长31.3%；完成财政总收入24.12亿元，同比增长37.9%；完成固定资产投资130.7亿元，同比增长35.4%。规模工业产值、财政税收、工业增加值等主要经济指标的增长速度在长沙市五个国家级园区中排名第一，固定资产投资在长沙市五个国家级园区中排名第三。完成工业增加值240亿元，新增规模企业12家，园区规模企业总数首次超过100家。

2. 支柱产业带动明显

以电子信息、生物医药两大支柱产业为引领，形成了重磅企业群。2014年浏阳经济技术开发区产值过10亿元企业达13家，其中，蓝思科技产值过

* 胡晓江，浏阳经济技术开发区管委会办公室主任助理。

300 亿元、介面光电产值过 50 亿元、尔康制药产值过 40 亿元、永清机械产值过 20 亿元。税收过 1000 万元的企业有蓝思科技、盐津铺子、尔康制药、威尔曼制药、湘药制药、九典制药、丰日电气、华纳大制药、永清环保、九芝堂医贸、绿之韵生物、迪诺制药等 20 家。蓝思科技工业总产值达 316 亿元，同比增长 31.6%，税收达 11.77 亿元，同比增长 38%，龙头带动作用更加明显。作为生物医药产业代表的尔康制药（含湘药制药）税收达到 1.13 亿元，作为健康食品产业代表的盐津铺子税收达到 7234 万元，均迈上新的台阶。

3. 创新水平不断提高

在浏阳经济技术开发区管委会的引导下，入园企业苦练内功，从资本市场、科技创新、品牌创建、新产品开发等方面狠下功夫。蓝思科技现已在创业板上市、尔康制药荣获 2014 年度制药行业十佳辅料品牌及全国最具投资价值的上市公司第五名、华纳大药厂获批的一类新药阿德福韦酯成为当年全国获批的 7 个国家级一类新药之一、安邦制药获 4 项中成药国家标准、美可达生物获省科技进步一等奖、威尔曼制药和永清环保获省科技进步二等奖、九典制药获省科技进步三等奖、丰日电气获省专利奖三等奖。新增省著名商标 15 个。

4. 招大引强再创佳绩

全年引进生物医药、电子信息、新材料等项目 24 个，其中投资过 50 亿元项目 2 个，过 30 亿元项目 1 个，过 20 亿元项目 1 个，过 10 亿元项目 2 个，合同投资强度达 500 万元/亩。总投资 58 亿元的尔康制药淀粉胶囊项目成为长沙市“六个走在前列”大竞赛活动观摩中屈指可数的几个重大产业项目之一，结束了浏阳经济技术开发区生物医药产业“有集群，无龙头”的历史。总投资 55 亿元的蓝思科技新材料基地项目，使浏阳经济技术开发区电子信息产业集群更加壮大。

（二）狠抓项目攻坚，产业基础进一步稳固

浏阳经济技术开发区是在荒山野岭建设起来的开发区，距浏阳城区 25 公里、距长沙市区 35 公里，没有母城依托，基础设施比较差、城市化水平比较低、项目承载功能比较弱。至 2013 年年底，有 23 个已经签约的产业项目由于征拆、供地问题而无法落地。2014 年，浏阳经济技术开发区着力进行项目攻坚，强攻征地拆迁及平地、路网等基础设施建设，促进了项目的引进、落地、

建设、达产，使产业发展的承载功能进一步增强。

1. 项目攻坚卓有成效

铺排重点项目60个，总投资267亿元，当年完成投资100.3亿元。强力推进征地拆迁，全年征地5033亩、拆迁房屋220户、安置拆迁户158户，均创历史最好纪录。征地、安置拆迁户、拆迁房屋分别为上年的2倍、2.5倍、3倍。通过攻坚，使16个“久征未拆”地块实现了“清零”，使一批产业项目得以落地。尔康制药淀粉胶囊项目，3月签约、4月动工、8月一期建成、10月试生产，创造了令人瞩目的“尔康速度”。

2. 城市品质快速提升

全年平地1816亩，新修路基6.8公里、路面3.6公里，完成道路“白改黑”提质改造12.57公里。新增绿化及铺装12万平方米，新安装路灯385盏。完成电力线路新建或改造32.5公里，供水1670万吨，处理污水1006万吨，铺设供水及排污主管13公里。启动了经开区总体规划修编，完成了地下管网普查，调规扩区环评获得批准。企业新增建筑面积162.33万平方米，其中蓝思科技三期新建厂房面积30多万平方米。天然气传输管道建成投入使用，实现与长沙同网同价。城市承载功能的提升，为产业健康、快速发展提供了保障。

（三）狠抓改革创新，内生动力进一步激活

1. 创新驱动活力迸发

一是以科技创新促增长。完成专利申请235项，同比增长56.6%，其中发明专利118项。永清环保、华纳大制药、天地恒一制药、农大动物药业等4家企业获批省级工程技术中心，实验动物中心获省食品检验检测资质。投资4000万元建设的国家航天员中心动物行为学重点实验室，填补了开发区航天医学科研领域的空白。二是以优惠政策促创新。出台《促进园区经济快速发展的若干意见》、《加快园区总部经济发展的若干意见》等相关政策，促进了企业创新发展。丰日电气、威尔曼制药、湘药制药、九芝堂医贸、福满多食品等企业提升品质、更新品种，税收增长幅度均超过100%。三是以技术改造促发展。蓝思科技新材料基地、盐津铺子新生产线、华纳大新药厂、宏泰新材料、方锐达新材料等21个技扩改项目开建，尔康淀粉胶囊一期、三清制药等18个技扩改项目建成投产，新增产能140亿元。

2. 深化改革效果显著

一是加强国企改革。撤、并、放、合多措并举，清算、注销、合并或挂牌转让国有企业7家。二是加强投融资改革。全年融资到位资金23.55亿元，为建园以来融资最多的一年。成功发行13亿元公司债券，成本仅为5.7‰/月，创下了湖南城投债发行利率的新低。积极探讨PPP模式进行片区开发，取得阶段性成效。三是加强企业服务改革。积极为企业向上争资，企业共获上级资金支持7000多万元。企业互助协会年内为会员企业融资1.99亿元。获批中小企业信用服务体系实验区，提高了企业融资的信用等级。四是加强政府运行改革。推进政府服务市场化，倡导购买服务，提高工作效率。

在肯定成绩的同时，浏阳经济技术开发区在发展中存在的困难、问题也不能忽视。一是调规扩区尚未完成，发展空间不足的矛盾非常突出；二是国土指标不够、电力供应紧张，要素制约仍然严重；三是政府债务较多，基础设施建设的市场化改革等任务十分繁重；四是城市化水平不高，完善城市功能尤其是高端配套尚有努力空间。

二　2015年园区产业发展的目标和措施

浏阳经济技术开发区2015年产业发展的主要目标是：实现技工贸总收入达1000亿元，同比增长20%以上；实现工业总产值850亿元，同比增长20%以上；力争实现财政总收入29亿元，同比增长20%。招商合同引资120亿元，铺排重点项目66个，整体开发2平方公里以上；完成固定资产投资160亿元，同比增长16%。

（一）突出招商引资，促进集群带动

1. 突出引大引强

以珠三角为招商重点区域，以电子信息、生物医药为招商重点产业，以园区龙头企业为基础，延伸产业链。高度关注经济结构调整下的新产品、新技术转移，适时引进培育战略性新兴产业。争取已签约的欧智通电子、利美健康产业园等重大产业项目落户，支持基伍通讯加快建设。积极探索与深圳手机协会采取PPP模式深度合作建设专业产业园区，加快移动智能终端产业集聚发展。

通过引大引强，全面提高招商项目的投资强度和单位面积贡献率，使电子信息、生物医药两大产业集群更加壮大、产业链更加完善。力争新引进投资50亿元的项目2个以上，集群产业项目20个以上。同时，加强城市功能项目招商，力争在知名医院引进等城市功能项目的招商方面取得突破。

2. 重视再次投资

事实证明，入园企业的再次投资是一种高水平、高质量的投资，是内生式增长。对华纳大制药、盐津铺子等园区企业扩建再建项目视同新引进项目，在土地、科技改造资金等方面给予倾斜。促推园区企业对接资本市场，通过主板、创业板、新三板等多种形式实现资本证券化、证券市场化。

3. 夯实招商基础

围绕“一套政策体系、一套宣传资料、一支招商队伍、一张联系网络、一套策划项目”做好招商基础工作。在强化园区硬实力的前提下，以专业化服务作为园区的核心竞争力，鼓励企业集群发展、抱团发展、错位发展，提升园区软实力，浓厚亲商氛围，加大全员招商、中介招商力度。设立创投基金，改进招商政策，探索新形势下的招商新路子。

4. 扩大对外开放

加强国际交流，做好外经、外贸、外资工作。全年完成到位外资1.12亿美元，争取完成1.14亿美元；完成进出口总额13亿美元，争取完成15亿美元（其中破零企业10家，倍增企业4家）。探索建立海关保税验关仓库等。

（二）突出基础建设，促进产城融合

1. 加快规划修编

确保调规扩区获得实质性进展，通过东拓、北扩，使规划控制区达190平方公里、建设用地面积达35平方公里。坚持“三规统一”，完成总规编制，同步抓紧组织片区控规编制和排水、道路交通、防洪、供水、金阳湖片区概念规划等专项规划的编制。坚持集约节约用地，加大闲置用地的清理力度，使园区的开发更有序、更规范、更科学。

2. 加大投资力度

与其他相对成熟的园区比较，开发区的基础设施差距很大，必须加大投资力度、加快项目建设。园区开发投资公司全年融资17亿元，认真筹备发行第二期公司债券。通过与租赁公司、信托公司、证券公司等金融机构对接，进一步拓宽融资渠道。全年完成政府性基础设施建设投资25亿元，企业建设投资135亿元。积极推动以PPP模式建设园区基础设施，以大投入促进大开发，以大开发促进大发展。

3. 提升建设品质

全年铺排重点项目66个，其中产业项目43个、基础设施项目13个、民生项目10个。重点项目总投资422亿元，确保当年完成投资160亿元，竣工项目20个。一是确保项目用地。全年平地3070亩，完成相应的设施配套。二是加快路网建设。推进金阳大道、健康大道、北盛大道等6条主干道建设。将健康大道北延、北盛大道、金阳大道建设作为重中之重，完成路基18.95公里，完成路面硬化12.69公里，拉开园区大发展的骨架。三是加快旧城改造。新增绿化铺装8万平方米，栽树5000棵，新增路灯10公里，绿化提质改造2万平方米，完善步行系统5公里。四是加大环保投入。完成北园污水主干管3.2公里、北园污水压力管2.4公里及东园临时污水泵站建设，确保污水处理率98%以上，启动北园污水处理厂建设工作。五是继续建设标准厂房。完成13.5万平方米公租房及7万平方米标准厂房建设。

4. 强攻征拆安置

发挥洞阳镇、北盛镇的征拆工作主体作用，推进依法征拆、阳光征拆、和谐征拆，确保园区与拆迁户、征拆与安置、失地与保障、培训与就业的良性互动。确保全年征地3000亩以上、拆迁房屋200户以上、安置200户以上。确保完成东园安置房建设2.8万平方米、安阳家园二期建设8万平方米，并完成老安置区的提质改造。

5. 加强两型引领

制订实施《浏阳经开区环境保护三年行动计划》，坚持源头治污，严把企业准入关，确保所有建设项目环评执行率和“三同时”验收率100%。加大对重点环境风险企业的监管和执法力度，对个别污染严重且整改无效的企业下决心关闭退出。对污水处理南厂进行除臭等提质改造、加快雨污分流改造、推进中水回用。推动清洁生产，对小型煤锅炉进行彻底清理，年内园区生产总值综合能耗下降2%。

6. 完善城市配套

一是引进高端配套。在确保长郡浏阳实验学校秋季开学的同时，推进与著名品牌医院的合作，力争引进三级甲等医院1家，促进五星级酒店加快建设，推进金阳湖片区开发，提升园区城市品位。二是增加常住人口。研究、制订鼓励在园区就业人员在园区安家落户的政策。以“人的城市化”为宗旨，像关心高层次人才一样善待农民工、失地农民，力争实现园区就业的流动人口就地城市化。三是打造精品街区。多措并举，打造康宁路、健寿大道等示范街，实现城市建管的同步升级。四是加快服务业发展。鼓励失地农民因地制宜从事第三产业，促进园区已经成型的粤港城、东润万象城、豫园步行街等城市综合体加快招商运营，确保服务业增加值增长10%，居民人均可支配收入增长9.5%。

（三）突出创新发展，促进转型升级

1. 注重龙头引领

以蓝思科技为电子信息产业的龙头，以尔康制药为生物医药产业的龙头，以盐津铺子为食品产业的龙头，以永清环保为环保两型产业的龙头，引领产业技术创新、管理进步、文化领先。力争电子信息产业产值同比增长30%、生物医药产业产值同比增长26%。继续鼓励和扶持有条件的企业进入新三板和主板上市，重点支持盐津铺子、华纳大等企业上市。逐步形成5家百亿企业集团、10家50亿规模企业、10~15家上市公司的企业方阵。

2. 加强企业帮扶

结合园区实际和产业特色，制订和完善鼓励企业做大做强的系列优惠政策；积极帮助企业向上争资和打造品牌；更好发挥企业互助协会作用，为会员企业新增融资1亿元以上；成立创业投资基金，帮助企业解决融资难题，并及时帮助困难企业脱困、解困。充分发挥商事登记改革的作用，引导全民创业、万众创新，做到“零首付”注册、“零障碍”服务。

3. 支持科技创新

加强与军事医学科学院等大专院校、科研院所的合作，支持企业科技创新，提高科技成果转化水平，新增省级工程技术中心3家以上。在建好医药科技创业中心（二期）的同时，建设无线智能终端检测中心，实现生物医药、电子信息两大科技公共服务平台共同发力，服务企业科技创新。

4. 助推改造升级

结合项目攻坚，及时促进企业的引进、落地、建设、达产。确保蓝思科技三期、盐津铺子四期、华纳大制药中药基地、开元药业、三清制药、奇异生物、方锐达、坛坛香、贺福记、锐林、友芙、粤盛工贸等15个项目年内顺利投产。确保九典制药北园项目、亚大制药、原子高科、基伍科技智谷、豫园生物、农大动保北园中药项目、爱康新材、威尔保新材、金阳生物、辣之源等18个项目新开工建设。实现工业固定资产投资115亿元，同比增长10.5%；实现省外境内实际到位资金16.5亿元，同比增长10%；实现市外境内固定资产投资36亿元，同比增长16.1%。

5. 抓好要素保障

解决供电、供汽等配套问题，完成东园22万伏变电站建设、北园22万伏电力线路改造，加快污水处理北厂和分布式能源建设，确保蓝思科技三期等重大项目的生产用电。协调促进从株树桥饮水工程取水的自来水新厂管网建设，协调省市电力部门理顺园区用电建设和管理体制，使要素配置适应园区的发展要求。

6. 办好民生实事

完成长郡浏阳实验学校秋季开学、金阳文化艺术中心启用、长途汽车站运行、出租车公司运营、幸福泉公园竣工、1000台公共自行车投用、灵圣寺公园提质、“市民之家”启动等“八大民生工程”。加强以网格管理为试点的社区管理，打造以4A级景区为标准的文化旅游品牌，协助企业招工，保障食品安全，促进综治维稳、计划生育、社会保障及企业工资集体协商等工作的整体推进。

B.32

2014 ~2015年宁乡经济技术开发区产业发展研究报告

徐 洋*

一 2014年园区产业发展情况

2014 年，宁乡经济技术开发区（简称宁乡经开区），完成工业总产值 780 亿元，完成工业增加值 198 亿元。主体园区实现财政总收入 16.8 亿元。

1. 食品产业引领作用凸显

2014 年属于食品产业积蓄能量后的发力期，华润饮料、洽洽食品两个在 2013 年投产的企业在 2014 年开始步入正轨，华润生产基地的税收达到近 1000 万元，洽洽的税收达到 2000 万元。加加二期、小洋人、六和通企业的项目建设在紧锣密鼓的进行当中。随着这些企业在今年的达产以及洋河酒业的强势进入，食品产业将产值、税收成为园区毫无争议的第一产业。品牌集聚效应不断增强，园区成为湖南省内食品项目的重点布局区域。到 2014 年，园区已聚集了 30 家食品企业，20 多个极具影响力的品牌产品，在新一轮的发展中，品牌集聚效应将持续彰显，为园区带来新一轮的增长局面。

2. 机电产业发生结构性改变

园区拥有 60 余家机电类企业。其中有少数主机类企业，如飞翼、凯瑞冶金、清河重工；绝大多数为中联重科的机械配套类企业，如盛泓、谐园机电等。近两年来的工程机械配套产业受到较大的冲击，园区机电产业受到很大影响，企业发生大面积员工轮休，产值下降，主营业务收入锐减，企业陷入经营

---

* 徐洋，宁乡经济技术开发区经济发展局经济运行处处长。

困境。机电类的龙头及骨干企业，如飞翼、盛泓，均有不同程度的下滑。其他大部分小型配套企业都不同程度受到中联拖欠货款的影响，资金组织困难，大部分都处于较艰难的过渡时期。

2014 年机电类招商引资取得重大成果。中联重科的机制砂事业部正式落户园区，中联重科宁乡工业园项目预计 10 月份开园。而格力电器也瓜熟蒂落，成功签约，可以预计机电产业结构将发生重大改变。首先是以商用空调以及冰箱的投产，带动家用电器类及其配套产业的发展。其次是中联的主机企业落户，给其配套企业带来了新的希望，目前恒佳铝业、威斯坦冶金等企业正积极对接，发展可期。

3. 新材料产业快速增长

从 2014 年产值来看，新材料企业同比增长近 20%，为三大产业中最高的。而从税收来看，其税收较上年有所下降，主要原因是新材料企业的龙头企业松井，骨干企业顺泰钨业、海大铝业均较上年同期有较大幅度的降低，从而影响整体的税收情况。由于中财、聚力催化剂等企业闲置土地较多，所以从亩均税收来看，新材料产业亩均税收最低。人均产值和税收均有较好表现。新材料产业现在还未起到支撑园区的作用，但来势很好，未来值得期待。

园区共有新材料类企业约 50 家，可初步分为三大类型，一是建材类企业，如中财化建、海大铝业、长城型材等。新型城镇化的推进有效拉动了市场对建筑材料的需求，但今年上半年雨水较多，建筑开工项目少，房地产市场也不太景气，各个企业有着不同的发展机遇。二是电池材料类企业，如海纳新材料、雅城新材料、佳飞新材料。本行业当前原材料整体上涨，2014 年上半年成为“重新洗牌期”，但是对于宁乡经开区在技术上相对成熟、形成了一定生产规模并在市场上占有份额的企业来讲，或将赢得新的发展机遇。三是高科技涂料类企业，典型代表松井新材全年形势极好，订单量充足，资金充裕，招工顺利。2014 年实现税收超过 4400 万，排名园区第三。其建设年产 6000 吨 UV 高分子涂料项目（二期工程），目前正在安装调试，预计年后可以投产。

4. 其他产业亮点频出

宁乡经开区还有很多非三大主导产业的企业列入其他产业来进行统计和分析，分别有以下几类企业，如为园区提供蒸汽配套的天宁热电、在医药和兽药行业发展不错的华日制药和拜特生物、市场前景较好的婴幼儿用品制造企业倍康卫生用品。倍康卫生用品是2014年的明星，其税收半年完成全年计划，全年税收同比增长190%。

二　园区的发展趋势

总的来说，2015年形势好于上年，预计规模工业总产值达到830亿元。三大产业将持续发力，维持“3+1”的产业格局。

分具体产业来看，食品产业来势强劲，随着华润怡宝的全面达产，加加二期顺利投料，六和通、小洋人等大型项目2015年投产，预计产值可较上年提升20%以上。

机电产业在龙头企业的引领下，2015年将有不俗表现。2013年11月中联重科机制砂事业部入驻园区，2014年正式开园，2015年的业务全面发展，预计产值可大幅提升5亿元；飞翼矿山填埋事业部发展迅速，借助顺利在新三板挂牌的契机，企业迎来新的发展格局；格力电器的一期项目进展顺利，预计2015年9月可以开始试生产，预计2015年园区机电类企业在国内大环境持续低迷的情况下，产值较上年增长15%。

新材料产业企业注重科技、注重市场；预计园区新材料龙头企业松井新材料二期项目的调试完毕，中财三期项目的投产，骨干型企业马克菲尔二期也将达产，这些将进一步拉动行业发展，预计2015年新材料产业产值较上年度增加15%以上。

三　园区发展中遇到的问题

1. 土地瓶颈制约严重

首先，园区土地指标严重不足。目前受规划、国土等发展制约，加之省市紧缩地根，园区用地指标近于枯竭，重大战略项目的承载能力岌岌可危。2014年宁乡县土地指标为5800亩，园区土地指标不多，成为园区发展的最大瓶颈。

其次，征地拆迁愈发困难。一是政策执行难，宁乡经开区虽然作为土地开发的一级独立主体，但在长沙市和宁乡县两级政府制定的征地补偿相关政策文件中，均没有把宁乡经开区作为特定区域予以明确。补偿新标准和老标准的衔接工作难。有些政策没有全覆盖，有的政策不允支持甚至不允许，比如先安置后拆迁。二是利益博弈日益激烈，征拆就是一种利益博弈的过程，拆迁方与被拆迁方存在讨价还价，同时也存在盲目攀比。三是资金兑现难，随着投资项目的数量与建设规模不断扩大，征地范围也越来越广，既有融资模式无法满足跨越式发展的资金需求，造成征拆资金不能及时足额补偿到位，既不符合征拆规定，群众对此意见较大，也变相损害了群众部分利益。

再次，招拍挂费用不断增加。目前园区土地平均成本达到了 60 万元/亩，而招商引资过程中引进的项目，土地价格一般在 26 万元～35 万元/亩。对于优质项目，通常要求零地价供地，这样就给园区带来了极大的财政压力，严重阻碍了园区的可持续发展。

2. 新常态下企业发展面临各种困难

首先体现在企业用工难。一是企业招工难度加大，特别是普工比较困难。宁乡虽然属于人口大县，但本地人愿意担任普工的越来越少。人社局多次组织到湘西慈利县等地招工。由于宁乡距离长沙有 30 公里车程，故高级人才通常不会选择在宁乡工作。园区的高级焊工、车床工及工程师人才也相当缺乏，食品产业和新材料产业的高端营销和管理人才缺乏。二是人员流动较大，由于社会信息化的不断提高，员工可以通过多种途径获得职位招聘信息，企业员工流动性增加。如鼎立科技，近一年来，主要人员流动超过 60%。

其次是企业运营成本压力增加。一是原材料价格上涨，营业费用尤其物流费用上升，产品价格未能上涨甚至下降，价格倒挂导致亏损。二是劳动力价格不断攀升，国家对企业社保要求的提高，给企业特别是中小企业带来较大压力。三是小微企业的库存产品和应收账款持续增加，加大了企业的生产经营压力，如三一、中联的配套企业，货款基本上无现金，绝大部分是中长期的银行承兑汇票，且应收账款持续增加。

最后是中小企业融资压力较大。融资工作存在诸多问题，一是贷款成本普遍提高。根据调查结果，企业平均年融资成本为 9%，较基准利率普遍上浮了 30% 以上，给企业的财务成本造成较重负担。二是当前企业融资需求极难满足。当前园区企业融资能力不足已经成为普遍现象，一是企业本身缺乏合理的投融资规划，其本身对资金“短”“频”“急”的特点，与银行信贷审批程序和时间要求不相匹配，资金到位不及时。二是融资方式受到银行当前产品制约，银行当前各类新产品均处于试投放阶段，没有大规模铺开，企业缺乏土地证、房产证等固定资产抵押物的现状让企业融资步履维艰。三是企业未来还贷压力偏大。受当前宏观经济下行压力影响，园区主导产业特别是机电产业增速回落，部分企业产销存在较大困难，当前仅在极力保本运作，利润空间不断受到挤压，下阶段特别是在2015年上半年，是宁乡经开区企业集中还贷的高峰期，园区企业面临巨大还贷压力。

3. 企业的自身问题

首先体现在企业主对未来发展规划前瞻性不强。园区许多中小企业主并没有对本行业的前景有充分认识，对本企业的远景规划不清晰。当前，宏观经济形势逐步明朗，部分企业都面临“不进则退”的被动转型节点。但是，真正能及早准备、提前计划转型的企业少，未雨绸缪意识不强。

其次是创新意识缺乏，园区大部分企业不注重研发，创新能力不够。没有主导产品，生产和销售不能自主，没有产品议价权，加之同行业竞争激烈，自身竞争力不强，故发展受到一定制约。

最后是企业安全生产管理存在诸多隐患。这表现在一是安全监管基础工作还比较薄弱。虽然在过去的一年中，各单位明确了安全专干，但是工作人员仍然属于身兼多职，同时还缺乏必要的安全管理知识和经费，业务技术有待提高。二是企业安全生产主体责任落实还不到位。部分企业还不能正确处理好安全生产与企业发展的关系，追求利润最大化，安全投入不足，安全生产条件未能得到及时改善，安全管理人员业务能力不强，从业人员安全意识偏低，这些都给安全生产工作构成了较大威胁，需要在今后的工作中切实加以解决。三是部分企业安全隐患多，且治理不力，突出表现在危险化学品的管理不善，起重、焊接、制冷、压力容器操作等特种作业存在无证上岗的违法现象，特种设备存在未及时检验和检修的现象，这反映出企业隐患治理不到位。四是职业病防治工作严重滞后，部分企业未组织职工进行健康体检，未开展作业场所职业危害因素检测，未进行职业危害告知。

4. 园区的生产要素保障方面还有需要推动的地方

首先是园区停电时有发生。随着宁乡北（通益变）变电站的正式运行，园区用电的需求从量上得到了满足。但是由于电力部门内部管理及诸多因素影响，园区企业，特别是重点企业多次发生停电，严重影响了企业的正常生产。

其次是宁乡新水厂建设，落后于园区的发展步伐。在2013年夏季的需水高峰，宁乡水厂处于超负额运行，青岛啤酒、振邦、蓝田等企业遇到了严重用水不足。而新水厂仍处于征地拆迁阶段，预计投产需至少等到明年夏季。园区发展食品饮料产业，六和通、加加二期、小洋人等多家需水大户企业将在2015年相继生产，2015年的用水需求压力将十分巨大。

再次是园区的污水处理厂，建设进展较为缓慢。加加等企业反映，其二期项目正式生产，污水的处理排放迫在眉睫，需要尽快推动。

四　推动园区发展的对策建议

（一）各产业的发展策略

1. 食品产业

一是要继续下大力招商，吸引规模以上品牌食品企业投资落户，形成产业集聚。二是加大在建项目推进力度，力争让加加二期、皇室、绝味、小洋人等项目快速建设投产，在2~3年内将食品产业经济总量大幅提升。三是加大水、电、天然气、蒸汽的配套保障力度，由于食品生产工艺的特殊性，要求能源供应稳定，一旦停电、停水、停气，将造成较大损失，因此园区应加强电力调度，做到检修停电提前通知，有序用电免停食品企业，同时还要考虑双回路建设。自来水不仅要保证供应，还要保证水质，由公用事业科加强与自来水公司协调和调度。蒸汽方面，要帮扶天宁热电渡过难关，保证蒸汽连续供应，考虑天宁热电的经营状况，园区应提前制定天宁热电蒸汽断供的处置预案，确保不因蒸汽问题而影响食品企业生产。

2. 机电产业

一是支持主机厂飞翼股份、凯瑞冶金、搏浪沙在自主创新方面继续前进，在发改、工信、科技等方面的项目争资方面给予重点倾斜，支持飞翼在矿山机械领域差异化发展。二是针对中小机电企业，要督促它们提升管理水平，机电生产工艺本身决定了现场管理的提升对其成本、质量、安全生产等方面有十分显著的直接效果，园区将按照管委会部署，积极推进现场管理升级项目化管理各项工作。三是组织工程机械中小配套抱团取暖，通过成立企业家协会，增强彼此沟通和协作，特别是要同心协力利用此次中联淘汰供应商的机会扩大配套份额。四是切实减免中小企业负担，切实减少各执法部门下企业检查的频次，一些诸如“三同时”项目评价费用要联系市县职能部门给予宁乡经开区企业减免。五是针对机电企业应收账款多的现状，通过多种渠道切实解决部分机电企业资金困难，尽力化解因承兑汇票带来的贴息压力，考虑普遍抵押物不足，可以创新更多融资模式，通过企业家协会运转，在担保贷款方面开辟新途径。六是利用格力电器、晶弘冰箱等在园区投产的契机，重点引进家电配套企业，对于园区现有的机电类企业，引导其转型发展成为格力、晶弘的配套商。

3. 新材料产业

一是新能源产业出现产能过剩，利润率低，而且普遍占地广，能耗大，环保压力大，效益较差，因此不建议作为重点招商对象。二是对于贴近民生和民用的新材料产业要加大发展步伐，产品贴近民生意味着贴近消费需求，像松井新材料就是赶上电子消费品快速增长的契机从而迎来发展良机。积极捕捉类似企业的投资信息，重点招商。三是要督促新材料企业加快闲置土地开发，提高土地利用率。四是以环保建材为发展重点，引进相关优质企业，培育园区远大住工、文象环保、三友建材等企业做大做强。

4. 其他产业

一是建立一个机制，按照亩均效益对企业进行评价考核，淘汰低效低质企业，回购优质土地。二是加强对租赁企业管理，尤其恒丰实业园内众多小型租赁企业，一直脱离在主流视线外，由于监管不够，极易出现火灾等安全生产事故。

（二）新常态下的应对策略

基于园区运行分析，随着宏观经济形势继续恶化，未来1～2年内极有可能会出现一部分企业破产倒闭，园区将密切关注园区每一个企业的运行情况，准确掌握其动向，对有破产迹象的企业尽早预警。应尽快研究制定企业破产应对处置预案，保证园区经济、社会的稳定。一是谨防由隐性失业转向全面失业，目前从数据看园区就业未受大的影响，但存在轮休、大面积放假等隐性失业情况，随着经济形势恶化，全面失业会随之而来，应极早评估失业潮对园区带来的影响，制定预案，有效应对，保持社会稳定。二是由金融证券办掌握园区所有企业的在途贷款情况，评估其运行情况、资金状况，对资金链断裂征兆提出预警。

1. 千方百计促进企业转型升级

通过园区的长期观察和分析，在此轮经济危机中生存得较好的企业大部分是前面几年在技术创新、研发投入较大的企业，例如松井新材料、飞翼股份、盛泓机械等。创新是企业转型升级的关键，园区将在项目争资、知识产权、管理升级等方面引导企业加大研发投入，加强与中南大学、湖南大学等高校的合作，提升企业的核心竞争力，千方百计促企业成功转型升级。充分用好用足相关政策法规，落实园区2014年6月发布的《加快转型升级促进产业倍增发展的若干规定》，对企业先进设备购置、专业人才引进、研发平台建设、金融环境等方面给予政策和资金支持，为园区企业的长远发展搭建创业平台，促企业转型升级。后续园区将结合企业参与、管委会大力推动、咨询公司把脉的方式，具体分析企业特点，突出对企业的分类指导，形成不断优化的一企一策的实施方案，激励企业转型升级发展。对现有企业的闲置用地低效用地进行提质增效。通过建立低效闲置资产处置工作领导小组，明确责任，充分盘活园区低效闲置资产，进一步推进节约集约用地。

2. 努力提升金融服务水平

首先是改善园区融资环境，扶持企业发展。一是完善融资扶持政策，进一步探索和落实园区中小企业贷款贴息政策、担保公司的中小企业融资担保风险补偿政策，特别是园区与银行合作的贷款风险共担的工作机制，切实降低银行贷款风险和企业申贷利率，扶持企业发展。其次是全方位加大力度支持园区优质企业及早上市。园区加加、楚天等企业上市后，为后续企业上市提振了信心，拓宽了融资渠道。下阶段，园区应进一步对企业上市的宣传、培训力度加大，引导企业自觉实施生产经营与资本经营相结合的发展战略，走上市之路。再次是加快园区与战略合作银行整体融资合作方案的出台和实施。当前有浦发银行、东莞银行、兴业银行、民生银行四家银行均在积极探索与园区整体战略合作方案，拟针对宁乡经开区实际情况，制定一套专属宁乡经开区企业的融资产品。当前应积极鼓励银行及早出台政策，特别是在企业还款高峰期，引导银行针对企业目前资产情况，进一步理顺资产并重新整合盘活再利用，以提升资产价值，扩大资产规模。

3. 健全服务体系

一是以创业服务中心为依托，构建科技创新体系，以玉屏山科技产业城为重点，组建相关管理运营团队，深化玉屏山科技城发展定位与运营模式，依托项目申报、向上争资，做实创业服务中心实体。二是以促进产业倍增三十条为抓手，推动园区转型升级，一方面是认真组织好三十条政策的申报、验收工作；另一方面，对2014年资金使用情况，特别是对资金流向、发挥效益进行深入分析，适时修订完善，切实发挥政策资金的"指挥棒"作用，真正促进转型升级、实现产业倍增。三是以企业家协会为载体，搭建企业家交流互动平台。一方面是"走出去"，学管理理念，学创新经验；另一方面是"学典型"，每季度组织企业家就园区内企业现场生产管理、内部制度规范等方面进行现场观摩和现场讲评。

专 题 篇

Special Reports

B.33

湖南以改革推动产业发展的对策研究

湖南省人民政府发展研究中心课题组*

十八届三中全会奠定了进一步深化改革的总基调，湖南省委省政府围绕改革出台了一系列政策举措，并不断探索如何在这一轮改革浪潮中实现湖南经济社会的跨越式发展。产业发展是经济社会发展的重要组成部分，其发展有内在规律，通过改革来推动产业发展，加快形成现代产业体系，是本报告拟探讨的重点。

一 湖南产业发展中存在的主要问题

1. 产业结构加速调整，但重化工业比重依然偏大

近年湖南产业发展迅速，但仍以重化工业为主，湖南石油加工炼焦及核燃料加工业、化学工业、非金属矿物制品业、金属冶炼及压延加工业、金属制品

* 课题组长：唐宇文；课题组成员：禹向群、左宏、彭鹏程、文必正、侯灵艺、张鹏飞。

业、通用专用设备制造业、交通运输设备制造业等重化工业增加值占规模以上工业增加值的比重接近一半。

2. 产业亮点涌现，但对产能扩大带动有限

湖南产业没有形成产业规模和集群优势。体现为：一是有产业链某环节的亮点，没有延伸成产业链群。如中电48所的光伏装备制造业规模居全国第一，而下游光伏电池和发电设备却没有发展起来。二是有细分市场的亮点，没有产业整体规模优势。电子信息产业中有3D打印、北斗导航、动漫等技术领先的细分领域，但信息产业整体规模仅占全国3%左右。三是有整机发展的亮点，没有本土配套。工程机械规模在全国数一数二，然而本土配套率却远远低于江苏和山东，85%的零部件从省外采购。

3. 创新资源要素基础较好，但对产业的支撑作用有待加强

湖南具有良好的创新基础，但创新资源对产业支撑还有待加强。一是重点产业核心技术缺乏。工程机械、汽车制造等优势产业的核心零部件如发动机、底盘、液压件关键技术基本需要进口。二是创新资源与市场结合不够。湖南创新资源大多数还是集中在科研院所，成果转化率不够，同时，企业的创新能力不足。三是产学研本土结合不够。湖南高校院所与省外企业的联系反而更为紧密，常常形成“墙内开花墙外香”的局面。

4. 产业环境不断优化，但与发达地区的差距依然较大

在调研中，各企业普遍反映湖南的产业配套环境与沿海等地都有差距，特别是在人才引进、市场配套、企业融资、劳动力、政务服务等方面存在比较明显的劣势。

5. 产业政策出台多，但投入—产出效果有待提升

湖南省已形成了支持产业发展的政策扶持体系。但是扶持政策目标设定、政策重点、政策合理性等方面还存在一定问题。体现为：资金扶持“撒胡椒面”，效果有限；扶持方案随意性大，滋生寻租空间；以纵向扶持为主，缺乏省级层面的横向统筹。

二　以改革为契机重新梳理产业政策三个步骤

从改革的角度，我们要对产业政策重新梳理，进行三步的工作，以求提出

更为切合当下的政策措施。

第一步，根据对当前宏观大势的把握，来定位产业政策的原则和方向。通过梳理十八届三中全会和省委经济工作会议主要精神，我们认为总的原则和方向：一是要以改革的思路推进产业发展。产业体系打造要在继承的基础上，勇于打破过去的政策思路，以十八届三中全会深化改革精神，找出一条具有创新性的发展路线。二是让市场发挥决定性作用是关键。“让市场在资源配置中起决定性作用”是资源优化配置的最佳方式。当前钢铁等部分产业产能过剩现象在一定程度上就是由于政府过度扶持。三是重大项目的带动是抓手。省委书记徐守盛在省委工作会议上指出，湖南大项目不多是当前湖南发展的瓶颈。因此，要明确大产业项目带动是产业体系建设的抓手。

第二步，对以往相关政策进行梳理，在调整和继承基础上从更综合更全面的角度考虑新的举措出台，保证政策的整体性、延续性和发展性。近年来湖南省出台了一系列政策举措，对推动产业发展，起到了积极的作用。但是还存在一些问题：一是有些政策的政府意志过强，没有充分尊重市场机制调节和市场主体的能动作用，部分存在着对市场机制的破坏性作用。例如，部分政策中具有强烈“扶大限小”的倾向，这种政策倾向遏制了新兴小企业的发展，强化了大企业规模扩张冲动，甚至带来产能过剩等问题。二是缺乏对整个产业体系统筹考虑而形成的纲领性政策文件。各类政策发布较多，但缺乏对整个产业体系发展做出的系统性、基础性、统筹性的纲领性文件，大多数都是相机抉择性的政策，还常常存在时滞性；同时，缺乏对产业与产业之间、园区与园区之间、地区与地区之间关系协调的原则性规定。这些导致了政策统一性和长期稳定性不足，政策朝令夕改。三是有部分政策操作性不强，只是强调了要干什么，却没有强有力的政策工具给予配套。例如对产业的区域分布进行了一定的规划，但没有配套措施来引导产业按照规划入驻，也难以让园区在招商引资方面按照规划来实行。

第三步，对政府政策影响传导机制进行考察，以确定我们的政策工具、着力点和政策目标，以期取得更好的政策效果。对产业政策措施必须重新梳理一下，以明确省级政府究竟能运用哪些政策工具，着力点有哪些。我们认为，一是省级政府的政策工具主要包括财税、规划、行政管理、招商、土地、金融和法规规章。在这几个政策工具中，相对来说，财税和行政管理（含审批、监管等）是当前省级政府更为有效的工具，规划的硬约束力不够；土地和招商主要还是市县级政府的政策工具，省级政府更多的是指导性的作用；金融受中央宏观政策影响较大，而且区域金融还没有发展起来；法规规章中仅有地方性立法和法律执行属于地方政府。当前，这几大政策工具正面临着全面深化改革的影响，特别是土地改革、财税改革、政府职能转化和金融改革方面，把握改革机遇来强化政策工具运用效率，将是湖南通过释放改革活力加快推进产业体系的核心。二是省级政府的着力点包括营商环境优化、制度设计、基础配套、要素保障、创新激励、项目管理、企业补贴和消费者补贴等。当前政府着力较多的是企业补贴、项目管理、要素保障和基础配套，伴随着市场化改革，企业补贴方式将减少，消费者补贴将增加，通过市场机制开展的各类制度设计将全面展开，创新激励会提到更为重要的地位。着力点的选择可以不断创新和发展，找准着力点，重点突破，是加快推动产业发展的关键。三是打造现代产业体系的政策目标主要是五个维度：产业规模扩大、产业竞争力提升、产业布局优化、产业结构高端化和产业发展可持续。见图1。

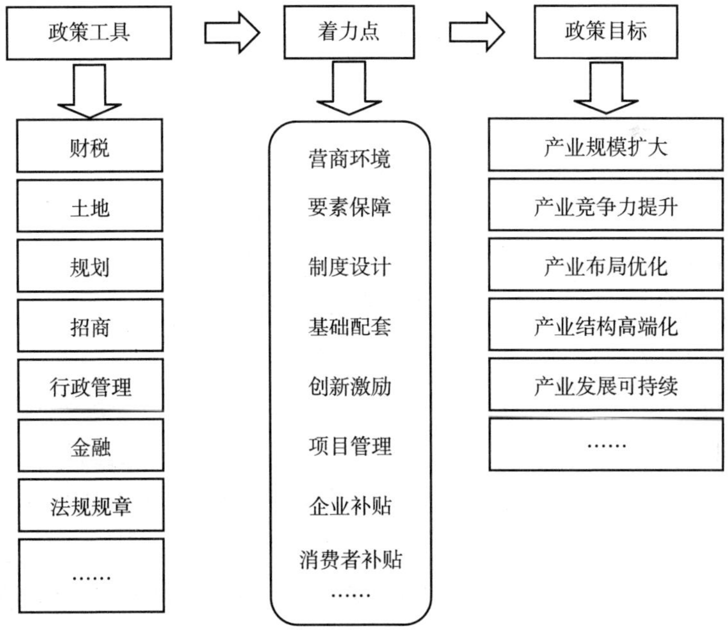

图1　湖南省政策影响传导机制

三　以改革推动产业政策优化的对策建议

发展思路：实施“一二四五”战略。以“一揽子改革试点”推进湖南产业体系建设，通过“负面清单管理” + “重点领域突破”两个主要抓手，着力推进“四位一体”的重点任务，即从数量上壮大产业规模，从质量上提升产业竞争力，从载体上夯实产业基础，从应用上培育产业新增长点，并且配套开展顶层设计、优化营商环境、提高政策效率、强化产业创新、加强项目管理等五方面的保障措施。

（一）“一揽子改革试点”

围绕产业体系建设的产业准入、环境优化、扶持政策、要素保障等方面向中央申请一揽子改革试点，探索如何通过系统改革来推进产业发展。改革方向和关键是构建一个公平有效的现代市场体系，不断改善产业发展环境，减少政府对市场的干扰，加强政府的监管职能，使得各类产业竞相发展。

（二）“两个主要抓手”

“负面清单管理” + “重点领域突破”。加快构建湖南产业体系实际上包括两个层次的含义，其一，按照非禁即可的原则，鼓励所有不违反国家政策方向的产业都能在湖南竞相发展，通过“负面清单管理”推进产业发展；其二，对于当前具有战略性地位的产业要重点引导，对于创新、要素、开放等关键环节要重点突破，从重点产业和重点领域加快产业发展。

（三）“四大重点任务”

推动产业发展是一个系统的、立体的工程，从湖南现有的情况来看，其中关键的四个维度是“数量增加”、“质量提升”、“载体夯实”和“应用拉动”。

1. 着力打造产业链群，让产业亮点延伸成完整产业链，让产业链条扩展成优势产业集群，推动产业主体集聚壮大

精心选取一批既有发展基础又有发展前景的产业链群，延伸扩大产业链条，培育和引导中小企业聚集发展，提高企业之间协作配套的能力和水平。重点实施建链、补链、强链三大工程：找准重点发展的战略性新兴产业进行“建链”，围绕现有产业链条的缺失环节进行“补链”，对现有优势产业链，从科技、金融、信息化提升以及品牌引领入手进行“强链”。通过有针对性地项目引进、加强中小企业培育，推动产业、科技、信息化、文化、金融相融合，增强湖南产业的核心竞争力。

2. 着力提升产业品质，推进传统产业优化升级，加快低端产业成长提质，从而实现产业质量高端化

实施质量兴省战略、标准化战略和名牌战略，重点实施先进产业标准体系构建、企业认证推广、区域品牌打造、知识产权示范、检测技术平台搭建等五大工程。加快构建以龙头企业为引领，以标准、认证、品牌为抓手，以检测技术平台为支撑的产业优化升级推进体系，形成政府引导、部门协同、企业自觉的产业优化升级工作格局，大力营造依靠质量、标准、认证、品牌推进产业优化升级的社会氛围，推动传统产业加快改造升级、新兴产业较快发展、资源环境得到保护、企业核心竞争力明显增强、经济增长的质量和效益显著提高，形成具有高品质的产业体系。

3. 着力夯实产业载体，优化产业发展布局，完善产城功能配套，从而强化产业承载力

推进产业载体夯实工程，重点打造园区等产业载体，满足产城融合、宜业宜居的功能需求。打造一批现代城市工业经济综合体，突出专业化、关联性、集约式特点，推动产业园区从单一的产业生产区到城市组团的综合，通过科学定位及管理运营，使园区中的产业、商务、流通、生活能够融为一体，使园区不仅是产品研发、生产基地，同时也是繁华便捷、生态宜居新城，形成高品质、多功能的现代城市工业经济综合体。

4. 着力加强新兴产业应用推广，从需求端拉动产业发展，完善应用配套，不断形成多点支撑产业的新增长点

通过发挥消费对产业发展的拉动作用，加快新产业的培育和新产品的市场化推广。以战略性新兴产业、高新技术产业和产业链关键环节为重点领域，以自主知识产权和自主品牌新技术、新产品推广应用为核心内容，以技术创新为关键手段，以重大建设项目和应用示范工程为重点依托，着力夯实推广应用基础，着力强化政策支撑，着力营造良好氛围，加快新技术、新产品推广应用，形成新兴产业体系的应用支撑。

（四）“五项保障措施”

1. 加强顶层设计，系统有序推进湖南产业发展

将当前的改革理念融入产业政策制定中，形成湖南一盘棋的统筹布局和培育产业。一是建议省深改委从产业和企业需求的角度考虑一整套改革路径。十八届三中全会改革方案是全国性的改革方案，而具体到省级政府，可考虑从产业和企业发展的制度需求的角度来考虑，形成改革路径。建议详细调研产业和企业发展需要怎样的制度环境，而后从财税、行政审批、规划、配套设施、部门协作、考核体系等各方面，制定出一整套改革路径，形成联合推进机制，为产业和企业发展营造良好发展环境。二是围绕十八届三中全会精神，制定一个全面的、基础性的产业发展的原则性纲领。该纲领宜粗不宜细，把握改革的总体方向和原则，之前和之后出台的产业扶持政策在这个框架下统一，新出台的各类相关政策措施要比照该原则性纲领进行预先审查。同时，出台具体的实施意见，重点产业和关键举措必须明确时间期限和具体范围，避免政策跟不上形势的情况，也增加市场主体对政策环境的预期，减少朝令夕改对市场的干扰。最后，政策出台必须有配套的跟进措施和具体的责任单位，落实情况纳入考核。三是申请两个国家级重大试点：产业“负面清单管理”和“内陆港自贸区”试点。其一，向国家申请开展产业领域的“负面清单”管理试点。着重从资源、环境、安全、产能等方面制定湖南产业“负面清单”目录，按照非禁即入的原则，严格参照目录来管理产业发展。其二，向国家申请设立“内陆港自贸区”试点，重点考虑在岳阳和长沙的北部划定一个跨市的区域。

2. 突出营商环境优化，吸引投资创业涌入

广东、山东等地在十八届三中全会前后已经相继出台一系列政策举措推动营商环境优化，推进项目审批体制改革。湖南可以充分借鉴先进省份的做法，出台《优化湖南省营商环境的实施意见》，主要在以下几个方面着力发展：一是从注重统筹、注重监管、注重公开性三个方面推进简政放权。清理和下放审批权限要注重部门间的统筹，推进跨部门并联审批。以大部制为方向，建立部门之间监管执法联动机制，出台《湖南省园区管理条例》，协调避免园区之间

恶性竞争，在土地、财税政策方面设定最低标准线。同时，加强政府监管职能，从管理政府向监管政府转变。加强信息公开，加快推进社会信用体系建设，强化公众监督和信用监管。二是通过政府购买的方式提升政府服务效率，支持社会组织承接政府职能转移。一方面，大力推动技术审查市场化改革。通过“剥离”推动行政审批与技术审查相分离，将技术性审查工作交由具有相应技术资质的合法机构进行审查。另一方面，建议政府不再直接搭建企业服务平台，而是通过购买服务方式向社会购买生产性服务中介，并引入市场竞争机制，减少寻租等行为。

3. 提升政策效率，提高产业发展能力

厘清政府政策扶持方向和扶持方式，以不影响市场机制为原则，对整个政策体系进行重新设计和安排，务求对产业发展起到实际的支持效果。一是增加普惠型扶持政策，减少针对产业的专项扶持。专项性扶持政策是一种歧视性产业发展政策，极容易造成对市场公平性的破坏。建议进一步削减专项资金，突出普惠型政策，对于企业研究开发与创新行为进行普遍支持，对技术成果转化进行普遍支持，对于产业公共服务平台进行普遍支持，对于产业公共基础设施进行普遍支持，对于中小企业和创业发展进行普遍支持，对于人才引进进行普遍支持，对于提升劳动者技能与职业培训进行普遍支持。二是扶持重点从生产环节退出，向研发环节和消费环节转移。省及以下财政涉企专项资金政策取向由“厂商补贴”向“消费者补贴”转变。产业政策由“生产者优先”转为维护消费者权益与“顾客驱动机制”，推动产品质量、产品功能与产品附加值的提升。例如，支持新能源产业，应转为从消费端补贴新能源消费者，以刺激太阳能发电、风电等新能源的消费需求。同时，加大对创新研发的支持力度，根据当前重点产业发展的基础研究、共性技术和关键技术加大攻关投入。三是探索政府财政扶持“资金池”管理，成立政府性产业投资基金。第一，归并相关扶持资金形成“资金池”。将省级相关的扶持资金，包括战略性新兴产业专项资金、新型工业化专项引导资金、高新技术产业专项资金和各产业专项等扶持资金归拢统筹管理，减少“撒胡椒面”式的扶持，探索“资金池”管理模式。第二，通过政府产业投资基金扶持产业发展。按照“政府引导、市场运作”的原则，成立3~5个以政府为主导的产业投资扶持基金，从过去的直接给企业补助转变为通过投资基金的方式扶持企业发展。第三，加强政府扶持资金的公开透明，加强事后的效果评估。

4. 加强协同创新，提升产业核心竞争力

湖南不缺创新要素，但如何配置创新要素来推动产业发展还需破题，我们认为最关键的一点就是形成协同创新的良好机制，其着力点在三个方面：一是以产业创新联盟为载体加强协同创新。支持产业联盟在产业发展战略研究、技术方案选择、重大研究组织和商业模式创新等方面大胆实践，围绕产业链部署创新链，围绕创新链带动资金链。继续推进湖南省多点支撑的重点产业关键技术产业联盟建设，可以考虑借鉴日本的做法，提高实效。二是打造湖南科技创新资源共享平台。借鉴北京的“首都科技创新资源共享平台”的做法，采取行业分类聚集的方式，首批建立工程机械、新材料、电子信息、文化创意和生物医药等几大领域平台。建议以湖南省科技厅牵头，联合中南大学、国防科大、湖南大学、湖南师大、湖南农大、长沙理工等开放科技资源多且条件成熟的高校院所和大型企业以协议的形式共建湖南科技条件平台研发实验服务基地。三是以市场引导成果转化。湖南省科技成果转化不高的主要原因还是市场化导向不够，很多高校院所的科技成果不具备转化的市场前景。建议注重市场化导向，以企业为主体，着力推进企业的研发项目转化，借鉴温州创业园的做法，孵化器主要向企业再创业领域倾斜，鼓励企业的新产业、新产品试产孵化；鼓励科研院所围绕企业研发需求，开展技术联合攻关。

5. 加强重大项目管理，以项目带动产业落地

进一步强化重点项目管理，着重培育和引进与湖南省重点产业相关的重大项目。一是建立重点产业重大项目库与基础共性和信息技术项目库。围绕重点产业链群补链、建链、强链三大工程，建立重大产业项目库，有针对性地加强招商引资力度和技术孵化力度。建立基础共性和信息技术项目库，支持高校开展基础共性和信息技术研究，建立拟争取国家支持项目库。二是建立重大产业项目建设进度档案。跟踪项目引进和建设进度，建立重大项目管理系统，对重大项目实施动态管理和网上电子效能监察。三是建立重大项目评价制度。按照国家和省有关规定，对工程建设的各个环节进行审查和评价，对投入运营的重点项目要全面开展后评价工作，探索建立重点项目经济社会效益后评价制度。

B.34
湖南省国企改革应完成三大战略攻坚任务*

唐宇文**

国企改革是经济体制改革的重要组成部分。过去五年来，湖南省国企改革成效明显，通过改革，全省国企资产总额、实现利润均翻了一番。但是，与先进省市相比，湖南省国企改革仍存在诸多突出问题，亟须加快改革步伐。目前，国企改革正进入深水区，涉及领域众多，改革任务繁重，必须突出重点。从湖南省来看，只有从以下三个方面有序推进改革，才能完成改革攻坚的战略性任务。

一 尽快化解国企的历史遗留问题，消除国企改革的基础障碍

国企历史遗留问题主要包括员工国企身份、企业办社会、改制企业存续资产三大类。国企身份包含员工的终身制劳动关系和企业的无限责任，是国企市场化的沉重包袱。企业办社会指国企由于历史原因仍然担负着教育、医疗、供水、供气等本应由政府承担的职责，无法公平参与竞争。改制企业存续资产是国企因改制需要将优质资产剥离后的残存资产及大量冗余人员和债务负担，是社会不稳定因素。

湖南省上一轮国企改革遗留问题较多。从省属国企看，部分企业上一轮改革扫尾任务还未完成，部分企业全面改革有待推进，涉及员工数万人；部分企

---

* 本文系省社科重大委托项目“我省国企改革落后于其他地区的现状、原因及加快改革对策研究”的阶段性成果。

** 唐宇文，湖南省人民政府发展研究中心副主任、研究员。

业在改革过程中的资产处置、“壳”企业破产、社区移交及退休人员社会化管理等问题仍待解决。从市州层面看，国企改革遗留问题尾大不掉，改革成本较高。另外，中央政策性关闭破产企业涉及的社区及供水、供电、物业管理分离移交、离退休人员属地管理等问题，也未得到根本性解决。这些问题已成为湖南省国企改革的障碍，它不仅降低了企业的价值，使民营资本不愿与国企搞“混合所有制”；而且降低了国有资本流动性，不消除这些遗留问题，“管资本为主”就难真正实现。因此，历史遗留问题必须先行解决。

建议湖南省将解决国企历史遗留问题作为国企改革的优先任务，争取用两到三年时间完成主要工作。一是强化省直相关厅局、行管办、市州及县市区和企业的改革主体责任，加大改革力度，争取早日完成上一轮国企改革的扫尾任务，要重视发挥国资委在协调改革资源方面的优势；二是争取中央政策支持，尽快解决中央在湘企业和中央下放政策性关闭破产企业“两供一业”分离移交和离休人员属地管理等问题，积极利用湖南作为中央在湘企业“两供一业”移交试点省机会，先试点、后推广；三是完善分离办社会职能的系列政策，省国资委监管企业要先行一步、做出示范，加快完成两供分离及社区移交工作，其他部门和层级，要在借鉴省国资委监管企业改革经验基础上，加快国企办社会改革，力争在“十二五”期末基本解决国企历史包袱。

二　改革国资管理体制，为向“管资本为主”转变创造条件

政府既要代表国有资产行使股东权利，又要实施对国企的行政管理，在国资布局和国企治理中处于主导地位。因此，创新政府管理国有资产的体制，是深化国企改革的关键一环。在基本解决国企历史包袱后，国资管理体制改革理应成为国企改革的突破口。

目前，湖南省各级国资管理体制仍不能完全适应市场经济的新形势，国资相关管理部门既当“裁判员”又当“运动员”，致使“缺位”和“越位”矛盾突出。“缺位”主要表现为：没有根据经济发展阶段性和市场环境变化调整国有资产的功能和布局，国有资产在经济社会发展中的作用没有得到充分发挥。而“越位”则主要表现为：国资管理机构名义上为政府特设机构，实质

上是政府部门，按照“管人管事管资产”方式管理国企，同时还承担了许多行政管理职责，过度干预导致部分企业特别是竞争性国企缺乏竞争活力。

要落实十八届三中全会提出的“国有资本投资运营要服务于国家战略目标”和“不断增强国有经济活力、控制力、影响力”的要求，必须从过去“管企业为主”向“管资本为主”转变。建议：一是构建制定国有资本出资政策的制度，明确国有资本出资的具体目标和方式，包括政策性出资的领域、数量、时间和具体目标，商业性出资的回报率、分红率等。政府通过出资政策推动国有资本不断调整功能和布局，更好服务于战略需要。二是调整国资管理部门的职能，将国有资本投资和运营任务交给专业性投资公司，以减少对国有资本出资企业的直接管理，将与国有股东身份无关的行政管理职能移交给相关行政管理部门，使国资管理部门成为纯粹的履行出资人职责的机构，促进政企分开，增强企业活力。三是国资管理部门对国有资本投资运营平台要大幅减少管理事项，代表国有股东适度参与国有资本投资运营公司治理，完善治理结构，建立授权体系，强化监督审计，重点监督落实国有资本出资政策，任免、派出、考核和奖惩国有产权代表，建立科学的选人、用人机制，完善经营者激励和约束制度，逐步实现监督职能和运营管理职能相分离。

三 打造国资投资运营平台，为提升“管资本”能力完善载体

要管好国有资本，必须建立具备资本投资运营能力的平台机构。根据新加坡淡马锡公司和中国中投公司的经验，设立国有资本投资运营公司，负责执行政府制定的国有资本出资政策，可以提升投资的专业化能力，提高资本运作的市场化水平。

国有资本投资运营平台公司的核心功能应包括：通过投资融资和项目建设投资实业，按照市场化方式持股管理国有股权，通过资本市场运作实现国有资本的进入与退出，采取市场化方式实现生产要素分解、重组和流动以实现资产经营的目的。平台公司可灵活发展混合所有制经济，从维护国家战略利益出发，可以控股某些关键行业；从提升资本运营效率出发，可参股具有经营管理与市场优势的民营企业；而在一些竞争性领域，可根据产业发展趋势和企业经

营情况，随时增减国有股持股比例。

按照功能定位和发展路径，国有资本运营公司大致可分为两类：一类是纯持股类资本运营公司，侧重于持股管理和资本运作等功能；另一类是资产经营类资本运营公司，侧重于整合运营、改制重组、进入退出等资产经营和资本运作等功能。而国有资本投资公司也大致可分为两类：一类是业务边界鲜明的控股性投资公司，侧重公共服务、基础设施、资源和支柱性产业等的投资；另一类是侧重新产业、新方向投资的战略性投资公司。

根据湖南省国有企业的实际情况，可分步骤、分层次改革改组成立若干国有资本投资运营平台公司。从省属国企层面来看，应以进入全国500强的竞争性国企为基础，改组组建3家左右产业投资控股公司，以现有功能性国企为基础组建或新建1家国有资本运营公司、1家国有资产经营公司；从地市国企层面来看，可改组组建3家左右国有资本投资运营公司；从县市区层面来看，可改组组建1～2家国有资本投资运营公司。国有资本投资运营公司的改组组建工作具有探索性和挑战性，宜快速平衡推进。建议在省国资委监管企业中就国有资本投资和资本运营分别选择1～2家公司进行试点，在试点中总结提升并将成功经验向其他领域和地市县推广。

B.35

进一步扶持大湘西产业发展对策研究

湖南省人民政府发展研究中心课题组*

大湘西是湖南区域经济四大板块之一。湘西地区发展水平相对落后，扶贫攻坚任务艰巨。产业发展是经济社会发展的基础，是湘西人民脱贫致富的关键。

一　把握大湘西产业扶持的新要求

当前，大湘西地区进入加快全面建成小康社会的新阶段。大湘西地区是湖南全面建成小康社会的难点，2012 年全面小康实现程度为 74.1%，比全省平均水平低 11.8 个百分点。湖南省委、省政府要求，大湘西地区到 2017 年全面小康实现程度达到 85% 以上，2020 年基本消除绝对贫困现象，基本实现全面小康目标。湘西产业扶持，要紧紧围绕全面建成小康社会目标，着眼于增强区域内生发展动力，提高发展质量和效益，为富民强区夯实基础。

1. 坚持推进科学发展

2013 年 11 月，习近平总书记在湘西考察时强调，扶贫要实事求是，因地制宜。要精准扶贫，切忌喊口号，也不要定好高骛远的目标，要注重增长质量和效益，注重环境保护，实现有质量、有效益、可持续的经济增长。当前，要把产业扶持引导政策作为推动湘西科学发展、加快发展方式转变的有力抓手，切实贯彻落实习总书记的指示精神。

2. 创新产业扶持机制

2013 年中央发布《关于创新机制扎实推进农村扶贫开发工作的意见》。湖南要把握中央精神，推动产业扶持工作创新。将政府与市场作用有机结合，发挥政府创造环境、统筹发展方向、引导扶持企业投资等方面的功能，调动贫困地区自

---

* 课题组组长：李绍清；课题组成员：蔡建河、屈莉萍、曾万涛、刘海涛。

我发展的积极性；加强部门和区域协调，创新社会参与机制，形成产业扶持合力；探索建立精准扶贫机制，提升产业扶持经济和社会效益；根据区域资源禀赋和发展基础，按照主体功能区发展要求，有序引导湘西地区产业结构调整优化。

3. 让发展成果惠及全体人民

要通过产业扶持和发展，创造更多优质就业岗位，使更多的人成为创业者，融入和参与区域发展进程，为人民提供更高的收入和生活质量。根据这一要求，要积极调整产业扶持重点和方式，突出支持对就业带动作用大的产业；探索扶持资金使用新机制，将创业纳入产业扶持范围；坚持以人为本，实现发展成果的公平共享。

4. 落实生态优先原则

湘西地区生态资源丰富但生态环境相对脆弱，要始终将生态环境保护放在第一位。制定严格的环保准入标准，健全园区和企业环保设施和管理要求，加快淘汰污染环境的落后产业，切实落实“谁污染、谁负责”的机制。将环保基础设施建设纳入产业扶持范围，并向园区和重点产业倾斜。

二 调整优化大湘西产业扶持的重点

2004 年以来，湘西产业扶持重点逐步调整。当前，应进一步将其放在发展前景广、对区域经济带动作用大的产业，按照具有比较优势、特色高端定位、符合可持续发展要求等原则，致力于打造具有湘西特色的现代产业体系；找准政策扶持的着力点，加快产业集约、高效、两型发展。为此，产业扶持要突出四个重点产业，抓好三项重点工程。

（一）依据比较优势突出扶持四大产业

1. 进一步扶持壮大绿色生态农业

其战略定位应为：依托独特资源禀赋和科技进步，发展区域特色优势农产品生产和加工，培育高品质、高端定位的绿色生态农业品牌，不断提高农业经济效益，使湘西成为我国绿色有机农产品的重要生产基地和输出地。要建立健全湘西绿色生态农业发展体系。打造特色产业基地，提升产业基地集约化、标准化生产水平；推进优势品牌建设，开展有机食品、绿色食品和无公害食品的产地认证和产品认证，形成一批龙头企业和名牌产品；构建新型农业社会化服务体系，建设一批特色化、规模化的农产品批发交易市场，探索企业、农户、产业基地高效联动发展模式，提升农业公共服务能力。

2. 进一步扶持做强旅游产业

进一步挖掘湘西旅游业巨大潜力，推动发展方式转变，将湘西旅游品牌做优做强。一是深度开发旅游资源，打造一体化的湘西地区旅游业发展格局。打造张家界奇山异水、大凤凰生态文化、怀化古城古镇古村等旅游板块；构建湘西生态民俗旅游走廊，优化建设特色精品旅游线路。促进文化产业与旅游产业深度融合，加快重点县市旅游配套设施建设。二是支持湘西旅游业转变发展方式。推动产业与国际接轨，着力转变旅游业创收盈利模式。在此条件下，着力丰富旅游产品结构，以多元化旅游资源为依托，大力发展休闲度假旅游、文化采风旅游等，建设文化创意产业创作基地、特色会展基地等，提高旅游业发展品质。进一步开拓国内外客源市场，细分市场结构，提供多样化个性化的旅游产品。

3. 积极扶持打造武陵山区域边贸物流中心

充分利用湘西地区与渝、鄂、黔、桂四省市区相邻的特点，加强物流园区、物流中心和物流基础设施建设，改造提升一批传统商品批发市场和零售商品购物中心，鼓励发展连锁经营、物流配送、电子商务等现代流通方式，构筑多层次、高效便捷的边贸物流网络，把湘西地区建设成为省际边境贸易中心。

4. 进一步择优扶持发展特色制造业

一是做强做优生物医药产业。依托丰富的中药材资源以及完善的交易平台，加强深度开发，延伸中药材加工产业链，建成特色中药材 GAP 种植、中药提取和特色天然植物资源利用产业基地。二是统筹整合矿产开采与加工业。限期淘汰环保不能达标的企业，对继续经营的企业在集约用地、节能减排、提升加工深度等方面上水平。三是其他特色制造业。以产业开发园区为依托，推动具有两型特征的制造业企业聚集发展。实施制造业发展“负面清单管理”，科学引导产业园区发展方向。

（二）突出抓好产业扶持三项“重点工程”

1. 平台打造工程

加强特色园区扶持，推动制造业集约发展。湘西制造业必须集中布局于园区，走集约高效发展之路。要统筹推进湘西产业园区发展，力争每个县市拥有一个省级特色产业园，支持具备条件的省级园区升级、扩区和调整区位，争取国家级产业园区零的突破。将产业园区建设作为湘西产业扶持重点。支持园区基础设施建设，支持园区招商引资，支持以园区为核心的产业布局调整，支持园区创新产业发展环境，尽快形成一批基础比较完善、发展环境比较优越的特色园区。要探索发展新型园区，如旅游产业园区、现代物流园区等。

2. 产业升级工程

扶持区域品牌创建，推动生态农业与旅游业结构升级。要重点创建两个区域品牌：一是“湘西绿色有机食品”品牌。形成一批以绿色品种、绿色生产、绿色物流、绿色营销为主的生产企业，形成高品位、高质量、高端定位的产品系列，打造统一的“湘西绿色有机食品”区域品牌。要完善区域品牌建设扶持机制，加强特色资源原产地保护，开展地理标志的国内、国际注册；强化企业质量标准体系建设，大力推行标准化生产。二是“大美湘西”旅游品牌。整合旅游资源，全力打造“景观美，生态美，人文美，服务美”的“大美湘西”区域旅游品牌。要做好区域品牌顶层设计，深度挖掘湘西旅游独特价值，确立“大美湘西”品牌战略定位，制定品牌创建实施方案；加强旅游精品的塑造，走品质高端化、服务优质化的发展之路，形成丰富的产品系列；加强品牌的塑造和管理，以区域品牌为依托全面提升湘西旅游软实力。

3. 普惠富民工程

促进城乡创业就业，夯实产业发展基础。促进城乡创业与就业，有利于推动共同富裕，充分利用劳动力资源，创造新的产业增长点。要落实精准扶贫要求，积极扶持居民就业，完善就业服务体系。大力促进城乡居民创业。进一步加大扶持力度，建立健全创业扶持体系。突出重点扶持创业，优先支持地方能人、大学生、技术人员、返乡农民工等群体创业，择优扶持城乡合作经济组织。鼓励各地探索多种形式的创业扶持模式，提升服务能力和工作绩效。

三　加强大湘西产业扶持的几点建议

（一）创新产业扶持的统筹协调机制

进一步建立和完善“省统筹、县为主、市场化”的产业扶持机制，打造湘西产业发展合力。省统筹：湖南省委、省政府根据主体功能区要求，科学制定湘西产业发展规划。根据湘西产业发展需要，不断完善扶持政策，并争取中央的支持，引导资源向湘西地区流动。湖南省直各部门加强统筹协调，有序分工，注重形成协同配套的政策体系，使湘西产业进入可持续的良性循环发展轨道。县为主：湘西县域应充当对接扶持政策与本地产业的枢纽和桥梁，一方面充分发挥自身积极性，着力打造本地优势产业，努力形成充满活力的产业体系；另一方面用好用足国家和省的扶持政策，多渠道争取更多外部资金要素支援。在产业扶持的传导体系中，县级政府应将本地产业发展需求与外部支持更好地对接，最大限度地争取上级资金和政策扶持。上级部门也要加强对县级政府的督导，根据县级政府政策资金使用绩效进行考核奖惩。市场化：湘西产业发展主体主要是民营企业、中小企业。除了政府对企业投资的扶持，更重要的还是发挥市场作用。要着力打造公平竞争的市场环境，创造更加有效的产业发展公共服务体系，不断改善要素供给条件，提高湘西对产业投资的吸引力。

（二）进一步发挥产业发展专项资金扶持引导作用

1. 拓展产业专项扶持资金使用范围

重点在以下方面：①为省规划项目提供贷款贴息，可考虑逐步将贴息方式转型为提供长期无息或低息贷款；②为省规划重点高科技项目提供引导资金，可考虑转型为股权资金；③为特色产业园区建设提供贷款贴息资金；④为县区提供创业扶持基金；⑤奖励资金，奖励在环境保护、促进就业、资源集约利用、技术创新等方面具有示范带动作用的产业项目，通过奖励引导产业发展方向。

2. 进一步健全扶持项目择优机制

各县区申报的企业投资项目要突出重点：突出打造优势产业，加快培育各县域支柱产业；突出产业集群，工业项目重点选择布局于产业园区并有利于形成集群的企业，农业项目要选择有利于农产品生产和加工产业链条紧密衔接的项目；突出品牌创造，重点选择有利于做大做强名牌产品的产业投资项目，可进入“湘西绿色有机食品”、“大美湘西”等区域品牌打造工程的项目；突出生态环保，制定扶持项目“负面清单”，将存在污染行为或隐患的项目排除在扶持范围外。

3. 发挥好县域的统筹协调作用

县级政府要发挥好政策整合、产业引导的功能，使上级扶持资金合理配置到本县相关产业领域或发展关键环节；根据择优原则，帮助有发展前途的企业争取到相关部门有效的支持。上级各部门要积极与县级政府衔接，防止各自为政，出现扶持措施政策的重复或缺位。县域政府要加强对本县企业争取扶持的宏观管理，防止部分企业向多个部门申请扶持资金以“寻租”；统筹监管企业扶持资金的使用，对资金使用情况和绩效负责，接受湘西产业扶持资金管理部门的考核。

4. 要鼓励各县域探索扶持资金高效运用方式

为发挥财政资金的金融撬动作用，可将财政资金与金融资本相结合，通过财政资金引导信贷、担保、信托等金融机构，设立风险补偿、集合信托、保费补贴等形式多样的财政金融产品，以多渠道增加产业投入。上级部门可根据各县产业扶持资金使用绩效，建立奖惩制度，奖优罚差。

（三）突出强化产业发展的要素保障

1. 加强科技要素保障

省级政府要发挥推动湘西科技进步的主导作用。加强共性技术研发与推广。围绕湘西优势资源精深加工和特色动植物资源高效综合利用，开展科技攻关与成果转化，突破一批关键技术瓶颈。通过在农业、林业、中药产业等领域推动技术创新及推广，构建具有资源与科技双重优势的产业链，提升产业核心竞争力。推动科技平台建设。围绕湘西产业发展技术需求，利用湘西地区科技资源和力量，支持种子选育、植物提取、生物医药等工程技术研究中心建设，逐步发展一批省部级工程技术研究中心和重点实验室。支持有实力的企业建立企业自主创新技术中心。加强科技创新服务工作。围绕湘西发展中的科技瓶颈问题，调动各方力量，提供科技支持。发展科技中介服务机构，健全科技信息服务网络，扶持科技咨询业发展。积极营造良好创新环境。强化政府引导，确保湘西财政性科技投入稳定增长。

2. 加强人力资源保障

建设一支高素质劳动力和技术人才队伍。一是切实加强基础教育。继续推动全省公共教育资源向湘西农村和贫困地区倾斜。二是大力发展职业教育。省统筹实施湘西人才培养专项计划，围绕重点产业需求培养本地实用人才，培养高素质的产业工人，促进农村富余劳动力转移。依托省内高等院校，针对湘西重点产业定向培养一批管理、经营、技术人才，建立一支“本地化”的专业技术队伍和技工队伍。三是积极培养和引进高层次人才。省统筹实施湘西人才引导政策，实施“高层次高技能急需紧缺人才绿色通道”，引导人才向湘西流动。

3. 加强金融服务保障

创新具有湘西特色的金融发展模式，提高金融效率，为湘西地区产业发展提供良好金融环境。加大政策性银行与商业银行对产业发展支持力度。支持国有商业银行在县域增设网点，引导股份制银行到湘西发展，争取适时成立专门服务湘西经济社会发展的湘西开发银行；将县市农村信用联社改制为农村商业银行，积极发展村镇银行，争取每个县至少一家农商行、一家村镇银行。大力推动区域金融创新。发展小额信贷公司，以村为单位筹建农村互助基金，引导和规范非正规金融的发展，引导民间资本投资科技创新项目，争取建立湘西产业投资基金，鼓励与支持有条件的企业上市融资。支持区域信用担保体系建设。鼓励和引导各类保险金融机构进驻县城和中心镇，为特色农业发展、专业养殖等提供保险服务。进一步优化金融环境。打造诚信湘西，创建金融安全区。

（四）创新税费政策促进产业投资

1. 积极向中央争取税收优惠政策

应争取大湘西地区整体进入享受西部优惠政策的区域，将湘西地区优势产业、支柱产业、具有市场潜力的重点产业纳入优惠范围。向国家争取增加减免的税种和形式，争取小微企业发展的税收优惠政策。

2. 下大力气调整收费政策，全力改善投资环境

改善投资环境必须加强收费的清理和规范。建议把湘西地区作为“湖南省收费规范整顿的先导区”。湘西作为扶贫重点地区，轻徭薄赋历来是扶持发展之策，需要通过收费整顿创造良好投资环境；且相对而言，湘西收费基数不大，清理收费对财政收入影响较小，作为全省收费改革的试点地区是合适的选择。通过收费改革，并配套其他改善投资环境的措施，可为湘西地区创造改革开放的良好形象，提升湘西对投资者吸引力，并直接惠及湘西旅游等开放型产业。湘西收费规范的总体思路，可按照收费与行政审批改革相结合的思路展开。建立政府权力清单可先在湘西试点，对收费进行分类清理，保留一定具有税收特质的收费项目，由地税局统一征收，其他的一律免除。

B.36

打造长株潭（长沙）临空经济新区的思考

长沙市人民政府研究室

空港被誉为21世纪“国家和地区经济增长的发动机”，空港也正由“城市的机场”演变为“机场的城市”，空港经济作为一种重要的经济形态越来越受到关注。本文客观分析长沙临空经济发展的基础条件和制约因素，提出长株潭（长沙）临空经济新区建设的基本构想及对策建议。

一　长沙临空经济发展已有良好的基础条件

近年来，随着黄花国际机场成功跻身千万级国际机场行列，长沙县空港城建设正式启动，临空经济有了一定程度的发展。

（一）机场实力持续增强

黄花机场等级为4E级，是我国十大区域性国际航空枢纽之一、国家一类航空口岸，目前拥有通往国际、国内118个大中城市、130多条航线，也是我国中部首个实现千万级旅客吞吐量的国际机场，国际旅客吞吐量稳居中部五省机场首位。随着机场的快速发展，以及周边综合交通体系日趋完善，人流、物流、资金流、信息流加速汇聚，机场区域已成为长沙乃至湖南最具潜力的经济动力区之一（见表1）。

表1　长沙黄花国际机场2001～2013年客货吞吐量增长变化情况

年份	旅客吞吐量(万人)	增长率(%)	货邮吞吐量(万吨)	增长率(%)
2004	380	27.1	4.3	23.3
2009	1128	33.5	8.7	22.3
2010	1262	11.8	10.9	24.9
2011	1368	8.4	11.5	5.7
2012	1474	7.8	11.1	-3.7
2013	1601	8.5	11.8	6.3
2020(预期)	2200	—	38	—
2040(预期)	7100	—	180	—

（二）交通区位优势明显

习近平总书记指出，湖南是东部沿海地区和中西部地区过渡带、长江开放经济带和沿海开放经济带结合部（以下简称“一带一部”）。长沙作为“一带一部”核心增长极，区位优势度高，是支撑沿海沿江开发的重要基地，是促进中西部地区开发的先导城市，也是中部重要的交通枢纽城市，水陆空综合立体交通网络较为完善。黄花机场综合交通体系发达，机场高速、长永高速、人民路直达机场，京港澳、长株、平汝、沪昆高速与武广、沪昆高铁在此纵横交汇，劳动路、中低速磁悬浮列车、地铁2号（东延）线、地铁6号线、长浏城际轻轨都将直达机场，形成了对全国市场的高度可达性。长株潭临空经济区地处长三角经济区和成渝经济区东西连线、京津唐经济区和珠三角经济区南北连线的中心。随着京深高铁和沪昆高铁通车运行，长株潭城市圈和长沙空港城与中国主要经济区和城市的距离进一步缩短，经济一体化联动发展效应将日益凸显。

（三）区域经济基础雄厚

黄花机场周边有7个国家级开发区和一批省级工业园区，是长株潭地区优质资源深加工和产品研发、制造、出口的重要基地（见表2），特别是临近机场的长沙经开区其蓝思科技、长城信息是机场货运重要客户，浏阳经开区形成生物医药、电子信息、健康食品三大临空产业集群。长沙是全国重要的传媒、出版、动漫产业基地，文化产业、生产性服务业优势明显，临空指向性较强。长株潭地区是我国最早的航空工业研究与制造基地，有一批航空工业企业和科研院所，航空起落架项目落户望城，通用航空制造基地落户株洲航空航天产业园，临空业态发展基础较好。长沙经济总量、综合实力居全国第七位，在长沙直接投资、设立分公司和办事机构境外世界500强企业118家，其中有直接投资的49家，临空经济发展宏观环境良好。

（四）空港城建设顺利起步

2010年10月，长沙县空港城管理委员会成立，负责规划建设总面积54.6平方公里的空港城。目前，人民东路东延线（空港城段）建成通车，黄金大道（S207南延线）动工开建；成功引进中国联通长沙阅读数字基地、奥凯航空

表 2 长沙黄花机场辐射的园区总体情况

园区名称	规格	直线距离	主导产业
长沙高新区	国家级	31 公里	先进制造、工程机械、新材料、新能源、电子信息、生物医药、现代服务业
长沙经开区	国家级	8 公里	工程机械、汽车及零部件、新材料、电子信息、食品、轻印包装
浏阳经开区	国家级	16 公里	新能源、电子信息、生物医药、生物环保
望城经开区	国家级	45 公里	航空航天等先进制造、食品医药、有色金属精深加工、现代商贸物流
宁乡经开区	国家级	45 公里	工程机械、新材料、食品
株洲高新区	国家级	42 公里	通用航空等先进制造、新材料、电子信息、生物医药、现代服务业
湘潭高新区	国家级	49 公里	先进制造、汽车及零部件、电子信息

长沙运营基地、厦门航空分公司、普洛斯物流 4 个现代服务业重点项目，空港物流园、通用航空产业、机场综合配套服务区等项目建设进展顺利；区域内市政道路、给排水、供电、管道煤气、宽带网络等基础配套设施建设逐步完善。空港城建设实行最严格的生态保护，注重打造生态产业链，为临空经济新区发展腾出了更多的环境容量。

二 湖南建设临空经济新区面临的主要困难

审视湖南和长沙的临空经济发展，比较上海、重庆、郑州等地经验和做法，差距还很大，不少难题亟待破解。

（一）组织协调机制不顺

国内规划建设临空产业新区的城市，普遍成立高规格的开发区管委会，行使省辖市级管理权限。2008 年，湖南省委、省政府批准成立湖南省临空产业领导小组，但无常设机构，长沙市也未设立专门工作机构；长沙县空港城管委会因行政级别偏低，难以发挥强有力的协调和主导作用（见表 3）。

（二）发展规划落实困难

上海、重庆、郑州临空产业新区的城市规划和土地规划已经全面对接，区

表 3　国内部分临空经济区行政架构

	重庆市	郑州市	四川省	陕西省
新区名称	两江新区	航空港经济综合试验区	天府新区	西咸新区
空港名称	江北机场	新郑机场	双流机场	咸阳机场
规划面积	1200 平方公里	450 平方公里	1578 平方公里	882 平方公里
主要领导	徐鸣	李克	蒋巨峰	江泽林
领导职务	重庆市委常委两江新区党工委书记、管委会主任	河南省委常委常务副省长	四川省委副书记、省长、天府新区规划建设委员会主任	陕西省委常委、副省长，兼任西咸新区管委会党工委书记、主任

域内全部规划为城市建设用地，并优先保证用地指标。目前，长沙临空区域还没有系统规划，且空港城没有全部纳入土地利用总规和城市总规可建设开发区域，实际可建设用地仅约 10 平方公里，其余土地均不能开发建设，造成基础设施无法建设、项目落地建设举步维艰。

（三）政策支持还不到位

郑州、重庆、上海等国内领先的临空产业新区，在口岸通关、航线航权、财税金融、用地管理等方面得到国家及各级政府的政策支持。政策支持体系完备的郑州航空港经济综合实验区发展最为迅速（表 4）。湖南临空经济发展各方十分关注，但各级政府对临空产业新区建设的重要性认识不足，对产业战略定位不清晰，没有列入本地经济社会发展重要议事日程，政府的主导和推动作用没有有效发挥，出台的一些支持政策力度不大、可执行性不强，工作推动艰难。

表 4　郑州航空港经济综合实验区获国家、省支持的部分政策

批准（实施）单位	批准时间	文件名称或主要支持内容
国务院	2013. 03. 07	国务院关于郑州航空港经济综合实验区发展规划（2013 ~ 2025 年）的批复
国家发展和改革委员会	2013. 03. 08	国家发展改革委关于印发郑州航空港经济综合实验区发展规划（2013 ~ 2025 年）的通知
河南省人民政府办公厅	2013. 11. 12	关于郑州航空港经济综合实验区与省直部门建立直通车制度的实施意见

续表

批准(实施)单位	批准时间	文件名称或主要支持内容
河南省人民政府办公厅	2013. 11. 12	河南省人民政府办公厅关于支持郑州航空港经济综合实验区发展的意见
河南省人民政府办公厅	2014. 01. 07	关于加快电子口岸建设的通知
河南省第十二届人民代表大会第三次会议	2014. 01. 16	《政府工作报告》部署“2014 年重点工作”时提出：“(一)全面推进郑州航空港经济综合实验区建设。”
河南省财政厅	2014. 01. 07	拨付 18 亿元资金助力郑州新郑机场二期工程建设,已累计安排资金 84. 9 亿元。(河南日报报道)

（四）航线货运资源偏少

黄花机场属于国内区域型枢纽机场，国内航线数量远少于同处京广、沪蓉航路交会处的武汉天河机场、郑州新郑机场（表 5）；现有航班多为国内直达或经停航班，国际航线较少，香港机场每天国际航班数量是 365 班，而黄花国际机场每周仅有 7 个定期国际航线航班，11 个国际临时包机航班、7 条经停上海的代码共享国际航线目的地主要集中在东亚，还没有开通直飞欧美、澳洲航线，未能真正实现“长沙飞向世界”。近五年，机场货运资源增长乏力，且曾出现负增长（图 1）；货运种类主要为快件、服装、蓝思玻璃面板、机械配件、电子集成线路板等，周边企业航空运输利用率低，尚不具备货运专机开通条件。

表 5　长沙、武汉、郑州、重庆机场航运数据对比

	旅客吞吐量(万人)	货邮吞吐量(万吨)	航线条数(条)	运营航空公司(个)
长沙机场	1600. 72	11. 76	106	31
武汉机场	1570. 61	12. 95	140	36
郑州机场	1313. 66	25. 57	124	33
重庆机场	2500	28	132	40

注：数据来源于湖南机场集团，以 2013 年 12 月已竣工设施及运营数据为准。

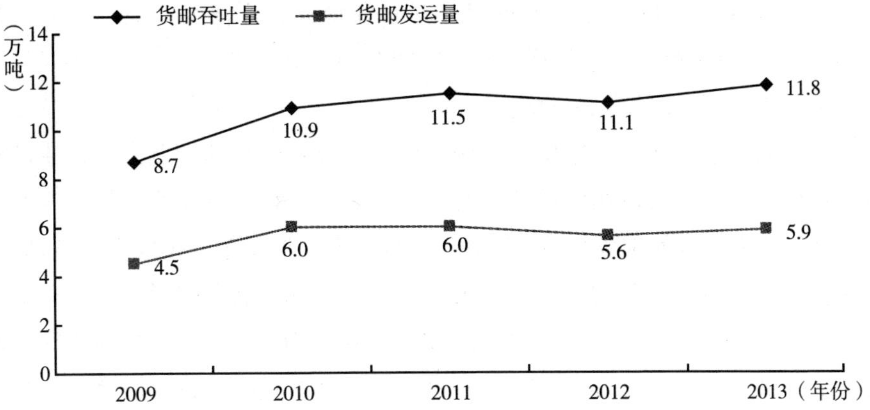

图1　2009～2013年黄花国际机场货邮吞吐量和发运量变化

（五）设施配套尚不完善

与先进省区相比，湖南省发展临空经济投入明显不足。重庆渝北临空都市区固定资产投资总额居重庆第一位，武汉临空产业新区总投资已逾300亿元，而长沙县空港城启动3年来总投资仅10多亿元，主要是长沙县财政和空港城管委会融资。鉴于土地利用规划和城市总体规划的限制，长沙县统筹空港片区城市基础设施建设能力有限，加之财政部、国家发改委、人民银行和银监会联合下发《关于制止地方政府违法违规融资行为的通知》（财预〔2012〕463号），地方政府新增贷款更难，空港城基础配套设施建设任务更加艰巨。

三　加快长株潭临空经济新区建设的对策建议

建设长株潭（长沙）临空经济新区，打造中部核心增长极，是发挥长沙“一带一部”首位城市作用的必然要求，是推动长沙转型创新发展的强大引擎，是提升长沙城市品质形象的重要支撑。必须把临空经济新区建设摆在长沙乃至全省发展的突出位置来抓。当前应着重加强六个方面工作。

（一）加强战略定位

充分发挥湖南“一带一部”的区位优势，把长沙打造成为“一带一部”

的核心增长极，围绕“打造大枢纽、发展大物流、培育大产业、形成大都市”，明确园区战略定位、发展目标、空间布局和产业支撑，科学谋划长株潭（长沙）临空经济新区发展战略。

一是明确总体战略。遵循“港区一体、产城融合”的发展思路，建设现代化区域性国际航空枢纽和产城深度融合新区，大力发展长沙东部开放型经济，建设全面开放的服务贸易自贸区，建成富有湖湘特色的国际化临空都市，使之成为“一带一部”的核心增长极、参与全球竞争的湖南桥头堡，让湖南嵌入“货通全球的物流世界”，融入全球供应链和消费链，积极参与国际产业分工和经济大循环。到2020年，临空经济新区初具规模，成为推动长株潭乃至全省发展的重要引擎，黄花国际机场客货吞吐量分别突破3300万人次、38万吨，年飞机起降26万架次；到2040年，客货吞吐量7100万人次、180万吨，年飞机起降55万架次。

二是确定区域范围。临空经济发展规律表明，临空经济区域大致为机场客流量20万人次1平方公里，以黄花机场旅客流量2013年1600余万人次为基础、近期2020年3300万人次、远期2040年7100万人次为目标进行测算，长株潭（长沙）临空经济新区近期规划大致确定为115平方公里，即长沙黄花机场—高铁长沙南站片区；到2020年可拓展至154平方公里；远期规划约326平方公里，辐射黄花机场与株洲、湘潭相邻区域，形成“一核两翼三圈”格局：“一核”，指以机场及其紧邻范围的核心区；“两翼”，指机场东、西两面与机场联系紧密、临空产业发展相对密集的集聚区；“三圈”，指核心区、集聚区，以及与黄花机场具有便捷交通联系、处于机场强辐射范围内的省内大型开发区、专业市场、休闲旅游区或相关经济体内具有临空经济产业特征的功能区块。

三是注重规划引导。依据长沙市“十二五”规划、城市总体规划、黄花国际机场总体规划，注重城市、产业、土地等规划合一，高起点、高标准编制《长株潭（长沙）临空经济新区总体发展规划》，统筹开展新区控规、土规以及各类专项规划编制。按照整体规划、分步实施、梯次推进的原则，按近期、中期和远期分期建设，具体划分机场航站区、自由贸易区、功能新城区、重点产业园区、辐射经济区5大功能板块，同步细化功能要素设计，狠抓规划落实，确保宏观规划要求在微观项目建设层面不走样。

（二）加强机场建设

黄花国际机场是长沙的品牌、湖南的名片，是临空经济新区繁荣的基石。必须以战略眼光，高度重视和支持黄花机场发展，加快机场扩建，全面发挥机场的引擎作用。

一是切实增强机场功能。加快推进机场软、硬件设施建设，加快实施黄花机场飞行区东扩及二、三跑道、T3 航站楼、机坪南扩等配套工程。全面增强货物集疏、航空货运支撑能力。支持以机场为主体，打造数字化客货运信息平台，构建“数字空港城”。加强客源市场开拓，借鉴外省市机场拓展周边市场经验，在长株潭城市群及湖南“3+5”城市群内的相关城市设立长沙机场异地“候机楼”。提倡 TOD 和公共交通主导的开发模式，提高机场功能的可达性和交通效率，免费审批机场至全省及周边主要市州的机场快线线路牌照及资质，发放一定数量的机场专线出租车线路牌照，实现城市公交到机场候机楼。

二是着力拓展航空市场。进一步加大航线财政补贴的政策支持力度，落实省政府出台的航线航班开发奖励专项资金政策，培育好国际航线，加大对新开通重要国际国内航线、中转航线、通航城市、支线航班，特别是国际货运航线航班的补贴和扶持力度，补贴标准不低于周边枢纽机场。巩固和经营好现有航线的同时，争取航空公司增开航线航班，加大运力投放，进一步拓展东南亚航线，支持长沙机场开通至法兰克福、洛杉矶等直达航线，积极筹划更多直飞欧美的国际航线，构建完善的国际国内航线网络。

三是积极争取航权政策。力争长沙纳入国家低空空域运行管理试点，促进通用航空发展。探索黄花机场开放出境航班在经停国家机场载客货的第五航权，鼓励中外航空公司经营往来长沙的国际客货运航线。省内其他机场航线应作为黄花机场支线发展。

四是支持基地航空公司建设。从土地使用、税费奖励等方面对南航湖南分公司、厦航和奥凯航长沙基地及其他有意向在长沙设立基地的航空公司予以大力支持。依托现有航空公司尽快组建湖南本土航空公司，即中部航空公司，形成航空公司总部基地，着力打造长沙区域性国际航空枢纽。

（三）加强产业培育

借助机场的辐射作用，重点发展以空运为依托的高新技术产业和制造基地；围绕服务空港，发展以金融保险、商务休闲、总部基地和会展旅游为主的现代高端服务业；突出发展航空物流业、临空制造业、高端服务业3大产业，以特色鲜明、功能完善的城市配套设施吸引更多的高素质人才和国际型企业在此聚集，体现出东部开放型经济区域发展的高品质、高层次、高端化。

一是加快推进重点项目。精心策划包装一批高品质临空指向项目，每年力争引进2~3个战略性项目。近期重点深化跟进华润医药、湖南国际医疗新材料综合产业园、全球四大快递公司、湖南邮政快件中心、京东商城、跨境电子商务产业园等重大项目招商工作，促进重大集群式招商项目落地；积极服务中国联通数字阅读基地、奥凯航空长沙运营基地、厦门航空分公司、普洛斯物流等落户项目，加快机场综合配套服务区、空港物流园和通用航空公务机园等项目建设。

二是大力发展航空物流业。结合机场建设，高度重视并同步推进航空物流发展。在硬件上，要按照建设航空枢纽的理念，科学规划、同步建设物流基础设施；在软件上，要根据现代航空物流发展需要来完善机场功能，并按轻重缓急安排建设时序。要积极培育和引进大的市场主体，发展壮大航空物流产业。除此之外，加快推进综合保税区申报工作，大力发展城市配送、国际快件等业务，同时充分依托机场口岸优势，争取相应政策和资金支持，力争引进类似阿里巴巴、京东等电商平台类企业，积极拓展跨境电子商务业务。

三是大力发展临空制造业。大力发展航空工业，整合长株潭航空城、长沙航空工业园、株洲航空航天产业园等航空航天产业基地和园区，引导航空公司总部入驻发展，吸引国内外航空航天产业企业进驻，从事包括直升机、通用飞机及航空发动机、起落架、卫星和关键零部件等整机、零部件的研发、生产及国际转包生产等，建设通用飞机研制、生产、运营和综合服务基地。大力发展航空偏好型产业，重点发展依托空运的高新技术产业，吸引一批生物医药、电子信息、珠宝加工、精细化工、精密机械、食品、种业、花卉企业入驻新区，加强配套产业引进，打造全国重要的生物医药、高端制造、电子信息产品研发制造产业基地。

四是大力发展高端服务业。重点发展总部经济、旅游、高端商贸、文化休闲、服务外包、航空维修、航校、教育培训等高端服务业态。依托国际会展中心，大力发展高端会展、文化展演、旅游休闲，打造百亿级商圈。发展国防科工和航空航天教育，建设高校航空产学研结合示范基地。加强与国内外知名电商的战略合作，重点推进跨境贸易电子商务试点规模化运营，建设全国重要的电子商务中心。加快综合保税区建设，促进保税商品跨境自由服务贸易。以该区域为基础，以文化产业、生产性服务业为重点，争取向国家申请长沙设立中部唯一服务贸易自贸区。

（四）加强平台打造

平台是临空经济新区发展的关键。坚持“功能服务产业发展、功能丰富城市内涵、功能带动城市活力”，全方位、多层次推动新区各类功能平台建设。

一是建设立体化综合枢纽。尽快编制出台黄花机场综合交通枢纽规划，从项目审批、建设投入、设施配套等方面优先支持新区交通建设。完善机场旅客地面综合运输网络，加快黄花机场至高铁南站磁悬浮交通轨道项目、地铁 2 号线东延至机场 T2 航站楼项目建设，强化新区与主城区、高铁新城的联系，实现公交、地铁、轻轨、高速公路等交通方式的无缝对接。启动大通关基地等配套工程建设，强化与铁路、公路、水运的立体交通网络衔接，形成机场至全省乃至周边外省市州的机场快线网络。

二是建设大口岸开放平台。最重要的是提高口岸通关速度和效率，尤其是争取国家海关总署支持新区口岸发展，先行先试优化通关服务。开发整合海关、检验检疫、边检、国税、外汇、商务、工商等单位信息的电子申报平台，建立统一的空港信息平台，兼具口岸电子监管、数据综合处理、物流信息发布等功能，实现报关、报检、外汇核销、出口退税等“一个门户入网、一次认证登陆、一站式服务”的口岸业务无纸化、电子化办公，推动通关协作，实现口岸管理部门信息互换、监管互认、执法互助。建立机场、联检部门高层联络机制，实行海关、检验检疫、边检联动服务和 24 小时预约通关、预约查验。

三是建设系统化基础平台。把互联网、物联网、云计算等先进信息技术应用于新区规划设计、基础设施、社区管理、企业运营、政府服务、生活配套、能源职能控制等领域，努力打造数字化、网络化、智能化的智慧城市示范区。

四是建设产业综合服务平台。搭建科技、人才、金融、商标、品牌、贸易服务等六大企业服务平台，鼓励高新技术产业化，推动产业转型升级，推动企业做大做强。利用大公司、大集团、金融机构和政府资源，打造新型融资平台，通过多层次，多元化、多渠道、多方式的融资，探索拓宽满足项目投资的融资渠道。

五是建设新都市功能平台。有序推进已征地区域内市政道路、给排水、供电、供气、通讯等公用设施建设，以及医院、学校、购物中心、文化娱乐等服务设施建设，逐步构建中心明确、层次清晰、超前均衡的公共服务体系和基础设施系统。特别是在核心区配套建设一批国际商务酒店、国际学校、大型医院、高档住宅、市民公园等城市功能性项目，同时注重城市细节打造，实现生态、形态、业态、神态的和谐统一，建设一流的生态新城。

（五）加强政策扶持

临空经济作为一种新的区域经济形态，需要具体、系统的政策支持。

一是争取国家层面政策支持。将临空经济新区作为省级发展战略，争取上升为国家发展战略，获得国家及部委支持。加快推进长沙临空综合保税区申报工作，并以该区域为基础，以文化产业、生产性服务业为重点，向国家申请设立湖南（长沙）服务贸易自贸区，并尽快争取国务院批复，全面推动产业新区创新发展。

二是健全省级政策扶持体系。建议省里尽早出台《关于加快长株潭临空经济新区发展的若干意见》，并分解到部门落实，发挥政府部门协同效应，形成政策合力推动优势地区优先发展。比如，试推军民融合机制，省市有关部门要继续给予军民融合优势产业项目专项投资支持，同时进一步加大税收、金融和其他政策扶持力度。建立和完善军民融合产业发展的评价指标体系，制订相应的激励政策，统筹和推进湖南军民融合产业发展。

三是出台新区财税激励政策。建议省、市两级财政安排专项资金，支持新区建设与发展。明确新区企业同等享受国家对高新技术企业、国家级创新企业、民营经济等税收优惠政策，严格执行新产品、机场建设改扩建工程、航空企业等税收扶持政策，E贸易、跨境电商企业和物流快递行业财政补贴等可比照临空经济发达地区优惠政策执行。

四是实现新区建设用地全面覆盖。加强与国土资源部高位协调，在土地规划时就对整个临空经济新区建设用地实行全覆盖，增加新区发展用地指标，确保基础设施建设和项目建设用地需要。

（六）加强组织保障

参照河南郑州、上海虹桥、重庆渝北模式，成立高规格组织机构，加速推进临空经济新区建设。

一是省里加强对临空经济发展新区的领导。建议省里成立长株潭（长沙）临空经济新区领导小组，由省政府主要领导任组长，省政府分管领导、长沙市政府主要领导任副组长，省直、长株潭三市政府、机场集团、检验检疫、海关、边检等单位负责人为成员，建立省市高效协调机制，明确职责，加快推进，抢占项目先机，争取国家政策支持，申报国家级经济开发区，统筹规划新区建设和产业布局等。

二是由长沙市主导推进临空经济新区建设。建议在长沙县空港城管委会的基础上，批准设立长沙临空经济新区党工委和管委会，推动新区建设与发展。根据新区发展情况，条件成熟后，再成立长株潭临空经济新区党工委和管委会。临空经济新区实行“两级三层”管理体制，赋予新区省辖市级管理权限。“两级”，是省级负责宏观指导规划、决策管理、协调服务及与国家机关联络沟通，市级负责组织领导、具体实施、督促落实。“三层”，是省、市、区三层。同时，实行与省直部门直通车制度，即规划直接上报、统计直接报送、项目直接申报、财政补助直接申报、用地直接报批、价格收费直接报批、证照直接发放和直接报批、政策直接享有、信息直接获得。

三是创新临空经济新区的管理和开发模式。新区应采取政府主导、市场化运作的“管委会+公司”管理开发模式，由管委会成立新区开发建设有限责任公司，实行“两块牌子一套人马”，作为新区开发运营商和服务集成商，负责新区重大基础设施的开发、建设及运营。

B.37

加快构建湖南省新型农业经营体系的政策建议

曾福生　李明贤*

党的十八届三中全会做出的《中共中央关于全面深化改革若干重大问题的决定》明确提出加快构建新型农业经营体系。党的十八大报告、2013 和 2014 年中央 1 号文件均强调了构建集约化、专业化、组织化、社会化相结合的新型农业经营体系的重要性。近年来，湖南省以党的十八届三中全会和中央 1 号文件精神为指导，着力推进新型农业经营体系建设，取得了明显成效。但面对新形势、新要求，还存在一些不容忽视的问题，必须紧密结合湖南实际，构建新型农业经营体系发展所需要的长效机制和支撑体系，在坚持以家庭承包经营为基础、统分结合的双层经营体制，理顺农村土地所有权、承包权和经营权三者关系的基础上，提高农业经营的集约化、专业化、组织化、社会化水平，以促进农民增收、农业增效、农村稳定。

一　湖南省构建新型农业经营体系具有重大战略意义

（一）填补传统农户分化的缺失

由于农业比较效益低，农民社会地位不高，城乡收入差距大，新生代农民工不愿意回乡务农，传统农户急剧分化，务农者老龄化、农业兼业化、要素非农化、农业副业化现象突出，务农者素质下降，农业可持续发展面临严峻挑战。因此，构建包括家庭农场、专业大户、农民专业合作社和农业龙头企业等

* 曾福生，湖南农业大学副校长、教授、博士生导师；李明贤，湖南农业大学经济学院教授、博士生导师。

多元主体的新型农业经营体系，是防范农业后继乏人、促进农业可持续发展的客观要求。

（二）增强应对市场风险的能力

受国内外农产品供求、农产品能源化等的影响，近年来大豆、玉米、棉花等大宗农产品国内价格明显高于国际市场价格，导致进口急剧增加，国内农产品收储企业库存压力加大，运营困难。加快构建新型农业经营体系，提高农产品质量，延长农业产业链，形成产加销、贸工农一体化，提高农业组织化程度和农产品附加值，是应对农产品市场风险和国际竞争的必然选择。

（三）加快农业发展方式的转变

随着城乡居民食品消费的升级和农产品工业用途的开发，农产品需求仍呈刚性增长趋势。尽管2004年以来国内粮食产量实现了十连增，但粮食安全问题依然突出。农产品供给从总量平衡、丰年有余转变为目前的基本平衡、结构性紧缺的常态。因此，需要加快构建新型农业经营体系，促进农业由传统粗放型向集约型经营转变，提高土地产出率、劳动生产率、资源综合利用率，推进农业新品种、新技术等现代生产要素的广泛使用，转变农业发展方式。

（四）提高农产品质量安全的需要

农产品质量安全关系到民众的健康，蔬菜中农药残留、稻米重金属污染、“瘦肉精”问题以及“甲醛白菜”、“敌敌畏生姜”等都表明湖南省农产品安全形势依然严峻，传统农户的小生产和难以计数的小商贩为主体的分散生产和流通供给模式，给农产品质量安全监管带来了极大挑战。构建新型农业经营体系，提高农业生产的组织化、规模化水平，统一生产资料供应和农产品生产技术规程，实现农业全产业链的管理，有利于建立“从田头到餐桌”的质量追溯制度，保障农产品质量安全。

二　湖南省构建新型农业经营体系的基本情况

湖南省采取“七举措”，积极构建新型农业经营体系，促进农业生产经营向“新四化”发展。

一是明晰农村土地承包经营权。湖南省于2012年全面完成农村集体土地所有权确权工作。同时，鼓励引导农村土地流转，各地按照“依法、自愿、有偿”的原则，探索出了信托、合作社、租赁、股田制等多种土地流转模式。

二是积极培育现代农业经营主体。初步形成了“龙头企业+合作经济组织+种养大户”的产业化经营格局。

三是健全农业社会化服务体系。农业社会化服务体系已由政府主导的模式逐步发展为政府相关部门、涉农企业、农民合作经济组织等多元主体参与，公益型、互助型、经营型等多种类型并重的“一主多元”的形式转变。

四是促进农业特色产业的发展。形成了粮食、生猪、果蔬、油料、棉麻、禽蛋、水产、茶叶、竹木、烟草等优势产业，在突出特色和优势的基础上，仍在寻求突破，尽力形成一村一品、一县几品的格局。

五是重视农业科技创新体系建设。建立了一批国家级、省级重点实验室和跨院所、高校的联合研究中心，建有望城国家农业科技园，沅江农业科技园区、汨罗生态农业科技园区等科技园区及一批科技示范基地。农业科技服务整体上呈现出以科技示范园区、农业科技基地及科技特派员等政府科技项目带动型以及涉农企业、农业合作经济组织等市场引导型模式相结合的多元化趋势。

六是重视农业标准化体系建设。农产品质量标准体系、检验监测体系和认证认可建设等方面取得了实质性进展。已制（修）订多项地方标准，包括农产品的质量标准、农业生产技术标准和农产品加工的产品标准，2014年就制修订省农业技术规程和地方标准60项；建立了省农产品质检中心、省畜禽水产品质检中心等检测机构；强化“三品一标”工作，积极发展农业标准化示范区、县，突出农业标准化的示范和推广。

七是加快推进农村金融体系改革创新。积极推动多层次、广覆盖、可持续发展的农村金融服务体系建设，初步形成了商业性金融、政策性金融、合作性金融和新型农村金融组织共同发展、互为补充的农村金融服务体系；构建了以省、县两级法人为主体的农村信用社体系，改善了农信社机构分散弱小、功能薄弱的局面；重点推广了林权抵押贷款、订单农业贷款、土地经营权抵押贷款等创新产品；大力开展了农户信用档案建设工作。

这一系列工作产生了积极的社会经济效应，推动了农村土地经营权的流转，提高了农产品的商品率；壮大了特色产业，推进了农业产业结构的调整和升级；提高了农民组织化程度，改善了农户的交易地位；促进了农业科技进步，提高了新型农业经营主体在发展农村经济、引领农民致富方面的典型示范作用。

三　湖南省构建新型农业经营体系亟须解决的问题

（一）农业经营“四化”水平不高

一是组织化程度偏低。受农业比较效益低、风险大等影响，农户向新型农业经营主体转化的热情不高。截至 2013 年 3 月底，湖南省入社农户数仅占农户总数的 13.1%，远远低于日韩等国家农户的入社率。一些农民专业合作社运行不规范，内部制度不健全，运作管理随意性大，存在能人治社与民主决策的困境。各农业经营组织大多各自经营，相互间的联系不够紧密，合作机制不够健全，规范化程度偏低。同时，新型农业经营组织虽在某些农业生产领域出现，但规模小、发展慢。

二是农业生产的分工与专业化水平较低。一家一户的超小规模经营增大了农业专业化的成本，由于农业经营收益低，农户不得不寻求其他就业机会来弥补收入的不足，因此，农业兼业化的程度高，难以形成农业生产区域化、农业作业或农艺过程专业化。虽然湖南省培育了一批龙头企业，但大部分规模偏小，以销售初级产品为主，竞争力不强，没有品牌效应，特别是缺乏区域名牌的带动。

三是集约化效益不明显。与发达国家相比，湖南省农业科技利用率和普及率较低，农业科技创新与推广应用还不能为发展高产、优质、高效、生态、安全农业提供强有力的科技支持。且受长期的石化农业技术的影响及农业精壮劳动力的大量转移，造成农业劳动投入严重不足和化肥、农药、农膜、除草剂等的广泛过量使用，导致土壤腐蚀质减少，土壤沙化、退化，化肥农药残留、土壤污染等问题严重。农地规模经营上，湖南省以小规模分散化农户经营为主，全省人均耕地 0.06 公顷（0.9 亩），仅为全国人均耕地（1.52 亩）的 59.2%，规模经济效益不明显。

四是农业社会化服务体系相对滞后。经营性农业社会化服务组织为新农村建设、农民生活富裕及农业现代化的实现作出了突出贡献。但是，由于缺乏良好的市场监管和完善的绩效考评机制，它们在为相关农业经营主体提供服务时，可能不落实涉农减免、优惠价格和收费政策，也存在服务能力较弱、服务设施落后、提供的服务同各类农业生产经营主体需求的服务不配套、服务效益差等问题。此外，经营性农业服务组织主要是为相关农业经营主体提供产前、产中服务，产后服务相对缺失，农场与市场没有形成紧密对接，造成农产品流通不畅，市场波动大，影响农业的可持续发展和农民增收。

（二）农业经营主体扶持机制不顺

尽管近年来湖南省新型农业经营主体的数量、种类明显增加，但各新型农业经营主体在未来发展中也面临诸多问题需要解决。一是湖南省对专业大户、家庭农场的界定标准、登记办法、政府扶持等措施还没有专项规定。二是新型农业经营主体很难完全达到金融机构的担保、授信标准，限制了其融资能力。此外，还面临融资手续繁杂、隐性费用高等问题。三是当前农业保险覆盖面小、保障水平低、赔付水平不高，还难以充分分散和补偿农业经营风险。四是农业补贴力度太小，无法弥补种地成本的上升。五是农业经营主体发展所需的农业教育和农业基础设施建设的支持体系、法律保障体系还不够健全。

（三）土地流转存在制度性障碍

现行农村土地制度还存在诸多缺陷。一是土地产权模糊，不利于充分保障农民在土地流转中的权益。二是土地流转行为欠规范。农户之间土地流转多数是通过口头协议，很少签订书面合同，即使签订书面合同，其内容也不完整、不规范；有的县乡基层干部急于发展规模化经营，甚至采取行政手段强迫农民流转土地，侵犯农民权益。三是土地保障与农民社会保障的冲突。对于那些已经实现非农就业的农民，他们仍被排除在现行的社会保障体系之外，土地自然也就成了他们面临就业不稳定时最后的保障线。因此，很多农民即使进城务工，也不愿意放弃自家的承包地，宁愿土地荒芜也不愿流转出来。四是土地流转平台不够健全。农村土地流转信息渠道不畅，土地流转平台尚未普遍建立，土地流转及监管机制不够完备，影响了土地流转进程。

四　湖南省构建新型农业经营体系的政策建议

（一）加强对构建新型农业经营体系的引导

一是各级政府相关部门要提高认识，切实把构建新型农业经营体系作为当前农业农村工作的一项重要任务来抓，纳入重要议事日程，切实下大力气，采取强有力措施。包括出台配套政策改善新型农业经营主体的生产生活环境，在资金项目、农业用地管理、信息咨询、基础设施建设等方面给予帮助，做到不缺位、不越位，有效弥补市场的失灵。政府在推进新型农业经营体系建设过程中，制定的政策必须从当地具体条件和群众意愿出发，尊重农民的意愿。二是各有关部门要紧密配合、各司其职，各负其责，协同合作，形成强有力的工作推进机制。农业部门要做好指导、规范、示范工作；工商部门要做好注册登记管理工作；税务部门要做好税收的应收则收、应免则免工作，落实税收优惠政策；金融部门要多渠道解决融资和小额贷款问题；财政部门每年要按规定拨出一定的资金采取以奖代补的形式支持新型农业经营主体；科技部门要加大宣传和培训力度，提高新型农业经营主体的科技素质。总体上要紧紧围绕“以解决好地怎么种为导向加快构建组织竞争力强、经营规模适度、生产技术先进、社会化服务质量高的新型农业经营体系”的目标开展工作。深入推进农业发展方式转变和农业产业的转型升级，大力发展优质安全农产品。

（二）加快推进农业经营的“四化”

一是着力提高农业生产经营组织化程度。大力发展集体经济、增强集体组织服务功能，培育新型合作组织，着重发展农民专业合作社和农业产业化经营组织，引导农民专业合作社以产品和产业为纽带开展合作与联合，创建农业产业化示范基地，促进农业龙头企业集群发展，加强农户间、农业龙头企业与农户间的联合与合作。通过农业龙头企业带动、专业合作社联动和农民的积极参与，把产业链紧密联结起来，把农民真正组织起来。

二是着力提高农业生产经营专业化程度。发挥区域优势，培植农业主导产业，形成农业生产的区域化。结合湖南省各地区的资源禀赋、区域布局情况，继续巩固现有的已经具有规模的粮、棉、油、麻等区域传统产业。并在确保粮食安全的前提下，适时带动果业、畜牧业、设施蔬菜和农产品加工业等相关产业的发展，扩大优质、高效农产品的范围。

三是着力提高家庭经营集约化水平。依靠采用新技术提高资本、土地、劳动等要素生产率。在农产品生产环节中，利用现代技术实现农作物、牲畜、家禽、鱼类、林木的良种化；对中低田改造，改良土壤；通过现代技术实现农业生产的标准化和现代化。在农产品加工流通中，利用先进的信息技术实现农业经营过程的数字化和智能化。

四是着力提高农业经营社会化水平。积极发展多元化、多样化的农业社会化服务组织，为农民提供全方位、低成本、高效便利的生产经营服务，通过社会化服务来推动农业的专业化经营，发挥专业化服务组织在品种培育、生产资料供应、农机服务、农产品储运、加工等环节的优势，取得外在于土地的规模经济效益。当然，社会化服务可以采取公益性、也可以采取合作经济组织的形式，还可以采取商业化的形式。具体采取什么形式，关键是做到因地制宜、因产业产品制宜，满足多样化的农业生产发展的需要，政府不要盲目进行干预，要相信农民的智慧和市场的力量，政府应该做的就是创造条件和优化环境。

（三）完善构建新型农业经营体系的支撑体系

一是健全土地流转机制，完善社会保障体系。提高农民收入主要靠土地生产率、劳动生产率的提升，这就要求加快土地流转，扩大土地经营规模，让农民获得规模经济效益。因此需要创新方式加快土地流转，主要措施包括：在农村集体土地确权颁证基础上，赋予村集体对土地承包经营权流转的调配权，将撂荒土地或者没有充分利用土地由农户向村委会备案，统一由村集体流转给种养大户、家庭农场等新型农业经营主体。各级政府要从我国农业发展的大局出发，为土地的流转创造必要的条件，加强土地信息、价格评估、合同签订等方面的服务，健全各种可能纠纷的调解机制，而不要直接插手、推动土地流转，更不要定目标，定任务；要改革和完善农业的补贴制度，对转入土地的农户给予适当补贴，使其不因为需要支付土地流转费而造成农业生产经营成本的增加，造成增产不增收，反过来倒推农产品价格上涨。此外，土地流转不能操之过急，家庭农场、专业大户的生产经营规模一定要适度。在农业家庭经营的体制下，土地流转必须与社会保障体制的完善相配套，以社会保障替代土地的社会保障功能，一方面要降低城市化的门槛，让转出土地的农民能够较容易的变成市民，并能够在城市体面的生活。另一方面也要建立和完善城乡统筹的收入、养老、保险、医疗等为重点的社会保障机制，提升农业劳动者的务农积极性，自愿从事农业生产经营活动。

二是发展农村金融保险业，优化农村金融机构体系。降低农村金融准入门槛，发展多种形式的农村普惠金融机构和业务，创新农村金融抵押担保体系，降低农户贷款门槛，积极推行土地承包经营权抵押贷款试点，形成适合新型农业经营体系发展的抵押、担保办法；创新金融产品和服务，加快信贷业务的流程再造，适应农户和小微经济体的金融服务需求，解决农户和农村小微经济体等弱势群体的融资难题，帮助他们抓住市场机会，积极参与到经济活动中去，以增加收入，摆脱贫困。农业保险不仅可以化解和弥补农业风险给农户带来的损失，还可以减少农业信贷面临的风险，对保证农业生产平稳健康发展和农村金融业的稳定意义重大，要大力发展。保险机构应结合新型农业经营体系的特点，增加农业保险品种，扩大农业保险覆盖范围，为农产品生产、加工、经营、销售等环节提供保险服务。

三是加快完善农业的支持保护体系，提高新型农业经营主体培育的支持力度。包括优化和完善农业补贴政策体系，明确补贴的重点和领域，除现有的四大农业补贴外，还要增加农业院校的教学、科研经费投入，农业相关专业学生的生活费补贴等，鼓励农业院校教学科研人员投身农业生产实践，研究适用农业生产技术。完善农产品最低收购价的定价机制，增加对产粮大县和粮食主产区的奖励补贴水平，协调粮食产销区的利益关系，提高种粮的积极性。健全和完善农业科技推广体系，采取农家书屋，利用广播、电视、网络等媒体传播和推广农业实用技术，提高农技人员的待遇，改善他们的工作条件，促进农技推广工作。此外，职业农民的培育是新型农业经营体系的构建、新型农业生产经营主体培育的关键，必须建立起包括农业职业中专、中职、大专、高等院校等在内的农业教育体系和农民在职培训体系，鼓励青年学生学农爱农，投身农业生产经营活动，培养一批有文化、懂技术、会经营的新型农民，提高农业劳动者的素质和技能，提高农业生产经营的水平，解决未来谁来种地的问题。

B.38

湖南立足“一带一部”新定位优化产业经济空间布局的新思路

刘茂松*

在中国经济已经进入新常态的关键时期，习近平总书记来湘视察时指出湖南应发挥作为东部沿海地区和中西部地区过渡带、长江开放经济带和沿海开放经济带结合部的区位优势，抓住产业梯度转移和国家支持中西部地区发展的重大机遇，提高经济整体素质和竞争力，加快形成结构合理、方式优化、区域协调、城乡一体的发展新格局。这是党中央对湖南在我国深化改革和经济转型时期打造中国经济升级版大格局中的战略区位新定位，更是对湖南在我国经济发展新常态下依托长江建设中国经济新支撑带的发展地位新提升。这对湖南纵深推进改革和发展的宏大事业提出了新要求，特别是对湖南实现持续健康快速的跨越发展指明了方向，灌注了强大的动力，其意义十分重大。本文运用现代区域经济学、空间经济学和产业经济学理论，从“一带一部”战略区位新定位视角，提出“一带一部，融东促西；三轴四圈，纵横联动；五业支撑，鹰形结构”的湖南空间经济新版图设计及其产业布局对策，以建立支撑中部崛起的湖南经济增长极体系，着力构建湖南省内河沿江全方位开放发展的产业经济新格局。

一　湖南战略区位新定位内涵：“一带一部，融东促西”

区位既指该事物的位置，又指该事物与其他事物的空间的联系。所以区位条件是综合了自然和社会经济两大要素的结果。过渡带就是指介于两类不同经济

* 刘茂松，湖南师范大学教授、博导，湖南省经济学学会理事长。

社会发展水平区域之间且又同周边区域有着密切联系的经济区域，它的基本内涵是区域间的经济社会关系及其发展水平，反映区域间经济社会发展关系的过渡性，即发达地区与落后地区之间的生产要素、商品交易和产业转移的经济通道。过渡带便具有传递性、吸纳性和集聚性三大机理性特征，其区位优势就是能首先承接和吸收发达地区和落后地区的经济流（包括资本、技术、产业、产品和劳动力等）。过渡带的发展前期由于自身的经济发展能力不强，一般处于"传递中吸纳"的低级状态，进行生产力的初步积累；而到了发展的中后期过渡带地区经过了初步积累阶段其经济发展能力提高，这时就进入了"吸纳中集聚"的高级状态，形成了自身的经济增长极（经济中心），并产生了强势的极化效应和扩散效应。这个具有极化效应和扩散效应的经济中心就是结合部的形成。

结合部有两层意思，一是指接合，两个不同区域或物体连接融合在一起，如城乡结合部的城市边缘地区，它侧重于外在事物的连接，其主要的内涵仍是过渡带的功能。另一层意思是融合，指人与人之间、事物与事物之间发生密切联系而合成一个整体，处于互相融合的状态。这种融合具有广义的范围，既包括思想观念的融合，也包括人员、技术、企业、产业的融合，当然也包括区域空间的融合，一个地区的增长极（经济中心）就是通过极化效应和扩散效应（吐故纳新），使高质的人员、技术、企业、产业和资本在特定空间区域融为一体。这应该是结合部的原旨和真谛，对于过渡带地区来说也就是其发展中后期的吸纳中集聚。所以，具有融合功能的结合部是过渡带发展的高级状态。

通江入海，西接川渝，通东南亚，有所谓"沿海的内陆，内陆的前沿"之称，是我国东部与中西部两大经济地域的连接带，具有承东启西、贯通南北、辐射周边的重要中枢功能。改革开放以来，湖南区域发展战略的定位主要是基于被动承接型"过渡带"的区位进行的，前后经历了两个大的阶段，2005 年以前先后提出了"以开放对开放，以开放促开发，建立湘南改革开放过渡试验区"、"放开南北两口，建设五区一廊，拓宽三条通道，加速西线开发"和"呼应两东（广东和浦东），开放带动，科教先导，兴工强农"等三大发展战略，总体上都是强调湖南承接式的过渡带功能，且支柱产业和先导区域不突出，分散开放开发问题明显。2006 年后提出"一化三基"和"四化两型"战略，突出了新型工业化强势带动和建设长株潭城市群，开始改变单纯承接转移的定位，强化了要素集聚和产业极化。在长株潭城市群打造了工程机械、汽车及零部件、电子信息与新材料、轨道交通设备和钢铁冶金等五个千亿级产业和四家千亿级园区，初步形成了湖南的核心增长极，推动湖南工业化快速进入工业化中期，经济总量规模进入全国前十强。然而这个时期结合部的区位优势还没有得到重视和发挥，粗放发展的矛盾突出，特别是传统产业占比很高，支柱产业和增长极相对单一，区域间发展不平衡，经济质量和经济均量都在全国后十位之内，面临结构转型的严峻挑战。

正是在这种情况下，习总书记来湖南视察作出了发挥“一带一部”区位优势的重要指示。这个新定位的科学内涵就是湖南作为连接我国东南部与中西部两大经济地域的重要中枢功能区域，必须把过渡带和结合部的区位功能紧密结合起来，充分利用中等工业化的发展基础和长株潭城市群的极化能力，由以往“承东启西”的传递式低级状态全面转型进入“融东促西”的集聚式高级状态，实现对东部沿海发达地区和长江开放经济带的跳跃式承接与融合，改变单纯的“中心—边缘”结构，打造以长株潭城市群为首级的多核心增长极体系，促进区域协同，带动整个湖南经济实现可持续跨越发展，为加快中部崛起作出贡献。

二　湖南空间经济地理新格局：“三轴四圈，纵横联动”

从空间经济学的视角分析，区域经济的集聚发展是根据市场潜力决定经济活动区位的理论原则，权衡经济规模报酬递增与产销运输成本的关系而不断发展的。湖南处于全国沿海、沿江（长江）一级轴线与京广线、陇海—兰新线二级轴线的交叉影响范围内，由此这就决定了湖南省发挥过渡带、结合部区位优势的核心是要综合运用其特有的全国一、二级轴线地域资源包括交通道路、自然资源、地理位置、劳动力和产业聚集等优势要素，对经济地理的点、线（轴）、面等因素进行合理地选择与组合，形成产业集聚式发展的区域经济空间格局。

从20世纪90年代中期省委、省政府提出加快小城镇和县域经济发展战略以后，湖南一直是按由北向南分东、中、西三条纵线区域进空间布局的，东线包括沿京广线的岳阳、长沙、株洲、湘潭、衡阳、郴州等六市；中线包括沿洛湛铁路的常德、益阳、娄底、邵阳、永州等五市；西线包括沿焦柳铁路的张家界、吉首（湘西自治州）、怀化和常德的石门县。实践表明，这种东、中、西纵向三线布局突出了承接珠三角地区产业转移的承接型过渡带功能，而却忽视了对长三角地区的融合，结合部功能没有发挥出来。此外，由于忽视东西横轴联结，导致东、中、西三线之间缺乏交集，无法形成湖南省区域经济的网圈集聚格局，以至长期停留在点线分散发展的低级状态。同时还造成了东线发达地区难以深度辐射带动中、西线地区，扩大了湖南省东、中、西三线地区间的发展差距。因此，“一带一部”新定位改变了过去重纵轻横的旧格局，从“纵横交集、点线连结、突出枢纽”的新思路出发，构建“三轴四圈，纵横联动”的湖南空间经济新格局。

1. 充分运用京广线、包柳线、沪昆（成）线三大纵横通道，建构湖南省南北东西中交集的“一纵二横”三大核心轴

一是发展沿京广线大通道包括岳阳、长沙、株洲、湘潭、衡阳、郴州六市纵向超级核心轴。与湖北相比湖南省在该轴线具十分明显的长度和区位优势，京广线湖南段有612公里，比湖北段长近300公里，且湖南省南端紧挨珠三角地区，直通粤港澳。所以，要进一步发挥好这条超级纵向轴的空间优势，实现东线南北互通、互联、互动、互融，强势打造湖南省长江开放经济带和沿海开放经济带结合部高地；二是彻底改变湖南无横轴线优势的历史，发展沿沪昆线大通道包括株洲、长沙、湘潭、娄底、邵阳、怀化六市的东西横向核心轴，同时，高端打造由沪昆、渝厦和京广三大高铁交汇形成的长沙南中国高铁中心，实现湖南省东西南北中五线交集连接，在南向深度对接珠三角的基础上，东向全面融入长三角并通过上海自贸区走向国际市场，西向对接成渝经济区并通过渝新欧国际货运通道进入丝绸之路经济带；三是发展沿湘桂铁路包括衡阳、永州到桂林、南宁的东西南向核心轴，该轴线在衡阳与东南向交汇，通过京广线和沪昆线联通珠三角和长三角地区，西南向贯通北部湾国际经济区，打通湖南省对接中国—东盟自由贸易区大通道，连接海上丝绸之路。

2. “一纵二横”三大核心轴点线连接成网，形成新时期湖南空间经济结构的四大域面，即长株潭、洞庭湖、大湘南、大湘西四大经济圈

所谓经济圈是指一定区域范围内的经济组织实体，主要从地域的自然资源、经济技术条件和政府的宏观管理出发，组成某种具有内在联系的地域产业配置圈。在发挥“一带一部”区位优势中，这四大经济圈的功能各有侧重：

长株潭城市群是纵横三轴交集的中心，应发挥融东促西的结合部功能，着力发展高新技术产业集群，建成中部地区的特大都市区和超级增长极；洞庭湖是长株潭城市群和武汉城市圈的腹地，应发挥长江经济带的枢纽功能，建成现代物流和消费品产业为主导的生态经济区，重点发展多功能农业；大湘南毗邻广东港澳珠三角地区，应发挥通道集聚型的过渡带功能，建成选择性承接沿海产业转移基地，发展中高端加工贸易；大湘西是边缘型连片山区，应发挥山区腹地生态保护区功能和湖南西向丝绸之路经济带通道功能，发展特色生态农业和文化旅游业，建成绿色经济与特色产业扶贫攻坚区。

3.“三轴四圈”的重心是东轴线地区

京广线由北向南联通洞庭湖、长株潭和大湘南三大经济圈，并与东西向的沪昆线和湘桂线交接，联通大湘西和湘西南地区。这样，通过东轴线就可以构建湖南全方位的以水陆空综合交通运输线为载体的经济社会流体系，实现“一湖四水”和“一轴四圈”全面跨入国家长江经济带建设的大棋局，成为中国经济新支撑带的重要组成部分。这里的一个重大战略谋局是，在建设长江经济带，构建沿海与中西部相互支撑、良性互动的新棋局，实现长三角、长江中游城市群和成渝经济区三个“板块”的产业和基础设施连接集聚发展中，提升湖南的战略地位和竞争力。以长江中游城市群中的武汉城市圈同长株潭城市群的比较，2013 年武汉城市圈地区生产总值达到 14956 亿元，而长株潭城市群只有 10539 亿元，只占武汉城市圈总量的 70.47%，其经济实力和竞争力明显弱小。而东轴线三大经济圈地区生产总值达到 21802 亿元，超过武汉城市圈总量的 45.77%，其比值由 0.7∶1 得高到 1.45∶1。其中处于长江经济带结点的北端洞庭湖生态经济区与长株潭城市群的地区生产总值达到 16839 亿元，大于武汉城市圈总量的 12.59%。总之，无论从东轴线大经济区总量来比较还是从东轴线中北端地区总量来比较都大于武汉城市圈总量，其在长江中游城市群中的战略地位将大幅度提高。同时，这也多倍数地强化了对江西昌九一体经济区（2013 年经济总量 4900 亿元）的极化力，实现对长三角地区跳跃式高位承接与融合，更充分地发挥结合部功能。所以，全面调整目前由长沙市提出的局限于长沙河西先导区建设湘江新区的小思路，在南中国建设一个依托京广大通道与沪昆大通道交集的东轴线并以长株潭城市群为中心直联岳阳的超级功能性湘江新区，即湖南重要经济增长极聚集联网的“一带一部”先导区。

三 湖南产业经济增长极体系：“五业支撑，鹰形结构”

产业经济学认为，产业的增长首先发生在增长极上，然后再向外扩散。因为增长极是围绕推进性的主导工业部门而组织的有活力、高度联合的一组产业，它不仅能迅速增长，而且能通过乘数效应推动其他产业部门的增长。所以应把少数区位条件好的地区和少数条件好的产业培育成经济增长极。增长极的构成涉及先导产业集聚、产业综合体形成、增长极与国民经济增长三个层面。可见，增长极是一个随着产业经济发展由点到面、由局部到整体依次递进和有机联系的系统。湖南的增长极发展在一般性过渡带的低级状态阶段是由单个相对强大的中心即长株潭城市群增长极与外围相对落后地区组成的，地区间发展不平衡。现在已进入工业化中期多元化增长极体系阶段，经济发展要突出主导产业集聚和集群。基于这种学理审视和现实判断，湖南要调整以往长株潭城市群单一增长极状况，依据湖南省现有产业基础及发展前景和“一带一部”优势区位，以产业园区为依托，重点选择装备制造工业——以工程机械、电工电器、汽车及零配件、轨道交通机械为主、电子信息产业——以汽车轨道交通电子、电力电子、太阳能光伏、移动电子商务、消费类电子和3D打印等为主、消费品工业——以农产品精深加工的食品、纺织、轻工和医药生物为主、现代生产服务业——以现代物流、工业设计、信息服务、金融保险、商务服务为主、文化创意及旅游业——以广电、出版、动漫、旅游为主等五大主导产业集群，建设以“飞鹰形结构”为引领的由基础层、中介层、高端层构成的现代增长极圈层体系。

1. 基础性产业集群增长点圈层

即全省县市区以产业园区为载体，以发展农林产品精深加工的消费品工业为主，集聚形成星点状分布的增长点圈层。这是承受重要增长极辐射的最后一公里腹地，是产城一体城镇化的基础结点。为此，湖南省各县市区原则上应把各乡镇工业企业集中到产业园区同县城融合发展，将县城扩大建成为10万～15万人口的初级中等城市并与县级以上的大中城市联结，县以下的主要核心镇建成5万人口左右的小城市，突出县城和核心镇的吸纳、集聚和辐射作用，实现农业过剩劳动力就近就地转化。

2. 中介性产业集群增长极圈层

即全省各地级城市以产业园区为载体，通过省级、国家级综合交通线路同所属县市区增长点联结成本地区增长极体系，发挥承上启下的中介连接性功能。为此，一方面要充分挖掘利用本地优势资源做成规模特色工业如食品、纺织、生物、家具、建材等，有选择地引导县市区产业园区分工配套发展。另一方面承接高端核心产业园区和发达地区产业的辐射和转移，做大零配件生产、电子信息、医药生物、材料工业和物流产业等。

3. 高端引领性核心增长极圈层

这是构建湖南经济地理新格局最核心、最重要的圈层。根据湖南大江、大湖、大通道、大都市的新格局，建议打造“东首两翼西尾”的飞鹰形结构核心增长极构架，引领整个湖南经济持续跨越发展。

高昂“飞鹰”之首，强力打造成长株潭城市群首位超级增长极。充分发挥位处京广大通道与沪昆大通道纵横交集中心的区位优势，力争把长株潭城市群打造成长江中游的超级大都市区增长极，并直联辐射娄底、益阳地区。为此我们建议，从整体发展上，应以现有的9家国家级产业园区和湘潭综合保税区为核心载体，把工程机械、汽车整车及配件、轨道交通机械及电子、新材料、移动电子商务、消费类电子、3D打印、工业设计等做成在全国甚至全球有竞争力的战略性产业，并以湘江西岸“硅谷”经济带为重点高标准创建长株潭国家自主创新示范区。其次从特性发展上，建议长沙突出临空和南中国高铁中心（京广、沪昆和渝厦三大高铁在长沙交汇）这个主题，整合长沙高新区、长沙经开区和湘江新区及湘潭综保区，以现代生产服务业、城市综合体、供应链高速物流配送（航空和高铁物流）、跨境电子商务等为支柱，承接和融合长三角地区产业和技术转移，湘潭充分发挥“电传动”和“电控技术”为核心的自动控制系统技术优势，构建“智能化制造与创意化服务两轮驱动模式”，打造以电机电工、新能源装备、矿山装备和港口及海洋工程装备为主框架的机电一体化产业链，建设我国智能化制造产业高地。

强化“飞鹰”两翼：着力培育岳阳与衡阳枢纽性核心增长极。高标准建设以城陵矶大港为主港、华容港、君山港和临湘港为主体配套港、常德津市港为副港的、并与高速公路、铁路和空运直接联通的“一江一湖”带“四水”的水陆综合交通运输体系，重点发展集保税区、出口加工区、保税物流区、港口的功能于一体的城陵矶港大型综合保税区，建设好、运用好进口肉类指定口岸、汽车整车进口口岸平台。同时在岳阳云溪及以下66公里长江岸线，重点打造湖南及中部最大、最先进的炼化一体精细化工基地，引进超大型PX项目，发展绿色循环化工。在云溪以上百公里长江岸线集中发展大能源、大制造和纺织服装工业，重点把华容打造成长江中游岸线最大的集煤电、风电、核电和生物质能电为一体的清洁能源基地、现代纺织服装基地和西洞庭湖长江黄金水道综合运输物流中心，并通过常岳九铁路和杭瑞高速公路连接常德、益阳，全面融入长江经济带。同时，以保护第一、专门立法、集中管理的“国家公园”模式，高标准建设以物流业、旅游业和多功能农业为产业支撑的国家生态经济区；南翼衡阳核心增长极是湖南对接珠三角地区和中国—东盟自由贸易区的重要接口，也是连接邵怀地区，贯通成渝经济区，对接丝绸之路经济带的接口。建议充分发挥衡阳纵横交集大枢纽地位优势，以国家级加工贸易重点承接基地、综合保税区、高新技术产业园区为依托，集中力量打造电子信息、盐化工及精细化工、钢管材料深加工、输变电装备、有色金属精深加工等主导产业集群。同时紧接郴州，做大湖南省通往华南沿海的“咽喉接口”，充分发挥进出口加工区的作用，推进国家级承接产业转移基地建设全面升级。此外着力带动永州深度对接中国—东盟自由贸易区，并通过怀邵衡铁路和衡邵高速公路通道辐射邵阳，促进邵阳扩大承接沿海和东盟的产业转移，实现湖南省区域经济协调发展。

撬动“飞鹰”之尾：重点发展以怀化为主的大西部核心增长极。怀化位于湘、鄂、渝、黔、桂五省周边中心地带，是我国东中部地区通往大西南的“桥头堡”。沪昆（湘黔）、枝柳、渝怀铁路以及长昆铁路客运专线在市区交汇，沪昆、杭瑞高速公路穿境而过，包茂高速、娄怀高速公路即将全线通车，怀邵衡铁路已开工建设。芷江机场已开通至长沙、广州、北京、上海、昆明等地的航线。同时水运体系通江达海，沅江源自贵州云雾山，流经芷江、会同、洪江、中方、溆浦、辰溪、泸溪、沅陵、桃源和常德注入洞庭湖。怀化作为我国大西南地区交通枢纽地位已形成。为此建议，怀化应以新能源、生物医药、农林产品精深加工、现代物流和文化旅游为主导产业，承接长株潭，连通吉张邵，建成湖南对接成渝经济区和丝绸之路经济带的核心增长极，带动湘西扶贫攻坚和武陵山片区发展，建设小康湘西。

B.39

新形势下湖南发展核电产业的优势与问题分析

邹旸　刘文君*

2011年3月，国务院出台核电"国四条"，提出暂停审批核电项目，曾经规模宏大的核电发展规划被暂时搁置。2012年10月，国务院批准《核电安全规划及调整以后的核电中长期（2011～2020）发展规划》，核电新项目建设重新启动。当前，沿海地区核电项目重启已成为一种趋势，湖南如何发挥自身优势，借沿海核电项目重启的东风，努力推进核电产业的发展，是实现湖南"四化两型"建设目标的重要举措。

一　湖南核电发展所面临的新形势

1. 宏观政策新形势

2013年11月，党的十八届三中全会审议通过的《决定》掀开了我国全面深化改革的序幕，全国社会经济形势焕然一新，核电产业发展也迎来新的形势。从国家层面来看，不管从领导人的指导思想还是政府文件，都显示出党和政府坚定"安全高效发展核电"的决心。

首先，党和国家领导人推动我国核电走向国际市场。2014年3月，习近平总书记在访欧期间，连续两天力推中国核电"走出去"，在会见英国首相卡梅伦时，提出要在核电、高铁领域打造示范性强的"旗舰项目"，这是中国领导首次将"核电"放在"高铁"之前；其间，习总书记还与法国总统奥朗德

* 本文得到国家社会科学基金青年项目（12CJY013）资助。邹旸，中国核工业建设集团公司科技与国际合作部科研主管、博士、工程师；刘文君，南华大学经济管理学院副院长，博士，副教授。

共同见证中法合作在英国新建核电站的签字仪式。2015 年 2 月 4 日，习总书记和阿根廷总统克里斯蒂娜共同签署了《关于在阿根廷合作建设压水堆核电站的协议》。2015 年 3 月 2 日，习近平会见英国威廉王子时强调中英在核电等领域合作。这些都表明党和国家领导人高度重视我国核电产业的发展。

其次，“开工一批核电项目”首次出现在政府工作报告中。2014 年 3 月“两会”期间，李克强总理在政府工作报告中提出：鼓励发展风能、太阳能，开展一批水电、核电项目。这是自日本福岛核电站事故后，我国政府工作报告中首次出现“开展一批核电项目”的提法。2015 年政府工作报告中，李克强总理也明确提出安全发展核电，并提出要把节能环保产业打造成新兴的支柱产业。

最后，“启动沿海核电项目”的提法陆续出现在党和国家领导人的指导思想中。2014 年 4 月 18 日，新一届国家能源委员会召开首次会议，重点研究讨论我国能源发展中的重要战略和重大项目。李克强总理在会上提出：“在采用国际最高安全标准、确保安全的前提下，适时在东部沿海地区启动新的核电重点项目建设”；更进一步，在 2014 年 6 月 13 日召开的中央财经领导小组第六次会议上，习近平总书记提出：“在采取国际最高安全标准、确保安全的前提下，抓紧启动东部沿海地区新的核电项目建设”。2015 年 2 月 17 日，辽宁红沿河核电站 5、6 号机组正式在国务院办公厅会议上获得核准开工，标志我国核电正式重启。

2. 能源结构新形势

与国内其他发达省市相比，湖南省本身缺油少煤，工业比重较大，经济发展对能源依赖性强。近年来，湖南能源消费不断增加，能源生产量却有所减少，能源供需矛盾越来越突出。从能源生产供应角度来看，湖南的能源生产结构单一，一次能源产品主要是原煤和电力，且原煤一直占很大的比例（如图 1 所示）。从能源消费需求角度来看，湖南重工业比重较大，经济增长建立在高能源消耗的基础上，能源自给率较低。《湖南统计年鉴 2014》的数据显示：2013 年湖南能源消费总量为 1.76 亿吨标准煤，但能源自给率仅为 48.2%，相比 2012 年有较大幅度下降（2012 年湖南能源自给率为 59.8%）；也就是说，湖南能源消费的一半以上需要从省外购买。

湖南的电力供应结构也不甚合理，主要依靠火电和水电。截至 2013 年底，湖南发电总装机容量达 3423 万千瓦，其中火电占 53.5%，水电占 44.1%，风

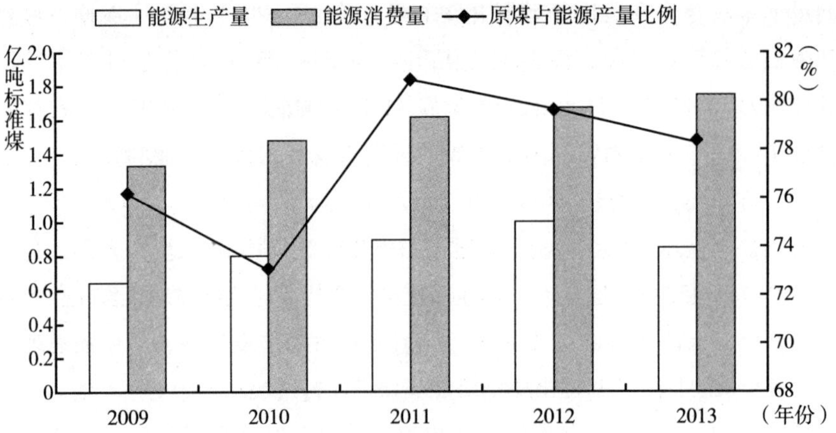

图1　湖南能源生产和消费

数据来源：湖南省统计年鉴2014。

电、太阳能、生物质能等新能源占2.4%。

从电力供需角度来看，湖南电力需求持续稳定增长，但发电量的增长速度低于用电量的增长速度，自2010年起，湖南的电力生产就不能满足本省的需求。另外，湖南的水电比例较高，但水力发电受季节的影响较大，在丰水期（4～9月），由于火电成本高于水电，水电优先调度，火电利用率下降，致使火电企业产能过剩；在枯水期，水电供应不足，导致火电高负荷运行，造成电煤供应紧张。核电需要的燃料量少，1公斤铀裂变产生的能量相当于2700吨标准煤所释放出的能量，在丰水期可以更大限度地发挥水电的优势，在枯水期与火电一同运行，可以减少火电的负荷，从而优化电力供应结构。

3. 环境保护新形势

湖南正处于新型工业化和城镇化发展的关键时期，能源消费和温室气体排放需求日益增强，由此引发了严峻的环境压力。根据环境保护部发布的74个城市空气质量状况报告，2014年1～6月，京津冀、长三角、珠三角区域及直辖市、省会城市和计划单列市等74个城市总体空气质量有所改善，平均达标天数比例为60.3%；而同期长株潭三市空气质量总体达标天数比例仅为54.5%，低于全国重点城市的平均水平。尤为突出的是，2013年10月，人民网环保频道发布的空气质量最差10个城市排行榜中，长沙连续7天位居36个直辖市、省会城市及计划单列市首位。有关环保专家分析指出：湖南空气污染的主要原因是煤炭燃烧所排放的二氧化硫、氮氧化物和烟尘、粉尘等。

面对经济可持续发展中的能源需求和环境污染双重压力，提高能源效率、推进低碳发展是解决问题的关键。为此，湖南省委、省政府按照国家总体战略部署，围绕提出的“四化两型”与“生态文明”建设战略，相继出台了一系列“节能减排”和建设“两型社会”的相关政策和措施，表明了湖南政府想通过“节能减排”来弘扬生态文明理念和实现“绿色湖南”建设目标的决心和信心。针对大气污染，湖南政府计划从八个方面采取措施，其中重要的一条就是：控制煤炭消费总量，减少火力发电，大力推广绿色能源。

核电是清洁能源，几乎不产生二氧化碳等污染气体。一座100万千瓦的火电站，需要300多万吨煤，释放600万吨CO_2、2.5万吨SO_2、32万吨灰尘；而相同规模的核电站每年只需要30吨的燃料，几乎不产生污染气体。因此，发展核电是缓解湖南环境压力、建设绿色湖南的重要途径之一。

二　湖南发展核电产业的优势

1. 坚实的核工业基础

湖南是我国的核工业大省，自1955年建立核工业地质局以来，陆续建立了涵盖铀矿地质普查、铀矿开采、铀矿冶炼、铀矿山水冶设备制造、核科学技术研究与核工业人才培养等领域的核工业单位。如：中核三〇一、三〇二、三〇六等地质队是较早从事铀矿地质普查和地形测绘的核工业地质队；二七二厂是全国最早一家工艺流程完善的大型水冶基地，也是全国唯一能生产核纯级天然铀纯化的工厂；七一二矿和七一八矿曾为我国第一颗原子弹提供原料；七一〇厂为全国铀矿山、水冶厂提供设备制造、维修、配套件制作；二十五公司是从事铀矿开采和冶炼基本建设服务的国家一级施工企业；南华大学、核六所、二三〇研究所在核科研、核卫生、核专业人才培养等领域在全国具有一定的影响力。此外，湖南省在工程机械、装备制造等产业领域有着雄厚的实力，电缆、泵、阀、钢管、输变电装备等多家湖南企业已进入核电合格供应商名录。

2. 长期的核电项目前期工作准备

基于能源结构优化调整和经济长期发展需要的考虑，湖南政府为发展核电做出了长期的努力和探索，做了大量的前期准备工作。1977 年，湖南配合原二机部在湖南进行核电站地址踏勘工作，初选了衡阳茶山坳和岳阳松阳湖两个候选厂址，并向国务院递交在湖南建造核电站的报告；1987 年，湖南电力中试所与湖南省地矿局联合组织力量沿湘江两岸进行了核电厂址踏勘工作，补充了华容县塔市和望城县霞凝彭子山两个候选厂址；1990 年，湖南省政府向国务院提交了《关于湖南省制定核电规划有关情况的报告》，希望能在“九五”期间兴建两座 600MWe 的核电机组，并于“十五”期间投入运行；1994 年，湖南成立核电前期工作领导小组，并设立核电办公室；同年，省计委与省电力工业局组织专家讨论并制定“湖南省核电建设规划（1996～2020 年）”；1997 年后，湖南核电建设前期工作因故暂停[15]。

2003 年，在全国能源结构优化调整的大环境下，湖南重新启动了核电建设前期工作，选定了华容县小墨山和桃源县九龙山两个候选厂址；2008 年，湖南省政府与中国核工业集团公司签署合作建设桃花江核电框架协议，该项目正式获得国家发改委“同意开展前期工作”的批复；此外，中电投小墨山核电项目、中广核常德核电项目、中核集团衡阳核电项目、大唐华银株洲核电项目、国电衡阳核电项目、郴州核电项目等也积极开展了前期论证与筹备工作。

3. 良好的经济环境和产业配套

发展核电产业需要对核燃料企业、核电站、电网、电容建设等项目进行投资，核电设施具有很强的专用性，且建设周期较长，使得核电项目的初期投资大于煤电与水电。因此，发展核电产业需要雄厚的经济实力和大量的初期资金投入。当前中国经济已进入从高速增长转为中高速增长的新常态，湖南克服诸多困难，保持经济平稳发展，多数经济指标高于全国平均水平。2014 年湖南地区生产总值达到 2.7 万亿元，同比增长 9.5%，经济总量与增速均居全国第十位，高出全国平均水平 2.1 个百分点。经济的持续快速发展为湖南省发展核电提供了良好的经济平台。并且，湖南省重点支持桃花江核电项目，自 2008 年该项目开始前期准备到 2013 年底，项目签约金额近 160 亿元，累计完成固定资产 46.3 亿元，在资金投入方面领先于其他内陆核电项目，已具备初期开工建设的资金条件。

核电项目是一项复杂的系统工程，需要良好的工业基础和产业配套作为支撑，湖南在工业基础和核电产业配套方面具有一定的优势。2002 年以来，湖南规模工业生产发展速度一直高于全国水平，居中部六省前列。根据工信部公布的《工业发展质量评价2012年报告》，湖南位居中国工业发展“最具潜力”省市之首。另外，湖南在核燃料生产与核电设备等核电产业链配套方面具有天然的优势。位于衡阳的中核二七二厂是全国唯一进行天然铀纯化的企业，直接为核燃料元件生产提供原料。湖南设备制造业产业规模总量居湖南工业行业之首，2013年设备制造业产值占工业总产值的12.1%。一些湖南制造的核电设备已在我国核电装备市场享有盛誉，如湘电股份的核泵、华菱集团衡钢公司的高端钢管、湖南金杯电缆的核用电线电缆、特变电工衡阳变压器有限公司的核电变压器等。省内一批企业和科研院所根据核电产业发展需要，正在开发应用于核应急与核设施退役后处理特殊装备。

4. 全面的专业人才培养体系

核电产业属于高新技术产业，对专业人才有较高的要求。湖南是教育大省，有109所高校，其中本科院校36所，高校总数居全国第五，每年为社会输送30余万名毕业生。在核类专业人才培养方面，南华大学拥有18个涉核专业，24个核支撑专业和硕士学位点，1个一级学科博士学位点与博士后流动站，是我国核类本科专业齐全、本科生培养规模大、核类人才培养层次较完整的高校，也是国际原子能机构和国家环保部授权的“辐射安全与防护”培训机构。南华大学已累计为核工业系统输送了5万余名核类高级专门人才。因此，湖南具有发展核电的人才培养体系优势。

三　湖南省发展核电产业存在的问题

从上述分析可以看出，湖南省委、省政府长期重视核电产业的发展，湖南也已具备发展核电产业的核工业基础、经济条件和人力资源优势。但是，一个新核电项目受国家宏观政策、社会安全、核电技术水平等多种因素的影响。因此，湖南在发展核电产业方面，也应重视这些方面存在的不足。

1. 国家内陆核电政策导向还不明朗

当沿海核电正式重启后，内陆核电开工成为业界关注的焦点，也被提上国家相关部门的议事日程，国家发改委正对重启内陆核电问题进行综合讨论，还未得出最终结论。国家核安全局核电安全监管司副司长也表示：根据核电相关规划，“十二五”期间不会核准内陆核电项目开工，“十三五”能否开工仍在讨论，目前无定论。值得注意的是，相关专家就内陆核电重启问题还在进行激烈的讨论。2015 年“两会”期间，何祚庥院士和国务院发展研究中心王亦楠研究员共同撰文质疑内陆核电的安全性，他们认为：与美国相比，湘鄂赣核电站的厂址条件存在一些潜在的不安全因素，且内陆核电采用的 AP1000 技术不是国际最高安全标准。国家核电技术公司专家委员会办公室主任陈章华则针对何祚庥院士和王亦楠研究员的质疑从专业角度进行一一回应，指出：AP1000 核电站中国与美国同等安全，环保部核安全总工程师刘华也认为内陆核电厂是可行的。由于争论双方都是具有一定影响力的专家，他们的观点可能会对国家内陆核电政策导向产生一定影响。因此，国家的内陆核电重启政策可能会在业内专家意见一致的前提下得出定论，而国家内陆核电政策正是湖南发展核电的“东风”。

2. 核电公众接受度有待提高

在我国经济与核电发展的初期，更多考虑的是技术性和经济性因素。但随着经济的发展及公众参与大型项目决策的积极性和影响力的高涨，公众态度对核电发展的影响将不容忽视，有时直接导致一些计划核电项目的成败。全国政协常委、中国核动力研究设计院名誉院长杨歧在第十五届高交会中国高新技术论坛上也指出：当今世界核电发展的最大挑战来自社会和政治上的阻力，也就是公众接受度的问题。

2011 年日本福岛核事故后，公众对核电总体呈消极印象，存在一些误解，对我国核电产业发展也产生了一些影响。2011 年 11 月，位于江西省彭泽县的帽子山核电站遭到比邻的安徽省望江县的激烈反对。2013 年 7 月，由于公众的不理解和反对，中核集团在广东江门鹤山的核燃料项目骤然夭折。2014 年 4 月，湖南省内一家媒体报道称桃花江核电站正在筹备开工，中核集团随后通过媒体否认，被媒体称为“桃花江核电站乌龙事件”，成为互联网热点事件，受到各界的广泛关注并引起公众的种种猜想，对核电公众接受度产生了一定的负面影响。

3. AP1000核电技术未得到实践检验

AP1000 是美国西屋公司在 AP600 的基础上开发出来的新一代非动能先进压水堆技术，该技术首次被应用于浙江三门核电站和山东海阳核电站。浙江三门核电站一期工程1号机组于2009年4月开工建设，计划在2013年底建成并投入运营；山东海阳核电站核电一期工程于2009年12月开工建设，计划2014年底建成并投入商业运营。受福岛核事故、技术、设备等多方面因素的影响，三门核电站与海阳核电站的一期核电机组被推迟到2015年底并网发电。也就是说，AP1000核电技术到目前为止还没有一个成熟的实践示范项目。我国已开展前期准备工作的湖南桃花江、江西彭泽、湖北大畈三大内陆核电站均采用AP1000核电技术路线。如果湖南创我国内陆核电的先河，所采用核电技术的成熟性是一个需要认真考虑的问题。

4. 与其他准备内陆核电建设省份存在竞争

当前除湖南桃花江核电站外，江西的彭泽帽子山核电站和湖北的咸宁核电站也已开始了前期建设准备工作，福岛核事故后全被叫停。在沿海核电已经重启的利好背景下，三省都在积极争取政策。但从国家层面考虑，如果要重启内陆核电，先选择一个省份进行试点，然后再推广的方法可能比较稳妥，而同时获批的情况会产生更大的阻力。因此，湖南与江西及湖北在发展核电方面存在比较激烈的竞争。并且，相比湖南，江西和湖北二省在某方面更具优势，如江西的铀矿储量居全国第一，湖北省拥有更大的电力需求和较高的电价承受能力。所以，在国家内陆核电政策还不明朗的前提下，与兄弟省份的竞争会增加湖南发展核电的难度。

五 湖南省发展核电产业的对策建议

湖南在发展核电产业方面具有自身独有的优势，但也存在一定的不足和困难。如何把握机遇、发挥优势、克服困难、弥补不足，则是湖南在发展核电过程中需要重视的问题。

1. 强化安全，积极争取内陆核电政策支持

国家是否重启内陆核电主要出于对内陆核电安全性的考虑，少数专家对我国内陆核电项目的质疑也是出于对内陆核电厂址安全性的顾虑。从国际经验来看，内陆核电与沿海核电的安全性没有差别，世界内陆核电机组占在运行核电机组的50%，乌克兰、瑞士等国家的核电机组全部在内陆，核电大国法国的内陆核电机组比例高达69%。由于我国内陆的社会生态环境与国外还存在一

定的差异，且内陆核电在我国是新生事物，必须要强化内陆核电的安全性。

湖南可以从两方面来强化内陆核电的安全性，一是采用更高安全标准的核电技术，增加核电项目开发、设计建造、安全管理等方面的投入预算；二是加强核安全文化建设，以政府监管部门、核电相关企业、核电从业人员为主体，从组织建设、制度建设、程序管理、从业人员安全素养提高等方面入手，建立完善的核安全文化体系。在强化核安全的同时，要利用各种渠道向国家相关部门呼吁，争取得到国家政策的支持。

2. 加强沟通，提高湖南核电公众接受度

为加强湖南公众对核电的认识、理解、信任和提高接受度，湖南社会各界应通过研究公众对核电风险的认知规律、加强核电知识科普宣传、增加核电项目的公众参与等方式来提高湖南核电公众接受度。

公众与专家对核电风险的认识存在较大的差异。专家对核电风险的认识主要基于技术统计数值，比较理性；而公众对核电风险的认识存在一定的感性化，受到社会、公共管理、个体心理、经济发展水平等多方面因素的影响。因此，要动员和组织相关专家开展就湖南公众对核电风险的认知规律进行研究，在此基础上制定合理的核电科普宣传方案。在进行科普宣传的过程中，要充分发挥政府的主导作用，利用南华大学“国家核应急宣传与培训基地”的专业优势，加强技术、宣传部门的合作，使用贴近群众、贴近生活等老百姓乐于接受的方式开展核电科普宣传。另外，要在核电宣传的基础上开展公众沟通，在涉核项目的可行性分析、前期准备、建设、运行、后处理等全过程加强公众的参与，尊重公众的知情权、话语权和监督权，形成积极的社会舆论，督促各部门提高核电的安全性。

3. 锐意进取，大力推进湖南核电技术创新

如前所述，湖南桃花江核电站所选用 AP1000 技术的成熟性受到个别专家的质疑。并且，AP1000 是从美国西屋公司引进的技术，但引进技术不等于技术创新，从而导致三门和海洋核电站实践中的工期延长。近年来，我国在核电领域不断有重大技术的突破，比如：“华龙一号”三代核电技术，高温气冷堆核电站的心脏装备——主氦风机工程样机、AP1000——三门 2 号反应堆压力容器等。这些技术突破对我国核电产业发展有着积极的作用。因此，湖南在发展核电的过程中，要认清形势，相信国产技术力量，走自

主创新之路。另外，湖南还应利用本省的装备制造产业优势，鼓励他们向核电装备市场进军，通过技术创新提升湖南核电装备的竞争力。

4. 整合资源，提升湖南核电产业竞争力

湖南要发展核电产业，还应充分整合内外部资源，提升自身竞争力，才能在激烈的内陆核电竞争中处于领先地位。首先，要充分发挥湖南省核工业传统优势，依托中核集团、中核建设集团、中广核集团、国家核电技术公司等核工业央企，建立以企业、科研院所等为主体的产学研用一体化平台，努力打造国家及核能产业园区，拓展湖南核燃料循环、核能开发、核技术应用、核安全环保产业链。其次，联合湖南省经济和信息化委员会、省财政厅、三省科技厅、省教育厅和省电力等相关机构的力量，加强对产业资源整合、规划执行、对外交流等方面的统一指导和管理，提供有效的协调和帮促服务。最后，依托湖南教育资源，完善湖南核类专业人才教育培训体系，创新核类技术人才、技能人才和管理人才的教育培养模式，提升湖南发展核电产业的软实力。

B.40

推进湖南省健康服务产业发展研究

曾玉湘*

健康服务业是顺应未富先老社会发展的产物，是具有巨大发展潜力的新兴产业，他既关系民生福祉，又关系经济社会的健康发展，包括医疗产品、医疗器械、保健用品、保健器具、健康管理、营养食品、休闲健身、健康咨询等。加强湖南健康服务业发展研究，既是行业自身发展的需要，更是面向未来竞争的制胜之道。

一 国内外健康服务业发展现状

2013年，国务院出台《关于促进健康服务业发展的若干意见》，给健康服务产业的发展添加了强劲动力，顺应全球健康产业发展越来越快的趋势。

1. 健康服务业在经济发展中的地位越来越高

据不完全统计，当前全球健康服务业相关股票的市值约占总市值的13%左右。在发达国家，健康服务业已成为带动经济增长的强大动力。如美国的医疗服务、健康管理、医药生产等产业增加值占GDP比重超过了15%，加拿大、日本等国占比重也超过10%，而中国目前仅占4%～5%，比许多发展中国家都低。2014年，全美健康服务业总产值约为1.5万亿美元，而中国仅400亿美元，这与中国作为世界第二大经济体的地位极不相称。尽管我国目前拥有生物制药企业高达6000多家，但总体规模小，产品科技含量低，研发力量薄弱，产品90%以上为仿制药物。

2. 我国健康服务业发展潜力大

伴随着经济的快速增长，人们对健康的向往越来越迫切。从近十年来研

---

* 曾玉湘，湖南现代物流职业技术学院高级经济师、高级物流师、一级企业人力资源管理师。

究表明，全球功能性食品正在以每年 10% 的速度快速增长，远远超出一般食品年增 2% 的发展速度。全球目前已有美国、加拿大、德国、日本、中国等国家相继立法，规范功能性食品市场，推动这一产业发展。2013 年，国务院出台《关于促进健康服务业发展的若干意见》，将健康服务业提升到“有效扩大就业、形成新的增长点、促进经济转型升级的重要抓手”的高度，凸显了健康产业在国家战略中的重要位置。据有关专家估算，到 2016 年底，我国健康服务业的市场规模将达到 3 万亿元左右，超过美国并成为位居全球第一的健康产业大国。甚至有专家预言，健康服务产业将成为下一个兆亿产业。

3. 湖南具有发展健康产业的现实基础

湖南省位于中国的东南腹地，长江中游，处在一带一部的关键位置上，是实施一带一路战略的重要节点，具有发展健康服务业交通基础和物流保障。湖南有着深厚的文化的底蕴，温泉养生、中医养身、足疗养生等健康服务业在近年取得了突飞猛进的发展。一批拥有自主核心知识产权和核心竞争力的企业在快速发展，有与北协和齐名的南湘雅，有以卢光琇院士领衔的人类干细胞国家工程研究中心，有南方重要的中医药大学湖南中医药大学，又具有较好声誉的亚韩美容医院等优质资源。同时一批健康服务业行业协会或社会组织快速发展。如 2014 年创立的“湖南健康产业博览会”目前已取得了较好成果，力争打造成中部地区最专业最权威的行业盛会；新成立的湖南省养生协会，会员单位就达到了 300 多家，争取年内突破 1000 家；湖南省营销协会打造的“生命家园”平台，目标是按照消费者的需求，提供 O2O 的个性化的健康套餐服务，加快具有时代脉搏的互联网 + 新兴产业的快速发展。湖南具有依托西医与中医医疗科技和中药材优质资源、长株潭国家自主创新示范区等优势，加快科学研究，提高产品科技含量，按照打造健康服务产业集群的发展思路，尽早实现健康服务业的跨越式发展。湖南省委、省政府高度重视健康服务产业发展，省委书记徐守盛、省长杜家豪、分管副省长李友志多次作出重要批示，要求省发改委、省财政厅、省国土资源厅、省农业厅、省两型办、省贸促会等相关部门及长株潭三市政府大力支持健康产业发展。目前有国内外拟落户项目近 100 个，申报投资近 300 亿元。

二 国外发展健康产业的经验

1. 美国：波士顿高度集聚的医疗服务业

波士顿长木地区汇聚了哈佛公共卫生学院、麻省药学院等 19 家医疗和学术机构，形成了著名的长木医疗区。区域内有 4 万名医疗服务人员，1.8 万名学生，年就诊人数超过 100 万，年税收额超 50 亿美元。官产学研的相互支撑，使得该区域医疗服务产业形成一个良性循环。政府措施有三：一是对科研项目的经费支持和政府采购。例如，波士顿是全美获得国家卫生研究所资助最多的城市。二是为市场主体提供优惠政策支持，主要涉及税收、融资。如为帮助企业削减成本，政府设立“经济开发鼓励项目”，对州和地方税收予以减免。三是提供良好的公共服务。建立了强大而务实的公共信息交流与服务平台，主要形式包括生物谷官方网站，发表通讯及网络期刊等。

2. 泰国：大力发展医疗旅游

泰国是东盟地区最大的健康服务出口国，已经成为亚洲医疗旅游的中心。据统计，2014 年全球有超过 150 万名外国人到泰国治疗，为泰国创汇近 30 亿美元。目前全球已有一百多个国家的患者曾经到泰国就医。完善而廉价的医疗服务，泰国医院提供的医疗服务范围包括心血管疾病、牙科，整形美容，甚至变性手术。

三 推进湖南健康服务产业发展的几点建议

湖南已经处在了抓住健康服务产业制高点，抢占经济增长先机的关键时期，建议从顶层设计、搭建平台、争取国家支持等方面着手推动健康产业。

1. 精心做好顶层设计

上海张江产业园发展之所以在全国领先，得益于高标准统筹规划，强力度整合资源。近些年来，湖南健康服务产业点多面广、散乱无序、结构单一、竞争力弱，处于全国中下水平。目前，湖南卫生总支出仅占全国卫生总支出的 2.7% 左右。2014 年 7 月湖南省政府办公厅发布的湖南省省级以上产业园区名录中，全省 14 个市州规划建设的省级以上产业园区中有 20 个医药制造业项目，其中岳阳市和湘西自治州各有4个。据调查，长株潭区域涉及已经建设及正在规划建设的健康产业项目有：浏阳经开区生物医药园项目约2平方公里、长沙金霞经开区医药健康产业园约1平方公里、长沙县黄兴镇国际医疗城项目1.5平方公里、昭山仰天湖绿色养生示范项目3平方公里、昭山晴岚体育休闲、生态旅游度假项目8平方公里、昭山提质改造生态、旅游、休闲项目1.3平方公里、株洲医学健康城项目21.6平方公里。为避免散乱无序竞争，科学有序推进湖南健康服务业发展，建议加大资源整合力度，科学规划布局湖南省建康产业项目，构建以湖南健康产业园区项目为龙头、市州为枢纽、有条件的县市为支撑的三级健康产业发展体系，统筹融合健康产业园区、经济开发区、科技开发区等资源，规划建设多层次、规模适度、各具特色、产城融合、上下协同的健康产业园区，打造一批年总产值过百亿元、千亿元乃至万亿元的健康产业集群，成为湖南经济发展的重要支柱。

2. 搭建开发运作平台

按照“政府引导、企业主体、市场运作”的原则，抓紧建立完善项目筹建领导小组、国有全资运营公司和投融资公司等三位一体的开发营运大平台，确保项目高效有序推进。要完善项目筹建工作领导小组，在优化公共服务、保障公平竞争、推动可持续发展、弥补市场缺失等方面发挥更大的作用；组建湖南健康服务产业集团国有全资总公司，由3～5家国资公司组成（股东包括实业、融资、投资等公司），负责项目土地一级开发，并与园区引进的各项目投资公司组建多个二级公司，推进项目市场化营运；尽快搭建省级投融资平台，主要进行股权投资，发挥投融资杠杆作用，通过资产变现、国有股增值减持、银行贷款、吸纳社会资本等多种方式融资。同时，根据发展需要，积极组建自负盈亏的各类专业投资公司，作为市场运营主体。

3. 推动体制机制创新

坚持建立协同发展、支持创业、激励创新的体制机制。创新协同发展机制，统筹制定全省健康产业协同发展规划，重点关注长株潭城市群健康产业协同，着力解决产业布局、征地拆迁、财税政策支持等重大问题；创新土地流转机制，制定农村集体经营性建设用地出让、租赁、入股等实施办法；创新政策支撑体系，抓紧制定支持健康产业发展的人才、土地、财税、投融资、科技等方面优惠政策，提高创新创业的能力。

4. 发展中药材特色产业

湖南健康服务产业要在全国乃至世界形成特色和优势，应充分发挥湖南中药材蕴藏量和资源种类均位居全国第二的优势。建设以省会长沙为中心，以大企业为龙头，加快发展独具湖南特色与优势的中药材产业。抓好怀化、邵阳、湘西自治州、永州、岳阳等市州的23个县市300万亩中药材种植基地建设；改造提质湘西、湘西南、环洞庭湖、湘南等全省四大片区中药材种植基地；规划建设长沙市、湘西自治州、邵阳市、永州市、岳阳市等全省五大中药材交易市场；加强国际交流与合作，加快中药材产业国际化步伐。力争到2020年，将湖南省中药材总产值从目前的102亿元提升到500亿元以上。

5. 积极争取国家支持

省政府组织省直相关部门向国家有关部委汇报，积极争取将长株谭两型社会示范区列为“国家自主创新示范区”，将湖南健康服务产业园区作为国家发展健康产业集群示范项目和国家中药材现代化科技产业基地，挤进国家“十三五”重大项目的笼子，建立省部合作机制。争取国家在湖南布局国家生物医药产业、生物医学工程产业、蛋白类生物药物和疫苗工程等项目；将国家“十二五”及“十三五”医疗器械产业规划新建的国家工程技术研究中心和重点实验室、国家科技产业基地、技术研发平台等落户湖南省。

6. 鼓励私立医院集团化发展

集团化是私立医院进一步发展的重要路径。要通过股份制或合同制等方式，加强中小民营医疗机构的融合，形成民营医疗集团。完善民营医院与医保制度的衔接。大力吸收民营医疗机构为定点医疗机构，公立、私立医疗机构处在相对公平的医保支付环境之下。要继续深化医疗体制改革，优化医疗卫生资源配置。要真正落实鼓励和引导社会资本进入医疗服务领域的政策，出台更多关于民营医院发展的配套细则。要在公立医院改革、医生执业制度、卫生人事制度等方面细化改革方案，为医疗卫生人才流动创造条件，进一步优化医疗卫生资源配置，拓宽和提高医疗服务业发展空间和活力。

B.41

湖南省促进主体功能区建设的公共财政政策研究

左 宏*

十八大报告对财税体制改革提出的目标是：加快改革财税体制，健全中央和地方财力与事权相匹配的体制，完善促进基本公共服务均等化和主体功能区建设的公共财政体系。十八届三中全会决定进一步明确“坚定不移实施主体功能区制度”，建立与主体功能区相适应的财政体制成为当前的工作重点之一。湖南财税体制改革正处攻坚阶段，如何围绕主体功能区建设创新财税政策，是亟须研究的重大问题。

一 湖南省现行财政体制与主体功能区建设差距分析

湖南省现行的公共财政体制现状与主体功能区建设要求还有较大差距，表现如下。

（一）湖南省财政运行现状与主体功能区建设要求存在差距

湖南省现行财政运行情况难以达到主体功能区建设要求，主要体现在：一是财政收支矛盾突出，将使得湖南省主体功能区推进缺乏足够的资金支持。当前由于经济形势不佳，财政收入增幅回落，支出需求增大，对于推进主体功能区建设是个极大挑战。2013 年全省公共财政收入、地方收入虽然分别突破 3000 亿、2000 亿大关，迈上了新的台阶，但增幅相比前两年分别回落了 21.7 和 3.8 个百分点，2014 年，中央和省在简政放权、减轻社会负担方面推出营改增扩面等减税降费政策，这些都带来一定的财政减收。支出方面，支持全面深化改革和促进各项社会事业发展都需要增加投入，预算平衡压力很大。二是湖南省财政收入来源单

* 左宏，湖南省人民政府发展研究中心产业处副处长，助理研究员。

一、偏粗放型，与主体功能区建设目标相悖。湖南省财政主要来源于卷烟、房地产、重化工、煤炭、钢铁、电力、有色金属等产业，其中卷烟制造和房地产业这两大行业税收增量分别占公共财政收入、税收收入增量的43.3%和50.8%，而重化工业虽然在短期能给财政收入做出较大贡献，但造成了对资源的掠夺性开发以及对生态环境的严重破坏，可能会给主体功能区建设带来更大生态治理成本。

（二）现有分税制体制造成了各级政府事权与财权的不匹配，将导致主体功能区推进过程中权责不清，行政效率低下

目前中央与地方分税制体制造成了财权不断向中央和省级政府集中，事权则下放到市县财政。这种事权与财力的不匹配将严重滞后主体功能区的建设：一是政府间事权划分不清晰，将导致主体功能区推进中各级政府之间、各部门之间事权缺位和错位。目前法律对于政府部门之间的事权划分过于宽泛，造成事权归属不明或者不合理。例如湘江等流域上下游政府之间的污染治理成本分摊比例如何划分、历史性污染由哪一级政府承担治理责任等问题就难以找到明确的法律依据。同时，较高层级政府过分关注基础建设和经济建设，而把“三农”、基础教育、公共卫生等社会管理和公共服务方面事权逐级下移。这些直接增加了基层政府的事权负担，影响各功能区，特别是限制开发区和禁止开发区基本公共服务的保障。二是政府间财权划分不合理，基层政府财力匮乏，影响了推进主体功能区建设的积极性。自1994年实施分税制后，地方财政收入占整个财政收入比重不断减少，由1994年的70%左右下降到2013的53.4%，而地方财政的支出占比则达到85.4%，地方有限财力难以保证主体功能区建设顺利推进。同时，政府间收入划分覆盖面窄，仅局限于预算内收入中的税收部分，大量的预算外资金、政府性基金、土地资源类等收入游离于预算之外。2013年湖南省公共财政收入为3307.3亿元，其中税收收入为2581.5亿元，仅占78.1%，还有21.9%的非税收收入。此外，税种分配不合理，现行的按税种和行政隶属关系确定收入级次，并以基数加增量确定上划税收的转移支付方式，致使基层政府缺乏稳定增长的主体税种，地方可支配财力捉襟见肘。

（三）行政区划与功能区划不一致给主体功能区带来的挑战

财政政策的实施主体一般由各级政府部门承担，这决定了其对行政体制的按行政层次进行资金拨付（特别是转移支付制度），而主体功能区存在打破行

政区划的可能，这就必然导致功能区与行政区边界不一致问题，并产生政策冲突。湖南省的主体功能区建设也将面临这种不一致带来的挑战，如何率先探索出适合湖南省省情的行政区划—功能区划的对接协调机制值得考虑。

（四）现行转移支付制度的不完善将阻碍主体功能区目标的实现

转移支付制度是推动主体功能区建设最关键的环节之一，而湖南省现行的转移支付制度存在明显不足：一是体现基本公共服务均等化目标的一般性转移支付规模过小，财力补偿能力有限；而专项转移支付过多且交叉重复。目前中央对地方的财政转移支付已占地方财政支出总额五成左右。其中，一般性转移支付规模偏小，2013 年中央对湖南省的一般性转移支付仅为 1355. 4 亿元，占转移支付总额的 53. 5%；而湖南省对市州的一般性转移支付为 1168. 8 亿元，占转移支付总额的 54. 5%，虽然一般性转移支付占比一直呈增长态势，但是仍然难以满足禁止和限制类地区基本公共服务均等化要求。而专项转移支付规模较大，覆盖面广，在地方财力紧张并缺乏调控空间的情况下，执行中挤占、挪用现象普遍，难以满足特定功能目标的专项需求。二是受测算级次和技术方法限制，现行转移支付计算公式中对限制开发区和禁止开发区域的特殊因素考虑不够。采用“因素法”测算财政补助资金分配需要相关的数据，目前数据来源往往缺乏真实性、准确性、完整性和统一性，影响测算结果；同时，以回归法测算只考虑历史因素，与现实情况脱节，对于自然地理、经济发展状况和社会发展条件等影响转移支付调整系数的诸多因素也考虑不够。三是省级以下转移支付制度还不完善。目前湖南省沿袭的是 1996 年转移支付办法出台后参照中央转移支付制度实施的过渡性办法，缺乏系统性和针对性，难以发挥对限制类和禁止类开发区基础公共服务均等化作用，也很难在区域环境治理和主体功能区域联动方面发挥作用。

（五）财政激励引导作用不够难以有效推进主体功能区的形成

湖南省现行的财政政策还没有完全形成对产业结构、经济发展方式和节能降耗、加强创新等方面的有效激励和引导，从而无法对主体功能区建设形成强大推动。一是对优化产业结构的导向不明确。现行财政政策重点关注的是财政收入增长和地区的经济发展，忽略了符合主体功能区建设要求的产业结构和布局优化。二是对于各功能区的区域导向性也不够明确。由于不同主体功能区在经济社会发展程度、资源环境承载能力等方面差异较大，就是同属一类主体功能区的不同地域也存在很大差异，在财政政策支持上也应该体现出差别。例如可考虑逐步在限制开发区域、禁止开发区域设立为生态财富买单的制度；建立适当的财政政策和体制机制，促使四类功能区实现公共服务均等化；在人口转移和区域协调发展的财政引导政策。

二　推进形成主体功能区的财政政策创新思路探讨

总体思路：以党的十八届三中全会精神和国家主体功能区规划为指导，以促进湖南省主体功能区建设为宗旨，按照“一带一部”的定位要求，借助长株潭“两型”综合配套改革以及中部崛起的有利契机，深化财税体制改革，创新财税政策体系，整合财政资源，健全财政公共服务体系，增强财政宏观调控能力，实现湖南省财政跨越式发展，发挥财政对区域协调发展的调控和推动作用，为湖南省主体功能区建设提供全面、系统、科学的财税支持。

——促进城市化地区（重点开发区域）调整经济结构，实现又好又快的激励型财税政策。重点结合长株潭“两型”综合配套改革试验区的财税政策改革，探索科学发展的财税体制。包括加快新型工业化和新型城镇化，支持城市基础设施建设、增强经济和人口的集聚力、承接产业转移、形成产业集群，加大研发投入、允许高新技术企业加速折旧、投资抵扣等支持产业升级、自主创新的优惠政策，以及促进限制性产业转移、改善或增强资源环境承载能力的创新型财税政策。

——支持农产品主产区（限制开发区域）增强农业综合生产能力，保护耕地、增加农产品供给，保障粮食安全的支持—补偿型财税政策。包括农业基础设施和公共服务财政投资；加大闲置宅基地复垦，增加农业生产空间，保护和扩大林地、湿地（包括湖泊、水面）等绿色生态空间的财政引导政策等。

——支持重点生态功能区（限制开发区域）进行生态环境建设，实施产业转型，实现与资源环境相协调的适度发展，保障基本公共服务均等化的支持—补偿型财税政策。

——支持禁止开发区域生态环境建设，实现生态环境可持续发展，保障基本公共服务均等化的保障—补偿型财税政策。包括支持环保产业和人口外移的引导性财政政策，以及实现基本公共服务均等化、加快生态建设和环境保护的转移支付制度等。

各类主体功能区财税政策设计的基本要求见表1。

湖南省各类主体功能区财税政策设计的基本要求

开发区类型	功能定位	发展要求	财税政策作用重点	中长期财税政策内容	近期政策实施重点
城市化地区（重点开发区）	成为支撑全省经济发展和人口聚集的重要载体	兼顾经济增长、质量效益、工业化和城镇化，承接优化开发区域的产业转移和限制与禁止开发区域的人口转移	加强基础设施建设，促进产业集群发展，加快推动工业化和城镇化	（1）鼓励创新创业和技术进步的税收优惠政策； （2）推进循环经济发展的激励性财税政策； （3）基础设施建设支持力度； （4）承接产业转移、发展产业集群的引导政策； （5）推动产业结构调整，促进与资源环境相协调的产业发展的引导性财税政策。	（1）在长株潭城市群开征生态环境税； （2）发行地方债试点； （3）推进和完善生态资源交易制度； （4）加大贴息、投资补贴、加速折旧等优惠政策承接转移； （5）财政对自主创业、创新活动优惠政策的试点。
农产品主产区（限制开发区域）	增强农业综合生产能力，增加农产品供给，保障粮食安全	兼顾农业开发与生态环境及产业发展关系，充分考虑农牧业开发对自然生态系统的影响	通过财政支持和农业补贴，加强农业基础设施建设，推动高效集约生态农业发展	（1）农业基础设施和公共服务的财政投资； （2）农业补贴，包括农业自然资源使用导向补贴、农业生产结构调整补贴、农产品结构调整补贴、农户生产技术引导补贴等； （3）农业稳定基金，包括：主要农产品供给安全储备基金、农业自然灾害救济基金等； （4）加大闲置宅基地复垦，增加农业生产空间的财政引导政策。	（1）确保各级财政对农业投入增长幅度高于经常性收入增长幅度； （2）健全农业补贴制度，完善农资综合补贴动态调整机制，对优势特色农产品、种养大户、农民专业合作组织、农产品加工流通企业补贴； （3）提高政府土地出让收益、耕地占用税新增收入用于农业的比例； （4）完善农业保险，争取政策性农业保险补贴范围覆盖到所有优势农林业生产。

续表

开发区类型	功能定位	发展要求	财税政策作用重点	中长期财税政策内容	近期政策实施重点
重点生态功能区（限制开发区域）	保护生态环境，适度开发，实现人、自然与资源的和谐发展	加强生态建设和环境保护，因地制宜发展资源环境可承载的特色产业，引导超载人口逐步有序转移	实现基本公共服务均等化和生态环境补偿的转移支付；支持与环境资源相协调的产业发展	（1）弥补政策性减收及保障基本公共服务的一般性转移支付； （2）生态环境专项转移支付； （3）促进与资源环境相协调的产业发展的引导性财税政策。	（1）调整和改革资源税试点； （2）财政支持就业培训、移民创业的优惠政策试点； （3）转移支付制度改革试点。
禁止开发区	保护生态环境，禁止开发	对生态环境实行强制性保护	实现基本公共服务均等化和生态补偿的转移支付	（1）实现基本公共服务均等化、保证基层政府正常运转的一般性转移支付； （2）生态环境专项转移支付； （3）人口和产业外转的财政支持政策。	（1）转移支付制度改革试点； （2）开征物业税试点； （3）调整和改革资源税试点。

三 完善湖南财政政策以推进形成主体功能区的对策建议

（一）转变政府职能，以主体功能区建设理念完善湖南财政政策

1. 湖南省各级财政部门要转变传统的理财思路，从过去注重产值、速度的财政收入观转变为注重质量和效益型的财政收入观

转变传统政绩考核机制，将主体功能区有关政策目标，如节能减排、环境治理、产业结构升级等相关目标量化，纳入考核指标中；用好自身财政权限，适度调整相关体制及政策，使财政工作更好地服务于主体功能区建设；优化财政收支结构，发挥税收、支出、补贴、贴息、担保等财政政策的激励作用，支持地方政府根据所属功能区职能开展工作，鼓励企业节能降耗，形成合理高效的环境治理机制。

2. 不断完善“省管县”财政管理体制

继续完善当前“省管县”财政管理体制，减少行政管理层级，精简各级机构及其供养人员，着力解决省及省以下政府行政体制与财政体制不统一、不配套、不同步，财政管理成本和监管难度增加等问题。

3. 切实转变政府职能，科学划分各级政府事权和财权

将政府管理经济社会的范围从遍及各行业、各领域、各环节中退出来，从根本上解决政府“缺位”、“错位”和“越位”问题，并在此基础上科学合理划分各级政府事权和财权。

（二）深化转移支付制度改革，保障主体功能区建设的有序推进

湖南省应结合自身情况，尽快建立完善省以下转移支付制度。

1. 积极扩大湖南省转移支付规模

在积极争取中央政府继续加大对湖南省财政转移支付规模的同时，湖南省还要通过增加财政收入规模、优化财政支出结构、压缩本级政府支出等方式，积极拓宽转移支付资金来源渠道，增加一般性转移支付资金规模。

2. 完善省以下转移支付制度，强化省级财政平衡省内各主体功能区财政差异的责任

加快推进省以下体制改革，实现省以下财政转移支付资金的公式化分配；加大省内调节力度，建立一套适合湖南省实际情况的财政转移支付激励和约束机制；引入“省内各主体功能区财政差异”因素，强化省级财政的内部财力平衡责任。

3. 调整转移支付结构

清理、归并现有专项转移支付项目，严格控制专项拨款立项，逐步压缩专项转移支付规模；针对限制开发区和禁止开发区特征，增设相应转移支付项目，例如“生态移民”专项转移支付等；要求中央加大一般性转移支付规模，省以下转移支付中增加一般性转移支付比例，提高地方财力调节能力；适时设立“整块转移支付”类别。

（三）深化税制改革，为主体功能区建设提供足够资金

湖南省应主要从以下几个方面入手，深化税制改革，建立符合主体功能区主体功能发挥的税收制度。

1. 争取中央对湖南省的税负调整，合理确定湖南省的宏观税负总水平

通过税费改革，理顺税费关系，加强预算管理，规范财政收入制度，调整财政收入结构，将所有财政性收入纳入财政预算管理；加强财政监督机制，坚决制止任何截留税收现象。

2. 优化税制结构，发挥税收的调节导向作用

在主体功能区建设中可利用增值税和消费税的调节导向作用，起到政府宏观调控经济的作用；在“营改增”试点中，注意中央与地方税收分成比例调整，避免中央与地方财政收入差距进一步拉大；规范政府收费，使政府收费规模控制在占GDP比重的5%以下；与此同时，在完善市场机制和调整经济结构过程中，还应争取在资源税、环保税、社会保障税、财产税、遗产税和赠与税等领域率先试点。此外，根据经济社会变革，积极开发新的税源，发现新的税收增长点。

（四）探索横向转移支付制度，建立生态财富补偿机制

湖南省是重要的农业大省和粮食生产基地，旅游、生态资源丰富，同时作

为原材料工业、重化工业占比较大的地区，环境资源压力较大。因此，保护生态资源与经济发展之间的矛盾成为主体功能区推进过程中的一大关键问题。湖南省可考虑三个要点逐步建立适合湖南省省情的生态财富补偿机制：一是由省级部门成立生态补偿仲裁机构进行协调管理；二是建立生态补偿基金以解决资金来源问题；三是以因素法和博弈法并用来确定补偿数额。

（五）推动公共服务机制改革，分层分段推进基本公共服务均等化

主体功能区建设的一个基本要求就是公共服务均等化，这也是湖南省财政体制改革的重要任务。湖南省可从以下几个方面着手：一是明确公共服务范围，制定公共服务均等化目标标准；二是打破传统供给模式，发挥各级政府和社会主体的能动性；三是建立与政府公共服务核心职能相适应的组织架构，推动政府内部组织创新；四是明确公共服务责任，逐步建立和完善“结果导向”绩效评估体系与激励机制。

B.42

湖南省服务业发展情况和趋势分析报告

李 虎*

一　湖南省服务业发展情况

近年来，湖南省服务业总量不断扩张，发展增速并不慢，其占 GDP 比重提升缓慢的直接原因是全省第二产业基数大、增长更快。

（一）总量持续扩大

2004～2013 年，全省服务业增加值（计算口径为第三产业）由 2429 亿元增加至 9885 亿元（见图 1），尤其是 2013 年，比上年增加 1200 多亿元，总量规模直逼万亿大关。国家统计局数据表明，2004～2013 年，湖南省和国家第三产业增加值年均增速分别 16.88% 和 16.85%，基本保持一致。但是，从 2008 年以来，湖南省第三产业增加值增速均高于国家水平。

（二）平均增速低于地区生产总值和工业增加值

2004～2013 年，湖南省地区生产总值（GDP）由 5642 亿元增加至 2.45 万亿元，年均增速 17.72%；工业（计算口径为第二产业）增加值由 2191 亿元增加至 1.15 万亿元，年均增速 20.25%，均高于同期服务业增加值年均增速 16.88%。但是，从 2012 年开始，湖南省第三产业增加值增速均要高于 GDP 和第二产业增加值增速（见图 2）。

（三）增加值占 GDP 比重低于工业和国家平均水平

国家统计局数据表明，2007 年以前，湖南省服务业增加值占 GDP 比重

* 李虎，湖南省商务厅服务业发展处。

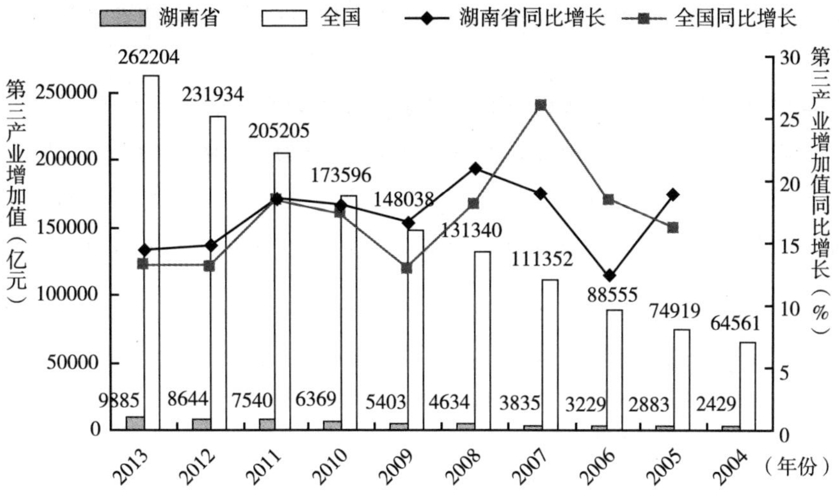

图 1　2004～2013 年湖南省和全国第三产业增加值及同比增长

数据来源：国家统计局。

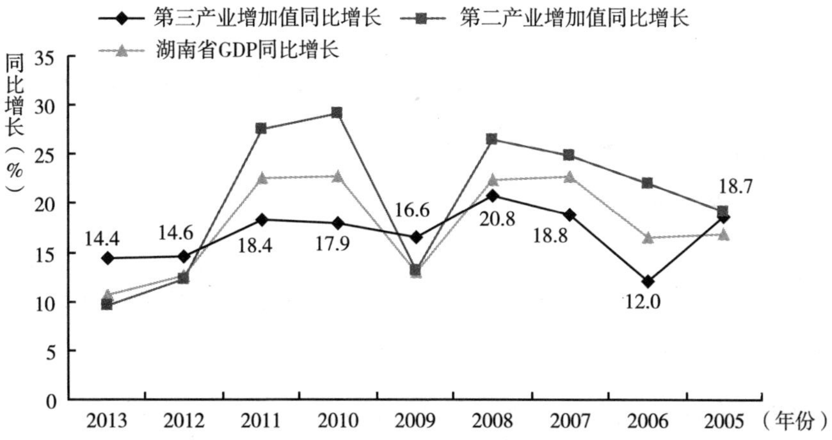

图 2　湖南省第二产业、第三产业增加值和 GDP 同比增长

数据来源：国家统计局。

高于全国平均水平，也高于全省工业增加值占 GDP 比重。自 2007 年以后，湖南省服务业增加值占 GDP 比重均低于国家平均水平，也低于工业增加值占 GDP 比重，且差距逐步增大，于 2011 年达到顶峰，相差 9.3 个百分点。但是，自2011年后，差距逐步缩小，服务业增加值占GDP比重上升势头明显（见图3）。

需要特别指出的是，2013年湖南省服务业增加值占GDP比重比2004年的43.1%累计回落2.8个百分点，而这十年间，全国服务业增加值占GDP比重累计上升了5.7个百分点，江苏省、山东省累计上升了近10个百分点。湖南省服务业的发展步伐相对缓慢，影响其为地区经济发展发挥更有效的支撑作用。

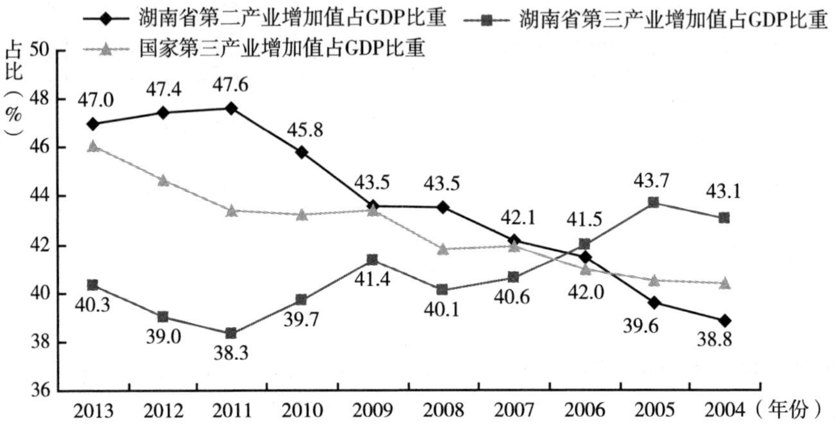

图3 湖南省第二、三产业增加值占GDP比重和国家第三产业增加值占GDP比重

数据来源：国家统计局。

（四）全省住宿和餐饮业等生活性服务业增加值增速高于全国水平

随着湖南省社会保障体系的逐步完善和居民生活水平的不断提高，住宿和餐饮业等生活性服务业保持了稳步发展。2004～2013年，湖南省住宿和餐饮业增加值由126.7亿元增加至503.65万元，年均增速16.57%；同期，国家住宿和餐饮业增加值由3664.8亿元增加至11494亿元，年均增速13.54%。

（五）服务进出口总额增速低于服务业总体发展增速

2007～2013年，全省服务进出口总额由13.13亿美元增加至31.11亿美元，年均增速15.46%，低于同期全省服务业发展总体增速17.09%，显示湖南省服务业对外开放水平仍然有较大发展空间。

二　影响湖南省服务业更好更快发展的原因分析

2013年，湖南省GDP规模已连续五年进入全国前十行列，但从以上数据分析可以看出，与工业对比，湖南省服务业发展速度相对缓慢。粗略分析，主要是落后的思想观念和总体经济发展水平制约了全省服务业更好更快地发展。

（一）落后思想观念的制约

近年来，国务院和省政府出台了一系列促进服务业发展的政策措施，但由于受长期以来“只有物质生产部门才能创造价值、服务业不创造价值”、“先工业、后服务业”传统观念和“看得见、摸得着、见效快”功利思想的影响，一些地区和部门对发展服务业的重要性没有清醒的认识，有的把走新型工业化道路片面理解成大上工业项目，把“工业立市”当做经济发展的唯一战略；有的认为服务业发展全靠市场主导，政府难有作为；有的认为服务业就是吃喝玩乐的事，没有一、二产业重要；等等。从而对抓服务业发展的信心不足、办法不多、政策缺位、措施不力。

（二）整体资源要素投入不足

近年来，由于湖南省处于工业化加速发展时期，有限的资本、土地、人力资源、技术等生产要素更多地向制造业倾斜，服务业发展过程中所需要的有效资源相对不足，服务业的快速、高效发展乏力。下图为2004～2012年湖南省分产业固定资产投资金额比较（见图4）。

2004～2012年，湖南省全社会固定资产投资金额从2072亿元增加至1.45万亿元，年均增速27.55%，其中，第一产业、第二产业、第三产业固定资产投资年均增速分别为27.93%、30.44%和25.66%，服务业投资增速相对较低，并且，服务业投资主要集中在交通运输、水利、房地产等基础设施建设领域，对服务业长期增长的拉动作用不明显，而对拉动第一、二产业发展的作用会更大。

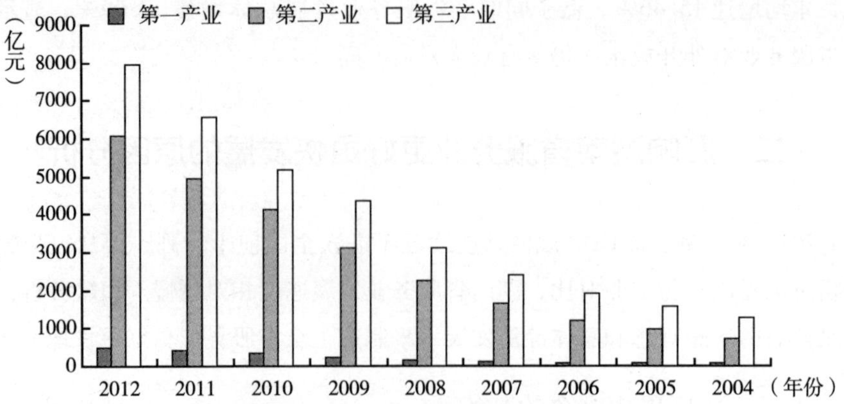

图4　湖南省分产业固定资产投资金额

数据来源：国家统计局。

（三）城镇化和居民消费发展不足

首先，服务业发展与城镇化进程是相辅相成的。服务业的一个重要特点是，绝大多数服务产品，其生产与消费在时间和空间上具有高度同一性，只有较高消费群体的集中集聚，才能形成规模化的服务消费市场。湖南省城镇化水平偏低，降低了发展创造服务业需求的基础，同时也制约了服务业发展的规模和结构。2004～2013年，湖南省和国家城镇化率增幅基本一致，十年间分别提升了12.46和11.61个百分点（见图5），但2013年，两者差距仍然有5.41个百分点，相应的服务业增加值占GDP比重也低于国家水平。

其次，受整体经济发展水平的制约，湖南省居民收入水平偏低，导致消费率偏低，对服务的消费需求有限，消费率偏低不利于拉动第三产业增长和促进服务业比重提升。图6数据表明湖南省城镇居民人均可支配收入以及人均消费支出与国家平均水平相比，均有较大差距。收入水平偏低影响到消费层次的提升，当前湖南省居民较低的消费层次从一定程度上抑制了服务业的进一步发展。

（四）服务业的市场化和专业化发展不足

首先，市场化程度低，使服务业整体发展缺乏动力。服务业的许多服务领域，如电信、金融、铁路、民航、广播电视等行业，至今仍存在行政性垄断、

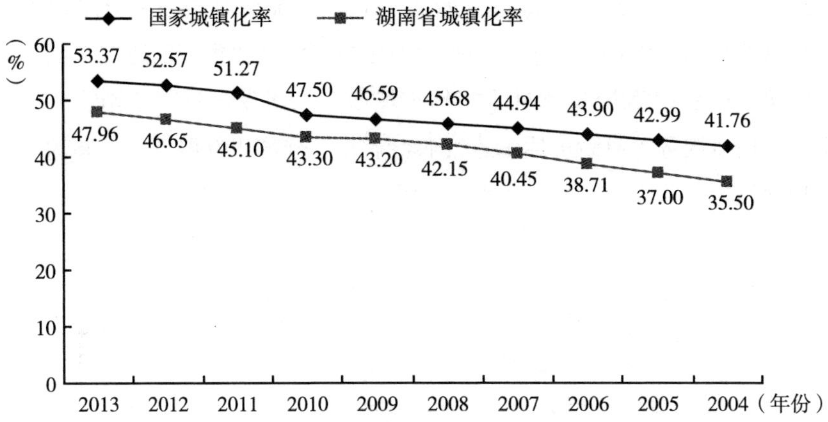

图 5　湖南省和国家城镇化率

数据来源：国家统计局和湖南省统计局。

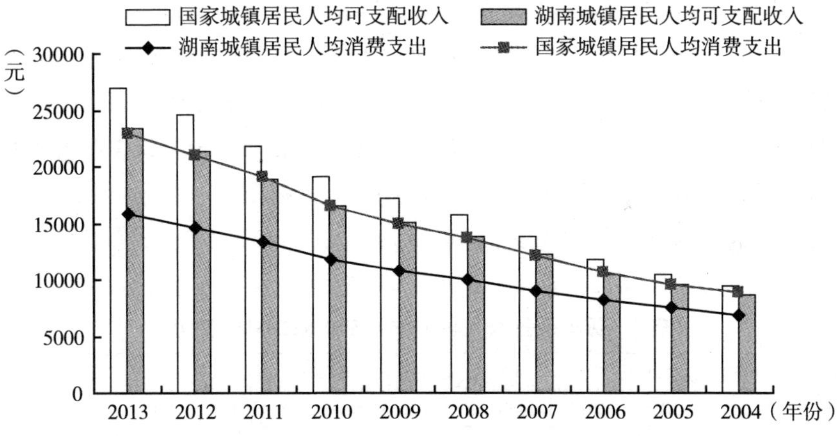

图 6　湖南省和国家城镇居民人均可支配收入和人均消费支出

数据来源：国家和湖南省统计局、《湖南省统计年鉴（2013）》。

市场准入限制多等问题，并且过于依赖政府性投入，缺乏自我发展机制，总体上制约了服务业供给的增长，影响其竞争力的提升。其次，专业化进展慢，使服务业尤其是生产性服务业发展缺乏活力。目前，传统的劳动密集型制造业仍是湖南省经济发展的重要支柱，生产方式较为粗放，并且多年来，我国对服务业实行的是营业税（现在已推行“营改增”），不能像制造业只对增值部分交税，且营业税不能抵扣，导致制造业部门倾向于内部提供所需服务，而不是从外部购买，使得“微笑曲线两端”的市场研究、研发设计、营销、咨询、金融保险、信息服务等高附加值服务行业专业化、规模化发展不足，制约了服务业的快速发展。

三 湖南省服务业发展的趋势分析

（一）统计数据分析

2013 年，湖南省第三产业增加值占 GDP 比重为 40.3%，应与全国依据各省市数据汇总计算出来的 42.3% 比较，仍然低于国家平均水平 2 个百分点。横向对比来看，全国 GDP 排名前十位的省市中，湖南省第三产业增加值占 GDP 比重排名为第 5 位，位于广东、江苏、山东、浙江之后；中部六省之中，湖南省第三产业增加值占 GDP 比重排名第 1 位。湖南省服务业发展水平并不是想象中的那般落后，尤其是 2012～2013 年，湖南省服务业发展增速稳定并且保持了较高幅度（14.6% 和 14.4%），同比增长相对于全国依据各省市数据汇总计算出来的数据（13.3% 和 11.6%）高 1.3 和 2.8 个百分点（见表 1），显示湖南省服务业正在加速发展。

表 1 历年来各省市第三产业增加值占 GDP 比重

第三产业增加值占 GDP 比重(%)	年度									
	2013	2012	2011	2010	2009	2008	2007	2006	2005	2004
广东	47.8	46.5	45.3	45.0	45.7	44.4	44.3	43.6	43.3	44.2
江苏	44.7	43.5	42.4	41.4	39.6	38.4	37.4	36.4	35.6	34.6
山东	41.2	40.0	38.3	36.6	34.7	33.5	33.4	32.8	32.3	31.7
浙江	46.1	45.2	43.9	43.5	43.1	41.0	40.6	40.0	39.9	39.4
河南	32.0	30.9	29.7	28.6	29.3	28.3	30.1	30.1	30.0	31.8
河北	35.5	35.3	34.6	34.9	35.2	33.0	33.8	34.0	33.4	33.1
辽宁	38.7	38.1	36.7	37.1	38.7	38.1	40.2	40.8	41.0	42.1
四川	35.2	34.5	33.4	35.1	36.7	36.2	36.7	38.2	38.4	39.3
湖北	38.1	36.9	36.9	37.9	39.6	39.4	40.8	40.9	40.3	40.7

续表

第三产业增加值占GDP比重(%)	年度									
	2013	2012	2011	2010	2009	2008	2007	2006	2005	2004
湖南	40.3	39.0	38.3	39.7	41.4	40.1	40.6	42.0	43.7	43.1
福建	39.1	39.3	39.2	39.7	41.3	40.2	40.8	39.9	38.9	38.3
上海	62.2	60.4	58.0	57.3	59.4	56.0	54.6	52.1	51.6	50.8
北京	76.9	76.5	76.1	75.1	75.5	75.4	73.5	71.9	69.7	67.8
安徽	33.0	32.7	32.5	33.9	36.4	36.5	37.9	39.1	40.0	41.3
内蒙古	36.5	35.5	34.9	36.1	38.0	37.8	38.4	39.1	39.5	41.8
陕西	34.9	34.7	34.8	36.4	38.5	36.9	37.8	38.1	39.3	38.9
黑龙江	41.4	40.5	39.1	39.0	39.3	34.9	35.1	33.7	33.7	34.9
广西	36.0	35.4	34.1	35.4	37.6	36.0	37.0	38.7	39.2	39.7
天津	48.1	47.0	46.2	46.0	45.3	43.0	42.8	42.6	42.5	42.4
江西	35.1	34.6	33.5	33.0	34.4	33.8	33.1	33.5	34.8	35.5
吉林	35.5	34.8	34.8	35.9	37.9	37.5	38.3	39.5	39.1	39.2
重庆	41.4	39.4	36.2	36.4	37.9	37.3	39.0	42.2	41.5	40.5
山西	40.0	38.7	35.2	37.1	39.2	37.7	37.5	37.8	38.1	38.5
云南	41.8	41.1	41.6	40.0	40.8	39.0	39.7	39.1	39.7	38.7
新疆	37.4	36.0	34.0	32.5	37.1	34.0	35.4	34.7	35.7	37.7
贵州	46.6	47.9	48.8	47.3	48.2	46.4	45.5	42.3	40.7	39.4
甘肃	41.0	40.2	39.1	37.3	40.2	39.0	38.4	39.5	40.7	40.8
海南	48.3	46.9	45.5	46.2	45.3	42.8	42.2	40.7	41.1	40.9
宁夏	42.0	42.0	41.0	41.6	41.7	39.5	39.8	40.6	42.4	42.4
青海	32.8	33.0	32.3	34.9	36.9	34.9	37.0	38.4	39.3	41.6
西藏	53.0	53.9	53.2	54.2	54.6	55.4	55.1	54.9	55.2	56.0
全国(汇总数据)	42.3	41.4	40.4	40.4	41.1	39.8	40.1	39.9	39.7	39.9
全国(公布数据)	46.1	44.6	43.4	43.2	43.4	41.8	41.9	40.9	40.5	40.4

数据来源：根据国家统计局公布各省市第三产业增加值和GDP数据计算。

（二）宏观分析

把握宏观态势，立足湖南实际，结合改革效应，有利于促进全省服务业更好更快地发展。

从世界服务业发展规律来看，目前，服务业占世界经济总量的比重约为70%，主要发达经济体的服务业比重则达80%左右，全球服务进出口总额占对外贸易总额的比重为20%左右。2013年，我国服务业增加值占经济总量比重（公布数据：46.1%）和服务进出口总额占对外贸易总额比重（11.5%）远低于上述数据，存在较大上升空间。发展经济学理论认为，人均GDP在2000~10000美元区间（2013年，湖南省人均GDP约为6000美元）是经济发展的加速成长阶段，经济增长由主要依靠制造业带动转变为靠服务业推动，服务业将呈现加速发展趋势。

从世界经济一体化趋势来看，新一轮科技革命和产业革命已然孕育，尤其是以云计算、物联网为代表的新一轮信息技术革新方兴未艾，催生了新的服务业态，服务的可贸易程度和国际生产关系变革力度不断增强。在世界各国大力发展服务业的背景下，我国新一届政府亦将发展服务业视为打造经济“升级版”的战略举措，国务院总理李克强曾明确提出，中国将进一步发展服务贸易，扩大服务领域对外开放，并以此促进国内改革发展和经济转型。2013年，湖南省和我国服务业实际使用外资金额同比增长分别为77.2%和14.2%，远高于同期制造业增幅-11.3%和-6.78%。随着服务业对外开放的不断扩大和国内产业结构的调整优化，服务业对湖南省和全国经济发展的支撑作用将持续增强。

从改革效应和政策支持来看，党的十八届三中全会开启了全面深化改革的新征程，据最新报道，所涉及的坚持和完善基本经济制度、加快完善现代市场体系、加快转变政府职能等15个改革领域的60项具体任务已启动39项。湖南省积极引领和顺应国家全面改革趋势，成立省委全面深化改革领导小组，在国家改革任务基础上，2014年出台具体推进9大类48项改革的政策措施。这些方面的深化改革将有利于提高资源配置效率，推动经济增长和结构调整，激发服务业发展的新活力。国家层面，将继续实施扩大内需的政策，努力把经济增长模式转变到内需主导、消费驱动的轨道上来，十八大以来，国务院陆续出台支持金融、信息、健康、养老、文化创意和设计、文化贸易、生产性服务业、旅游业、现代保险服务业等方面发展的一揽子政策，聚焦点均为产业结构调整，提升服务业的战略地位成为经济发展“新常态”的重要方面。省级层面，目前，正大力推进“四化两型”建设，力争在创新驱动、全面开放、区域发展、扩大内需等四大领域形成新突破、取得新作为，必然会促进产业分工深化和协调发展，必然将产生对服务业各行业的巨大需求，为湖南省服务业发展提供新的动力和空间。

（三）定量分析

1. 基础数据和定性判断

目前，我国经济面临“三期叠加”，即经济增长速度换挡期、结构调整阵痛期、前期刺激政策消化期。长期来看，外需不可能像过去20余年那样成为拉动经济增长的重要因素，国家坚持扩大内需特别是消费需求的现实战略将保持稳定，投资将更多地向有利于促进消费增长的社会基础领域倾斜，如教育、健康、文化等领域，以利于加快形成消费、投资、出口协调拉动经济增长新局面。

国家层面，《国家服务业发展“十二五”规划》显示，服务业增加值年均增速超过国内生产总值年均增速，到2015年，服务业增加值占国内生产总值的比重较2010年提高4个百分点（2010年公布数据为43.2%），即达到47.2%。2013年，国家公布数据为46.1%，比2012年上升1.5个百分点，2014年上半年，全国第三产业增加值和GDP同比增长为11.5%和7.4%，第三产业增加值占GDP比重为46.6%，显示国家产业结构调整正在加速。预计“十二五”末期，即2015年，全国第三产业增加值占GDP比重将超过47.2%，达到48%左右。

省级层面，《湖南省“十二五”服务业发展规划》显示，到2015年，服务业增加值力争达到10500亿元，年均增长12%以上，占GDP比重超过42%。2013年，全省数据为40.3%，比2012年上升1.3个百分点，2014年上半年，湖南省第三产业增加值和GDP同比增长为9.2%和9.3%，第三产业增加值占GDP比重为42.5%，显示湖南省产业结构调整速度高于国家平均水平。预计“十二五”末期，即2015年，湖南省第三产业增加值占GDP比重将超过42%，达到43%左右。

2. 预计“十三五”末期或者“十四五”前期（即2020～2021年左右）湖南省第三产业增加值占GDP比重将达到50%

总体来看，湖南省服务业增加值在GDP中所占的比重呈曲线周期性波动上升趋势（见图7）。

1995～2005年，湖南省服务业处于上升期，其创造的增加值占GDP的比重逐步提升，第二、三产业和GDP年均增速分别为13%、15.6%和11.96%，11年间，第三产业年均增速分别比第二产业和GDP高2.6和3.64个百分点，2005年服务业增加值占GDP的比重比1995年提高了12个百分点，平均每年提高1.1个百分点。

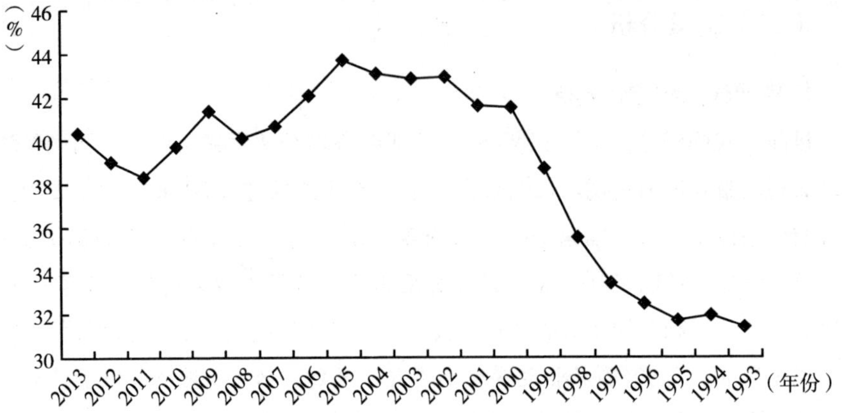

图 7　湖南省第三产业增加值占 GDP 比重

数据来源：国家统计局。

2005～2011 年，这个阶段是湖南省重工业化主导时期，服务业增长相对较慢，其创造的增加值占 GDP 的比重有所下降，第二、三产业和 GDP 年均增速分别为 23.7%、17.38% 和 19.97%，7 年间，第三产业年均增速分别比第二产业和 GDP 低 6.32 和 2.59 个百分点，2011 年服务业增加值占 GDP 的比重比 2005 年降低了 5.4 个百分点，平均每年下降 0.77 个百分点。

根据上述图 7 分析列出的表 2 更加详细直观。

表 2　湖南省服务业占 GDP 比重波动上升周期性区间表

年均增速 \ 区间	1995～2005 年湖南服务业占 GDP 比重上升期	2005～2011 年湖南服务业占 GDP 比重下降期	2011～2013 年湖南服务业占 GDP 比重开启上升期
GDP	11.96	19.97	11.6
第二产业	13	23.7	10.9
第三产业	15.6	17.38	14.5
第三产业与 GDP 年均增速差幅	3.64	-2.59	2.9
期末服务业占 GDP 比重提升百分点	12	-5.4	2
年均提升百分点	1.1	-0.77	1

数据来源：国家统计局、湖南省统计局。

方法一：据上述图 9 和表 2 可以预测，2011 年湖南省开启服务业占 GDP 比重上升区间，2011～2013 年，年均提升约 1 个百分点。结合国家经济发展形势和湖南省产业结构调整提速等多种因素，预计“十三五”期间年均提升幅度超过 1.1 个百分点，约为 1.2～1.3 个百分点或者更多。以 2015 年湖南省服务业占 GDP 比重 43% 为起点，计算得出 2020 年或者 2021 年该比重超过 50%。

方法二：据上述图 7 和表 2，结合国家经济发展形势和湖南省产业结构调整提速等多种因素，预测湖南省“十三五”期间第三产业年均增速比 GDP 高约 4 个百分点（1995～2005 年，湖南省服务业占 GDP 比重上升期间，第三产业年均增速比 GDP 高 3.64 个百分点），以 2015 年湖南省服务业占 GDP 比重 43% 为起点，计算得出 2020 年该比重超过 50%。

综上所述，预计“十三五”末期或者“十四五”前期（即 2020～2021 年左右）湖南省第三产业增加值占 GDP 比重将达到 50%。

3. 预计“十四五”中期（即2022年左右）湖南省第三产业增加值占 GDP 比重达到国家水平

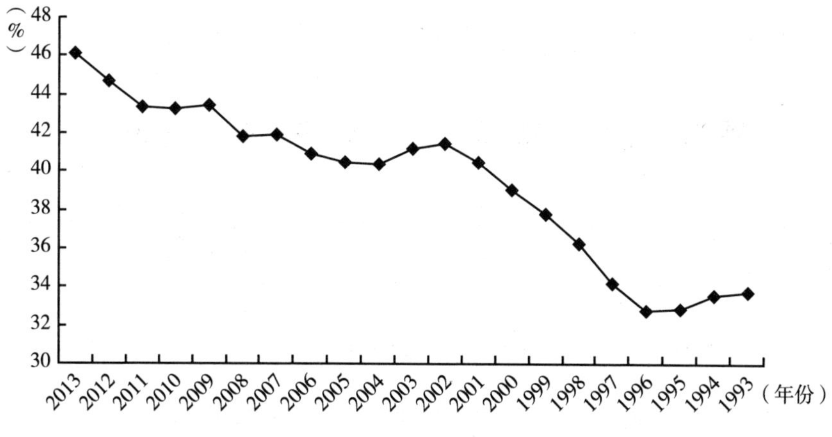

图 8　国家第三产业增加值占 GDP 比重

数据来源：国家统计局。

依据图 8 和国家统计局数据，可分析计算出表 3 数据。剔除较为异动数据，选取 2004～2013 年服务业占 GDP 比重上升期数据相对合适。

表 3　国家服务业占 GDP 比重波动上升周期性区间表

区间 / 年均增速	1993～1996 年服务业占 GDP 比重下降期	1996～2002 年服务业占 GDP 比重上升期	2002～2004 年服务业占 GDP 比重下降期	2004～2013 年服务业占 GDP 比重上升期
GDP	26. 3	9. 2	15. 3	15. 1
第二产业	27. 2	8. 1	21. 7	14. 5
第三产业	25. 1	13. 5	13. 7	16. 9
第三产业与 GDP 年均增速差幅	-1. 2	4. 3	-1. 6	1. 8
期末服务业占 GDP 比重提升百分点	-0. 9	8. 7	-1. 1	5. 7
年均提升百分点	-0. 23	1. 24	-0. 37	0. 57

数据来源：国家统计局。

依据上述方法一，以上升期间年均提升百分点差额计算，湖南省服务业占 GDP 比重约在 2022～2023 年达到国家水平。依据上述方法二，以上升期间第三产业与 GDP 年均增速差幅计算，湖南省服务业占 GDP 比重约在 2021 年达到国家水平。综上所述，预计“十四五”中期（即 2022 年左右）湖南省第三产业增加值占 GDP 比重达到国家水平。

四　加快湖南省服务业发展的对策建议

湖南省应紧紧抓住国家产业结构战略调整这一机遇，着力营造良好环境，促进全省服务业发展提速、比重提高、水平提升。

（一）建立科学的服务业发展考核体系

需要完善湖南省各市州、各重点行业服务业发展情况的统计、监测、评价指标体系，进一步提高各级领导对服务业发展重要性的认识，而强化科学的服务业发展考核体系无疑是当前最有效的推进手段之一。

（二）扩大服务业整体资源要素投入份额

加大服务业领域投入力度，坚持政府投入为导向，金融信贷为支持，社会投入为主体的原则，建立多渠道、多层次的服务业投资体系。进一步提高服务业投资在政府投入中的比重，引导社会资本、土地、人力资源、技术等资源要素投入由向制造业部门倾斜改为向服务业倾斜。

（三）加快新型城镇化进程和扩大消费

区域板块经济发展的不平衡、低于国家平均水平的城镇化率、居民收入水平较低等问题，已经成为制约湖南省服务业乃至整体经济发展的障碍。需要牢牢把握全省加速推进“四化两型”蕴含的巨大机遇，促进新型城镇化健康有序发展；建立长效机制，确保居民收入随着经济快速发展同步增长，包括改革收入分配制度，加大社会保障力度，不断提高城乡居民收入水平和整体服务性消费水平，通过推动消费结构升级，增强服务业发展的内在动力。

（四）扩大服务业开放，以生产性服务业为突破口，促进新型工业化和服务业互动发展

当前，行政垄断严重、民营资本进入难、政策壁垒高等突出问题导致湖南省服务业对内、对外开放均不足。需要放宽准入领域，降低准入条件，鼓励外资、民营资本按照国家统一的负面清单的管理模式参与全省服务业发展，扩大服务供给。需要顺应先进制造业与生产性服务业融合发展趋势，一方面，鼓励引导传统制造业企业剥离研发、人力资源、物流等非核心生产内容，促进企业内部生产服务向外包化、专业化发展。另一方面，推动生产性服务业渗透到先进制造业的生产过程，促进企业降低产业链成本、提高运营效率、增加产品附加值。通过先进制造业与生产性服务业有机融合、互动发展，提升湖南制造业的整体竞争力。

B.43

湖南省机器人产业发展研究

杨　漾*

机器人是先进制造技术和自动化装备的典型代表，涉及机械、电子、自动控制、计算机、人工智能、传感器、通讯与网络等多个学科和领域，是多种高新技术发展成果的综合集成。机器人已经成为新一代技术变革的关键核心，发达国家高度重视发展机器人产业，借以提升本国竞争力。湖南制造业面临着与国际接轨，参与国际分工的巨大挑战，加快机器人技术的研发和应用是抓住这个历史机遇的重要时机。

一　湖南机器人产业发展现状

1. 湖南机器人产业需求强劲

湖南是领军中西部的制造大省。以三一重工、中联重科、山河智能为代表的工程机械成为世界级产业，以吉利、比亚迪、上海大众、广汽为代表的企业带领湖南汽车产业进入全国前六，以株洲南车为代表的轨道交通产业是我国高铁产业发展的核心基地、以蓝思科技为代表的电子信息产业快速发展，以南岭民爆、浏阳花炮为代表的传统民爆产业方兴未艾。2014 年湖南省汽车制造业、铁路、船舶、航空航天和其他运输设备制造业等行业增加值增速均在 18% 以上。大型企业制造水平的提升、传统中小微企业的转型升级和危险恶劣工况产业的无人化都对机器人技术产生了强劲的需求。

2. 湖南机器人产业快速发展

在全国快速推进智能制造的大潮中，湖南省机器人行业迅速崛起。以长泰

---

* 杨漾，博士、中轻集团长泰机器人有限公司董事、总经理、国际机器人与智能装备产业联盟副主席、中国机器人产业联盟副理事长、长沙市机器人产业技术创新联盟理事长。

机器人为例，公司成立于2010年，隶属于中国轻工集团公司，通过不断自主创新，已成长为国内领先的机器人及智能装备制造企业。长泰机器人被湖南省经信委授予“湖南省机器人产业示范基地”，是中部地区首个机器人产业示范基地，与清华大学两院院士潘际銮教授共建机器人院士工作站，与湖南大学共建机器人控制与感知技术国家重点实验室。2014年7月，代表中国在历史上首次获得美国电子电气工程师协会（IEEE）与国际机器人联合会（IFR）共同颁发的“IERA Award”大奖。2015年3月7日，由长泰机器人自主研发的“长沙一号”机器人已经成功面市，将服务于湖南省广大的机器人应用企业。被多家中央媒体誉为“机器人行业的国家队”。

3. 政策支持力度加大

在《湖南省工业机器人产业发展规划（2014～2020年）》、长沙市《工业机器人产业发展三年行动计划（2015～2017年）》的政策指引下，湖南已经涌现出一批机器人企业。在2014年长沙科交会上，中国轻工集团董事长陈鄂生同志和长沙市人民政府市长胡衡华同志正式签署协议，在机器人的研发、制造和应用领域展开全方位的战略合作。这个协议，是国内地方政府和央企之间第一个关于推动机器人智能制造发展的战略协议。

4. 产业链不断完善

长沙长泰机器人依托中轻集团的优势资源，已在国内外成功实施上百个项目，产品系列由最初的机器人工作单元，发展到成套智能装备系统，再到机器人本体、智能工厂及共性软件平台增值服务等业务模块，产业链不断延长。成功开发出了机器人柔性焊接生产线、全过程铸造生产线、智能物流生产线、危险品智能制造成套装备等多门类产品，广泛应用于汽车制造、航空船舶、工程机械、轻工食品、新能源及民爆等行业，在机器人和智能制造领域的取得了丰硕的成果。

5. 科技成果取得较大发展

在机器人控制与感知、视觉传感等核心技术领域拥有专利50多项（其中发明专利24项）和软件著作权3项。2012年与清华大学建立院士工作站，2014年先后被认定为湖南省、长沙市企业技术中心，与湖南大学共建并获批机器人感知与控制技术国家重点实验室。先后与中国科技大学、湖南大学、中国汽车工业工程有限公司、广州机械科学研究院等多家单位共同承担国家科技攻关项目。被多家中央媒体誉为机器人制造的“国家队”。

二　湖南机器人产业发展面临的形势

（一）主要优势

1. 高校技术优势

湖南高校科研院所的技术研发为机器人产业的发展提供充足的后劲。机器人技术是一个快速更新，日新月异的技术。在机器人前沿技术领域，湖南大学在自动控制、智能视觉等技术上国内领先，中南大学的数字化制造、顶层设计科研驰名中外，国防科大拥有智能机器人系统架构的完全自主知识产权。

2. 应用市场前景广阔

湖南机器人产业的应用有基础，用户市场大。三一重工、比亚迪、株洲南车等一系列顶尖企业迅速成长，在工程机械、汽车制造、轨道交通、航天航空等机器人的主要应用领域，已积淀了一定技术基础，特别是在机器人应用的高端环节，如数字化工厂，占有突出的比较优势，一些关键性技术甚至在全国处于领先地位。

3. 协同推广条件成熟

湖南机器人技术推广已经具备良好的协同条件。2014 年在长沙高新区成立了湖南省移动互联网产业集聚区，超过 500 余家移动互联网企业落户，已经取得了移动互联网发展的先机；宇环数控等数控机床行业在国内领先；这些平台技术的快速发展，构成了机器人技术协同创新和推广的重要基础。

4. 技术软环境基本具备

湖南已经具备机器人技术推广应用的软环境。机器人技术是革命性的技术，是超前的技术。从城市氛围来看，湖南人民有“唯楚有才，于斯为盛”的壮志和敢为人先的开拓精神，具有鼓励创新的城市精神软环境，具备发展智能机器人的市场需求和产业基础。

（二）存在问题

1. 协同效应尚未充分体现

湖南机器人产业快速发展，有长泰机器人为代表的专注于机器人技术企业，也有从焊接、机床等其他领域“半道出家”的机器人企业，但企业之间的技术优势没有互补；湖南大学、中南大学、国防科大在各自的研究领域技术能力国内外领先，但各领域技术尚未很好的融合；省内用户企业与机器人企业缺少交流，需求对接不足。现在长泰机器人正在参与筹备湖南省机器人研究院，希望通过研究机构的建立，从顶层设计上完善这条科研产业链。

2. 产业发展方向前瞻性不足

一方面，中国制造2025的实施需要移动互联、物联技术的支撑。湖南已经成功引进了一大批的移动互联网企业，但大多数企业都聚焦服务业的移动互联网技术开发，工业互联网技术的研究需进一步加强。另一方面，就机器人产业本身而言。国内不需要太多的本体企业，整个欧洲也仅有库卡、ABB几家做本体和整机的企业，过多引导投资本体企业和零部件项目，势必会引起重复建设和资源浪费。应着眼于全产业链做系统的规划和引导。在系统集成、产业化示范应用、前沿共性技术研发平台建设、特种作业装备与遥控操作、物理信息系统搭建、工业大数据服务等领域下功夫，充分发挥区域优势和特色。比如，系统集成本身是高技术性的，智能工厂的建设本身就是大集成，系统集成能力强了，工业大数据的价值发挥出来了，特色行业的智能工厂的建设也就指日可待。

3. 高端人才严重缺乏

复合型研究人员、产品开发人员培养不能适应机器人和智能装备产业快速发展的需要。机器人产业虽然目前有较快的发展，但自主研发能力不够强，产业规模还十分弱小，技术创新能力相对薄弱，新型传感器、先进控制系统等核心技术受制于人，离线编程软件、三维示教等扩展软件至今没有国内产品，只有靠高端人才才能从根本上解决这一问题。

（三）市场前景广阔

根据国际机器人联合会最新数据，2014年全球机器人销量增长27%至22.5万台，中国市场销量增长54%至5.6万台，已成为全球最大的工业机器人市场。在过去十年，中国机器人市场销量年均复合增长率达到32%，2013年、2014年分别达到了45%、54%。预计未来三年，国内机器人市场将保持年均30%的增长，假设机器人单体价格逐年下降5%，2017年国内机器人单体市场规模将达到252亿。若包括相关外围设备、系统工程等在内的机器人系统集成在内，其市场规模假设为机器人单体的3倍，则达到757亿。考虑到内资企业的技术进步，其市场份额将逐步提升，假设2017年市场占有率达到35%，则内资企业也将占有国内265亿的工业机器人市场。

四　促进湖南机器人产业发展的几点建议

湖南机器人产业发展势头良好，政府做好行业顶层设计确保行业健康有序发展，科研院所做好前沿技术的开发，企业为主体做好技术和商业模式的协同创新，未来全省工业机器人产业为主导的高端智能装备制造产业，有信心发展成为湖南省新的千亿产业。机器人技术在湖南省实践中国制造2025制造强国战略中将大有所为。

1. 加强人才培养

2014年国际机器人协会（IFR）发布的报告认为中国机器人产业缺少技术创新；没有可以参与国际竞争的骨干企业，普遍规模很小，关键部件品质和可靠性落后世界先进水平5～10年，特别是具有创新思想和创造性成就的高端人才紧缺。一方面建议政府部门协助企业直接从省外招揽成熟人才支持湖南省机器人技术突破；另一方面要有针对性的在行业龙头企业培养本土科技产业领军人才，形成行业号召力；同时，也建议政府主导或者支持省外机器人技术优势资源来省内建立以人才培养为主业的机构。

2. 加强各类政策护持力度

一是建议湖南支持和扶持行业龙头企业或者产业联盟等建立面向我国中部地区的机器人检测认证服务平台，服务整个行业的发展。二是加快招拍挂和报建审批进度，加快机器人项目落地。三是进一步加大省内机器人和智能装备产品的推广和利用力度，鼓励和引导在湖南花炮、民爆、汽车和烟草企业中优先使用省内机器人厂家的产品，特别是株洲北汽和新天地集团南岭民爆公司等企业中，给予省内机器人企业参与项目建设的机会。

3. 创新企业融资模式

中国制造2025的实现，不仅仅是要实现大型企业制造的智能化、智慧化，中小微企业用智能化装备提高生产力、提高产品质量，生产方式转型也是重点。而往往中小微企业由于资金能力有限，不具备应用机器人的能力。为解决这一问题，一方面要研发低成本的机器人，另一方面要借鉴工程机械、医疗设备等行业的商业模式经验，尝试出租、分期付款、联合经营等方式，探索出一条适合于机器人产业发展的商业模式，实现中小微企业生产方向从简单机械化向智能化的转变，机器人技术从小众技术向大众技术的转变，机器人应用从单台装备到智能工厂集成应用的转变。

4. 加强两化融合发展

通过科技创新，发掘内部潜力、联合外部资源，加强“两化融合”，重视新技术在智能装备研制过程中的“跨界”应用，在机器人和智能制造领域取得了一些进展。通过抓住共性技术进行资源整合，围绕建设智慧工厂、智慧园区、智慧城市和特种行业应用机器人系列产品等“三智一特”的方向，做文章、想办法。例如，民爆产品虽然具有其特殊属性，但是其物理形态与火腿肠、洗衣粉、牙膏等轻工产品极为相似。

B.44

2014年长沙市仓储物流行业发展报告

方映国　肖冬亮　罗瀚果　彭鹏程*

2014年是互联网经济下的中国经济全面革新的一年，在移动互联、4G信息通路的推动下，在电子商务高速发展的带动下，传统产业全面“触电”升级，物流业迎来新的发展春天。确如国务院发布的《物流业发展中长期规划（2014—2020年）》中所说的“伴随全面深化改革，工业化、信息化、新型城镇化和农业现代化进程持续推进，产业结构调整和居民消费升级步伐不断加快，我国物流业发展空间越来越广阔。”

分析仓储物流行业的发展趋势，我们在产业链多个环节中看到了令人振奋的发展机遇和增长点。我们判断，未来几年，物流平台化将成主流趋势；移动互联技术将推动中国物流商业模式变革；物流信息化进程加速，开放式云服务的物流信息化平台将逐步成为主流，物流数据成为新的行业价值点；物流企业靠增值服务赢利成为必然趋势，物流市场在二、三线城市、农村将会出现爆发式的增长。

一　行业整体发展情况

1. 发展规模进一步扩大

在重大电商促销活动的带动下，预计2014年全市实现社会物流总额2.7万亿元，实现同比增长14.1%，预计实现社会物流收入593亿元，同比增长8.1%。

截至2014年11底，长沙快递业务收入为15654.7万元，排名全国26名；

* 方映国、肖冬亮，分别是长沙市仓储与供应链商会会长、秘书长；罗瀚果，湖南百家汇投资有限公司物流部部长；彭鹏程，湖南省人民政府发展研究中心副主任科员。

快递业务量累计11819.6万件，排名全国23位；长沙全年公路、铁路货运量20.58亿吨，同比增长11%；货运周转量3302.87亿吨公里，同比增长11.78%；长沙黄花机场上半年完成安全运输起降71049架次，其中吞吐量58597吨，比同2013年同期增长9.6%。

2. 物流企业进一步壮大

2014全市共有1271家物流企业，比2013年新增78家，其中：具备仓储与供应链资质的物流企业有208家，约占长沙全部物流企业的16.3%，长沙县和雨花区约集中了全市54%的物流企业。规模物流企业800余家。目前，全市年物流收入过10亿元企业达7家，年物流收入过亿元企业达到20余家。物流企业标准化建设得到稳步推进，全市AAAAA级物流企业达到7家（全省仅7家），AAAA级物流企业20家。其中2014年新增3家AAAA级物流企业。全市物流企业仓储条件及服务质量持续改善，全市共有9家5星级、3家4星级仓储物流企业。其中2014年新增3家5星级仓储物流企业。

3. 发展环境进一步优化

支持政策持续出台，行业迎来政策春天。近年来，各级政府多个部门陆续发布多项支持政策。国家发改委〔2012〕39号《国务院关于深化流通体制改革加快流通产业发展的意见》；为了促进仓储业快速健康发展、加强仓储行业管理，商务部2012年发布《关于促进仓储业健康发展的指导意见》。长沙市政府也出台了《长沙市现代物流业发展规划（2011～2020）》和支持物流产业发展的政策（长政办发〔2014〕38号）等，预计未来将有更多、更细的利好政策出台，行业发展环境持续改善。

随着经济进入新常态，发展方式转型升级，物流需求快速增长。随着经济发展趋势放缓，制造企业为了提高产品市场核心竞争力，实现产品的质量、物流服务效率和管理优质化，供应链成本最低化，不断释放物流资源，并采取多种方式，分离外包物流服务功能，以企业集团内部服务为主，逐步面向社会服务的物流企业。高桥、马王堆、南湖和红星等大型批发市场升级改造或外迁，大量简陋违规临时建设仓库需要拆迁，需要大量建设具有安全、规范、专业、适用的标准仓库。电商快速发展，物流服务区域扩大、服务对象迅速增加，推动长沙城市仓储物流业的发展。

二　仓储运营状况分析

2014 年，通过抽样对全市交易市场的 2000 多家仓库进行了全面的调查、摸底分析。调研情况和分析结果如下。

1. 现有仓库的管理模式以自管最多，三方代管次之

从交易市场现有仓库的管理模式上来看，选择自管的有 1447 家，占 81%；三方代管的有 287 家，占 16%；其他没有仓库或厂家直送客户的有 55 家，占 3%。如图 1 所示。绝大多数具有仓储功能的仓库非常分散，集中度很低，流通资金高，而且大量还是搞仓储储存货量来满足商铺销量。因此，未来标准的集中管理的仓库需求量大。

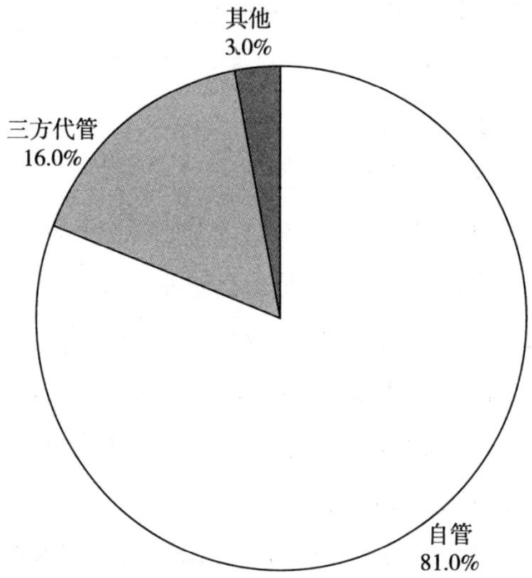

图 1　现有仓库管理模式

2. 现有仓库装卸操作方式上多数采用人工作业，少数使用叉车、地牛作业

从交易市场现有仓库的装卸操作方式上来看，选择人工的有 1435 家，占 80%；叉车的有 394 家，占 22%；地牛的有 147 家，占 8%；其他没有仓库或厂家直送客户的有 47 家，占 3%；以上各项占比均按 1789 份样本进行计算。百货副食品类的大多数商品，体积较小，重量较轻，很多时候商户基于成本原

因采用人工作业；而家居建材类的商品，体积大小不一、重量轻重不一、包装形态较多，基于商品价值方面考虑，所以商户一般采用叉车或地牛进行仓库装卸作业。

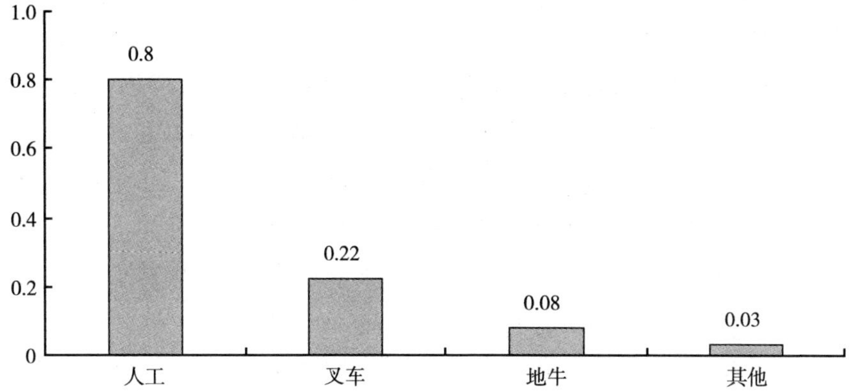

图2　现有仓库装卸操作方式

3. 现有店铺的出货方式以店铺直送最多，客户自提次之，第三方配送再次之

从交易市场的出货方式上来看，选择客户自提的有563家，占31%；店铺直送的有1428家，占80%；第三方配送的有447家，占25%；其他为厂家直送客户的有19家，占1%；以上各项占比均按1789份样本进行计算。商户销售商品给顾客，直送给顾客，一方面提高服务质量，另一方面提高购物体验；对于小件商品，很多顾客会选择自提，对于商户也可以减少成本；而大件商品考虑到品牌价值的体现、成本降低和风险控制，会选择第三方进行配送。

4. 商户现有仓库每日出货频次在2~3次的最多，4次或以上和1次的次之

交易市场现有仓库每日出货频次上来看，在0次的有25家，占1%；1次的有354家，占20%；2~3次的有833家，占47%；4次或以上的有493家，占28%；其他没有仓库或厂家直送客户的有84家，占5%。仓库每日出货频次基于商户的经营状况而定。

5. 商户现有店铺仓库出货时段以随时出货为最多，7:00~12:00次之，12:00~18:00再次之，18:00~07:00最少

交易市场现有店铺仓库出货时段上来看，选择随时的有1408家，占

79%；7：00～12：00的有227家，占13%；12：00～18：00的有74家，占4%；18：00～07：00的有27家，占2%；其他没有仓库或厂家直送客户的有53家，占3%。店铺仓库出货时段取决于销售，而销售有很多的不定因素，不能计划时间出货，大宗、稳定的客户除外；另外出货时段还受限于交通管制、环境、路况等诸多因素。

6. 现有仓库与店铺的距离在2KM以内的最多，1KM以内的次之，3KM以内的再次之，少数商户的仓库与店铺距离在4KM、5KM以内

长沙市区的仓库与店铺的距离来看，在1KM以内的有609家，占34%；2KM以内的有680家，占38%；3KM以内的有290家，占16%；4KM以内的有46家，占3%；5KM以内有106家，占6%；其他没有仓库或厂家直送客户的有58家，占3%。这说明在长沙仓储物流是因为市场交易而存在，同时仓库离交易市场不易太远，否则，销售出库或商铺补货效率低、风险系数高、出库成本增加。同时也说明，长沙生活类市场配送的多，量小，多批次，走干线整车的少。即属于传统市场以前店后仓模式理念，来选择商品安全性、流通性、综合成本性选择仓库。

7. 交易市场现有店铺的商品的发货区域以市区为最多，城区次之，省内再次之，省外和国外为最少

从交易市场现有店铺商品的发货区域上来看，在城区的有1020家，占57%；市区的有1215家，占68%；省内的有730家，占41%；省外的有93家，占5%；国外的有2家，占0.1%；以上各项占比均按1789份样本进行计算。发货区域取决于商户的经营权限，如县级代理、市级代理、省级代理、全国总代理等各自的销售区域不同；再者就是传统商户，市场开拓能力跟品牌代理相比较差，多数在周边进行销售发货。由此可见，商户现有店铺商品发货集中在市区和城区。

8. 商户现有主要配送车辆的长度在6米以下为主，6～10米长度的次之，10米以上使用较少

从交易市场现有主要配送车辆长度上来看，在6米以下的有1113家，占62%；6～10米的有488家，占27%；10～14.5米的有143家，占8%；14.5米以上的有45家，占3%。在配送实施过程中，受到交通管制、天气、路况等诸多因素的影响，小型货车虽积载率跟中型、大型货车相比少，但机动性较

高，车辆成本也较低，其中4.2米小型厢式货车最为常见。

9. 现有仓库作业中存在的问题主要集中在信息化水平低、缺乏专业操作人员和机械化水平低三大方面

从交易市场商铺现有仓库作业中存在的问题看，选择机械化水平低的有578家，占32%；信息化水平低的有822家，占46%；仓库利用率低的有409家，占23%；货损率高的有143家，占8%；库存面积不足的有282家，占16%；缺乏专业操作人员的有806家，占45%；流通性差的有414家，占23%；库存费用高的有517家，占29%；其他没有选择的有250家，占14%。以上各项占比均按1789份样本进行计算。

信息化水平低将难以满足商户日益增长的仓储物流需求，会带来仓库库存人工管理，需要大量的人工来完成仓库管理工作，无形中增加很多管理成本和问题，所以信息化的广泛应用将是未来仓库管理的主流。缺乏专业操作人员，不熟悉商品的包装特性等问题会带来商品在分拣、打包及装车时容易产生品质异常，所以企业有必要对仓库员工进行专业的培训，以提高员工的仓库管理水平，或是从学校招收物流相关专业学生来企业进行仓库管理工作，以改善现状。机械化水平低，会带来作业时效延长，影响到商品配送的时效，机械设备应用于仓库管理中，提高了仓库作业的效率，减少了人工管理成本，同时为减少仓库作业中产生的安全品质问题，推进机械设备的标准化操作流程也是必不可少的。

三　面临的机遇与挑战

仓储物流业发展前景广阔，面临巨大发展机遇和挑战。

1. 经济增长和结构升级带来物流市场的广阔前景

未来20年，我国将成为世界上物流需求增量和物流市场规模最大的国家。同时，从中等收入国家迈向高收入国家，居民消费的水平、心理、方式和结构的变化，要求物流发展更加注重效率、特色、个性和人性，基于更高时间和空间价值的物流需求会越来越大。保守估计，2020年、2030年电子商务产生的日快递量将分别突破2000万和4000万件。

2. 城镇化和区域增长新格局对物流空间分布、效率、获得性等提出更高要求

我国正经历着大规模的城镇化，推动着物流活动集中于城市群、城市带、大中小城市和城际间，激增的物流量、机动车量以及能源短缺、环境污染、交通拥堵和道路安全等，迫切需要提升城市内、城际间物流效率，构建集成式城市物流配送体系。

3. 新技术突破和广泛应用促进物流业升级

交通运输、物流、信息、新能源、新材料等领域在孕育新的技术突破，新材料技术、节能环保技术、物联网、下一代信息技术等将在物流领域得到推广和应用，电子商务、移动互联、大数据、云计算、物联网等将与物流业深度融合，这些都对物流业升级带来重大促进作用。未来物流技术创新将反映安全、快速、大型化、信息化、智能化、个性化、人性化、精细化、绿色化和节能化等时代特点。

4. 可持续发展和要素成本上升等驱动物流发展转型

未来一二十年，物流能源消耗仍处于快速增长期，对液体燃料的需求将大幅增加。由于物流企业运营成本的提高，加之服务价格偏低、融资环境不佳等影响，传统物流运作模式难以为继，面临着降低成本、提高效率、可持续发展的转型要求。

5. 城市配送难、成本高的问题仍然待解

“最后一公里”配送的交通工具车型标准尚未出台，配送车辆进入市区“行车难”和“停车难”的问题依然存在。仓库规划不科学或一些操作不规范，仓库资源统计不准确、货源走向没数据，仓库功能单一没有发挥应用增值空间导致配送成本普遍高企。

6. 仓储物流行业税负普遍加重

从目前反映情况来看，“营改增”之后，物流行业税负普遍加重。对于激烈竞争的物流行业而言，行业利润不高，税负上升，对利润的挤压很大。物流行业内部，企业冷热不均，大多与企业业务结构有关，若人力成本占比较高，可抵扣的项目少，税负上升得则较多。油票和维修费等无法取得足额的增值税专用发票，也是导致税负上升的原因之一。

四 加快长沙仓储物流行业发展的政策建议

长沙市仓储物流行业近年来取得成绩喜人，政府支持力度越来越大，发展机遇前所未有，但也面临巨大挑战。促进长沙市仓储物流行业持续、快速、健康的发展，需要政府部门、商会和广大企业相互协作、共同努力。

1. 夯实行业发展基础

一是搭建产业发展统计平台。由政府部门牵头，广大物流企业积极参与，商会协助，逐步建立科学、合理的全市物流产业统计体系，及时、可信、可靠的收集相关信息，加强对统计数据的分析和判断，结合热点和难点问题，给广大物流企业提出有针对性的建议措施，可靠、翔实的数据可以为企业和政府部门决策提供依据和参考。

二是组建行业专家委员会。由主管部门长沙市商务局领导，长沙市仓储与供应链商会牵头组建本市行业专家库，根据行业不同领域，设立不同的领域专家委员会，为长沙市各类物流相关法规、政策、发展规划、行业管理等提供决策建议。

三是加强行业诚信体系建设。充分发挥长沙市仓储与供应链商会等物流行业组织的作用，积极开展物流企业诚信评级工作。商会联合有关部门，采取有效措施，规范会员市场行为，加强行业自律，引导广大企业诚信经营、守法经营。

四是搭建沟通平台。加强物流企业与其他行业物流需求企业的对接；加强行业内部的沟通，各企业之间加强协作；加强政府与企业的沟通，方便政府部门为企业提供更有针对性的扶持服务；加强商会的桥梁纽带作用，促进商会承担更多中介服务职能。利用各种方式搞好对外宣传，主动加强与各新闻媒体的联系，树立长沙仓储物流行业的整体形象，提升商会和企业的社会知名度。

2. 推进城市共同配送

一是组建长沙城市共同配送联盟。由长沙市政府相关主管部门牵头，长沙市仓储与供应链商会、相关院校以及行业企业共同成立城市配送联合工作小组，组建长沙城市共同配送联盟，搭建一个专业的长沙城市物流共同配送平台，整合各类资源、发挥各方面积极性，推动城市配送物流协调发展。

二是加强调研和宣传。摸清全市城市配送的家底，推进共同配送理念的普及。对全市城市配送相关情况进行深入调研，全面摸清长沙各类型仓库的库容、类型、分布以及工业园区零担干线物流中心和城市生活物资分拨中心等基础设施，了解城市物流的品类、配送流向、货运量和物流配送车次等因素。

三是启动城市配送公共平台的建设。利用好政府目前的政策资金和长沙市现代服务业试点的契机，并启动城市配送公共平台的建设。试点以专业城区配送公司配送为主、以城区道路通行证通行和电子通行证为手段，灵活多样的配送模式等为长沙城市物流共同配送平台提供数据支撑来解决城市配送难问题。

3. 推进行业创新发展

一是理念创新。从整个业务流程入手，从建立合作制或战略伙伴关系的新思维出发，从产品的源头开始到最终的用户，全方位考虑服务和企业的竞争力。转变过去单打独斗的经营理念，建立相互依存、共存共赢理念。推进物流信息资源开放共享，鼓励采取多种方式实现商贸物流信息的互通交换，促进信息流、物流和资金流的协同和联动。

二是服务创新。由物流基本服务向增值服务延伸、由物流功能服务向物流管理服务延伸、由实物物流服务向信息流和资金流服务延伸。根据客户需求，在各项基本功能服务基础上延伸出增值服务，包括物流信息、流通加工、物流金融、保税物流、物流代理、应急物流、物流方案等。推动仓储服务的专业化，提供原材料、零部（配）件的仓储（如 VMI）、医药与服装的公共仓储、电子商务的仓储、为零售商店服务的公共配送中心、共同化配送中心等专业化的仓储服务。

三是管理创新。推动仓储管理的精细化，改善服务质量、提高作业绩效、节省运作成本。优化库区的设施布局与仓库内的功能区域布局，提高仓库空间利用率与单位面积效益。科学测算与比较机械和人工作业的投入产出比，控制与节省运作成本。不断优化作业流程、完善作业规范、加强绩效考核，提高作业效率。应用与不断完善信息系统，提高存货管理、出入库与配送的准确率。实行多样化的计费方式，促使货物加快周转。

附　录

Appendix

BLUE BOOK

B.45
2014年湖南产业发展大事记

1月8日　华菱衡钢“高端建筑用热轧无缝方管”的开发成果通过省科技厅组织的科技成果鉴定。无缝方管成功开发，使华菱衡钢成为国内第一家以热轧方式生产无缝方管的厂家。

1月10日　中联重科“超大型塔式起重机关键技术及应用”项目获国家科技进步奖二等奖。该项目突破多项超大型塔机技术瓶颈，形成具有自主知识产权的成套技术，打破国外同类产品的垄断。

1月16日　怀化市洪江区管委会与怀化大歌文化旅游产业投资有限公司签署投资开发协议，由“大歌文化”投资40亿元，用3到5年时间，打造洪江大歌民俗文化城和横岩文化旅游区。

2月10日　省供销社与淘宝网、天猫商城、京东商城等平台合作，创建“网上供销社”，实现湖南农特产品的全网营销。

2月12日　湖南省人民政府印发《湖南省循环经济发展战略及近期行动计划》。

2月13日　省政府办公厅印发《湖南省茶叶产业发展规划》。规划提出：到2020年，全省优质高产茶园面积达到300万亩，产量45万吨，年出口茶叶

8万吨以上，力争实现1000亿元的茶业综合产值。

2月17日 省煤炭地质勘查院承担的“攸县兰村矿区深部煤炭详查”项目被评为2013年度“全国地质找矿十大成果”之一。

2月19日 省政府印发《关于鼓励移动互联网产业发展的意见》。

2月25日 2014年湖南移动互联网产业发展研讨会在长沙召开。

3月13日 省政府发布实施《湖南省政府核准的投资项目目录（2014年本)》，原《湖南省政府核准的投资项目目录（2004年本)》予以废止。《目录》共取消或下放31项核准权限，其中取消核准权限21项，下放市州或县市区政府核准权限10项。

3月16日 湖南润和茶叶集团在长沙正式成立。该集团整合多家黑茶企业，将黑茶产业链从源头的种植、生产到产品研发、销售及黑茶文化传播全部打通，成为目前国内首个“全产业链模式”的黑茶产业集团。

3月17日 中国南车株机公司获签南非Transnet公司超过20亿美元的电力机车订单，这是目前我国高端轨道交通装备整车最大的出口订单。

3月18日 中国铁建将旗下房建领域5家优质企业整合重组为中铁城建集团，总部落户长沙。

3月18日 湖南首个有色金属电子交易平台在长沙启动运营，该平台将为有色金属企业提供线上交易、仓储物流和融资贷款等服务。

3月26日 省经信委与埃塞俄比亚驻华大使馆在长沙共同举办“中国湖南—埃塞俄比亚产业投资对接”活动。埃塞俄比亚发布100个产业招商项目，涉及制造业、农业、采矿业、服务业、能源开发、化工医药、纺织业等10多个行业领域。

3月26日 格力电器综合生产基地在宁乡经开区正式动工建设，项目计划总投资50亿元，用地约2000亩，将成为湖南最大的集研发、生产、销售于一体的家电生产基地，达产后年产值可达350亿元，实现税收15亿元以上，用工1万人以上。

3月28日 湘潭电化集团新基地在湘潭市雨湖经开区破土动工。新基地建设主要集成三大项目：一是竹埠港地区以锰产品为主的总部整体搬迁项目；二是以锂离子电池正极材料为主的新材料及锰合金深加工项目；三是以铁路为依托的工业物流园项目。

3月27日 永清环保股份有限公司与深圳市百斯特环保工程有限公司在澳门签订战略合作协议。

3月29日 湖南国科微电子有限公司与中科院半导体研究所在长沙签约，双方联合成立高性能集成电路与系统联合实验室，共同进行集成电路前瞻性技术研究，研究与开发无线射频、数模混合类高端集成电路芯片产品。

4月2日 中联重科宣告正式完成对德国M－TEC公司并购项目的股权交割。

4月8日 南车株洲电力机车有限公司与西安航空基地管委会、陕西煤业化工集团有限责任公司在西安签订合作协议，三方将携手打造“中国南车陕西产业基地”。

4月9日 “2014年湖南中小企业资本市场融资推进会”在长沙召开。

4月15日 湖南重大项目推进工作会在长沙召开。会议提出今年全省重大项目建设集中在产业发展、基础设施、社会民生三大领域，将突出推进“9312”投资促进计划，即围绕9大产业领域，建设300多个重大项目，同时推进100大基础设施骨干工程，带动全社会固定资产投资完成2万亿元以上。

4月15日 省政府印发《省政府关于推进住宅产业化的指导意见》。意见提出到2015年，要力争在全省建立国家住宅产业化标准中心，住宅部品部件规模工业产值年均增长18%，实现规模工业产值400亿元以上。到2020年，力争保障性住房、写字楼、酒店等建设项目预制装配化（PC）率达80%以上，培育并创建3～5个国家级住宅产业化示范基地、30～50个国家康居示范工程。

4月16日 省科技厅出台《深化科技体制改革推进创新型湖南建设的实施意见》，拟通过改革科技计划项目和经费管理、培育发展创新型企业、促进科技金融结合等6个方面共25条改革措施，加快创新驱动发展战略的实施。

4月16日 用友优普信息技术有限公司湖南分公司正式挂牌。

4月18日 中光通信科技（湖南）有限公司与长沙高新区正式签约，将在麓谷建设总投资约60亿元的第二代光纤生产基地项目。该项目采用以色列UPC公司开发的二代光纤核心技术，完全达产后预计年产能可达500万芯公里，产值约100亿元。

4月20日 中国南车株洲电力机车研究所旗下的南车时代新材获得西班

牙铁道车辆制造商CAF公司批量设备订单。

4月21日 中国三峡新能源公司道县风电场开发项目签约仪式在道县工业集中区展示馆举行。

4月29日 湖南冶金产需企业对接会在长沙召开。

5月2日 投资8亿元的“中国茶油之都·邵阳油茶产业园”在邵阳县启动建设。

5月14日 2014湖南高新技术产业推介暨投资洽谈会在北京湖南大厦举行，会议发布涉及电子信息、新材料和先进装备制造等重点产业项目399个，项目投资总额达9860亿元。

5月15日 第二届中国（长沙）国际矿物宝石博览会在湖南国际会展中心开幕。

5月16日 由中国南车株洲所主导制定的IEC 61375－2－7《轨道交通电子设备列车通信网络（TCN）第2～7部分：列车无线骨干网（WLTB)》（简称WLTB国际标准）正式成为国际标准。此举标志着列车通信网络第一项由中国制定的国际标准诞生，打破一直以来由欧洲国家主导列车通信网络国际标准制定的局面。

5月21日 中国石化重大装备国产化项目“千万吨级大型炼油装置智能控制系统”在长岭炼化公司通过验收并示范推广，结束我国千万吨炼油工程完全依赖国外控制系统的历史。

5月26日 湖南省移动互联网产业集聚区授牌暨第一批专项资金政策兑现仪式在长沙举行。

5月27日 省经信委发布2014年度全省工业领域“百项重点新产品”推广目录。

6月3日 湖南省经信委、省知识产权局联合发布2014年度全省工业领域“百项专利转化应用”目录。

6月4日 一款新型高精度全息穿透成像探测仪在国防科技大学研制成功。该探测仪能穿透非金属介质，探测内部微小隐蔽物体并对物体成像，分辨率达到2mm，可广泛应用于建筑、生物医学、反恐、安检等领域。

6月11日 由湖南华曙高科技有限责任公司自主研发的“世界上最快的工业级3D打印机”——FARSOON 402正式面世。

6月15日 华菱安赛乐米塔尔汽车板有限公司汽车板项目正式竣工投产。

6月17日 2014年湖南（上海）投资贸易洽谈周主题活动——湖南省情推介暨重大招商项目发布会在沪举行。会上重点推介30个重大项目，并签署9个战略合作框架协议，签约75个省级项目，新引进3家世界500强企业。

6月20日 南车株洲电力机车研究所投资近15亿元的IGBT产业化基地投产，首批8英寸IGBT芯片下线，此举标志长期被国外垄断的大功率变流装置有“中国芯”。这也是我国首条、世界第二条8英寸IGBT生产线。

6月30日 湖南华晟能源投资发展有限公司第一口页岩气井——龙参2井，在龙山县洛塔乡猛西村正式开钻。这是湖南省唯一页岩气开发主平台的第一口页岩气井。

7月1日 省委、省政府印发《关于进一步加快推进新型工业化的决定》。

7月2日 全国首家云媒体手机平台“无线湖南”在长沙上线，“无线湖南”是湖南日报报业集团华声在线股份有限公司打造的基于移动互联网和智慧城市的云媒体手机平台。

7月2日 岳阳城陵矶汽车整车进口口岸通过国务院审批，标志着岳阳成为继上海、张家港之后长江流域第三个，中部地区首个汽车整车进口口岸。

7月7日 国家应急交通运输装备工程技术研究中心，在湘成立分中心，其产业化基地正式落户长沙中联恒通机械有限公司

7月9日 南车株洲电力机车研究所旗下的南车时代新材自主研发的2兆瓦56.5米低风速风机叶片，顺利通过实验考核。

7月14日 总投资50余亿元、总建筑面积80多万平方米的株洲市醴陵旗滨玻璃产业项目第一条生产线正式点火。

7月17日 省经信委公布全省省级知识产权运用示范企业名单，这是湖南首次在工业领域开展省级知识产权运用示范企业评定。

7月23日 “湖南省2014年电子商务企业对接会”在长沙召开。

7月26日 全球最大平头塔机T3000定制交付仪式在中联重科常德工业园举行。

7月29日 湖南省中小企业公共服务平台网络正式开通运营。

8月1日 中国五矿所属五矿资源有限公司牵头，与国新国际投资有限公司、中信金属有限公司组成联合体，以70.05亿美元完成秘鲁邦巴斯（Las

Bambas）铜矿的股权交割。这是中国金属矿业史上迄今最大的境外收购，标志着五矿联合体正式接手秘鲁这一超大铜矿。

8月8日 中联重科并购荷兰 Raxtar 公司在上海金茂大厦正式签约。

8月19日 由湖南润和茶业集团承建的我国首个黑茶文化展示基地——中华黑茶文化博览园，在长沙市望城区光明村开建。

8月26日 深圳地铁1号线增购项目首列 A 型地铁车辆在南车株洲电力机车有限公司成功下线。这款 A 型地铁车辆，实现城轨车辆关键核心技术完全自主化，代表我国城轨车辆行业最高水平。

8月29日 新华网产业园正式落户长沙国家广告产业园。

9月1日 国内首条年产100万只超级电容器生产线在湘投产，标志着国内超级电容器行业长期被国外厂商垄断的局面被打破。

9月3日 省政府办公厅印发《关于支持航空装备产业发展的若干政策措施》。

9月9日 五凌电力窑坡山风电场首台风机成功并网发电，这标志着五凌电力在湘建设的首个山区风电场取得阶段性成果。

9月15日 长沙海关正式启动“长株潭”通关一体化改革试点。

9月16日 2014年湖南—巴基斯坦经贸合作及投资机遇交流会在长沙高新区举行。

9月19日 2014年长沙市机器人产业推介会在长沙市政府召开，长沙《工业机器人产业发展三年行动计划》正式发布。

9月19日 2014中国湖南旅游产业博览会在郴州国际会展中心开幕。

9月23日 “2014·湖南长沙国资项目合作洽谈周”在长沙市举行，共发布87个招商项目，涉及投资总额4501.7亿元。

9月29日 2014年湖南汽车电子产业合作对接会在长沙召开。

10月10日 2014中国湖南（国际）老年产业博览会在长沙红星国际会展中心开幕。

10月15日 2014湖南（长沙）·深圳跨境电商专题招商推介会在深圳举行。

10月16日 第六届湖南茶业博览会在长沙红星国际会展中心举行。

10月19日 《株洲市轨道交通装备战略性新兴产业聚集发展试点实施方

案》获国家发改委、财政部批准实施。

10月21日 湖南环保产业供需对接会在长沙召开。

10月23日 2014中国（长沙）科技成果转化交易会在长沙开幕。

10月28日 2014年湖南省智能制造装备产业合作对接会在长沙举行。

10月29日 步步高集团发布大平台战略暨全国首个O2O本地生活服务平台——云猴网。

10月30日 “湘欧快线”（长沙—中亚—欧洲）国际货运班列开通，改变湖南无直达境外国际货运班列的历史。

10月31日 2014中国（湖南）电商创新与发展峰会暨湖南电商创业基地启动仪式在长沙经开区举行。

11月3日 南车株洲电力机车研究所研发的高速列车永磁同步牵引系统通过国家权威部门的地面试验考核。此举标志我国成为继德、日、法等国之后，世界上少数几个掌握高铁永磁牵引系统技术的国家。

11月4日 国家超级计算长沙中心在湖南大学揭牌运营。

11月5日 占地700亩、总投资近60亿元的中光通信第二代光纤研发生产基地项目，在长沙国家高新技术产业开发区奠基。

11月5日 城陵矶进口肉类指定口岸获国家质量监督检验检疫总局批准并正式投入运营，这是继上海、重庆后，长江内河港第三个、湖南首个进口肉类的查验港口平台。

11月11日 湖南第五届农业机械、矿山机械、电子陶瓷产品博览会在娄底市体育中心举行。

11月13日 中国中部绿色建材第一展——2014中国·长沙绿色建材博览会在湾田国际建材城开幕。

11月17日 由国家农业部和省政府共同主办的“2014中国中部（湖南）国际农博会”在长沙红星国际会展中心开幕。

11月18日 总投资100亿元，由科力远与浙江吉利控股集团合资成立的混合动力及传动系统总成国家级技术平台正式落户长沙高新区。

11月21日 第二届湘南承接产业转移投资贸易洽谈会在郴州举行。

11月25日 云南—湖南旅游文化产业合作推介会在长沙举行。

11月28日 上海浦东·长沙金融合作交流推介会在长沙举行。

11 月 30 日 我国首款最高速度米轨动车组在南车株洲电力机车有限公司下线，并举行首次出口马来西亚交付仪式。

12 月 2 日 湖南第一家综合性大宗商品现货交易平台——湘商商品交易中心首次启动农产品交易。

12 月 4 日 三一重工、汉森制药、永清环保联合作为主发起人，筹备设立三湘银行股份有限公司，注册资本为 30 亿元，拟注册地址为长沙。

12 月 9 日 湖南金融与物流战略合作对接会在长沙举行。

12 月 25 日 省政府办公厅印发《湖南省移动互联网产业发展规划（2014～2018 年）》。

12 月 26 日 全国首个智能物流园海驿物流园落户长沙干杉镇。

12 月 27 日 国产首台大直径全断面硬岩隧道掘进机（敞开式 TBM），在铁建重工下线，标志着我国现代化隧道施工装备已经达到世界领先水平。

皮书起源

“皮书”起源于十七、十八世纪的英国，主要指官方或社会组织正式发表的重要文件或报告，多以“白皮书”命名。在中国，“皮书”这一概念被社会广泛接受，并被成功运作、发展成为一种全新的出版型态，则源于中国社会科学院社会科学文献出版社。

皮书定义

皮书是对中国与世界发展状况和热点问题进行年度监测，以专业的角度、专家的视野和实证研究方法，针对某一领域或区域现状与发展态势展开分析和预测，具备权威性、前沿性、原创性、实证性、时效性等特点的连续性公开出版物，由一系列权威研究报告组成。皮书系列是社会科学文献出版社编辑出版的蓝皮书、绿皮书、黄皮书等的统称。

皮书作者

皮书系列的作者以中国社会科学院、著名高校、地方社会科学院的研究人员为主，多为国内一流研究机构的权威专家学者，他们的看法和观点代表了学界对中国与世界的现实和未来最高水平的解读与分析。

皮书荣誉

皮书系列已成为社会科学文献出版社的著名图书品牌和中国社会科学院的知名学术品牌。2011 年，皮书系列正式列入“十二五”国家重点图书出版规划项目；2012~2014 年，重点皮书列入中国社会科学院承担的国家哲学社会科学创新工程项目；2015 年，41 种院外皮书使用“中国社会科学院创新工程学术出版项目”标识。

中国皮书网

www.pishu.cn

发布皮书研创资讯，传播皮书精彩内容

引领皮书出版潮流，打造皮书服务平台

栏目设置：

- □ 资讯：皮书动态、皮书观点、皮书数据、皮书报道、皮书发布、电子期刊
- □ 标准：皮书评价、皮书研究、皮书规范
- □ 服务：最新皮书、皮书书目、重点推荐、在线购书
- □ 链接：皮书数据库、皮书博客、皮书微博、在线书城
- □ 搜索：资讯、图书、研究动态、皮书专家、研创团队

中国皮书网依托皮书系列“权威、前沿、原创”的优质内容资源，通过文字、图片、音频、视频等多种元素，在皮书研创者、使用者之间搭建了一个成果展示、资源共享的互动平台。

自 2005 年 12 月正式上线以来，中国皮书网的 IP 访问量、PV 浏览量与日俱增，受到海内外研究者、公务人员、商务人士以及专业读者的广泛关注。

2008 年、2011 年中国皮书网均在全国新闻出版业网站荣誉评选中获得“最具商业价值网站”称号；2012 年，获得“出版业网站百强”称号。

2014 年，中国皮书网与皮书数据库实现资源共享，端口合一，将提供更丰富的内容，更全面的服务。

法律声明

“皮书系列”（含蓝皮书、绿皮书、黄皮书）之品牌由社会科学文献出版社最早使用并持续至今，现已被中国图书市场所熟知。“皮书系列”的 LOGO（ ）与“经济蓝皮书”“社会蓝皮书”均已在中华人民共和国国家工商行政管理总局商标局登记注册。“皮书系列”图书的注册商标专用权及封面设计、版式设计的著作权均为社会科学文献出版社所有。未经社会科学文献出版社书面授权许可，任何使用与“皮书系列”图书注册商标、封面设计、版式设计相同或者近似的文字、图形或其组合的行为均系侵权行为。

经作者授权，本书的专有出版权及信息网络传播权为社会科学文献出版社享有。未经社会科学文献出版社书面授权许可，任何就本书内容的复制、发行或以数字形式进行网络传播的行为均系侵权行为。

社会科学文献出版社将通过法律途径追究上述侵权行为的法律责任，维护自身合法权益。

欢迎社会各界人士对侵犯社会科学文献出版社上述权利的侵权行为进行举报。电话：010－59367121，电子邮箱：fawubu@ssap.cn。

社会科学文献出版社

权威报告·热点资讯·特色资源

皮书数据库

ANNUAL REPORT(YEARBOOK) DATABASE

当代中国与世界发展高端智库平台

www.pishu.com.cn

皮书俱乐部会员服务指南

1. 谁能成为皮书俱乐部成员？

- 皮书作者自动成为俱乐部会员
- 购买了皮书产品（纸质书/电子书）的个人用户

2. 会员可以享受的增值服务

- 免费获赠皮书数据库100元充值卡
- 加入皮书俱乐部，免费获赠该纸质图书的电子书
- 免费定期获赠皮书电子期刊
- 优先参与各类皮书学术活动
- 优先享受皮书产品的最新优惠

3. 如何享受增值服务？

（1）免费获赠100元皮书数据库体验卡

第1步 刮开附赠充值的涂层（右下）；

第2步 登录皮书数据库网站（www.pishu.com.cn），注册账号；

第3步 登录并进入“会员中心”—“在线充值”—“充值卡充值”，充值成功后即可使用。

（2）加入皮书俱乐部，凭数据库体验卡获赠该书的电子书

第1步 登录社会科学文献出版社官网（www.ssap.com.cn），注册账号；

第2步 登录并进入“会员中心”—“皮书俱乐部”，提交加入皮书俱乐部申请；

第3步 审核通过后，再次进入皮书俱乐部，填写页面所需图书、体验卡信息即可自动兑换相应电子书。

4. 声明

解释权归社会科学文献出版社所有

皮书俱乐部会员可享受社会科学文献出版社其他相关免费增值服务，有任何疑问，均可与我们联系。

图书销售热线：010-59367070/7028
图书服务QQ：800045692
图书服务邮箱：duzhe@ssap.cn

数据库服务热线：400-008-6695
数据库服务QQ：2475522410
数据库服务邮箱：database@ssap.cn

欢迎登录社会科学文献出版社官网
（www.ssap.com.cn）
和中国皮书网（www.pishu.cn）
了解更多信息

社会科学文献出版社 SOCIAL SCIENCES ACADEMIC PRESS (CHINA) 皮书系列

卡号：296250539306

密码：

S 子库介绍
Sub-Database Introduction

中国经济发展数据库

涵盖宏观经济、农业经济、工业经济、产业经济、财政金融、交通旅游、商业贸易、劳动经济、企业经济、房地产经济、城市经济、区域经济等领域，为用户实时了解经济运行态势、把握经济发展规律、洞察经济形势、做出经济决策提供参考和依据。

中国社会发展数据库

全面整合国内外有关中国社会发展的统计数据、深度分析报告、专家解读和热点资讯构建而成的专业学术数据库。涉及宗教、社会、人口、政治、外交、法律、文化、教育、体育、文学艺术、医药卫生、资源环境等多个领域。

中国行业发展数据库

以中国国民经济行业分类为依据，跟踪分析国民经济各行业市场运行状况和政策导向，提供行业发展最前沿的资讯，为用户投资、从业及各种经济决策提供理论基础和实践指导。内容涵盖农业，能源与矿产业，交通运输业，制造业，金融业，房地产业，租赁和商务服务业，科学研究，环境和公共设施管理，居民服务业，教育，卫生和社会保障，文化、体育和娱乐业等 100 余个行业。

中国区域发展数据库

以特定区域内的经济、社会、文化、法治、资源环境等领域的现状与发展情况进行分析和预测。涵盖中部、西部、东北、西北等地区，长三角、珠三角、黄三角、京津冀、环渤海、合肥经济圈、长株潭城市群、关中—天水经济区、海峡经济区等区域经济体和城市圈，北京、上海、浙江、河南、陕西等 34 个省份及中国台湾地区。

中国文化传媒数据库

包括文化事业、文化产业、宗教、群众文化、图书馆事业、博物馆事业、档案事业、语言文字、文学、历史地理、新闻传播、广播电视、出版事业、艺术、电影、娱乐等多个子库。

世界经济与国际政治数据库

以皮书系列中涉及世界经济与国际政治的研究成果为基础，全面整合国内外有关世界经济与国际政治的统计数据、深度分析报告、专家解读和热点资讯构建而成的专业学术数据库。包括世界经济、世界政治、世界文化、国际社会、国际关系、国际组织、区域发展、国别发展等多个子库。